U0077608

圖1

截至2022年四月，千人佈道士運動總共培育了超過1萬1千名佈道士，他們來自世界各地，為傳揚主的福音來到培訓校園接受裝備；圖為菲律賓總校區行政樓前方庭院，展示著代表學員國籍的各國國旗。

圖2、3、4

兩個月培訓期間，佈道士的生活嚴謹而充實；除了靈修、各類屬靈及跨文化課，還有高強度的體能和語言訓練，為佈道士後十個月宣教期奠定基礎。

圖5、6
差派儀式既是榮耀的日子,也是充滿祝福與淚水的日子;培訓結束代表學員將與大多數熟識的夥伴告別,或兩人一組或隻身前往福音未竟之地。

圖7
前往宣教區之路或泥濘滿布、崎嶇不平,但佈道士們靠著那加給他們力量的上帝,越過湍急溪流、爬上陡峭山嶺,為使人聽見祂的話語。

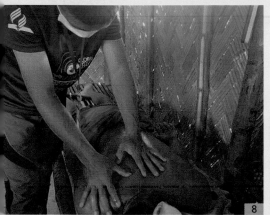

圖8、9、10
在宣教區，佈道士們拜訪、觀察當地人們的需求，開展各樣事工；提供按摩服務、量測血壓、開設健康課程及兒童品格成長營等，吸引人們親近福音。

圖11
以樹為棚、根為座；即使沒有課室和桌椅，但有一顆為主服事的心、一張熱切宣講的口，再加上一群用心聆聽的孩子，福音的種子就能落土生根。

圖12
「所以,你們要去,使萬民作我的門徒,奉父、子、聖靈的名給他們施洗。」(太28:19)佈道士最大的喜樂,就是看見宣教區的人們不分男女老少在基督裡重生。

圖13
為宣教區建一座教堂,使其成為萬民禱告的殿,為上帝傳福音,直到主再來,Maranatha!
照片中左二為崔豪泳牧師(北亞太分會青年部幹事),左三為韓錫熙牧師(蒙古差會會長),右三則為千人佈道士運動主任全材松牧師。

"Go into all the world and preach the gospel to every creature."

(Mark 16:15)

我是一名佈道士,主呼召我,所以我一定能做到;
一朝佈道士,終身佈道士!

1000 Missionary Movement
facebook.com/1000mmofficial

千人佈道士運動見證集

30th ANNIVERSARY

時兆文化

燃然 亮世界
Maranatha 界

千人佈道士運動主必再來辦公室
1000MM Maranatha Office 編著　　柯恩惠 譯

1000
MISSIONARY MOVEMENT

我可以差遣誰呢？誰肯為我們去呢？
我說：我在這裡，請差遣我！ 以賽亞書第6章8節

一朝佈道士，終身佈道士

「務必要注意不同的形狀和方向。」這是我初中學習畫蘭花時，美術老師告訴我的注意事項。假若現在讓我來教美術課，我會再加上不同的線條厚度和高度。只要掌握這四個基本概念，你就可以畫出一幅構圖更為平衡而協調的蘭花圖。

活了60多年，我逐漸領悟到，人們的生活方式是如此不盡相同，這其中並沒有對錯。基督徒也有各自的生活方式和人生方向。佈道士們站在宣教最前線服務，在後方則有教會信徒、平信徒領袖以及醫療佈道的志工支援。每個人的生活和經歷截然不同。這一次，位在最前線傳福音的千人佈道士一起分享他們的見聞和經歷，因而有了這本書的問世。

「我們所看見所聽見的，不能不說。」（使徒行傳4：20）

這真是個無與倫比的好消息；我們當中並非每個人都能有機會在宣教地區服務，何不透過這本書傾聽來自最前線的聲音？閱讀此書的感動必然將隨著時間積累，直到最後一頁。

直到現在，我的耳邊仍會響起這句話：「我是一名佈道士，主呼召我，所以我一定能做到；一朝佈道士，終身佈道士！」前往宣教戰場的口號如此清晰，彷彿就在耳邊。因此，我誠摯地推薦這本書，願這群佈道士在戰場上與主同工的經驗，能使你我的生命與主更加親近。

金堯漢　牧師
基督復臨安息日會北亞太分會會長

為基督作見證！

「這天國的福音要傳遍天下，對萬民作見證，然後末期才來到。」（馬太福音24：14）

基督預言了末世的日子和福音在世界的傳播，然後世界的末了將至，唯有上帝的介入才能拯救我們。我們不知道這一天或這一刻何時到來，但我們知道一點：我們一天比一天更接近那一刻，可能是今天或明天、可能是另一個世紀或更遠的世紀。〈啟示錄〉是這樣畫上句號的。

因此，我們應該為基督作見證，讓我們的信仰透過我們被他人看見。與其他信徒的共同信仰遠勝過社交、陪伴或同工的情誼；它是建立在福音真理和聖子生命中的夥伴關係。當我們彼此分享，我們就在團契裡建立情誼。

我很高興得知閱讀這些佈道士的見證故事可以激勵人心。我為這本見證合集的出版喝采，願榮耀歸給我們的天父！

祝福所有分享經驗的佈道士，願我們敞開心扉，與世界分享上帝的愛。讓我們學習上帝的話，實踐基督徒的生活，讓聖靈動工，並尋找分享福音的機會。

耶穌就快來臨，讓我們一同加入宣教的行列！

羅傑·卡德瑪（Roger O. Caderma）牧師

基督復臨安息日會南亞太分會會長

上帝真正的佈道士

本人在此衷心祝賀千人佈道士運動（1000 Missionary Movement，1000 MM）創立30周年！上帝發起了這個偉大的宣教運動，並在過去的30年裡一如既往地帶領這場運動。透過佈道士們，祂完成了許多偉大的事。因此，我們要向我們的上帝表示無盡的感謝和讚美。

三十年前，千人佈道士運動的成立具有雙重目的：一是推動福音工作，二是保護復臨教會的年輕人免受罪惡世界的荼毒。它開始時規模非常小、影響力也微不足道，但上帝的恩典使它的發展突飛猛進。截至目前，已有約1萬1千4百多位年輕人投身這項運動並經歷了主的同在，他們在宣教地區服務時始終有主與他們同行。他們早已成為基督的偉大戰士，願意一生效忠於祂。

在生活條件刻苦且陌生的地方服務時，這些佈道士不得不做出許多犧牲。有些人為了成為佈道士，不得不暫停學業、將婚期延後、收掉生意、甚至辭去工作。在宣教地，他們遇到了從未料想到的困難和考驗。一些人不得不對抗流行病，經濟拮据和各種可能的意外。其他人則受到誤解、仇恨，甚至迫害。然而，由於上帝的恩典和天使的保護，他們忍受痛苦並成功地克服了所有的苦難。他們的勇氣和奉獻值得欽佩，我由衷地感謝這些佈道士忠心事奉的精神。他們確實是上帝真正的佈道士！

千人佈道士運動為紀念創立30周年出版了這本佈道見證集。我相信這些宣教故事將深深地激勵讀者。在不久的將來，福音工作即將完成，耶穌重返這個世界的日子即將來到。在那之前，願我們都能成為上帝的佈道士，為祂服務。

願上帝持續賜福千人佈道士運動！

李在龍　博士
千人佈道士運動創始人、前北亞太分會會長

復臨青年的宣教之歌

　　千人佈道士運動（1000MM），指的是基督復臨安息日會的青年受召奉獻自己一年的時間作為佈道士，所寫下的宣教見證。自1992年由遠東分會（南亞太分會和北亞太分會的前身）發起和批准以來，千人佈道士運動一直致力於傳播耶穌基督的福音，迄今已超過30年。謹代表千人佈道士運動大家庭，向上帝表示讚美和感謝，並向所有支持千人佈道士運動的僕人們表示深深的感謝。特別祈求上帝無限的祝福，讓每一位曾經參與這份宣教工作而受差派的佈道士，能夠充滿不同的奉獻和祈禱。

　　2022年，在千人佈道士運動成立30周年之際，為了牢記並分享上帝對佈道士的恩典和帶領，我們出版了這本《燃亮生命》（Maranatha！）的晨間靈修書，內容以宣教地區的見證為主軸。願1萬1千396名獻身宣教之復臨青年的經驗之歌，能高舉昨日、今日、永不改變的主耶穌基督，並給予行走在充滿懷疑及挑戰時代的我們勇氣和力量。

　　懷愛倫師母曾說，沒有哪種人能夠像獻身於上帝的青年男女那樣行許多善事，而這正是撒但最懼怕的。今天，主正站在世界的禾場上，尋找和召喚收割的工人。「男女青年和兒童們，務要奉耶穌的名去作工，他們要聯合起來擬訂一些計畫及進行的程序。……主必幫助凡願使用上帝所委托之才能以榮耀祂聖名的人。凡相信真理的本會青年男女們，是否都願意成為活潑的佈道士呢？」《告青年書，原文197頁》。

　　「我可以差遣誰呢？誰肯為我們去呢？」我說：「我在這裡，請差遣我！」（以賽亞書6：8）

全材松　牧師
千人佈道士運動主任

■千人佈道士運動■
簡介與使命宣言

| 名　稱 |
「千人佈道士運動」顧名思義，以每年培訓、派遣和支援1000名佈道士前往福音未竟之地服務為目標而命名。它是一所培訓來自世界各地之佈道士的機構。「1000」這個數字象徵著被揀選並委任傳講三天使的信息。「運動」則是指一群教會信徒，不分老幼，朝著共同的目標前進。這是一個以宣揚基督為中心的福音運動。

| 使命宣言 |
千人佈道士運動致力於招募、培訓、支持來自世界各地的年輕人，使他們能夠從自己生命中取出一整年的時間奉獻給主，與那些難有機會接觸福音的人分享福音。這項具體的基督徒見證計畫是為「各國、各族、各方、各民」而實施的（啟示錄14：6）。

| 目　標 |
- 保護基督復臨安息日會的青年免受罪惡世界的荼毒。
- 迅速完成傳福音的工作，特別是在南亞和北亞太分會的福音未竟之地。
- 以自願投身宣教的精神加強地方教會。

| 標　誌 |
千人佈道士運動的標誌展現了上帝的基督復臨安息日會於末世的終極使命。

火焰──聖靈的能力

鴿子──聖靈的賦權

地球──宣教的區域

三位飛行的天使──三天使的信息

緞帶──充滿熱忱的使命精神／耶穌基督的寶血

1000──每年向全球差派1000位佈道士

佈道士派遣概況

菲律賓總校區
7,373 位

緬甸分校
906 位

東印尼分校
881 位

孟加拉分校
681 位

印度分校
477 位

西印尼分校
140 位

蒙古分校
130 位

巴基斯坦分校
12 位

其他分校
788 位

來自**64**個國家，共**11,383**位佈道士，
被派遣到**47**個宣教地區（2022年4月統計資料）。

■ 特別聲明 ■

　　在本書部分篇幅中，佈道士於醫療資源極度匱乏之偏遠地區使用之天然療法並不能代替醫學診斷及治療。對於不恰當利用本書內容所造成的結果，本社不承擔任何責任。

被改變的人生

「你們要先求他的國和他的義，這些東西都要加給你們了。」

馬太福音 6：33 ▮

　　我出生並成長在一個復臨教會的家庭和社區。從小父母用心地教導我，訓練我培養自律的習慣；我每天早上都會靈修，閱讀安息日學學課，並積極地參加聚會。但我做這些事情皆是奉父母之命，我自己的願望是和同齡的朋友們一起玩。此後，我開始偷玩電動遊戲。在我上高中到上大學這段時間，我的生活變得越來越脫序，離上帝越來越遠。遠離父母在外地讀書，讓我更能肆無忌憚地做任何可以賺到錢的事情。

　　我持續的壞習慣使我的父母希望我加入千人佈道士運動。不用說，我自然是拒絕了！對我來說，事奉上帝可以在任何地方進行。然而，我的父母不斷地向我表達他們對於我加入千人佈道士運動的渴望。為了讓他們高興，我決定參加在印尼分校舉行的培訓。

　　在最初的幾週，我感到很興奮，因為我在校園裡得到了很多好處，比如規律的飲食，每天的健身，以及禱告和讀經的訓練。我開始認為我已經改過自新成為一個好人，但是我錯了！我越是學習和聆聽上帝的話，就越意識到自己的不完美。我以為當我放下舊習不再做那些錯事時，我就是個義人。但上帝向我表明，迄今為止我所做的事情，即使是好事，也是自私的。我只是為了自己的利益而做。我還沒有真正發自內心地去愛上帝。

　　日復一日，我越加感受到上帝的愛。我了解到自己必須先尋求祂的國，而不是追求這個世界。金錢不代表一切，上帝才是萬有之主。這個世界所有的快樂都會結束，我們在這世上所喜愛的一切都是短暫的。上帝正在為我們準備超乎我們想像、更加美好、且永恆不變的事物；因為祂是如此愛我們。讓我們用餘生為上帝作工吧！

希珊・曼卡布・希圖布 （Hepsan Mangapul Sitompul）
西印尼分校第 4 屆佈道士

最好的能力是「我願意」

這樣看來，我們各人必要將自己的事在上帝面前說明。

羅馬書 14：12 ■

當千人佈道士運動的司庫（財務主管）詢問我是否願意擔任校區會計室的校園佈道士時，我早已完成了千人佈道士運動為期一年的服務，並在家鄉忙於自己的事工約兩年。我苦思良久該怎麼回答，同時考慮了我的選擇、侷限和才能。因此，我要求能有更多時間思考，因為我希望先為此禱告。

在那次談話兩週後，我開車前往教堂參加禱告聚會，依舊無法決定究竟該接受還是拒絕。突然在我前方的汽車停了下來，我被夾在兩輛車中間。我用盡全力猛踩剎車。由於水泥路上有一些碎石，我失去了控制，搖搖晃晃地以「之」字形的方式高速行駛。那時我索性閉上眼睛，做好了死的準備。幸運的是，我沒有偏離道路。而讓我更加驚訝的是：我身後的車子竟然是一輛大卡車！

那次經歷將永遠留在我的記憶中，它也提醒了我一些事情──我想起我們的時間是多麼有限；在我們還活著的時候，無論上帝呼召我們前往何處，接受祂的使命和工作是何等重要。儘管發生了意外，我仍然無法確定上帝對我的呼召和祂對我生命的目的。當我思考自己的選擇時，我想起了一位講者在研討會上分享的一句話：「我們最好的能力就是：『我願意。』」這句話鼓勵了我接受邀請擔任校園佈道士，成就上帝的呼召。

我從未想過上帝會使我置身於這樣的境地，以便向我啟示祂的呼召比我如何看待祂對我的計畫和目的都來得更重要。我們有時雖是被迫前往，但主的道路會吸引我們更接近祂。我心存感激接受了上帝的挑戰。因為在我的人生旅途中，祂從未向我隱藏過祂的信實。

立文・奎拉郎（Leevan Quilalang）
菲律賓總校區第 43 屆佈道士

不能攔阻

「我知道,你萬事都能做;你的旨意不能攔阻。」

約伯記 42:2 ■

培訓結束後,我們被分配前往印尼中蘇拉威西省的東加拉縣(Donggala, Central Sulawesi),到其中的南巴納瓦區的姆布烏村(Mbuwu, South Banawa),開始為兩個月後的佈道會作特別的禱告,然而佈道會因故延期了。儘管如此,我們仍然繼續日常的家訪。其中有一戶是我們久未拜訪的阿圖家,於是我們決定找一天去看他,和他一起查經。可惜的是他不在家,我們很失望;但我們同時也見到了阿圖的妹妹米娜,我們相信上帝自有不同的計畫。

在等待阿圖時,我們邀請米娜一起討論上帝的話。在討論的過程中,米娜詢問有關基督復臨的問題,這開啟了我們討論安息日、飲食、管家和洗禮相關的話題。

接下來的安息日,米娜鼓起勇氣來到教堂與我們一起敬拜。從此。我們的友誼日益深厚。然而撒但也在伺機而動,他利用當地人說服阿圖的另一個姐姐禁止米娜在安息日敬拜。米娜開始了捍衛自己信仰的抗爭。姐姐對米娜又打又罵,我們卻束手無策,只能懇切地為她禁食禱告。

上帝是米娜的力量來源,面對這場爭戰,她更加忠心地遵守安息日並決定受洗。我們既感動又高興,但不知誰能為她施洗。教會的堂主任因尚未被按立為牧師,所以還不能為人施洗。這一次,主再一次向我們指明了祂的道路,祂讓當地區會授權我們的牧師為米娜施浸。

米娜藉由洗禮接受耶穌為她個人的救主,然而她面對的爭戰尚未結束。她的信仰持續受到考驗,因為她的哥哥阿圖威脅她,強迫她回到以前的教會。儘管米娜聽從了哥哥的願望,但她還是決定只在安息日做禮拜。奇蹟接著發生了,上帝軟化了阿圖的心,他終於同意米娜在安息日敬拜,她只需要向以前的教會提出一份轉出申請。

「耶和華的膀臂並非縮短,不能拯救,耳朵並非發沉,不能聽見。」(以賽亞書59:1)

依瑪・湯布谷(Irma Tombuku)及朱尼亞希・皮拿(Juniarshi J. G. Pena)
東印尼分校第 18 屆佈道士

陷入自己的圈套

耶和華說：「我的意念非同你們的意念；我的道路非同你們的道路。」

以賽亞書 55：8 ∎

　　我的童年是十分令人沮喪的；同學們經常無緣無故地打我。可是說來奇怪，我從未因此感到疼痛。但是當我回擊時，他們的傷勢卻往往相當嚴重。因此我的父母經常體罰我，說我是個不祥的孩子，甚至讓我受到連坐處分。人們總是躲著我；一個老薩滿曾經告訴我，在我身旁有一個黑衣人總是保護著我，所以我有超能力。

　　我的頭髮很長，每次剪短，身體就會有奇怪的反應。當我問母親這件事時，她告訴我，我小時候曾經生過重病，很多人說我那時就死過一回。但她帶我去求見一位長者，他後來醫好了我。他告訴母親，如果我不殺人，就會被殺。我當過旅行攝影師，也做過漁夫，釣觀賞魚來販售。一次在賣魚時，我看到兩個年輕人帶著一群孩子在海邊游泳。我結識了他們，並送他們觀賞魚作為見面禮。幾天後，這兩個年輕人到我家拜訪。他們離開後，朋友們說，這些人把邪教帶來了村子裡。於是，我計畫設陷阱來害他們。我經常邀請他們來討論事情，但他們總是可以從《聖經》中找到答案。後來，他們成了我的好朋友，但我村裡的朋友和父母卻因此對我深惡痛絕。

　　我原本希望他們能落入我的圈套，結果我反倒無法從這兩位被派到這裡的韓國佈道士所傳講的真理中脫身。每個安息日，我都和他們還有那位老薩滿一起在教堂裡做禮拜，她也對真理很有興趣。最後，我決定受洗。在浸禮開始時，天空非常平靜，陽光明媚，但在我入水的那一刻，天氣突然變了！狂風大作，天空開始變黑，接著雷雨交加。但我已決心將自己的生命交給上帝。我身上神祕的力量似乎消失得無影無蹤；剪掉頭髮時，我也感覺不到任何痛苦。耶穌把我從黑暗權勢中解救出來了！

　　三年後，這群佈道士邀請我加入他們宣教的行列。當時我的父親身染重病，即將不久於人世，所以家裡人不讓我走，但我還是決定前往參加培訓。我請妹妹們照顧父親；奇蹟般地，他在最短的時間內康復了。我相信這是上帝所行的神蹟。於是，我參加了第六屆的宣教培訓，並被派到印尼的加里曼丹（Kalimantan）。儘管我的能力有限，我仍感謝上帝選擇我作為祂的勇士之一。如今，只要上帝需要我，我就會一直服事祂。

瑞斯基・撒儒馬哈（Resky Sarumaha）
東印尼分校第 6 屆佈道士

肥沃又乾燥的土壤

流淚撒種的，必歡呼收割！

詩篇 126：5 ■

當我來到印尼西努沙登加拉省比馬市的松巴哇島（Sumbawa, Bima, West Nusa Tenggara），眼界所及盡是一大片廣大而乾燥的岩石地，我將在那裡擔任佈道士。當我了解到當地人是多麼渴望真理，然而工人卻很少時，我感受了在這裡事奉的喜悅和悲傷。有這麼多的工作需要做，但能做工的人卻屈指可數。憑藉上帝所賜的能力，我擴大了事工範圍，竭盡所能地在有限的時間內接觸更多的人，不僅僅是在東普（Dompu），也在整個松巴哇島上服事。

該地區既沒有復臨教會，也沒有教友。我們每個安息日在七個不同的地點輪流舉行聚會。起初，距離太遠的聚會點也對我們帶來了阻礙。我無法否認我因此常在安息日感到疲憊；然而，這並不妨礙我的服事。來自社區和當地政府的挑戰源源不絕，為此我流下了許多眼淚，雙膝下跪向造物主懇求。為當地人服務時，我全心全意地努力工作、殷勤禱告，並且禁食。

「流淚撒種的，必歡呼收割」——這乃是上帝的應許，而我親身經歷過。當130人決定透過洗禮跟隨耶穌基督的真理、生命和道路時，整個海灘上的群眾都見證了上帝的威嚴。感謝讚美主！該地區後來建立了兩個新的安息日學分校。我最大的喜悅莫過於見證這些寶貴的生靈選擇追求真理，並在耶穌裡過新的生活。

如果撒但竭力阻撓上帝所制定的救贖計畫，我們這些蒙上帝恩典得救的人，更應該努力使自己成聖，並且明白無論我們身在何處，都必須傳福音，因為仍然有許多人不認識耶穌，也不知道耶穌是如何愛所有的人。耶穌深愛著你和我，而你愛耶穌的證明又是什麼呢？

利烏特・瑪納魯（Lyut Manalu）
西印尼分校第 6 屆佈道士

上帝必保護

因為我耶和華—你的上帝必攙扶你的右手,對你說:「不要害怕!我必幫助你。」

以賽亞書 41:13 ∎

我們的宣教區大約有80個虔誠的天主教家庭。有一天,史塔西天主堂的會議主席(相當於教會長老)菲利克斯先生衝進我們的住處,砸毀了桌子。他訓斥我們要傳教就去別的地方。據他的說法,我們被禁止在當地繼續我們的事工。我們忍不住為此哭泣,並為菲利克斯先生禱告。後來我們得知他病了,就去探望他,替他量血壓,再次為他禱告。禱告過後,他說了一些出乎我們意料之外的話:「你們就留在這裡繼續你們的事工吧!我不會阻止你們。事實上,我希望能在家裡查經,因為我想和你們一起學習!」

在宣教區有許多人希望學習上帝的話,於是在4月時,我們與千人佈道士運動的棉蘭校區,以及萬隆復臨醫院合作舉辦了小組佈道會。儘管沒有電力供應,會眾的學習意願並沒有因為黑燈瞎火而減少。當主講人宣布第一堂的聖經課到此結束,並將在第二天晚上繼續時,會眾們懇求我們能持續講課,因他們渴望得到真理。菲利克斯先生和其他家庭則希望在家裡私下學習。除了查經之外,我們還分發了《善惡之爭》一書。

一個星期天的午夜,我們驚訝地發現一群全副武裝的警察包圍了我們的住所。他們把我們帶到了派出所,指控我們散布異端。我們很害怕宣教的任務會就此結束。但事實並非如此。他們以褻瀆宗教為由沒收了我們的書籍。在派出所裡,菲利克斯先生偷偷地把一本《善惡之爭》藏在他的襯衫底下。上帝藉由這本書向他揭示了他以前不知道的事情。當他發現真理時,他更加忠於上帝的話和耶穌基督。後來,他辭去了天主堂長老的職務,與我們和其他家庭一起參加了安息天的聚會。在經過了教區的調查之後,我們得以分享《善惡之爭》,調查報告說《善惡之爭》是一本必讀的書籍,因為它包含了天主教會的歷史。

有謠言說我們擾亂了當地的安寧,所以依當地的法律,我們不得不搬出我們的住處。但是上帝出手搭救,警察們不但沒有發現任何證據,我們還得到了當地耆老和社區的支持,使我們得以繼續我們的使命。上帝確實偉大,成為祂的器皿並不是一件易事,但卻是非常值得的。

英維亞・卡提安達荷(Invia Katiandagho)及瑟瑞達・希圖露思(Selvrida Sitorus)
西印尼分校第3屆佈道士

上帝是美好的

耶和華本為善,在患難的日子為人的保障,並且認得那些投靠他的人。

那鴻書 1:7 ■

　　當我決定加入千人佈道士運動時,父母完全不支持我。母親不希望我離開,所以在我準備前往校園報到的那一天,她轉過身背對我說:「如果你認為這是最好的決定,那就隨你吧!」之後,我帶著忐忑不安的心啟程。

　　培訓結束後,我和宣教夥伴亨德拉‧馬努朗(Hendra Manulang)被派往印尼卡巴魯安區、德薩潘格蘭的塔勞德群島(Talaud Islands, Desa Pangeran, Kabaruan)。當地沒有復臨信徒,絕大多數的居民更是從未聽過「復臨教會」這個教派。我們謹慎地與居民們交談,盡我們所能提供所需要的支持。他們最終接受了我們的存在。然而,當我接到阿姨急電,告訴我母親罹患了婦科癌症(肌瘤)、腎臟併發症和高血糖且病情嚴重時,我的宣教熱情頓時煙消雲散。

　　在徵得校方同意後,我有機會去看望母親。我的母親不是復臨教會的信徒,所以我懇切地祈求上帝醫治她,因為她曾表示希望接受浸禮。但上帝有不同的計畫,我只和母親相處了五天,她就去世了。我感到非常脆弱,不知道該怎麼辦才好。我無法停止懷疑。後來佈道士友人以及朴允根(Park Yun Gown)主任的鼓勵安慰了我。我相信發生在世上的一切都是上帝所允許的,祂知道什麼才是最好的,因為祂本身就是美好。

　　最終,我回到了宣教地區。即使因為母親的去世心情沉重,我仍然覺得必須繼續服事。但後來我的家人又要求我回去,因為我最疼愛的弟弟在我去服務的兩週後因腎臟感染去世。我不知道自己還能做什麼,我的心已經麻痺。由於情緒低落,我無法獨自旅行,於是我的夥伴陪我回去。當我到家,弟弟已經下葬,所以我沒有機會見他最後一面。因為這件事,我質問上帝:「主啊,為什麼?為什麼會發生這一切?祢真的是愛人的上帝嗎?為什麼我必須經歷這些?我從未想過會在這麼短的時間內接二連三地失去家人!」

　　我相信,發生在我身上的一切都是可以解釋的。上帝允許事情發生也必定有祂的理由。有時,我們過分專注於當下,而忘了那擺在未來的、更大的計畫,就無法從當前的經歷中汲取教訓。

芬妮‧翁圖雷(Fanny Ontolay)
東印尼分校第 7 屆佈道士

上帝是我們完美的宣教夥伴

疲乏的，他賜能力；軟弱的，他加力量。

以賽亞書 40：29 ■

　　我由衷地感謝上帝，我因祂在宣教區得以生存。在我和宣教夥伴之間發生矛盾之後，我感到十分失望並決定離開宣教區。然而我並不想回家，只是想和我的夥伴分開。因為我再也無法忍受我們相處的狀況。但是上帝另有安排。聖靈對我低聲說話，給我力量繼續前進。

　　我的宣教夥伴最終離開了，當我問她準備去哪裡，她只說要去某個地方。不過看著她，我相信她是準備回家。她離開後，我感到很失望，因為原本是我打算先離開這個地方的。但上帝希望我在此情況下學習祂為我預備的功課和教導。於是我留了下來，相信這是上帝的旨意。一月初，我從基·萬卡尼亞牧師（G. Wangania）口中得知，普瑞斯瑪佈道團隊（Prisma）計畫在我的教堂舉行培靈會，我感到很驚訝。在聚會開始前，我決定禁食禱告一週。終於，培靈會在上帝的恩典下如期舉行。

　　上帝總是賜給我耐心，讓我能夠看到祂的大能和神蹟。祂向我展示了把我留在那裡的目的，並教導我需要學習的課題。上帝讓我體驗了親眼目睹人藉由洗禮悔改的喜悅。當牧師發出洗禮的呼召時，7個人站了起來，其中包括一位在印尼肯達旺岸（Kendaungan）地區頗有名氣的老薩滿。薩滿在當地被視為是能夠接觸並影響善惡靈界的人。這些人通常會在占卜儀式中陷入恍惚狀態。儘管我從來沒有替他查過經，但我經常去探望他，為他禱告，與他分享上帝的話。在培靈會結束時，一共有16個生靈接受了基督。

　　我相信是聖靈的力量引導他們藉由浸禮將自己的生命交給上帝。我也相信聖靈同樣在引導我，使我在宣教區能夠堅持下去。正如上帝在我受訓期間眷顧我一樣，祂也在宣教的戰場上祝福我。

艾爾文·提瓦（Alvian Tiwow）
西印尼分校第 1 屆佈道士

上帝的干預

然而他知道我所行的路；他試煉我之後，我必如精金。

約伯記 23：10

當我們得知宣教地點時，不禁充滿了恐懼和擔憂，因它讓我們聯想起2018年在亞博索姆（Yabosorom）去世的一位醫療佈道士。當我們到達位於印尼巴布亞省賓山縣（Bintang Mountains, Papua）的尤皮梅克區瓦基達姆村（Wakidam, Eupimek）宣教區時，我們發現那裡既沒有電也沒有手機信號，當地更是少有訪客。我跟我的夥伴說：「如果真的發生什麼，我們也無能為力。」然而我們的恐懼是多餘的，因為我們受到了整個社區的歡迎，他們還邀請我們一起用餐。

在當地的許多經歷堅定了我們的信心。我們相信上帝允許這些事情發生是讓我們能深切體認對祂的需要。某個安息日，一位母親大聲呼求請我們去看看她頭痛的兒子。對於這類請求，我們習以為常，因為那裡的人幾乎每天都頭痛。臨行前我們跪下禱告，求上帝賜予智慧。到了婦人的家，我們發現她的兒子已暈倒在地且全身僵硬。於是我們請在場的人一起禱告，隨即演奏了一些音樂。那個男孩瞪大了雙眼向上看，然後又暈倒了三次。他明顯是被鬼附身。我們不知道該怎麼做，因為在培訓時從未學過如何處理被鬼附身的問題。我們唯一能做的就是懇切地禱告和持續演奏。靠著上帝的恩典，他終於恢復神智！

還有一次，我們教的70名學生中有一位即將生產，她已經忍受了將近兩天的陣痛。那裡的人認為我們是醫療人員，所以相信我們可以應付。我們當中的一位佈道士（樂芙莉）直接走到產婦的房間，跪下來祈求智慧和上帝的協助。到達那裡後，我們請在場的人於我們演奏音樂時與我們一起禱告。當地接生的方法十分傳統。這個婦人也沒有丈夫，所以人們不免開始擔心。我們告訴他們不要怕，因為上帝會幫助她。但是情況看起來不太樂觀，於是我們要求他們繼續禱告，我們也繼續演奏，儘管他們認為在這種時刻演奏音樂並不恰當。感謝上帝，接下來的分娩過程很順利，母嬰都平安。

這些經歷在我們眼前見證了上帝超乎想像的大能。我們受到鼓舞繼續為主工作；我們也因此對祂更有信心，和祂的關係變得更加牢固。所以無論我們的處境多麼艱難，都必須相信上帝的安排，祂最終將使我們得勝。

西塔・哈希布安（Citra Hasibuan）及樂芙莉・圖圖布依（Lovely Tutuboy）
東印尼分校第 27 屆佈道士

上帝的建堂計畫

你要寫信給非拉鐵非教會的使者,說:「那聖潔、真實、拿著大衛的鑰匙、開了就沒有人能關、關了就沒有人能開的。」

啟示錄 3:7 ■

　　印尼北托拉賈的阿灣村(Awan, North Toraja)是我們的宣教區,儘管基督教在當地歷史悠久,傳統文化和通靈術依舊興盛。對村民來說,宗教只是一種可有可無的形式。因此,我們藉由接觸孩子們,教他們如何製作肥皂,以及利用周遭植物進行自然療法等方法,來開啟我們的宣教工作。

　　但上帝是偉大的!祂使用我們的程度超乎我們的想像。祂計畫讓我們在當地興建一座教堂。我們在缺少復臨教會信徒幫助的情況下著手進行上帝的計畫,因為無人相助,我們只能靠自己的雙手蓋教堂!我們必須從砍伐樹木開始,原以為這會是一件即便是對男人來說都很困難的事,然而事實並非如此。我們還必須自己整地,用手推車從砂石場取石頭和沙,帶到工地與水泥混合。這件事的完成從頭到尾都只有我和夥伴兩個人。然而出乎意料的是,有一天上帝派了大約三十位男女來協助建堂。這實在是太神奇了!因為當中沒有任何一位是復臨信徒。

　　繁重的體力活對身為女性的我們是非常辛苦的。我們缺乏男性擁有的力量。我們成事的祕訣就是單單依靠耶和華賜下的智慧和才能。上帝的大能讓當地的居民也深受感動,於是他們決定加入並幫助我們。在2017年11月20至25日,我們舉行了期末佈道會。在佈道會期間每天都下雨,但這並沒有阻止村民前來聆聽上帝的話。在佈道會結束時,有6個人接受洗禮。的確,如果上帝親自打開了一扇門,就沒有人能關上它。奉獻給上帝的一切事物,沒有一件是徒勞的。一切榮耀全歸給上帝的名!

　　我們誠摯地邀請每個人繼續為阿灣村的事工禱告,尤其為目前進行的建堂工程禱告,願所有的信徒都能忠心到底。隨著教會的發展,能有更多人加入教會,將自己獻給耶穌。

努哈亞提・西拉拉海(Nurhayati Silalahi)及迪瑪・西南 (Derma Sinag)
西印尼分校第 4 屆佈道士

上帝的工得勝

「耶和華必在你前面行；他必與你同在，必不撇下你，也不丟棄你。不要懼怕，也不要驚惶。」

申命記 31：8

宣教期間，我們曾在兩個地區服務：在第一個宣教區時我們擔任小學教師；爾後在第二個宣教區，我們則是在立庫馬里亞達村（Likumariada）傳福音。到達第二個宣教區兩週後，我們經歷了一場芮氏規模7.4級的地震，感受到非常劇烈的搖晃。地震發生在星期五，當時我們剛要舉行晚間的聚會。村民迅速地跑出家門，孩子們因為害怕而嚎啕大哭；當下我們立即跪下祈求上帝的保護。在上帝的眷顧下，我們得以在四天後前往市區協助因地震、山崩和海嘯受難的民眾。我們分發食物給災民，並為基督徒和穆斯林的災民禱告。許多人也提供了援助和捐款，包括千人佈道士運動美娜多（Manado）校區的主任和職員。

幾週後，兩個村民分享了他們在安息日做的夢。第一位告訴我們，在我們到達之前，他夢見兩個穿白袍的女人。她們非常聰明並住在他們的村裡。他相信在他夢裡的兩個女人就是我們。第二位則夢見第二個宣教區巴拉卡瑟拉瑪坦（Bala Keselamatan，BK）教會的招牌，從我們住在那裡之後，就改為「基督復臨安息日會」。

兩個月後，13位寶貴的生命決定接受浸禮。不料典禮結束後，巴拉卡瑟拉瑪坦教會的領袖對此極為不滿，且威脅要逮捕我們。我們面對的是該教會一群共20位因浸禮的緣故從萬隆（Bandung）趕來的領袖。他們指責我們是「偷羊賊」。他們說我們用金錢、日用品和摩托車賄賂人們，讓他們受洗。但是我們堅稱這是上帝的工作，並相信善良終將獲勝。慶幸的是，當晚的爭論到了最後算是圓滿，並且在平和的氣氛中結束。儘管如此，我們相信終有一天他們會敞開心扉，接受真理。

我們身為上帝所揀選的器皿，在這過程中遇見困難在所難免。我們必須堅持並相信上帝的應許，凡事都互相效力，叫我們和遇見的人得益處。

露西・魏谷諾（Lusy Wiguno）及菲比・杜蘭（Feiby Dolang）
東印尼分校第 26 屆佈道士

在祂沒有難成的事

「我總不撇下你,也不丟棄你。」

希伯來書 13:5 ▇

被派往印尼提米卡的科科瑙(Kokonau)宣教區之後,我們學會了飲用微鹹的水,因那裡靠近大海。每當鹽水水位上升時,井水也會因此鹹到無法飲用,這種時候我們別無選擇,只能使用附近呈褐色的河水。直到一天晚上,我們實在無法忍受飲用河水了;因此,我們向上帝祈求,懇求祂提供雨水來填滿我們的蓄水池,使我們有乾淨的水可用。上帝立即回應了我們的禱告,從那時起,直到任期結束,我們再也沒有飲用過骯髒的河水。

當時我們需要找到渴求活水的生靈,我們很高興能有機會拜訪並與人們分享上帝的真理。首先我們提供了基本的健康服務,然後逐漸將上帝的信息介紹給他們。有一次,我們遇到一些人請我們禱告。我們不僅為他們禱告,還分享了上帝的信息。後來他們願意接受真理,並準備受洗。然而,一連串的事情發生卻阻礙了他們的決定。

對於突發的情況,我們感到既失望又難過,甚至想就此放棄。上帝卻沒有離開我們,而是鼓勵並教導我們敞開心胸。於是我們懇切地禁食禱告,求主帶領我們的事工。然而,失望的陰影仍未結束。當我們正準備舉行一場佈道會時,計畫突然受阻;因此沒有佈道會,也沒人受洗。迄今為止,在宣教地區所做的一切看似都是徒勞,我們是徹頭徹尾的失敗者。

但是我們從中領悟到一件事:在宣教區的十個月並不是我們使命的終點。我們離開後,上帝必會派其他的佈道士繼續這項使命。上帝的每一句真理都不會白白浪費。有人播種,自然就會有人收割。我們無法得知結果,但卻學會了一件事:「一朝佈道士,終生佈道士。」

安娜・夏哈安(Ana Siahaan)及佩蒂・希努哈吉(Pretty Sinuhaji)
西印尼分校第 7 屆佈道士

祂鋪平道路

看哪,我要做一件新事;如今要發現,你們豈不知道嗎?
我必在曠野開道路,在沙漠開江河。

以賽亞書 43:19

我們被派往印尼蒙科內村的博拉昂蒙道(Bolaang Mongondow, Mongkonai)宣教。當地村民大部分(95%)是穆斯林。他們之所以歡迎我們進入社區,是因為我們以設立英文班展開宣教。

我們計畫在任期結束時舉行一場佈道會。過去的佈道士也曾試圖開佈道會,但政府拒絕了他們的申請,因為許多官員都是穆斯林強硬派人士。但我們並沒有放棄;在等待許可的同時,我們盡力預備。在活動開始前的一週,許可證仍未被簽署,教友們不得不放棄。但是我們繼續禱告、禁食,並向上帝委身,請求祂的干預。我們深信沒有什麼事超乎上帝的能力。在聚會開始前三天,我們終於收到了許可。結果在聚會結束後,有三個人願意將自己的生命交給耶穌。

其中有位賈桂文‧卡波約斯(Jackwin Kapoyos)在洗禮後面臨巨大挑戰。她的家人對她的決定很生氣,四個軍人哥哥更是強烈反對。當賈桂文準備在洗禮後的第一個安息日上教堂時,哥哥們竟然動手打了她。她執意離開,其中一位還拿刀追她進入教堂。當時情況非常緊張,教友們齊心協力地祈禱。在一位熟人的安撫下,賈桂文的哥哥離開了。但後來他又跟憤怒的父親折返,緊張的氣氛再度升高。教會長老嘗試與她的家人溝通,我們則繼續祈求上帝介入。最後雙方同意賈桂文在一些教友陪同下先回家。但從那天起,她再也無法自由地在安息日聚會,因她的家人總是緊盯著她,掌握她的行蹤。每當我們打電話給她,總是她哥哥接的電話,這讓我們幾乎無法與她交談。後來有一天,我們得知她病了,決定去看她。看到我們出現,她似乎很害怕;談話時她也顯得很緊張,擔心她父親知曉我們的身分後會大發雷霆。

那天道別後,賈桂文帶我們穿過唯一的小巷走回大路上。她回到家時,卻驚訝地發現父親已經下班在家。她納悶父親是從哪條路回來的,因為通往大路的通道只有一條,就是她帶我們走過的那條小巷。我們相信上帝遮住了我們的眼睛,使我們看不到彼此,不然他定會暴怒且責打他的女兒。請為賈桂文禱告,使她能夠堅持她所學到的真理,直到耶穌再來。此外也請為她的家人祈禱,願賈桂文的堅持和信心能讓他們了解真理。

西斯卡‧若瑪雅(Sisca Rumayar)及普吉‧哈斯圖提(Puji Hastuti)
東印尼分校第 8 屆佈道士

差遣我，守護我

我知道，你萬事都能做；你的旨意不能攔阻。

約伯記 42：2 ■

你曾經獨力執行過一件宣教任務嗎？當你宣教的時刻到來，你或許會懷疑自己是否真能做到。你當然可以！宣教從來就不是一件易事，然而一旦你投身於它就永遠不會後悔。

對我來言，能夠在印尼西巴布亞（West Papua）的馬拉巴姆（Malabam）、克拉亞斯（Klayas）、索龍（Sorong）完成十個月的宣教工作，是一件不可能的任務；因為我被派遣一個人去這些地區宣教。但是記載在〈約翰福音〉14章1節的經文激勵我，它說：「你們心裡不要憂愁；你們信上帝，也當信我。」

我過去常常從整理房子旁的菜園來開始新的一天，然後用白天的時間在學校教課。每天晚上8點左右，我會教大家閱讀《聖經》。我有空時也會協助當地的居民收割西谷米。這些只是我日常生活的一瞥。在我剛開始宣教時，我幾乎每週都得瘧疾，這讓我的身體非常虛弱。一天早上，當我在房子旁邊除草時，突然感到頭暈目眩，頭痛得厲害。我試圖回到我的房間，才走到房門口，我就倒了下來，無法站立。我禱告說：「上帝，請幫助我回到我的房間。」不久之後，在上帝的幫助下，我勉強站了一會兒，並走到我的床邊躺下。但我的情況持續惡化，再也無法站立。我再次禱告：「主啊，祢是否能派一位村民來看我？因為我尚有未完成的任務。」

三天來，我沒有吃任何食物，因為我無法起來做飯。後來一位鄰居說，當時她覺得很奇怪，為什麼老師（當地人如此稱呼我）都沒出門，房子裡也沒有飄出烹飪的油煙，這實在很不尋常（說明我完全沒有做飯）。於是她鼓起勇氣走進我的房間，發現我病倒了躺在床上。她立即跑出屋外，迅速打電話給她哥哥來查看我的情況。然後他們悉心照顧我，給我吃藥又餵我吃飯，直到我恢復健康。

當我感到完全無助、沒有朋友或家人照顧我時，上帝就在那裡，並及時提供幫助。沒有任何事情能反駁我的信念，上帝親自呼召我、差遣我和保護我的生命。不僅如此，上帝還讓當地的人們能夠學習《聖經》，以便有一天藉由洗禮接受耶穌，成為佈道士。

菲力安努斯‧瓦魯烏（Ferianus Waruwu）
西印尼分校第 8 屆佈道士

祂教導我們

管教列邦的，就是叫人得知識的，難道自己不懲治人嗎？

詩篇 94：10 ■

位於印尼西加里曼丹省、蘭德區阿邦街區的吉興村（Gihing, Ngabang, Landak, West Kalimantan），是一個既沒有電、也沒有通信訊號的村莊，我們從坤甸出發，走了19個小時的陸路，最後搭船過河才抵達當地。在到達的那一刻，我們意識到在接下來的幾個月，禱告將是我們尋求支援的唯一途徑。上帝只想提供我們一種可隨時隨地接觸祂的溝通方式。

於是在這上帝預定塑造我們之處，我們展開了使命的旅程。為了拜訪村民的家和其他人的臨時居所，我們經常不得不跋山涉水數小時。「主啊，我們再也走不動了！」好幾次我們幾乎要放棄，哭著跟上帝這樣說。但上帝決意不放棄我們。每當我們看到村民們熱心地研讀上帝的話時，一切的疲憊瞬間就煙消雲散！「主啊，我們該怎麼做才能感動他們的心？」我們不斷地在禱告中詢問上帝：「我們該如何帶領人歸向祢？」

那個地方有個孩子叫阿頓，他非常喜歡參加每週的兒童活動，他查經、學唱詩歌，也提升自己的英文能力。儘管阿頓不是復臨信徒，但他從不缺席我們舉辦的活動。我們去阿頓的家拜訪過幾次，但從來沒有與他的父母一起查經。然而，他們仍然接受耶穌而受洗，這是上帝的祝福。「我受洗是因為阿頓的緣故，」阿頓的父親解釋道。「我的兒子在參加復臨教會的活動後改變了很多，這讓我印象深刻。儘管我們從未去過教堂，但他仍然是一個忠實的基督徒。」

吉興村是上帝讓我們更清楚看見祂存在的地方，〈申命記〉31章6節說：「你們當剛強壯膽，不要害怕，也不要畏懼他們，因為耶和華——你的上帝和你同去。他必不撇下你，也不丟棄你。」

溫妲・烏以珊（Winda Wuisan）及菲力扎達・達・克斯塔（Felizarda Da Costa）
東印尼分校第 14 屆佈道士

天國的天使

耶和華的使者在敬畏他的人四圍安營，搭救他們。

詩篇 34：7 ■

印尼北蘇拉威西省的吉科姆盧布村（Jiko Molobok）是我們的宣教區；當地的人口大約有200戶，家家幾乎都有酗酒的問題，每天晚上幾乎都有人喝醉。我們相信上帝安排我們前往當地絕對有祂充分的理由。

作為佈道士，我們會進行諸如「密集禱告」（bombing prayer）和「行走禱告」（marching prayer）的祈禱方式。有一天，我們在凌晨12點上山並禱告三個小時（密集禱告），接著又持續在村莊周圍禱告（行走禱告）。就在我們邊走邊禱告時，遇到一件意外的事。一位值夜的巡邏員突然快速地跑過我們身邊。我們對他為何如此匆忙感到困惑，但他的舉動不影響我們繼續前進，直到完成禱告。

第二天，我們遇到了那名巡邏員，就問他為什麼在我們走路時從我們身邊跑開。他的回答讓我們大吃一驚！他信誓旦旦地說，當我們行走時，他注意到有個穿著白衣、身形高大、光彩奪目的人，手持盾牌站在我們身後。當地人相信妖怪會不時出沒將人擄走，所以他們時時刻刻感到恐懼並保持警惕。

那是一個不尋常的夜晚；在我們行走禱告途中，沒有一隻狗對我們吠叫。通常在白天，當地的狗會對路人狂吠。但那晚與前幾晚截然不同。我們感覺到有一股力量正傾注在我們身上。因此，當我們聽到夜班巡邏員的見證和經歷時，我們確信那定是由上帝所差派、陪同我們完成任務的天使。從那時起，我們充滿了服務的熱情。

感謝上帝派遣天使陪伴我們；當地後來共有14人受洗，接受耶穌作為他們個人的救主。還有一些查經班成員表達了他們希望在未來受洗的願望。

的確，上帝永遠在事奉祂的人左右；祂在必要時創造奇蹟，並且應許賜力量給凡祈求祂的人。我們深深感謝上帝為我們所做的一切，以及祂持續為我們和祂的子民所做的；透過成為印尼千人佈道士運動的志工，我們證實了上帝的同在和供應。

路基尤斯・流非圖（Lukius Liufeto）及史蒂芬・林卡（Steven Lingga）
東印尼分校第 10 屆佈道士

耶和華以勒

我的上帝必照他榮耀的豐富，在基督耶穌裡，使你們一切
所需用的都充足。

腓立比書 4：19 ■

對於全世界數以百萬計的兒童來說，教育仍然是一項遙不可及的權益。有數百萬名學童無法就學，其父母還是文盲，缺乏改善自己和子女生活條件所需的知識。由於權益的不平等，許多發展中的國家，甚至是已開發國家的兒童都缺乏接受基礎教育的機會。

對許多國家來說，小學教育的普及非但是重要考量，也是至關重要的議題。毋庸置疑，世上有許多弱勢兒童都是因故不得已放棄他們受教育的機會。而在我的宣教區——印尼巴布亞霍布通戈村的英格利特馬（Inggritma, Hobutonggo, Papua）區域的孩子，就是這群兒童之一。當地的教育資源嚴重缺乏。從小孩子們就被教導要放棄自己的夢想；這是多麼可悲的事啊！就連當地的居民也缺乏夢想的勇氣，或者說失去了將孩子送去接受高等教育的動力和希望。但是，如果他們不識字，也不懂印尼話，上帝的信息又要如何傳達給他們？了解當地的情況後，我們嘗試教他們基本的閱讀方法，包括學習字母的書寫和發音，並翻譯成印尼話。慢慢地，這些人學會了如何閱讀和理解印尼話。

明白有這麼多人需要幫助及適當的教育，提醒了我們應該與他們分享上帝的愛。教導和照顧病人是我們向宣教區的人們展示耶穌之愛的方式。我們供應並照顧病人的需要，儘管我們對醫學了解不多。我們也將有限的藥品帶到宣教區，分發給凡需要之人。儘管如此，我們卻一直保持足夠的庫存量，甚至可供接下來的幾天使用。我們從未缺乏所需的藥品！

上帝的偉大和我們所經歷的神蹟讓人感到驚奇。上帝醫治了病人，提供並維持我們所有的需要。當我們把自己的局限交託給上帝，並祈求按祂的旨意使用我們時，祂就會使用我們並為我們成就大事。

瑞歐・但・馬森（Rio dan Marthen）
西印尼分校第 5 屆佈道士

來自天國的喜樂

「我告訴你們，一個罪人悔改，在上帝的使者面前也是這樣為他歡喜。」

路加福音 15：10 ∎

禱告蒙應允的故事可以增強我們的信心，並為我們帶來希望和安慰。即使我們不明白上帝回應禱告的原因，我們仍應以誠實和謙卑的態度禱告。在我們的宣教區──印尼的望加錫巴倫邦（Barombong, Makassar），我們為許多蒙應允的禱告而感謝主！我們和禱告小組一起祈禱，求上帝派人來參加查經。我們懇切禱告，希望上帝垂聽。第二天，大約傍晚6點鐘時，我們前往教堂參加禱告聚會。但是教堂的門是鎖著的，所以我們只好等教友去取鑰匙來開門。在我們等待期間，一名拿著牛皮紙信封的男子向我們走來，信封裡裝有一些表格，他似乎在尋找一個地方。

這名男子顯然是看見並認出入口處復臨教會的標誌。「請問這是復臨教會嗎？」他詢問道。我們回答說：「是的。」我們以為他是復臨信徒，後來發現他並不是，他甚至不是望加錫本地人。他是來自安汶市（Ambon）的復臨教會慕道友，來到望加錫是為了尋找耶穌。接下來的一個月，這位名叫馬丁·佩蘇里瑪（Marthen Pesulima）的弟兄成為了我們查經班的學員之一。後來他也成為一名佈道士。他是我們為查經班禱告所得的回應！

馬丁弟兄從一位朋友那裡得知復臨教會的信仰。這朋友給了他一本《善惡之爭》。正是因為這本書，他的人生開始發生變化。他發現關於安息日的真理，並開始在《聖經》中尋找更多寶貴的真理。聖靈深深地打動了他的心，他決定不再參加星期日教會。然而，當他開始在安息日上教堂時，他的父母和其他家人對他的決定感到非常生氣，他們不再把他當作家庭的一員。這就是他來到望加錫的原因。他想找到真理，了解更多關於上帝的信息。令人驚訝的是，上帝帶領他遇見了我們。我們幫他查經，並為他祈禱。

的確，上帝在祂所安排的時間裡使一切變得甚好。後來馬丁接受了安息日為崇拜的聖日，並在2016年11月12日做出了受洗歸主的決定。我們確信，天堂為這一位接受耶穌為他個人救主的寶貴生靈亦同感喜樂。當你經歷困難時，務要記住你和周遭之人在生命中所做的禱告並其得到的回應。

提歐及露西（Tio and Lucie）
西印尼分校第 2 屆佈道士

渴望成為佈道士

殷勤，不可懶惰；要心裡火熱，常常服事主。

羅馬書 12：11 ■

當我和宣教夥伴決定要在印尼北蘇門答臘、西番大里瑞亞村（Sirpang Dalig Raya, North Sumatera）中的西馬拉岡（Simalungun）宣教區舉辦培靈會時，我們的教友對此感到非常興奮。然而，他們也擔心會沒有人參加，也沒有人受洗。

起初我們很猶豫，因為教友們表示過去曾在資源充足的情況下舉辦過幾次培靈會，但受洗的人數卻寥寥無幾。有些人受洗只是為了從活動組織者那裡得到獎品。此外，我們在資金方面也遇到了困難。我們雖然籌募了資金，卻不足以支付活動的費用。但是我們堅守信心，祈求上帝供應培靈會所需的一切。我們相信，當我們憑著信心做上帝的工作時，祂必會成就難成的事。最終上帝垂聽了我們的禱告，提供了培靈會的一切需要，使它可以在沒有任何經濟限制的情況下舉行。

上帝的祝福確實是毋庸置疑的。培靈會結束後，有一對母子——里奧·西阿普拉（Rio Syahputra）和他的母親曼德拉·胡塔古侖（Mandra Hutagulung）——願意受洗。起初他的母親並不想受洗。她以前參加過幾次培靈會，但從未接受過洗禮。然而，她允許兒子里奧受洗。她自己不願接受的原因，是因擔心旁人的眼光。此外，他們寄住在親戚家，他們也擔心會因此遭到驅逐。

另一方面，里奧因為明白了真理而渴望受洗，他母親曼德拉也觀察了我們在村裡所做的一切。在我們為當地人服務所做的每一次探訪中，耶穌的愛都充滿了我們所到之地，以至於曼德拉感受到來自復臨信徒不同的愛。事實證明，里奧也見證了在那裡服務的我們，並渴望自己也能成為一名佈道士。

看到兒子的願望，曼德拉媽媽決定藉由洗禮與兒子一起跟隨真理，儘管他們面臨著被鄰居拒絕的危險，甚至可能被逐出他們的住所。感謝上帝，在受洗之後，他們承諾：「我們將保持對上帝和祂的教會的信仰，至死不渝。」

瑪麗思·魯圖拉姆拜（Maris Runturamby）及費思雅·利維·阿薩（Fresya Livy Assa）
西印尼分校第 2 屆佈道士

夢中相會

在夜間有異象現與保羅。有一個馬其頓人站著求他說:「請你過到馬其頓來幫助我們。」

使徒行傳 16:9 ■

最初我們開始向非基督徒的居民傳教時，我有些束手無策，甚至考慮過放棄。但是在印尼中爪哇的斯洛戈希莫（Slogohimo）服務不到一個月的時間裡，上帝就向我們展示了祂的能力。以前滿嘴怨言的口，現在變成渴望在宣教區分享上帝話語的口。最後，上帝把我們帶到一位患有子宮癌的婦人面前。

她用熱情的微笑迎接我們；這一笑引起了我們的興趣，我們對她的反應很好奇。某個星期五我們去拜訪她，才終於明白那笑容背後的原因。就在我們到達的前幾天，她做了一個夢，夢見有年輕人來拜訪她，而一群高大且容光煥發的人會與我們同行，並坐在我們身邊。然而，我們看不見她所描述的那些人，因為事實上從頭到尾就只有我們兩個人。就連非教友也見證了上帝與我們同在。

當我們離開這位女士的家繼續拜訪行程時，她告訴我們會遇到需要醫療服務的人，他們將從我們的事工中得到醫治，就像她自己所經歷的一樣。接下來的星期一，我們再次去探訪這位女士並提供治療。雖然我們能做的有限，但全能的主祝福了我們的事工。看到這位女士的信心和她的狀況漸趨好轉，我們在當地所發現的喜樂也越發增多。

我們還遇到了幾位多年來一直熱切禱告的人；例如，芮吉娜女士祈禱了10年，希望遇到一個能向她展示真理的人。他們都說我們就是他們禱告的回應。他們表示，在我們去拜訪之前，他們已經見過我們，儘管這是我們雙方第一次見面，但他們在夢中看過我們。我們明白上帝派我們到斯洛戈希莫，是因為這些生靈熱切的禱告，他們渴望得到只有耶穌能夠應允的、更大的亮光。

像雨後的彩虹般，我們從事工一開始就經歷了聖靈的同在。僅僅一個月，就有22個生靈被帶到耶穌的腳前，後來又增加了10位。還有一些人仍在嘗試做出決定，並正在學習與耶穌同行。在我們回到培訓校園後，我們又收到了一則好消息，當地又有10個人接受耶穌為他們的救贖主！

赫米娜・馬努蘭（Hermina Manullang）及羅西塔・普巴（Rosita Purba）
西印尼分校第 7 屆佈道士

拿俄米醒了

上帝的應許，不論有多少，在基督都是是的。所以藉著他也都是實在的，叫上帝因我們得榮耀。

哥林多後書 1：20 ■

　　「求求你們，我女兒死了！」瘋狂的呼喊劃破了小鎮的寧靜。當時我們兩個佈道士一個和來訪的孩子們在屋裡，另一個則在屋外和孩子們玩。我們一聽到喊聲，馬上就趕到傳出聲音的房子。我們震驚地看見一個小女孩僵硬地躺在地上，這令我們不知所措，因我們從未受過醫療訓練。我們考慮把孩子送到最近的醫生那裡，但這需要在荒野裡步行三天，何況孩子已經死了。「耶穌，我們是罪人，」我們祈禱著，「但請求祢幫幫這個孩子！」當我們之中的一人抱著孩子祈禱時，現場立時鴉雀無聲。周圍的人目睹我們如何奮力為這死去的孩子祈禱。我們一邊祈禱，一邊開始唱詩歌，持續了將近40分鐘。突然間，我的心猛地一跳，我的宣教夥伴驚呼：「孩子開始呼吸了！」所有人都驚訝地看到孩子死而復活！上帝真是一位大能的上帝！

　　幾週後，拿俄米又病了。她的耳朵痛得厲害。某天晚上，我們突然被歇斯底里的尖叫和竹子的敲擊聲驚醒。我們認出那是拿俄米母親的聲音。我們隨即趕到他們家並驚訝地看到許多巫師圍繞著拿俄米。他們嘗試用巫術醫治女孩。我們勇敢地擠過人群大喊說：「你們在做什麼？你們難道沒有見識過耶穌的力量嗎？」我們哭著說：「耶穌，現在我們該怎麼辦？祢會再行神蹟嗎？」我們把一切都交託給主，其中一人擁抱了躺在地上全身僵硬、呼吸困難的拿俄米，然後我們一起開始唱歌和祈禱。

　　半個小時過去，拿俄米依舊沒有反應。我們持續祈禱。又是一個半小時過去，還是沒有動靜，我們急得想放聲大哭。但我們意識到奇蹟是按照上帝的旨意發生，而不是依照我們的意願。所以，我們決定讓上帝來掌權。我們繼續感恩地祈禱，忽略周圍的人。突然，其中一人感覺到有人用手指戳他，但我們繼續祈禱。然而，那人的手不停地戳。我們睜眼時，驚訝地看到拿俄米動了一下並睜開了眼睛。「耶穌，感謝祢的神蹟！」最後，在我們禱告約兩小時後，上帝觸摸這個女孩，讓她再次活了過來。拿俄米的病情得到改善。事實上，她的小叔後來也加入了第五屆千人佈道士的行列。宣教任期內當地共有102人受洗。的確，我們敬拜的上帝總是與獻身為祂服務的人同在，而祂的應許永遠堅定。

賀尼・桑德斯（Jhony Santos）及費爾南多・克雷（Fernando Krey）
東印尼分校第 3 屆佈道士

不要在錯誤的地方

「凡我所吩咐你們的,都教訓他們遵守,我就常與你們同在,直到世界的末了。」

馬太福音 28:20 ■

印尼北蘇拉威西省、南米納哈薩縣東莫托林區(East Motoling, South Minahasa, North Sulawesi)的卡林博塔里庫蘭村(Karimbow Talikuran),是我們的第二個宣教地。許多村莊拒絕我們,也不歡迎我們,因為我們是復臨信徒。儘管如此,我們還是藉由照顧病人並為他們禱告而幫助了一些村莊。

感謝上帝,賜福我們在第二個宣教區時受到了親切的歡迎。我們抵達兩週後參加了一個葬禮,參加人數眾多。村長發表談話時,宣布了我們的到來,並向村民介紹我們是社區的志工。村長補充說,我們不該在此建立復臨教會,這令我們十分震驚。不僅如此,村民也懷疑我們:「為什麼基督復臨安息日會不安排你們到有復臨信徒或學校的村莊呢?」

我們因此內心十分掙扎,於是加倍努力禱告:「主啊,請幫助我們。」即使我們周遭被不信任和懷疑所包圍,上帝總是能為我們指引方向。不久,我們獲准在村裡的小學和國中任教,正是透過這一管道,當地人開始與我們親近。我們也能有機會與學生和住在校內的一位老奶奶分享上帝的話。

在新冠疫情之前,附近社區的一個復臨家庭通常都在村外的復臨教會聚會。我們很少和他們一起在村莊裡舉行安息日的禮拜,因為我們擔心會遭到社區居民和當地政府的反對。但是當新冠疫情爆發後,我們卻能順理成章地在他們家舉行安息日聚會。我們感到欣慰的是在宣教任務結束時,上帝允許我們透過名為「分享愛」的計畫來幫助社區,該計畫包括分發民生用品和建造儲存淨水的水塔。村莊的領袖和居民對我們的服務都表示感謝和讚嘆。

因為我們禱告和禁食,我們在一切事上都能感受到上帝的供應。不僅如此,靠著上帝的恩典,我們還能與村長、幾名村幹部、教師、數個鄰近社區,以及復臨教會的信徒和牧師舉行卸任的感恩禮拜。村長致詞時所說的話,讓我們十分感激。他說:「如果復臨教會再派人來,這個村莊將永遠樂意接待他們。」村長還希望與復臨教會的合作關係能夠持續下去。上帝基於一個目的將我們安置在兩個不同的村莊,作為當地人民的第一批佈道士。上帝從未離開過我們,祂也讓我們宣教區的人們更了解祂。

瑪琳・孟卡威(Merlin Megawe)及梅・戈迪(Mey O. Gedi)
東印尼分校第 28 屆佈道士

禱告的力量

「你們奉我的名無論求什麼，我必成就，叫父因兒子得榮耀。你們若奉我的名求什麼，我必成就。」

約翰福音 14：13、14 ■

在千人佈道士的校園內，禱告是生命的泉源。老師們教導我要時常禱告。做任何事都必須禱告。起初，我是因為聽從教導而禱告；但後來我體會到藉著禱告與上帝交流的喜悅。每個時刻都非常寶貴，因為在《聖經》〈帖撒羅尼迦前書〉5章17節說：「（要）不住地禱告。」

於印尼西拉瑪村（Sei Lama）舉行的家庭禮拜，讓我見識到禱告的能力和神蹟。在第四天的聚會，我們舉行了「登門禱告」（door prayer）的活動。我記得當時是凌晨4點，我們走過房子、棕櫚田和墓地，沿路祈禱。到達拜訪區域後，我們挨家挨戶地禱告。當我們在每一戶人家門前祈禱時，上帝保護了我們，因為儘管有狗在，但我們祈禱時牠們並沒有吠叫或打擾我們。

第二天，我們拜訪了歐朋·馬爾邦（Opung Marpaung）一家，邀請他們接受洗禮。歐朋·布魯當時剛從店裡回到家，他仍然猶豫不決。在我們談話中，歐朋·布魯告訴我們，他在店裡聽到一群阿姨說她們看到了一些奇怪的事情。商店老闆看到四個身穿白衣的人，他們在星期四黎明時分挨家挨戶地來回走動。聽到這件事情，我和宣教夥伴兩人都忍不住哭了。我們知道上帝與我們同在，他們所談論的就是我們。我的宣教夥伴告訴歐朋·布魯，我們在前一天挨家挨戶禱告的過程，然而我們並沒有身穿白衣。他很驚訝得知這件事情。終於，歐朋·布魯明白我們與神同行，就像先知以利沙一樣。最後，歐朋·多利和歐朋·布魯終於在一個安息日的早晨決心將自己交給主並接受洗禮。

在新舊約中，上帝應許「我總不撇下你，也不丟棄你」，因為這個承諾，我們確信祂永遠與我們同在。我們大受鼓舞，要始終在信心與靈性上與上帝同行。

安德烈·梅利亞·桑迪（Andrea Meilia Sandy）
西印尼分校第 4 屆佈道士

祈禱和被代禱的

因為上帝賜給我們，不是膽怯的心，乃是剛強、仁愛、謹守的心。

提摩太後書1：7 ∎

在印尼明古魯恩加諾島的米克村（Meok, Bengkulu's Enggano）宣教期間，我們學會了很多事情。生活在這座位於印度洋的恩加諾島上並不容易。例如，頻繁的暴風雨迫使船隻無法靠岸。但若沒有這些船，我們的基本民生用品就得不到補給。一旦耗盡，當地根本無處可買。我們經常為此感到擔憂。

不過我們擔憂的不僅是自己的日常用品，還有當地的居民。在那裡，我們為事工的發展苦苦掙扎，因為當地的居民威脅我們，也不歡迎我們；他們誤以為我們是恐怖分子，並鼓動其他人一起排擠我們。隨著接下來所發生的一切，我們了解到自己的渺小；唯有依靠上帝的恩典，我們才能生存，這也是我們在訓練中一再被提醒的事情。日復一日，我們深切感受到禱告的力量。儘管被拒絕，我們仍然喜愛他們，跟他們做朋友並打成一片。漸漸地，人們開始向我們敞開心門。不單是村民，還有島上的耆老和領袖也對我們非常友善。我們為他們禱告，他們也會來到我們的住處為我們禱告。因為上帝是如此關心我們，我們的需求得到了滿足。

看見宣教區的需求，我們計畫修建一條道路來改善村莊的便利性，活絡地方的經濟。上帝差派了來自達里漢納托魯組織的奈巴赫先生（R. M. Naibaho）和林邦牧師（W. L. Limbong）來到當地，協助購入1萬4千平方公尺的土地來建造教會、診所和社區教育中心。這並不意味著我們的難題就到此告一段落。事實上，我們因此遇到更多挑戰。我們必須對付惡劣的天氣和企圖從中牟利的人，這些都讓原本的計畫被迫停頓。然而，上帝再一次地提醒我們將自己完全地交託給祂。讚美上帝，蒙祂的允許，建堂工程得以恢復。

我們是渺小又缺乏經驗的年輕人。但是經由這一切，我們學會了降服自己交託給上帝去忍受艱難的環境，而祂也賦予了我們在宣教地區行大事的能力。

約拿單・塔卡利亞（Jonathan Takaria）及漢德爾克・辛柏林（Hendrik Sembring）
西印尼分校第 6 屆佈道士

山上的祈禱

「你們禱告，無論求什麼，只要信，就必得著。」

馬太福音 21：22 ∎

　　我和宣教夥伴被派到印尼西努沙登加拉省的棟普縣（Dompu, West Nusa Tenggara），但是因為一些意想不到的狀況，我們同意分頭進行宣教。然而，上帝是如此恩待我們，即使我們各自工作，祂仍然讓我們在使命裡合一。

　　我前往宣教夥伴負責的地區，並義務協助那裡的佈道會。在當地服事期間，我遭遇了許多困難。教會牧師請我挨家挨戶的拜訪，並在星期天跟當地居民一起進行社區服務。有一天，一位星期天教會的牧師前來禁止我們舉行活動。在我的宣教區，同樣的事情也發生在收割佈道會期間。

　　在佈道會開始前，我拜訪了幾位已查經許久的信徒。我為他們感到難過，因為他們既不會讀也不會寫。然而，他們還是盡全力學習。日子一天天過去，佈道會如期開始。在呼召受洗的時刻，沒有人站起來接受真理。查經班的學員告訴我，他們相信我所分享的，但他們仍有一些疑惑。

　　我們在不同的地點舉行了為期三天的佈道會。我持續進行家訪。有一天，在拜訪途中，我看到一座美麗的山丘，因此決定到那裡禱告。我想起耶穌也曾經在內心備受煎熬之時，在山上為祂的門徒及所有墮落的人類禱告。祂花了許多時間禱告，我也想有同樣的經歷。我哭著祈求上帝拯救查經班的學員。一天晚上，當受洗的呼召再次發出時，上帝回應了我的禱告，共有9位寶貴的生靈受洗歸主。而在另一個宣教地點，雖然沒有人在當下立刻就回應受洗的呼召，然而到了安息日，卻有3個人受了洗。上帝真是偉大！

　　儘管我們在傳福音的期間遇到了困難，但還是為基督贏得了12位生靈。他們除了認識上帝，也學會了閱讀和書寫。我明白他們一路上經歷了許多困難，但是我知道上帝會堅固他們。因此，我祈求他們繼續追尋真理，並且在新發現的信仰中站穩腳步。

辛瑞・希納布塔（Semri Sinabutar）
西印尼分校第 6 屆佈道士

禱告開啟了他們的心門

他行大事不可測度，行奇事不可勝數。

約伯記 5：9

2018年10月6日，我們抵達了位於印尼巴布亞省馬皮縣凱皮（Kepi, Kab. Mappi, Papua）的宣教區。頭一個月，我們拜訪當地社區並分發了牙膏及牙刷給居民。次日，我們得知當地民眾懷疑我們是計畫偷羊的恐怖分子；他們口出威脅，若我們還要繼續拜訪該地區，就要逮捕我們。因為當地人揚言若撞見我們會毫不猶豫地對我們下手，因此教友們讓我們暫時不要離開教堂，我們為此感到非常糾結。

因為內心的困惑和掙扎，我們祈求上帝的引導。禱告後，我們鼓起勇氣走出屋外並前去拜訪村長。結束與村長的談話後，我們發現他的妻子因為大腿腫脹，已經兩個星期無法行走。於是我們一連三天都為她禱告，並且使用活性碳藥膏為她治療。到了第四天，村長的妻子痊癒了。於是他對我們說：「謝謝你們醫治我太太，她現在已經康復並且可以走路了。」村長太太甚至打電話給鄰居，告訴他們事情的經過。

六個月過後，我們在2019年5月舉行了一場培靈會。我們讚美上帝，因為有些人藉由洗禮回應了祂的呼召。培靈會的最後一晚，安納克·勒圖斯的父親，以及他的母親——卡洛萊娜阿姨，也在站立的人群中，然而礙於地方長老的警告，他們不願意受洗。我們只能為他們兩位禱告並以上帝的話叮囑他們。第二天，復臨教會的信徒舉行了一場聚會並邀請這兩位父母親參加。我們分享個人的經歷，邀請他們一起禱告。祈禱結束後，卡洛萊娜阿姨立即說：「無論如何，我現在必須受洗。」安納克·勒圖斯的爸爸也回應說：「沒錯，《聖經》所說的一切都是真的！」我們確實體驗到禱告的力量和上帝的神蹟。隔天，我們拜訪了之前表示願意受洗的四個人。就在當天，他們一同藉著洗禮接受主為他們個人的救主。

我們所事奉的主是一位既偉大又奇妙的上帝。讓我們永不放棄，對上帝保持信心，使用祂所賜給我們的才能。要相信賜給你能力的那一位，而非相信自己。困難雖然無處不在，但是它們會推動你實現目標，並克服一切的障礙，最後取得勝利。我們禱告時，必須定睛在上帝的身上，而非眼前的挑戰。

曼塔莉·西納卡（Mentari Sinaga）及提烏珥·西拉拉海（Tiur Silalahi）
西印尼分校第 7 屆佈道士

證明給我們看！

你不要害怕，因為我與你同在；不要驚惶，因為我是你的上帝。我必堅固你，我必幫助你；我必用我公義的右手扶持你。

以賽亞書 41：10 ■

居住在印尼巴布亞省、博凡迪戈爾縣之阿米魯坡區（Amirop, Boven Digoel, Papua）可米魯坡村（Komirop）的30位居民當中，沒有一位是復臨信徒；而當地就是我們的宣教區。居民認為我們來到這裡的唯一目的就是散播復臨教會的信息，並說服當地人加入我們的教會。因此，我們藉著向他們傳授健康和農業知識，開始與社區建立融洽的關係。然而，僅僅幾個月後，因為聽聞來自村莊的5個孩子自願在城裡舉行的佈道會受洗時，村民對我們的態度頓時轉為冷淡。他們認為我們是在利用他們，許多人甚至同意將我們趕出村外，面對這樣的困境，我們唯一能做的就是向上帝禱告。

接下來的星期天，我們決定在當地參加他們教會的聚會。聚會結束後，教會領袖詢問有無其他報告。我們十分掙扎，但還是祈求上帝幫助我們向他們傳達真理。禱告後，我們當中的一個人感覺上帝的力量在搖動他的手。最終我們站了起來，開始講述關於潔淨的動物及安息日的真理。一些居民們感到被冒犯起身想打我們，但也有人認同這些真理，甚至為我們辯護。

在那之後，他們開了另一次會，並在會後告訴我們，如果我們所說的是真的，就透過一場佈道會來證明。在同一天，我們前去見城區的牧師，與他討論佈道會的事。我們的第一場佈道會是在這樣的背景下舉行的；即使我們沒有發出任何呼召，有些人仍然向牧師表達願意接受真理，希望牧師再舉辦一場佈道會並為他們施洗。我們非常驚訝；於是如他們所願，我們預備了第二場。這一次，社區居民協助了我們。然而，就在佈道會即將開始之際，來自城區教會的領袖到這裡嚴厲斥責在場所有人。民眾感到害怕，他們對佈道會的熱情頓時消失。但是我們相信上帝絕不容許祂的工作受到阻礙。儘管遭遇多人反對，佈道會依然持續進行，並有19位寶貴的生靈加入上帝的羊圈。

我們在宣教區幾度冒著被驅逐、威脅和虐待的危險。但感謝上帝幫助我們，並為真理鋪平道路。且讓我們無所畏懼地前進，執行上帝所託付我們的使命。我們將會面對許多的挑戰，若我們讓上帝引導我們，我們將會見到祂伸手使用我們，並拯救許多黑暗的生靈。

吉托・納匹圖普魯（Zetro O. Napitupulu）及史蒂文・盧圖拉姆畢（Steven Runturambi）
東印尼分校第 22 屆佈道士

雨水是祂的答案

我的上帝必照他榮耀的豐富，在基督耶穌裡，使你們一切所需用的都充足。

腓立比書 4：19 ■

「在許多地方，信息已經傳開，人們也接受了，但他們因環境所限，以致不能獲得優勢使聖工有特色。這種情形往往使工作難以發展。當人們對真理發生興趣之時，他們聽到其他教會的傳道人說這以下的話，並且這些話又常被教友們附和流傳著：……『這些人沒有教堂，你們也沒有敬拜的地方。你們人數太少，貧窮又沒有學問。不久之後，傳道人會走掉，你們的興趣就要消沉。那時，你們就要放棄所接受的這些新思想了。』」（《教會證言》原文第六卷，100頁，第3段）

宣教期間，我們在印尼巴布亞省安格魯克的胡博通戈村（Hubotonggo, Anggruk, Papua）所從事的宣教項目之一，就是蓋教堂。這項工程實在不易，因為大部分的施工材料必須從瓦美納（Wamena）購買，價錢也相當昂貴。不僅如此，我們還得考慮如何將材料運到安格魯克。為了到達安格魯克，我們需要搭乘一架小型飛機，這意味著運輸的費用也不會便宜。然而，假如我們決定從瓦美納步行，就必須走上至少四天，而我們能攜帶的材料也不會太多。所以，這項工程在當時令我和教友們感到十分為難，並且毫無頭緒。

我們需要獲得的重要施工材料之一是沙子，因為需要用它來混合水泥和石子作為地基。但我們的上帝是全知全能的上帝。在束手無策的情況下，我們替傳道人和當地教友設定了一個特別且例行的禱告時間。上帝果然向我們顯現了祂的大能！向上帝禱告一週後，天空下起了傾盆大雨。因為雨勢甚大，胡博通戈村外的山丘發生了坍方，但感謝上帝，我們村莊平安無事。雨停後，我們試圖查看走山的位置，結果在那裡發現了意想不到的材料！由於坍方，使得我們獲得大量的沙子可加以利用。我們得到了建堂所需要的沙。

杜范迪爾·烏瑪（Dolfander Umar）
東印尼分校第 17 屆佈道士

改變的人生

「所以我告訴你們,不要為生命憂慮吃什麼,喝什麼;為身體憂慮穿什麼。生命不勝於飲食嗎?身體不勝於衣裳嗎?」

馬太福音 6:25 ■

被人拒絕是人生中不可避免的事情。它會在不同的情況下出現,比方說求職遭拒,不得父母認可,或朋友突然的背叛。拒絕也記載在福音書裡,耶穌時常遭遇同樣的事。拒絕影響了基督在世生活的方方面面,祂面臨過家人的拒絕,也經歷過被自己的家鄉拒絕。當耶穌來到祂的故鄉拿撒勒,祂的家人、朋友和鄰居都對祂很反感。根據《聖經》的記載,「耶穌因為他們不信,就在那裡不多行異能了。」(馬太福音13:58)耶穌甚至面對過曾經聲稱愛祂之人的拒絕。

耶穌說:「聽從你們的就是聽從我;棄絕你們的就是棄絕我;棄絕我的就是棄絕那差我來的。」(路加福音10:16)自從我們來到印尼的庫塔卡內(Kutacane)之後,我和宣教夥伴歷經多次被人拒絕。我們在一個穆斯林家庭找到住處。然而對我個人而言,跟一個時常飲酒、賭博及甚至凌晨三點才就寢的家庭一起生活也很困難。

在進行家訪時,我們遇見了一位母親,當我們向她打招呼時,她對我們不理不睬。接著,我們去拜訪帕斯托太太——她隸屬另一個教會,她也拒絕我們。次日,我們再次拜訪她,她照樣拒絕,聲稱她沒有時間招待我們。她甚至把我們趕出她家並出了一道難題。她說除非我們吃豬肉,不然就不能進她的家。我們禮貌地謝絕了她的挑戰,然後離開她的家。

我們還遇到了馬歇·胡塔巴瑞特(Marcel Hutabarat),並與他分享《聖經》。我們談論了在安息日敬拜的原因以及和飲食相關的問題。與他交談後,他突然給我們看一個佈道士活活被燒死的影片,然後問:「你們準備好了嗎?」我們只是靜靜地看著他。

許多人拒絕我們,也拒絕我們的分享。當我們感到害怕,上帝為我們增添力量。上帝賜給我們的勇氣勝過我們的恐懼。在探訪的過程中,我們也從拜訪之人手中得到食物並收獲祝福。上帝堅立我們並供應我們的需要。我們知道沒有任何事可以使我們與天父的愛隔絕。人的拒絕在上帝真裡的光中是微不足道的,這真理就是上帝無條件的愛。如果上帝的愛與我們同在,人的拒絕又怎能傷害我們呢?當有人拒絕你時,不要灰心;切記,上帝與你同在。

優紐斯·瓦尼(Yunus Ewani)
西印尼分校第 7 屆佈道士

禱告的力量使人恢復

應當一無掛慮，只要凡事藉著禱告、祈求，和感謝，將你們所要的告訴上帝。

腓立比書 4：6 ■

　　儘管我們必須飄洋過海，才能在每個安息日於印尼北蘇門答臘省、薩摩西縣西馬寧多區的帕莫南根村（Parmonangan, Simanindo, Samosir Regency, North Sumatra）做禮拜，我們還是決定這樣做。那裡沒有復臨教會，98%的人口都是天主教徒。我們不知道每個安息日能在何處聚會，但我們相信上帝讓我們留在當地一定有祂的理由。

　　某個安息日，我們正準備去教堂；然而，我們其中一個病人——烏達·利利斯（Uda Lilis）突然大喊大叫地來到我們家，看起來非常痛苦。他之前曾抱怨咳嗽不斷，在呼吸和吞嚥上也很困難，三天來他什麼東西都不能吃。到了安息日，他的情況急轉直下——他臉頰腫脹疼痛難忍並且無法說話。我們讓他服用草藥（檸檬、大蒜和薑黃）後，他的情況有所改善。

　　我們為他禱告並帶他到最近的一間醫院。他的喉嚨和口腔明顯地感染了許多細菌，並已開始潰爛。他必須住院治療，與此同時，他還需要等待其他的檢驗結果出爐，以確定是否需要進行手術。他的家人看到我們為他禱告，就打消了帶他去看巫醫的念頭。他們知道上帝是唯一的醫治。

　　我們待在醫院照顧他。除了因身體不適使他整晚無法入睡外，他還擔心獨自在家的孩子。他有六個兒女，但妻子早在2010年就過世。我們整晚祈求上帝的神蹟，因為對烏達來說，人生似乎已經毫無希望，醫生開的藥也不見療效，他整晚還是感覺到劇烈的疼痛。

　　接著他開始大喊大叫並嘔吐，奇怪的是他把所有造成嘴巴腫脹的肉吐了出來，嘔吐物十分難聞，我們持續祈求上帝彰顯祂的大能。我們相信是上帝讓他將那些髒東西吐了出來。因為吐完之後，他終於又能入睡了！不適感全都消失，他也因此能睡著。自那時起，他的身體情況逐漸好轉。

　　上帝奇蹟似地治好了那幾乎奪走烏達性命的疾病，正因如此，我們受邀參加在他家舉行的禱告小組。他分享了自己如何康復的見證，並給了我們在下一個村莊宣教的機會，我們擬定的佈道會計畫也因此更加順利。

紐拉·西圖姆朗（Nerla Situmorang）及蜜蘭妮·利沙爾（Melani Lisal）
東印尼分校第 11 及 12 屆佈道士

被祂的力量所震懾

我傳福音原沒有可誇的，因為我是不得已的。若不傳福音，我便有禍了。

哥林多前書9：16 ■

我們奉召前往印尼巴東班讓、東努沙登加拉省（Nusa Tenggara Timur）的亞羅島（Alor）宣教。一開始當地人並不歡迎我們。事實上，他們甚至指控我們是恐怖分子。

然而在2015年11月4日，亞羅島上發生了高達芮氏6.2級的大地震。我們的房子倒塌，無處可住，只好在森林裡過夜。不僅如此，我還染上了瘧疾和登革熱，身體變得非常虛弱。即使狀況不斷，上帝依然透過我們栽種的1800顆番茄種子的計畫，來回應我們的禱告。

我們所產的番茄比現時可用的番茄品質好，在數量也多上好幾噸。故此我們還另外免費分送番茄給民眾。因此，在村裡的市場，村民都稱我們是「復臨番茄」（好番茄）的生產者。感謝上帝！這個計畫得到了政府積極的回應，縣長甚至想與我們會面，支持我們栽種番茄，幫助社區的農業發展。

我們也因此獲得了建堂和舉行培靈會的大好機會。我們成立了約11個查經小組，目的是為了帶領上帝所預備的生靈接受耶穌為救主。我們經常步行兩到三個小時，從這個查經小組到另一組，從這座山走到那座山；雖然有時不免覺得疲憊，但我們仍然為此而喜樂。我們經歷了雨季，度過了炎夏和寒冬。我們相信早在出發前，聖靈就已準備好帶領我們的腳步。另外還有一位來自其他基督教派的牧師也在學習上帝的真理，他也渴望受洗。

感謝上帝，在宣教任期結束前，一共有22位生靈接受了耶穌為他們的救主。在上帝沒有難成的事；是一片葉子、還是更多葉子落下，完全取決於祂的旨意。我們常急於對事情做出判斷，以致在面對困難時心生恐懼。我們往往把注意力集中在眼前的障礙，因此認定自己無法克服它們。重要的是記住我們不可能以一己之見掌握事情的發展。我們可以制定計畫，但這並不意味著我們一定要照自己的意願來執行。上帝的旨意永遠居首位。

亨利·塔瑞根（Henry Tarigan）及亞歷山大（Alexander）
西印尼分校第1屆佈道士

讓天國歡喜的見證

「現在去吧,我必賜你口才,指教你所當說的話。」

出埃及記 4：12 ∎

　　見證的形式是包羅萬象的;有些非常戲劇化,包括各種戲劇化的轉折點。有些相較之下則略顯平淡,且發展過程緩慢,但同樣引人入勝。有些見證顯明耶穌如何協助主角克服巨大困難。你或許不知道自己也有見證;但是當你回顧你的人生,就會看到上帝的手如何在你的生命中動工。經過七週在印尼千人佈道士運動棉蘭校區的培訓後,我們被派往西加里曼丹的一個城市——蘭達克區的恩加邦市(Ngabang)。在任期最後的4個半月,我們組織了一個查經小組並舉行了一場培靈會,因此深刻體驗到上帝的賜福。我們所遇到的人中,有些竭力與上帝同行,他們的見證感人且充滿希望,是上帝和信仰力量結合的美妙證據。

　　宋丹·西納卡太太(Sondang Sinaga)是來自另一間教會的基督徒。我們起初並不認識她,但我們經常去探望的阿布迪女士(Abdi)是她的妹妹,也是我們在當地唯一認識的人。阿布迪女士邀請她的大姊來到教會,我們才因此與她熟識。宋丹太太非常熱衷於查經。因此,連同她的兒子山謬及其他家庭一起,我們在她家成立了一個查經小組。聖靈感動宋丹太太的心,她決定受洗。我們也很驚訝看到山謬在培靈會最後一晚接受洗禮的呼召;因為在查經小組中,他看起來似乎對信仰不感興趣。然而在上帝面前沒有不可能的事。他透過洗禮接受耶穌為他的救主。他說在培靈會中聽到的這句話——「許多人看到別人違反上帝的誡命,也有樣學樣,毫無罪疚感」,讓他很有感觸。

　　一位叫萊拉(Laila)的女士曾是復臨信徒,但婚後她隨從丈夫的信仰成為天主教徒。過去兩年中,萊拉持續參加安息日的聚會。因為丈夫尚未預備好接受洗禮,萊拉一開始是拒絕回到復臨教會的。然而,萊拉和她的丈夫阿瑪特(Amat)兩人最終都願意受洗。在佈道會期間,我們還遇到了兩位年輕人——阿安和天鐸(Aan and Tendo)。他們從不缺席每晚的佈道會;然而我們卻不見他們回應受洗的邀請。但在安息日,他們來到教會並希望能受洗。後來詢問才知道他們過去從未聽過這樣的信息。事實上,這是他們第一次接觸復臨教會。

　　許多人渴慕上帝,卻從未親自遇見祂。然而,他們相信並不斷使自己更認識祂。讓我們繼續禱告,願我們能遇見這些渴望分享上帝話語的人。

特溫基及伊拉(Twingky and Ira)
西印尼分校第4屆佈道士

毆打變成祝福

要常常喜樂，不住地禱告。凡事謝恩，因為這是上帝在基督耶穌裡向你們所定的旨意。

帖撒羅尼迦前書 5：16-18 ■

印尼馬魯古群島、中摩鹿加的特哈露區（Teharu, Central Moluccas, Maluku）是我們的宣教區——哈圖米特村（Hatumete）的所在地。這裡大約有三百戶人家，絕大部分的居民不是農民就是漁夫。上帝為我們開啟了健康、屬靈、社會服務和農業領域的事工機會。在健康領域，我們透過提供量血壓、水療和按摩來服務社區；在屬靈領域，我們則開設了小組聚會和聲樂班；而在社會服務方面，我們會贈送禮物給孤兒寡婦；最後，在農業領域，我們主動供應了一些種子給社區。

社區居民因為我們提供的服務十分感動，也很高興；尤其是關於健康和屬靈方面。藉由這些服務，上帝使瞎眼的得看見，使那些因中風而無法行動的起來行走。康復的經驗使他們滿心喜樂地參加小組活動。每天晚上，透過上帝的話，認識耶穌的人數大大地增加了。

某天晚上，在我們的住處聚會時，其他教派的牧師和信徒醉醺醺地走進來並開始辱罵我們。一位牧師向我們詢問在村裡的行程和活動。我們告訴他，我們已經向村莊領袖報備並附上任務的說明給他。他們聽了之後，便前往領袖的家。我們以為他們不會再返回，然而事情卻出乎我們意料。他們從後門進入我們的住處，並開始指責我們是偷竊他們教友的賊。他們甚至出口污衊我們，因為當地發生的神蹟，他們聲稱我們是拜邪術的。一位地方長老聲稱要將我們逐出當地。當下我們只能禱告，並且告訴教友們及所有在場的人，無論發生什麼事，我們已準備好面對毆打、驅逐甚至殺害。接著闖入的人出手打了我們，沒有說一句抱歉就離開。我們安靜地禱告，相信上帝對於當晚發生的事，必有祂的計畫。

這場意外發生兩週後，我們得知毆打事件的加害人感染了傳染病，病情嚴重到吐血。為了讓自己好起來，有位牧師喝了我們留給寄宿媽媽的活性碳。寄宿媽媽不僅為他們治病，還奉勸他們。因為她的忠告，這些人終於願意為他們的行為道歉。靠著上帝的恩典，雙方總算冰釋前嫌。讚美主，禱告確實能改變一切！

沛霖撒・金亭（Primsa Ginting）及迪布尤・馬瓦（Dibyo Marwa）
東印尼分校第 23 屆佈道士

瞎眼的得看見

「耶和華必在你前面行；他必與你同在，必不撇下你，也不丟棄你。不要懼怕，也不要驚惶。」

申命記 31：8 ▉

　　當我們抵達位於印尼巴布亞省、賓當山縣奧克薩姆爾區的提尼比爾村（Tinibil, Oksamol, Bintang, Papua）時，如何與當地人溝通成為我們首當其衝需要處理的事情。當地的主要語言不是印尼話，而是嘎倫族（Ngalum）的方言。即使我們當中有一位來自巴布亞，但卻是屬於不同族群，說的語言也不一樣。我們只能祈求上帝為我們開路。而祂也回應了我們的禱告。有幾個會說印尼話的復臨信徒接待了我們。儘管他們說得不是很流利，但是上帝使用他們來協助我們，在當地和周遭村落進行住家的拜訪。

　　在宣教區時，我們和社區打成一片，並且盡我們所能提供幫助。我們也提供醫療服務和特別的代禱服務。雖然我們不是牧師和醫生，人們卻時常如此稱呼我們。我們只是一群甫進入大學就讀、但渴望服事上帝的年輕人；祂使用我們向提尼比爾村的居民彰顯祂的愛。

　　我們經歷的其中一項神蹟發生在遇見M先生之後，當時他目不能視已有兩年之久。根據M先生的說法，他是突然失去視力，原因不明。當地人說M先生是因為邪靈作祟而失明。我們祈求上帝說：「主啊，我們知道祢有醫治這位弟兄的能力，我們雖然不知該怎麼做，但親愛的上帝，若是祢的旨意，請顯現祢的神蹟讓M先生能再次看見。」

　　每天早晚我們都會去探望M先生，把青檸汁滴在他的眼睛上，然後為他的康復禱告，我們相信只有上帝的力量可以醫治M先生。一個月後，他見證說，當他睜開眼睛時，已經可以看到一些亮光。我們繼續探望M先生並為他禱告。經過兩個月，M先生終於能工作、走到花園，也能獨自散步。他感謝上帝的大能，透過我們的禱告，使他得以再次恢復視力。我們沒有想到在我們宣教過程中，上帝居然會使用我們來醫治病人，不僅是在身體上，也包括在靈性上受苦的人。上帝在〈申命記〉31章8節中所發出的應許，在我們的眼前實現了！

瑟倫・烏珊（Ceren Wuysan）及西蒙・畢拉希（Simon Bilasi）
東印尼分校第 21 屆佈道士

僕人的眼淚

凡求告耶和華的，就是誠心求告他的，耶和華便與他們相近。

詩篇 145：18 ■

在宣教培訓的第五週，我們在印尼的坦布南村（Tambunan）舉行了一場培靈會；但我不斷在想：「我真能拯救生靈嗎？」我心裡既擔心又懷疑。我寄住在一位名叫佩戈騰・塔瑞根（Pringetten Tarigan）的爺爺家。在他家時，我每天都邀請他和他太太一起早靈修，但他們總是因為太忙而拒絕。但我不氣餒！我每天協助他們整理家務，他們也待我如子，每天等我從培靈會回家。即便如此，他們兩人仍然不願意加入早靈修；我不斷為此向上帝禱告。

終於在一個星期五，爺爺和奶奶告訴我，他們想跟孩子們加入我的早靈修。於是我們一起查經並研讀和洗禮相關的議題。爺爺告訴我，他一直很想受洗。靠著上帝的恩典，在培靈會的最後一晚，他們出現在現場。接近聚會的尾聲時，有洗禮的呼召發出；但是我邀請來的人，卻沒有一位願意受洗。我為此流淚了將近兩個小時，因為雖然來了許多人，卻沒有人願意真正接受主，特別是爺爺原本已經說他要受洗。我覺得自己是一個失敗者。

在安息日的早上，我準備出門去教會，我沒有再邀請爺爺一起去，因為我知道他的心剛硬。然而，就在安息日學開始不久，爺爺突然出現。懷著滿心的喜悅，在證道時我用卡羅語唱了一首在他們家裡創作的詩歌，這首歌的歌詞來自《聖經》〈哥林多前書〉15章58節。就在那時候，我看見爺爺哭了。安息日早上的聚會結束後，我再問他一次：「您願意接受耶穌為您的救主嗎？」他回答說：「我願意！」感謝主，他立即在那個安息日受洗。我為上帝的子民留下的每一滴淚水，都是值得的。

你是否曾像我一樣，經歷人生的懷疑時刻？當你遇到疑問或困難時，不要害怕尋求幫助。若我們謙卑誠實地尋求，我們就能得著所求。在《聖經》中，如此真誠的渴望乃是由純全的動機所塑造，意味著「在上帝面前沒有虛偽或欺騙，全心全意地追求」。面對這樣的困難，上帝必定會從四面八方送來幫助，堅固我們的信心。

里昂・希圖莫藍（Leon Situmorang）
西印尼分校地3屆佈道士

好牧人之手

他必像牧人牧養自己的羊群,用膀臂聚集羊羔抱在懷中,慢慢引導那乳養小羊的。

以賽亞書 40：11 ■

　　我們是千人佈道士運動於印尼棉蘭校區所培訓的第二屆佈道士。在培訓結束後,我們被派往東婆羅洲（East Borneo）。為當地人查經乃是我們在宣教區的一大挑戰。在任期的前幾個月,我們透過協助農作、提供健康檢查,甚至教英文來接近當地居民。然而,每當我們想去他們家分享福音時,他們總是將我們拒之門外。我們因此向上帝禱告,求祂賜給我們願意查經的生靈。

　　接著上帝賜給我們一位叫約翰的查經學員,我們每天與他研經。兩個多月後,我們向他提出洗禮的呼召。然而,他自覺還沒準備好,需要更多時間繼續查經。我們沒有因此氣餒,也持續地為他禱告,希望他能預備好接受耶穌為個人的救主。後來,約翰在佈道會開始前發生了一個嚴重問題,他告訴我們他計畫在亞齊（Aceh）販毒。我們聽到他如此說感到非常震驚,我們祈求上帝幫助他並帶領他回到正途。

　　上帝回應了我們的禱告!在佈道會開始前三天,約翰從亞齊回來跟我們說:「姐妹們,我要受洗。」約翰敘述說,當他計畫在亞齊販毒時,他感覺到上帝似乎在阻止他這麼做。那天晚上他做了一個夢,夢見自己從一個非常陡峭的懸崖摔了下去。但有一隻手突然抓住他,在他掉到谷底前將他舉起。他意識到那是上帝的手。

　　透過這次經驗,約翰思考上帝是如何拯救了他,把他從深淵中拉上來,帶到永生的盼望面前。此外,約翰在受洗後向上帝承諾要事奉祂。在佈道會的尾聲,他終於接受洗禮。他不是唯一受洗的人,一位母親也立志將自己獻給基督。我們為這一切奇妙的經歷感謝上帝。

　　如今我明白上帝為何將我們比喻成羊;沒有了祂,我們的人生將會是一團混亂。但是,「他必像牧人牧養自己的羊群,用膀臂聚集羊羔抱在懷中,慢慢引導那乳養小羊的。」

辛特雅・圖尼普（Shintya Turnip）及羅絲蒂娜・哈拉瓦（Rostina Halawa）
西印尼分校第 2 屆佈道士

山中的暴風雨平息了！

上帝是我堅固的保障；他引導完全人行他的路。

撒母耳記下 22：33 ■

我和夥伴被派到印尼巴布亞省（Papua），那是一個完全沒有復臨信徒、且大部分居民都是KIMI派和天主教徒的地方。當我們抵達時，部落長老、天主教神父及KIMI教派領袖立刻來找我們的麻煩。我們甚至還未展開宣教工作，他們就要求我們離開。但是我們很驚訝地聽到兩位非復臨信徒，霍米約的部落首領和雅各先生，對迫害者說：「如果我們拒絕這些佈道士，就等於拒絕上帝！」他們接著說：「如果這裡拒絕這兩名佈道士，我們會在撒尼帕村接待他們。」最後，迫害者給了我們三個月的試用期，讓我們在健康、社會工作和靈性方面為當地人服務。他們警告我們，如果我們試圖說服當地人遵守復臨教會的教義，我們就會被趕出這個地方。在訂定了教育和健康計畫後，我們開始為成人查經成立小組，並於每個安息日在我們的住所舉行簡單的禮拜，我們告訴自己：「即使我們被驅逐，也會繼續宣教。我們無所畏懼！上帝的真理必須被傳揚！」

宣教的第三個月，一位神父和一些信徒怒氣沖沖地要來燒我們的住所。其中一位說：「給我馬上離開！」另一位說：「把他們的房子燒了！」我們不知所措，但深信上帝會有所作為。當部落首領和雅各先生趕來面對襲擊者時，我們非常詫異。他們說：「你們可以驅逐這兩位佈道士，燒掉他們的住所和禮拜堂，但在這一切之前，你們必須先燒掉我的五間房子和雅各先生的兩間房子。」最終由於這兩位領袖的堅持，沒有人再來傷害我們。

任期結束前三個月，我們舉行了一次佈道會。天主教神父禁止我們舉行浸禮，他為此非常生氣。一位牧師試圖讓他平靜下來，不料神父反而向他揮拳，他很幸運地躲過了神父的攻擊。然而神父心有不甘再次攻擊他，不料這次卻打到了村長。村長為這無妄之災也非常憤怒，他對神父出手還擊。謝天謝地，他們後來總算被幾位牧師們壓制。因為浸禮被取消，我們只好回家。村長告訴我們，當牧師抱住他時，有一股巨大的力量阻止了他。他說：「通常當我非常生氣或在打鬥時，沒有人能夠阻止我。我相信是上帝的天使拉住了我。」第二天早上，當外頭下著傾盆大雨，佈道小組準備回家時，村長和他的妻子來了，並強烈要求為他和妻子施洗。上帝的方法就是如此奇妙！

宋‧拉姆畢克（Son Rumbiak）
東印尼分校第 1 屆佈道士

真理不能被隱藏

上帝造萬物，各按其時成為美好，又將永生安置在世人心裡。然而上帝從始至終的作為，人不能參透。

傳道書 3：11 ∎

　　我們被逐出第一個宣教地後，便轉移陣地來到印尼中蘇拉威西省的布科村（Buko, Central Sulawesi），因為當地已有接受《聖經》並受洗的居民。在布科村，大多數的居民是新教徒。我們到達那裡時，居民熱情地歡迎我們。儘管對我們來說，在當地進行查經非常困難，因他們大部分人只是想讓我們為他們祈禱。在那裡待了兩個月後，我們決定舉行一次佈道會，希望人們能夠聽到上帝話語中的真理。

　　組織一場佈道會是一項艱巨的任務，我們必須得到村長的許可。當我們去拜訪村長時，他拒絕見我們，並聲稱他尚未收到任務委派書和佈道會的許可申請書，實際上我們很早之前就已經將文件交給他們。我們知道這是魔鬼為了破壞聚會而耍的花招。藉由禱告，我們相信上帝會為此開路，祂確實也做到了，我們如期舉行了培靈會。到了第五天，我們開始懷疑為什麼我們的培靈會進行得如此順利，就好像一開始沒有任何阻礙一樣。然而，上帝允許我們再次陷入困境，以彰顯祂拯救的能力。首先是在村長家，這次是在村委會。村委會要求我們停止聚會。如果我們不配合，就會被帶到警察局，連我們的帳篷也會被民眾拆掉。因為只剩下一個晚上的聚會，我們和他們協商，希望能讓這場培靈會完整結束，況且我們的課程內容也沒有偏離《聖經》的教導。但村委會堅決要求立刻停止聚會。

　　我們不禁哭了，並向上帝祈求祂的旨意和目的。我們打算放棄，也覺得我們的事工徹底失敗。但我們也鼓起勇氣，不管面臨什麼問題，都要繼續聚會。重要的是，我們可以傳達聖經真理。在最後一個晚上，牧師沒有發出呼召，所以也沒有安排浸禮，儘管有一個家庭想接受主。我們只能祈禱並鼓勵他們信守委身的承諾。讚美上帝，培靈會後兩週，他們接受了上帝的真理並受了洗。上帝在我們的事工中做出了驚人的安排，在祂的時間表中，祂將一切變得美好。

萊利・巴露絲（Lely Barus）及瑟拉斯瑞・西赫譚（Sulastry Sihotang）
西印尼分校第 3 屆佈道士

教堂裡不該有豬

切切仰望上帝的日子來到。在那日,天被火燒就銷化了,有形質的都要被烈火鎔化。

彼得後書 3：12 ■

當我們在宣教地——東努沙登加拉省東松巴縣的萊隆吉村（Lailunggi, East Sumba, East Nusa Tenggara）看到當地復臨教會的狀況時,著實震驚不已。它又髒又亂,雜草叢生。最令人驚訝的是,教堂裡竟然有八頭豬已經在那裡被圈養了兩年!原本應該作為敬拜場所的教堂,如今變成了豬圈!我們同牧師和三位教友決定蓋一個適當的豬圈,並把豬移到那裡。

第二天,牧師和教友們回到自己的村子後,養豬的婦女打開豬圈,這些豬回到了教堂,在地上挖洞,並住在那裡。當天晚上,我們開始祈求,希望上帝能親自動手處理掉這些豬。我們祈求了三天,然後我們的禱告得到了回答。我們每天都祈求豬死去,到了第三天,四隻豬接連死去。女主人感到很震驚,控告我們殺了她的豬,我們向她辯明自己的清白。於是,她決定宰殺剩下的豬。感謝上帝,從此再也沒有豬佔據教堂!

上帝總是以出人意料的方式帶領我們。有一次正當我們彈著吉他唱歌時,突然一名男子出現並說:「你們能教我彈吉他嗎?」我們回答說:「可以啊,如果你同意,我們晚點可以去拜訪你家。」第二天,我們去拜訪他並教他如何彈吉他。透過吉他課程,我們跟他和他的家人建立了友誼。上完吉他課,我們開始講故事。結果這名男子突然問了一個問題,他說:「《聖經》是否有禁止吃豬肉的規定?」我們分享了〈以賽亞書〉66章17節作為回答。這名男子很吃驚地讀這節經文。於是我們繼續為他查經。他不單單學習了有關飲食的道理,同時也理解了安息日、律法和洗禮的問題。他和他的家庭願意接受真理,在我們回到千人佈道士的校區前,他們答應會受洗。

之後我們得知他們確實接受了耶穌為個人的救主,並遵守安息日為休息的日子;我們十分感謝上帝使用我們來接觸寶貴的生靈。

洛伊蘭德・M・萊斯克納（Royland M. Leskona）及羅威・普古林（Rowel Ipkulin）
東印尼分校第 29 屆佈道士

不住地禱告

在指望中要喜樂；在患難中要忍耐；禱告要恆切。

羅馬書 12：12 ■

當年，在印尼努沙登加拉省薩布島德梅村（Deme, Sabu, Nusa Tenggara Timur）宣教的前8個月裡，我們覺得很輕鬆。我們的任期將在5月底結束，所以我們一如往常地工作。我們挨家挨戶拜訪，為村子周圍的家庭進行查經。當時有個家庭想更進一步了解《聖經》的知識。然而，就在我們一起查經時，一位老先生闖了進來把我們趕出屋外。他是這戶人家的親戚。我們感到難過並不是因為被趕出去，而是因為他們拒絕了好消息。

上帝給了我們勇氣，在那個事件發生一週後，我們又回到這戶人家拜訪。我們真心希望他們能聽到福音，誠心誠意地希望每個人都能聽見並理解真理的信息；因為上帝愛他們，我們也愛他們。當我們開始學習上帝的話語時，聖靈就在這個家庭動工。這家的妻子決定要遵循《聖經》的真理。

終於，收割莊稼的時候到了，而我們在佈道會之後也將離開這個宣教區。但在離開之前，我們希望在這裡撒下更多真理的種子。我們不願有任何一人錯失福音。當牧師發出呼召時，我們看到一個查經班學員站在講台周圍，但她沒有上前。我們感到很疑惑，因為她之前曾表達追求真理的意願。

聚會後，我們走近她身邊。她說丈夫不允許她受洗。我們聽了很替她難過，但是我們還是鼓勵她，因此我們為她禱告，也請她為自己禱告。

我們決定在安息日凌晨三點，一起聚集在我們的住處禱告。安息日的崇拜結束後，這位女士告訴我們，她想馬上受洗。我們後來才發現，她和丈夫兩人同樣也是一大早就起來禱告。禱告的力量是多麼強大！目前，她是家裡唯一接受真理的人，但她的丈夫也表達了希望接受真理的心意。他只是需要更多的時間來研究和深入了解真理。

讓我們為贏得的每一個生靈，以及那些仍在為真理奮鬥的人禱告，讓上帝按照祂的時間贏得人心。讓我們不住地禱告！

弗利安紐斯·瓦路烏（Ferianus Waruwu）
西印尼分校第 8 屆佈道士

不要懼怕！我們事奉上帝！

「我豈沒有吩咐你嗎？你當剛強壯膽！不要懼怕，也不要驚惶；因為你無論往哪裡去，耶和華—你的上帝必與你同在。」

約書亞記 1:9 ▓

　　舉行小屋佈道會對我們夫妻倆來說，是一次改變人生的經歷；那一次令我們體會了服務的真諦。

　　我們只有幾週時間來準備佈道會，其中也遇到了不少阻礙。因此，某天晚上，我們在迫切的禱告中把所有的困難都交託給上帝。第二天，上帝應允了我們的禱告，有人慷慨解囊，提供了小屋佈道會所需的資金。

　　第一個難題解決了，但我們仍然忐忑不安，覺得尚未準備妥當。我們一直在想：佈道會場地在哪裡？會是什麼模樣？居民是否會接受我們？有人會願意查經嗎？我們什麼時候能見到這裡的孩子？……我們腦海中充斥著這些疑問。

　　然而到了聚會地點，所有的顧慮都煙消雲散，我們經歷了與上帝奇妙的相遇。我們發現有六個人想進一步了解上帝的話；於是我們花時間一起讀經，其中許多人最近才發現安息日的真理。靠著上帝的恩典，有些人明白他們剛剛學到的真理十分重要。這就是為什麼他們渴望能有人為他們代禱，因為對他們來說，走出教會並活出新的真理並不是一件容易的事。

　　我們還舉辦了一場健康活動，也因此發生了好些神蹟。一名男子長期大量出血，需要排便；藉著活性碳療法和禱告，他恢復了健康。感謝上帝，能見證這一切實在是妙不可言！

　　上帝在宣教區為我們精心安排的一切，讓我們讚嘆不已。如果我們迫切地向祂學習且忠實地降服於祂，祂必會為我們的緣故行奇妙的大事。我們同時也發現到真正的服務不單是聆聽證道或參與教會活動，還需要個人的外展行動。如此一來，不僅是被服事之人，服事人的也會蒙福。我們相信上帝會幫助我們，在未來為祂成就更多的大事。

拉客米尼—阿力圖拿一家（Rakmeni-Aritonang Family）
東印尼分校第 1 屆家庭佈道士

被當成狂熱分子

就對他們說:「要收的莊稼多,做工的人少。所以,你們當求莊稼的主打發工人出去收他的莊稼。」

路加福音 10:2

我們被差派到印尼西蘇拉威西省、卡倫邦區的卡拉馬村(West Sulawesi, Kalumpang, Karama)。那時當地約有200戶人家,大多數人都信奉基督教,但其中只有9名復臨信徒。

我們花了約三週時間試著融入當地居民,與他們建立友誼。在第四週,當地舉行了一場由區會之前計畫好的佈道會;佈道會的最後一天一共有12人受洗。此事遭到社區居民和其他宗教組織領袖的強烈反彈,他們以死亡威脅恐嚇我們。

一想到我們的事工可能會因此受阻,我們便禁食禱告,希望上帝能出手干預。在這種危機之下,我們還是繼續探訪病人,並使用我們帶來的藥物。我們也前往庭園和農場協助居民的工作,然後利用工作閒暇之餘與他們分享耶穌的愛。我們教孩子們英語,也在學校上課。希望藉著這些活動增進與居民的關係。

在我們宣教期間,上帝施行了一個令人印象深刻的神蹟。尤斯先生原本是強烈反對復臨信仰的人;他是深受當地屬民尊敬的長老,同時也是其他教派的老師。由於某些問題,他建立了一個新教會,並擔任該教會的牧師。他禁止他的會眾接受我們所傳的;他威脅說若他們這樣做,就要燒掉他們的房子。我們為此禱告,並決定藉由每天拜訪他來拉近彼此的距離。終於,靠著上帝的恩典,他和家人同意研究聖經。經過兩週的查經,他們全家決定受洗。我們親眼見證聖靈的能力如何軟化一個心裡剛硬的人,並引領他來到耶穌面前。

最後,我們送尤斯先生和他的家人,以及其他幾位預備受洗的人到城裡,這需要沿著河床步行一天,然後乘車到馬穆朱市(Mumuju)。尤斯先生和他的家人都在我們第二次佈道會舉行之浸禮所受洗的21人當中。起初當地村莊只有9位復臨信徒,現在大約有30位,還有更多對復臨教會信仰感興趣的慕道友。

弟兄姐妹們,許多人正在呼救,誰會去救他們脫離罪惡的黑暗呢?來吧,年輕人!讓我們奉獻所能,加入拯救生靈的工作行列!

斐榮・坦杜(Firon Thando)及蓋瑞・羅姆帕斯(Gerry Rompas)
東印尼分校第 4 屆佈道士

你手裡有什麼？

「人為朋友捨命，人的愛心沒有比這個大的。」

約翰福音 15：13 ■

我的宣教區 —— 印尼加里曼丹省的蘇蒂三寶壟（Suti Semarang, Kalimantan Barat）—— 改變了我的心；它教會了我如何將自己完全交託給上帝。在我抵達當地時，我向上帝祈禱，求問我應該做怎樣的事工。我進行家訪時，遇到了一位罹患腫瘤和結核病已逾四個月的女士，腫瘤使她無法行動，只能終日臥床，而她的孩子也是家中唯一的照顧者。目睹他們的困境，我為他們感到十分難過；因此求問上帝我該怎麼做，我所能做的就是禱告。後來，我給了她一些草藥，並教她關於新起點（NEWSTART）的健康知識。我告訴她要在早上曬太陽，並攝取健康的食物。

接下來的四個月，我持續地探訪、祈禱和給她服用草藥，直到她的病況有了一些起色。我持續禱告，希望上帝能幫助這位女士。我也考慮籌款，這樣就可以帶她去醫院治療。但我不知道該如何籌錢，因為我自己也沒錢。一次吃午餐時，我想到可以出售我的筆記型電腦。最後，我用二百萬盧比的價格賣了它。但不幸的是，這些錢還是遠遠不夠；於是我再次向上帝禱告。我也將此事轉告了一些朋友，他們給了我一百萬盧比幫助我。

在那之後，我鼓勵其他教友幫助這位女士。有一位擔任村莊祕書的教友給村民寫了一封募款信；感謝上帝，透過這項行動，募集的資金達到了一百多萬盧比，而總金額也達到了四百多萬盧比。這名婦女有政府的醫療保險，但她沒有錢去醫院看病。此外，由於路途甚遠，路況又差，到醫院的旅費也所費不貲。

我將募集的錢給了她，第二天她就帶著孩子去醫院做手術了。在醫院休養了幾天後，她回到了村裡。她的病情總算大為好轉，能再次行走，也能到教堂做禮拜。

我知道我所做的不能改變世界，但是我在宣教區經歷上帝的過程，開啟了我的思想與心靈，讓我可以為其他需要幫助的人做些實事。我了解我被派往那裡，是為了去分享上帝永恆的愛，就像祂愛我一樣。

摩西・哈希安達・希拉拉海（Moses Hasianda Silalahi）
西印尼分校第 8 屆佈道士

你的醫生朋友在哪兒？

「看哪，我差遣使者在你前面，在路上保護你，領你到我所預備的地方去。」

出埃及記 23：20

作為佈道士，我們開始在印尼南羅特區的多達克村（Dodaek, South Rote）服務時，當地只有兩戶人家是復臨信徒。大多數的居民都是基督徒，也有少數是天主教和穆斯林家庭。為了深入社區，我們開始教授兒童歌曲和英語課程。有一天，在我們結束聖經課回家的路上，遇到了來自另一個村莊五旬宗派牧師的師母，她的丈夫在幾年前去世了。她對我們說：「我認為你們是上帝的僕人，你們願意拜訪我嗎？」雖然感到訝異，但我們接受了她的邀約；因整趟拜訪行程需要超過8個小時，因此第二天凌晨4點，我們便啟程。當我們到達她的村莊時，向一位男士詢問了師母的住所，他告訴了我們方向。

遠遠望去，我們看到一大群人聚集在這個女士的家。我們受到他們熱情的接待。與他們交談後，我們提議要教導他們關於上帝的話，但他們回答說：「牧師，可是我們現在沒有錢呀，我們要怎麼付你們學費？」原來該地區的人想聽牧師講論上帝時，他們必須付費。我們回答說：「不需要，我們會免費為弟兄姐妹們查經。」他們喜出望外，並在接下來的兩個小時裡學習。我們大約在5點鐘結束查經課程。當我們準備回家時，猛然想起了那位友善地為我們指路的男士。我們決定去拜訪並感謝他。不過，我們到他家時他人不在，而是在離家不遠的一個椰子園工作，於是我們便過去找他。

靠近椰子園時，我們注意到一位婦女用手遮住了眼睛。到達之後，她仍然看著我們身後，似乎在尋找什麼。她問：「你們另一位朋友在哪？」她的詢問讓我們困惑，於是回答：「只有我們兩人。」「不要說謊，你們的醫生朋友在哪兒？」她堅持地問。「沒有任何醫生與我們同行，」我們說。這位女士一臉疑惑說：「但是我看到一位高大、穿白袍的人跟你們同行，他在哪裡？」我們沉默了，意識到她應該是看見了不尋常的景象。在敬畏的心情中，我們告訴她：「女士，他是上帝派來陪伴我們的天使。」我們的上帝是如此特別！在我們去探訪這附近的五個村莊時，祂總是一路陪伴我們。

當我們離開宣教區時，許多人已經認識並學習了上帝的話。感謝上帝！此後受洗的人數不斷增加。弟兄姐妹們，世上仍有許多人等待著我們去接觸，現在就是與上帝的天使同行，在祂的田裡播種和收割的時候！

希拉斯・路安馬瑟（Silas Luanmase）及盧迪・曼迪阿斯（Rudi Mandias）
東印尼分校第 3 屆佈道士

疫情下的祝福

「除他以外，別無拯救；因為在天下人間，沒有賜下別的名，我們可以靠著得救。」

使徒行傳 4：12 ■

創造我們的上帝從不忽略或拋棄我們，反倒眷顧我們的每一個需要，祂的回應甚至早於我們提出要求之前。耶穌為我們開啟了一條通往救贖的道路；我們沒有辦法靠自己得救，但因著對世人的憐憫祂卻如此行，因為祂就是得救之道。如〈使徒行傳〉4章12節說：「除他以外，別無拯救；因為在天下人間，沒有賜下別的名，我們可以靠著得救。」因此，我想為我在新冠疫情中從主那裡得到的祝福作見證。

我得到消息，有位教友家中已經耗盡所有的食物，過得相當悲慘。由於政府關閉了國門並宣布封城，直到有更進一步的通知前，他都不能出去找食物。事實上，他平日的生活僅能勉強餬口，原本就是過一天算一天。所以，他不可能存了足夠的錢，以備疫情的不時之需。

因此，有一天，我和其他教友帶著一些物資和食物去了他家，為他的家人祈禱。當我們持續協助他們並提供一些日常用品時，我們的行為和愛深深地打動了他。我引用了《聖經》中的一節經文來敦促和鼓勵他：「如今你們求，就必得著，叫你們的喜樂可以滿足。」（約翰福音16：24）我試圖使他振作起來，告訴他世界上許多不同地區的人眼下正因食物短缺而死亡，過著饑餓的生活，但上帝為他和他的整個家庭提供了食物，使他們得以生存。我繼續談到，上帝對我們的處境和苦難並非無動於衷，祂有時會透過我們的夥伴送祝福給我們。

現在，這個家庭時常邀請我們為他們祈禱，並在他們家與他們一起做禮拜。他們也積極地支持我們的事工。他們明確表示內心洋溢著平安和喜樂。如今他們確信，透過耶穌基督，他們一定可以戰勝艱難的日子。

羅施查德羅‧崔普拉（Roshichandro Tripura）
孟加拉分校第 23 屆佈道士

我在生命中找到了耶穌

你們尋求我，若專心尋求我，就必尋見。

耶利米書 29：13 ■

我出生在一個印度教家庭。2001年，在我去寄宿學校——凱洛格‧穆克爾吉復臨神學院（Kellogg Mukherjee Adventist Seminary）就讀前，我對上帝一無所知。每當有人討論信仰，我都會試圖在其他學生面前捍衛我的印度教信仰。但是，當我參加教堂禮拜時，我明白了耶穌為赦免我們的罪而犧牲了自己的生命。我還注意到我的同學們一大早就開始禱告，所以我也試著像他們一樣；於是，我開始接受耶穌，放棄我的傳統信仰。

在那所學校讀了四年後，我決定接受洗禮。我告訴教會牧師我的決定，他要我先徵求監護人的同意，但我知道這件事不可能得到他們的認同，因為我弟弟在印度古魯阿斯拉姆寺院（Indian Guru Ashram Monastery）12年，早已成為一名印度教僧侶。有一次我在學校考試的成績不佳，所以我的父母沒有再把我送回那所學校，但我的心卻渴慕耶穌。因此，儘管他們反對，我還是在沒有知會他們的情況下，自己去了達拉巴沙爾（Dharabashail）復臨教會。

我試圖離我的家人遠一些，因為他們總是強迫我信他們的宗教。為了找工作，我沒有通知他們就去了印度，並找了一間復臨教會。主引導我來到加爾各答的南馬斯蘭達魯爾（South Machlandpur, Koata），我以前每個安息日都在那裡做禮拜。但當我在喀拉拉邦（Kerala）工作時，卻找不到任何教會。後來我接到家人的電話，催促我回家解決土地糾紛。2016年1月，我應家人要求回去，並得知孟加拉復臨教會將在戈巴爾甘尼縣（Gopalganj）舉行培靈會。我受到啟發，這次無論發生什麼事，我都要受洗，擁抱耶穌基督為我的救主。因此，2016年3月26日，我在馬蘇里亞（Masuria）培靈會期間，接受了索納頓‧蒙多爾牧師（Sonaton Mondol）的施洗。同一時間，我的家庭出現了不安和混亂。受洗後第二天我到教堂聚會，蒙多爾牧師介紹了千人佈道士運動，問我是否願意加入主的軍隊，我立刻答應。2017年，我被派往達卡聯合會參加培訓。感謝主使用我，讓我成為在南孟加拉差會的一名佈道士。

後來，我祈求主讓我跟一位敬畏上帝的女士結婚。上帝回應了我的禱告並賜予我妻子。當我的村子得知我結婚的消息後，他們向我的家人施壓，要求他們與我斷絕關係。我的一個弟弟也要我父母與我斷絕關係。然而，我的父母卻暗中支持我，因為他們看到儘管我的工資不高，我的家庭卻非常幸福。請為我的家人禱告，使他們能夠認識真理，我也能繼續為主工作。

普卡許‧哈爾德（Prokash Halder）
孟加拉分校第 23 屆佈道士

為真理出走

因為凡從上帝生的，就勝過世界；使我們勝了世界的，就是我們的信心。勝過世界的是誰呢？不是那信耶穌是上帝兒子的嗎？

約翰壹書 5：4、5 ■

世上的難題、考驗和磨難可能會挑戰我們的信仰，甚至對其帶來極大的破壞。作為上帝的見證人，有時也不免遭遇反對、批評、嘲弄，甚至是死亡的威脅。那麼，如果你被迫必須以一種令人十分不快、甚至是痛苦的方式來捍衛你的信仰和信念，你會怎麼做呢？事情或許並非總是如此，但這仍然可能發生；不過，即使你必須面對最糟的情況，在其中也有一條路可以帶領你戰勝世界。

我是復臨信徒，也是現役的千人佈道士，目前在復臨教會北孟加拉差會的庫穆利亞教會（Kumuria）任職。2020年11月，我在千人佈道士運動孟加拉分校接受了培訓，並於2021年開始服事。這項培訓計畫激發了我的信心，並將我從沉睡的靈性中喚醒。

當我與家人分享我的信仰時，他們並不接受。我的大哥完全拒絕我的信仰，不惜在父母面前打了我一巴掌，甚至到了惡言相向的地步。這種感受非常痛苦，但真理永遠是真理，我決心跟隨耶穌，在來自各方的迫害中捍衛我對祂的信仰，尤其是來自我的家人。儘管他們反對我的信仰，但我仍然繼續服事我的救主，跟隨祂，無論祂帶領我到哪裡。於是，我懷著沉重的心情離開了家，在一家私人公司工作，同時為主做佈道士。我持續地為我的家人禱告，特別是我的大哥和父親，祈求上帝能使他們的心轉向祂。我相信〈路加福音〉1章37節的經文，它說道：「出於上帝的話，沒有一句不帶能力的。」如果你是那些因信仰而經歷逼迫、反對、嘲笑和挑戰的人之一，務必要堅強起來！上帝是你的避難所和力量。祂將賜予你我力量和勇氣，去面對每一個考驗，並靠著羔羊的血獲得勝利。

路帕・查姆布功（Rupa Chambugong）
孟加拉分校第 23 屆佈道士

為耶穌做見證

> 耶和華說：「你們是我的見證，我所揀選的僕人。既是這樣，便可以知道，且信服我，又明白我就是耶和華。在我以前沒有真神；在我以後也必沒有。」　以賽亞書 43：10 ■

　　我接受耶穌基督的亮光；在2020年，東孟加拉差會的行政祕書蘇尼爾‧比卡什‧特里普拉（Sunil Bikash Tripura）為我施洗。我目前是在查拉朱拉復臨教會（Chalachura）固定赴會的教友，也透過孟加拉的千人佈道士運動為主工作。上帝指派我培育三間教會。每一天，我都看到上帝如何與教友同在，並增進他們的信心。只要有時間，我都會和教友們一起祈禱。上帝向來仁慈待我，祂派來一位查經員協助我進行這項事工至今；我們一起拜訪村民，並與他們分享上帝的話。

　　有一天，我們遇到了一個叫巴哈杜爾（Bahadur）的人，他被疾病折磨了很久。我們一直為他禱告，並在主面前力陳他的困境。幾天下來，主聽到了我們的祈禱，如今巴哈杜爾已痊癒。然而，撒但利用他的伎倆來妨礙、擾亂並嚇阻我們為主工作。但他的詭計非但沒能阻止我們，反而助長了我們事奉神的渴望，幫助他人發現真理，並引導他們歸向耶穌。

　　有一天，當我們正在傳講上帝的話時，一個名叫杜興（Tuhin）的年輕人威脅警告我們，叫我們不要在他們的村莊裡傳講耶穌。正如《聖經》教導我們要為我們的敵人和反對者禱告一樣，我們也為杜興禱告，希望主能為我們開闢一條道路，讓我們能夠接觸他，為耶穌贏得他的心。

　　還有一次，一個年輕人向我們傾訴說：「因為我的信仰，沒人喜歡我，甚至我的家人也不喜歡我。」他名叫喬伊‧森‧特里普拉（Joy Sen Tripura），是一個受我們的信息啟發繼而接受耶穌基督的年輕人，但是他所有的家人都是佛教徒。因此，我們鼓勵他把信心放在耶穌身上，堅守祂的應許。我們祈求上帝介入這個年輕人的家庭，為他家人的救贖開路。

　　想到當地濃厚的印度教和佛教文化背景，如果沒有聖靈的幫助，這一切經歷都不可能在我的宣教區實現。讓我們繼續為村民，以及在我的宣教區和世界各地尋求真理的生靈祈禱。

路帕‧查姆布功（Rupa Chambugong）
孟加拉校區第 23 屆佈道士

隱藏的祝福

耶和華在滄海中開道，在大水中開路。

在擔任佈道士之前，我從未經歷過像昆塔和羅利這樣猛烈的颱風；因為颱風通常不會直接侵襲我在菲律賓民答那峨島（Mindanao）的家鄉，我們那裡頂多下幾場大雨。然而，我去的宣教區是一處位於菲律賓中心名叫馬林杜克（Marinduque）的島嶼，多數經過我們國家的颱風總是毫無例外地侵襲此地。

等到我住在島上時，才體驗到強風大得可以吹彎大樹的枝幹。聽著大雨打在房頂上，還有強風似乎永不停息的呼嘯，著實令人驚慌！那一夜，我們無法入睡。想到之後可能發生的事情，我們內心也惶恐不安。那天晚上我們向上帝祈禱。

我們被分配到馬林杜克最小的市鎮——布埃納維斯塔（Buena Vista）。因為颱風，當地斷水斷電；我們不知道該去哪裡取水並給手機充電。我們住在教堂旁邊的房子裡。離我們的住所不遠處，有一個叫小通多（Little Tondo）的社區。那裡的居民是眾所周知的問題人物、麻煩製造者、酒鬼和賭徒。每次我和夥伴們經過那裡時，裡頭的人都盯著我們看，彷彿想找人打架似的。我們住得雖近，卻很難接觸他們。教友當中也沒有人成功接近過他們。儘管我們很想向他們傳福音，但我們似乎無法做到，因為向他們伸出援手是如此困難。

隨著颱風持續侵襲，有三個家庭從小通多撤離到我們的教會避難。這是我們建立友誼的契機。終於，暴風雨過去了，但是我們的困難還沒結束。我們依舊沒水沒電。但小通多的居民給了我們一些幫助；他們讓我們從他們的水泵打水，並讓我們在他們的房子給手機充電。

我們真心被他們的好意感動。我們認為一句簡單的「謝謝」不足以表達他們為我們所做的一切。於是我們提出與他們分享上帝的話語，來報答他們的善心。他們接受我們的建議。就這樣，看起來似乎難以撼動的小通多人，後來向耶穌敞開心扉，開始學習祂的話語。誰能想到一場猛烈的暴風雨，竟能成為眾人的祝福？

路易士・阿迪瑟（Luis Adecer）
菲律賓總校區第 55 屆佈道士

佛教地區的宣教呼召

在道理上受教的，當把一切需用的供給施教的人。

加拉太書 6：6 ■

我奉差遣被派往柬埔寨，一個佛教（小乘）國家，那裡大多數的人都不太會說英語。因此，當塔凱歐復臨學校（Takeo Adventist School, TAS）的校長指派我在該校同時擔任英語和聖經教師時，這對我來說確實是一個巨大的挑戰！值得慶幸的是，上帝保佑我在一個其他人都不懂英語且不相信上帝的班級裡，有一位學生翻譯員。

這名學生翻譯員是高一的學生，他來自一個非基督教家庭，他沒有錢可以繳學費，但他從未放棄。他真心想要繼續讀書，所以他努力尋找一個願意接受他的學校，儘管他的經濟狀況不佳。在四處尋找之後，他終於找到了塔凱歐復臨學校並被錄取。當他在這所學校學習時，他也透過聖經課認識了上帝。後來，他接受耶穌基督為他的救主，現在他渴望有一天能成為一位牧師。

這位學生擔任我的聖經課翻譯員，我們和其他10幾個學生一起學習。藉由上帝大能的運行，8個寶貴的生靈決志透過洗禮接受耶穌基督為他們的救主。看到他們決定接受基督，並在祂裡面過新生活，我感到無比喜樂。

看到每個學生在學習英語上的努力和進步 —— 最重要的是在認識上帝方面的努力和進步，著實令人感動。那所學校大多數的學生來自貧窮和非基督教家庭。因此，當他們留在學校學習時，他們的智識技能也隨著對上帝的認識而提升。我為這一切感謝神，如果我沒有讓上帝在祂的道路上引領和指導我，這些事情就不會在我的基督徒生活中發生。

克莉絲汀・B・阿巴普（Christine B. Abapo）
菲律賓總校區第 44 屆佈道士

無限可能的上帝

「因為，出於上帝的話，沒有一句不帶能力的。」

路加福音 1：37 ■

自孩提時代，我就有這樣的感覺：上帝在呼召我完成祂特殊的使命，去傳揚福音。因此，我一直夢想能夠成為佈道士。在2013年完成高中學業後，上帝允許我在2014年提前進入大學。因為我在學業上表現出色，我請求上帝幫助我儘快畢業，以便我能以佈道士的身分為祂服務。我的宣教之旅於焉展開。2019年10月，我大學畢業。畢業後幾天，一位當時住在秘魯、來自我的祖國哥倫比亞的姐妹，告訴了我關於秘魯千人佈道士運動的消息。

我開始為此收集所需要的文件，預備註冊參加2020年的宣教呼召。我沒有錢支付體檢、護照或機票的費用，但上帝供應了我所需要的一切。這項對我來說幾乎是不可能達成的事，是上帝透過令人尊敬的秘魯千人佈道士運動主任吳牧師，以及我的家人和教友們的全力協助，才終於實現我長久以來的夢想。在出發之前，我面臨一些阻礙，一度令我相當苦惱，但上帝幫助我克服了每一個障礙；儘管這個過程不容易，但上帝掌管著一切。

出發的時間終於到了！因為是獨自一人踏上旅程，我感到有些害怕；同時我也感到難過，因為我即將遠離家人。但是，我知道聖靈與天使會一直與我和我愛的人同在。2020年抵達訓練中心，當地的一切事物對我來說都是新的，但我覺得伯特利是我第二個家，也感受到上帝溫柔地撫慰我的心。

加入千人佈道士運動，是上帝迄今為止所給我的最美好的經歷。對於這一切，我能做的就是感謝和頌揚上帝的恩典和憐憫。我祈願許多像我一樣的年輕人也能聽到聖靈的呼召，忠心服事主。我自己則堅信：「一日佈道士，終身佈道士。」

路茲・阿德安納・帕提諾・蘇芮茲（Luz Adriana Patiño Suárez）
秘魯分校佈道士

學到的功課

親愛的（弟兄）啊，有火煉的試驗臨到你們，不要以為奇怪（似乎是遭遇非常的事），倒要歡喜；因為你們是與基督一同受苦，使你們在他榮耀顯現的時候，也可以歡喜快樂。

彼得前書 4：12、13 ■

我們派駐的宣教區位於菲律賓的打拉（Tarlac），種植玉米是當地人的主要收入來源之一。富裕的農民擁有廣闊的玉米田，並透過允許窮人拾取田裡剩餘的收成來幫助他們。正好是在收穫的季節，我和夥伴已經用盡所有的錢；而我們住的地方離城市很遠，進城裡領錢需要一兩天的時間來回，以當時來說這並不是適當的選擇。

然後我們靈機一動：「為什麼不和我們的復臨朋友一起去撿玉米呢？這樣我們也可以和他們打成一片，體驗他們的生活。反正我們也不能去城裡，因為我們沒有車。」因此，我們決定在第二天與教友們一起去撿玉米。起初我有些不情願；我想像在玉米田裡工作，若太陽灼傷我的皮膚肯定很痛。我無法想像自己一整天都在採玉米，並背著沉重的麻袋。但是後來轉頭一想：「我可以辦得到，這是作為佈道士的工作之一。與耶穌在髑髏地的十字架上相比，這點小事根本算不得什麼。」

我們到達玉米地時，我看到很多人。其他人已經先離開了，因為他們沒有更多的麻袋來裝玉米。有些人忙著剝玉米，但我只是站著，等著有人給我玉米。後來我四處走動想找玉米，卻找不到。冷不防地，有個人說：「姐妹，妳看不見嗎？不要光是閒著，去找玉米呀，它們就在枯乾的玉米株下面。」在那人責備我之後，我頓悟了。我意識到不能浪費時間。

於是，我低聲禱告：「上帝，請幫助我找到玉米。我知道我不擅長做這工。請原諒我的無所事事。」一瞬眼，我立刻看到了離我不遠處的玉米株。我對找到的第一顆玉米非常滿意。過了一會兒，我在玉米株下尋找，發現了更多的玉米，那天我裝了三袋玉米。每當我看到人們在玉米田裡工作，就會想起我在那裡的工作經歷，深深記得人們為了生活是如何努力工作。

我學會了為需要的東西而工作。若我只是坐著不動，是不會有收穫的。作為一名佈道士，不僅要經歷主的仁慈，也要經歷人的苦難。耶穌遭受的痛苦比任何人都多——這激勵我更加努力地為祂工作。如果上帝賜我能力做工，我就一定能達成。

伊麗莎‧瑪麗‧卡巴爾勒路（Elysa Marie Caballero）
菲律賓總校區第 46 屆佈道士

黑暗中閃耀的光芒

「你們的光也當這樣照在人前，叫他們看見你們的好行為，便將榮耀歸給你們在天上的父。」

馬太福音 5：16 ■

　　許多時候，要在生活中為上帝做見證是非常困難的。但是，我所面臨的考驗，和富有挑戰性的經歷，只會強化我對上帝的信心，使我學會讓祂在我生命中居首位；因祂救我脫離了許多危險和考驗，並在新冠疫情期間給了我極大的幫助。有一次，我去向孟加拉阿姆托利（Amtoli）當地的村民傳講上帝，他們卻不只一次、而是多次用不屑的眼光瞧我，甚至嘲笑責罵我。他們大多數是佛教徒，所以對上帝一無所知，也不相信天上有上帝存在。儘管作為一名佈道士，我在他們當中工作有一段痛苦的經歷，但我沒有放棄。

　　我繼續與他們分享我對上帝的信仰，並試圖為他們禱告。我越是向他們做見證，他們就越對我介紹的真理感到驚訝，尤其是對耶穌所行的神蹟奇事感到震撼。接著有一天，我注意到那個村子裡有許多孩子病了。村民們鎮日拜他們的偶像，祈求得到醫治；但是他們的禱告及奉獻沒有得到回應。看見這種情況，我被聖靈感動，我走進每一個病童的家，為父母及他們生病的兒女禱告。能順利取得他們同意時，我就會從《聖經》中讀一些充滿希望和安慰的話，並為他們祈禱。我持續禱告了好幾天。三到四天後，孩子們的病就奇蹟般地痊癒了。

　　現在，我看到他們不管是在行為、面容、生活方式和對我的態度上，都發生了一些變化。事實上，他們當中有些人已經願意接受主進入他們的生活。現在，他們定期請我和其他復臨信徒到他們家禱告。我們自然是非常樂意拜訪他們，為他們禱告。令人驚訝的是，有一些村民已經開始在每安息日上教堂，其中一些人甚至渴望並要求受洗。我不禁因上帝在我的宣教區所做的神聖工作和干預而讚美祂。毫無疑問，祂使我能夠用祂的話來觸動這些人的心。

諾達拉姆・崔普拉（Nodaram Tripura）

孟加拉分校第 23 屆佈道士

禱告照亮我黑暗的過去

「非用禱告，這一類的（鬼）總不能出來。」

馬可福音 9：29 ■

我們都在與罪惡的本性鬥爭。它導致我們犯罪，阻礙我們的靈性成長。我曾是迷失的羊，徘徊在自己的人生路上，無法感到完整與滿足，我很肯定生命裡定是缺少了某些東西。

我曾經按照自己的意願安排自己的人生。當我還在求職時，我並不在乎週六是否上班。我總是按自己的方式生活，不顧家人的信仰和上帝的旨意。我是如此頑固；很快地，挑戰開始出現，我的生活變得一團糟。然後有一天，我決定尋找正確的路。那是我第一次想到要向上帝禱告。

一日早晨醒來時，我感覺到上帝的同在；我來到祂面前，渴望全心全意地服事祂。這是一種突如其來的感覺，我不知道它源自何處。我只知道主在我身上做了一些事，因為我能感覺得到。就在那時，我的表哥向我介紹了千人佈道士運動。我毫不猶豫地準備參加第44屆佈道士培訓所需的文件和物品。然而，即使有了這個決定，我仍然沒有完全改變。我仍然渴望世上的物質。我仍然濃妝艷抹，穿著暴露的服裝上教堂。即使在佈道士培訓期間，我也繼續做同樣的事。但我不斷祈求上帝改變我，因為知道我沒有能力改變自己。這完全是聖靈的功勞。祂在這項工作上沒有失敗，我徹頭徹尾地改變了！

培訓結束後，我們被派往各自的宣教區。我和夥伴承受了巨大的壓力，因為我們被分派到一個大教會。然而上帝從不撇下我們。我的信心也持續受到考驗。其中一例是在我們的家庭研習會上，我遺失了錢包和手機。我很絕望，因為覺得失去了對我來說很重要的一切。於是，我跪下禱告，把所有的憂慮都交給上帝。在經歷掙扎之後，我已經學會無時無刻都向上帝祈禱。

若要問我從這次的佈道士旅程中學到什麼，那一定就是禱告的力量。禱告改變了我的生命。我曾是一個擁有幽暗過去的罪人。我如今仍是罪人，但靠著恩典蒙拯救，這一次我是在基督耶穌裡擁有了新的生命。耶穌的恩典使我的眼睛漸漸明亮，以致於能清楚地看見祂。

珍妮佛・約克布・瑞佛路（Jennifer Jacob Rivero）
菲律賓總校區第 44 屆佈道士

被上帝的愛改變的女巫

他救了我們脫離黑暗的權勢，把我們遷到他愛子的國裡。

歌羅西書 1：13 ∎

當我得知自己被分配到菲律賓的聖卡洛斯市（San Carlos）宣教時，我既興奮又焦慮，這是我從未想過的地方。到達當地時，我們受到了傳道區牧師的隆重歡迎，他正好是我夥伴的叔叔。我們在宣教區第一週生活，他安排了對於工作環境的認識、各樣事項的教導和對教會的介紹。

當我們開始第一週的家訪時，我們儘可能地訪問許多戶人家，儘管我們頻頻遭遇拒絕。消極的反應卻給了我們更多的力量，使我們繼續前進，拜訪更多戶人家。直到我們走到某一棟房子前，我們鼓起勇氣接近一個對我們微笑的女人。我們向她介紹了自己，我們的工作性質，還有來到當地的理由。

隨著時間的流逝，我們與她和她的家人建立了良好的友誼。在我們對那個家庭進行友誼服事的後期，我們提議要為這位婦女查經。她毫不猶豫地問我們：即使她會行巫術，也可以學習《聖經》嗎？因為看見她的意願和誠心，儘管我們對她的話感到非常震驚，我們仍然很高興。畢竟，她是第一個願意與我們查經的人。

幾分鐘的查經慢慢變成了幾小時的生活經驗分享。經過學習上帝的話語和復臨教會的教義，數週後，她逐漸放棄了巫術。而她原有的與巫術相關的東西，如法器和兩本拉丁文咒語書，她都選擇扔掉了！認識耶穌後，她埋葬了過去的舊生活，並透過洗禮公開宣布她在耶穌裡的轉變和新生命。她告訴我們，她自出生以來的所有問題終於得到了解答。

在當地宣教期間，我們目睹了上帝在這位曾作過女巫之人的生命中所行的奇蹟。我們看到自己的無助，認明自己只能依靠上帝。我們在宣教區所發生的最好的事之一，就是我們在一個轉變成屬上帝女兒的女巫身上，見證了上帝的恩典和能力。

安琪拉・蘇拉諾（Angela Sullano）
菲律賓總校區第 42 屆佈道士

冠冕上的星星

「智慧人必發光如同天上的光；那使多人歸義的，必發光如星，直到永永遠遠。」

但以理書 12：3

你是否一生都在事奉主？也許你認為自己是個值得信賴的人，因為你一直都在履行身為上帝兒女的本分。但想必你也很好奇：為什麼總覺得自己還缺少什麼？心中的空虛似乎一直無法填補？是的，我也曾經有類似的想法，我也在尋找答案。

「你感到空虛嗎？你是否發現很難填補心中的空虛？」一位牧師在某次證道時這麼問。「試著向主祈求一個生命，求祂使用你作為工具，將那個生命交託給祂眷顧。你就會因此得到滿足。」也許這就是我在尋求的回應。於是，我每晚開始為一個生靈祈求。但我很擔憂，因為我對於如何贏得人心毫無頭緒。我並不擅長查經，甚至不能解釋最基本的概念。

在沉思時，我想起了母親在幼年時一再告誡我的話：「無論你往哪裡去，都要把耶穌帶在身邊。」因此，我堅持遵循《聖經》的規定，特別是在食物的選擇和安息日的遵守上。在求學期間，這些觀點尤為重要。我的同學每餐都提供豬肉的菜餚給我，我都會溫和地拒絕。同學們對我總是避開星期六的課程也感到困惑，儘管教授們威脅說要當掉我。

在如此艱困的時期，我仍然堅守信仰，渾然不知我的生活方式已經引起了一個朋友濃厚的興趣。她總是對我的言行感到好奇。我告訴她：「這些都記載在《聖經》裡，但是我無法為妳指出這些經文的具體出處。」於是我邀請她去教會，好讓她可以從教會得到問題的答案。她很高興跟我一起上教堂。後來，她在某次佈道會期間受了洗。

我的心真正感受到全然的滿足！正如牧師所言，贏得一個生命能填滿人內心的需要。事實上，這樣的經驗令人欲罷不能！這是我接受上帝的呼召成為佈道士的原因之一。我對於要如何引領一百人來認識基督感到十分好奇。但如今，我希望在我的冠冕上增加更多星星。我希望看到它們如紅寶石和鑽石般閃耀。

蜜拉索・肯提拉・肯提（Mirasol Cantila Cañete）
菲律賓總校區第 57 屆佈道士

意外是一種祝福

我們曉得萬事都互相效力，叫愛上帝的人得益處，就是按他旨意被召的人。

羅馬書 8：28 ∎

我曾多次見證上帝回應懇切禱告的大能。但以下事件，是迄今為止我畢生見過的上帝之能最有力的展示。

我和夥伴住在貝爾納多夫婦家裡，他們是支持宣教工作的教友，等同於我們在宣教區的父母。他們經營小型的椰子乾生意，所以不常在家，而是在辦公室。儘管很忙，他們總是為我們騰出時間。他們向我們介紹了他們的兩名工人，一對非復臨信徒夫婦。他們為人非常害羞內向，當我們跟他們說話時，他們甚至沒有任何回應。我們開始和他們做朋友，每周五去拜訪他們，也開始和他們一起做禮拜。我們邀請他們在安息日與我們一起聚會，但他們總是笑而不答。

我們沒有停止拜訪，雖然他們每次都婉拒在安息日與我們一同去聚會，我們依舊持續邀請。一個星期五下午，我們參觀了他們的工作場所。這對夫婦忙於準備安息日，所以我們沒有逗留太久。我們只是和另外兩個男孩一起為他們祈禱。當我邀請他們在隔天安息日早上和我們一起去教堂時，其中一個叫納庫納克（Naknak）的男孩同意了。我們非常高興。安息日的早晨，我們微笑著前往教堂，期待著納庫納克會加入我們。遺憾的是，我們沒有看到他。

第二天一早，我們驚訝地得知納庫納克因腳踏車意外，撞到了一塊石頭，因此緊急被送往醫院。人們以為他死了，還好有一輛車經過時將他送醫。我們感謝上帝拯救了納庫納克。在他出院後，我們持續地帶食物拜訪他。他依舊感到不適，甚至無法活動或說話。朋友取笑他說：「這就是因為你答應昨天（安息日）要去做禮拜，但是卻食言的關係。」他看起來很懊惱，所以我們就勉勵他，告訴他上帝有祂的理由。在他睡覺前，我們為他禱告，這時他卻大哭了起來。我們都希望他能早日康復。

星期一下午，貝爾納多夫婦通知我們，納庫納克去上班了，看不出任何發生事故的痕跡。我一聽到這個消息，便低聲地說：「祢真是一位大能的上帝。」發生在納庫納克身上的意外是一種祝福，幫助他向上帝敞開心扉。納庫納克現在每個安息日都去教會和我們一起敬拜。的確，萬事都互相效力。

賀拉‧普朗查（Mhara Pranza）
菲律賓總校區第 50 屆佈道士

救主一路引導我

他使我的靈魂甦醒，為自己的名引導我走義路。

詩篇 23：3 ■

在一個非復臨信徒的家庭中長大對我來說絕非易事；特別是在受洗成為復臨信徒之後，我必須自己準備食物。受洗後不久，我不得不離開家，告別家人和朋友，去完成上帝交給我的任務，做祂葡萄園的工人。選擇上帝的理想而不是父母對我的期盼，是一個艱難而重大的決定。但我並不後悔選擇了主。正如一首歌歌詞說道：「神的智慧不會有誤，神的恩慈永不更改。」（編註：Trust His Heart，原文歌詞："God is too wise to be mistaken and too good to be unkind."）

從小我就夢想踏入異國的土地。在大學畢業後，出國發展一直是我的首選。但是當上帝觸摸我，為我的人生帶來了重大的轉折之後，我決定奉獻一年的時間加入千人佈道士運動事工。主差派我到菲律賓布基農省的馬來巴來市（Malaybalay, Bukidnon）做佈道士。這讓我想起了耶利米受呼召之時：「我未將你造在腹中，我已曉得你；你未出母胎，我已分別你為聖；我已派你作列國的先知。」我真心相信，在我出生之前，上帝已經指定我成為一名佈道士。我感謝主，因為祂選擇了我，讓我參與推進祂世上的工作，因被召的人多，選上的人少。

在宣教區工作的某一天，我的夥伴生病了。她需要立即就醫接受藥物治療。在她入院之前，我也因消化功能異常而感冒，出現了咳嗽和發燒的症狀。我很難把自己實際的情況告訴家人。但是當我有機會和我的雙胞胎姐姐談話時，我鬆了一口氣。我的父母拜託我回家，但我有強烈的信念和決心，要完成我對主的承諾。我告訴他們，能為天上大君服務，我內心充滿喜樂，我很樂意為祂工作。

這種在宣教地生病的經歷讓我學會了緊緊抓住上帝的應許。祂任命我和我的夥伴成為祂的代表，所以我知道祂會確保我們完成工作。而我們也確實做到了！事實上，我們也很幸運能在奇坦拉德景復臨學校（Kitanglad View）服事。

我深信無論上帝帶領我們到哪裡，祂定會指引並提供道路，使我們能夠面對並克服所有可能阻擋我們委身於祂的障礙。我們唯一要做的，就是相信祂推動事工的方式，以及為我們制定的計畫。

瑪莉亞琳・P・普蘭多（Marialyn P. Planto）
菲律賓總校區第 51 屆佈道士

孤獨但得勝

「我要求父,父就另外賜給你們一位保惠師,叫他永遠與你們同在。」

約翰福音 14:16 ∎

　　從我們的宣教區徒步走到千人佈道士運動的校園只需要15分鐘。它是一個由九個家庭組成的小社區,裡面所有人都是復臨教會的信徒;我和夥伴到達時,他們已經服事上帝一年了。然而,他們仍然需要學習;所以,我們的第一個事工,就是帶領和教導他們如何進行早晚靈修。

　　除了與他們一起做禮拜,我們還在院外進行了宣教服務。因為我們想在日托中心教學,所以我們請求了鎮長的許可。我們拜訪了許多原先在教會、現卻已離開教會之人的家,並為我們聖經課的學生查經。鄰近地方居民並不好應付,但我和夥伴認為這是一種祝福,有助於我們在事奉和經驗上成長。

　　三個月後,事情很快就有了變化。我的夥伴突然決定要回家。這使我的任務變得更具有挑戰性,因為我必須獨力完成它。然而,上帝是信實的。祂在我周圍安排了一些人,幫助我完成任務。

　　我雖然獨自一人,但上帝保佑我在小區內外有許多夥伴。來自韓國的訪客來看我,他們與我同住並在社區裡蓋房子。後來有一群年輕人加入了他們的行列。我抓住這次機會,與他們一起為孩子們組織了一個活動。後來一共有70名兒童參加了我們所舉辦的為期一週的活動。我們還舉行了一次佈道會,為復臨教會增添了十個寶貴的生靈。

　　在宣教區剩餘的幾個月裡,儘管教友們仍然因舊習而在信仰上掙扎,我還是竭盡所能的培養他們。在這段佈道士的旅程中,我學到了很多。我定睛在上帝身上,盡我所能去做祂派我做的事,並將結果交託給祂。「放棄」從來不是我的選項,而且我始終相信,對於一個優秀的佈道士來說,並沒有所謂下下之選的宣教區域。感謝上帝讓我堅持到底;的確,我是孤獨的佈道士,但我也是得勝的佈道士,因為慈愛的主一直是我的夥伴。

傑佐・雅各・伊凡奇里奧(Jahziel James Evangelio)
菲律賓總校區第 44 屆佈道士

我將成為你的父親

我要作你們的父;你們要作我的兒女。這是全能的主說的。

哥林多後書 6:18

當母親發現父親吸毒又酗酒時,我們的家庭生活開始變得惶惶不可終日。他經常喝得酩酊大醉才回來,鬧得整個家雞犬不寧。打架爭吵對他來說是家常便飯。他營造的家庭環境導致母親的靈性生活變得軟弱,最終遠離了教會。看著朋友們與他們的家人共度快樂時光,我們也渴望擁有相同的體驗;但最終我們等來的只有失望,我們的父親因吸毒過量死亡。

母親要撫養我們並滿足我們的基本需求,是很困難的事情。她能夠維持生計的唯一方法是找到願意接納我們的人。於是,母親再婚了。起初一切都很順利;我們甚至有了一個小妹妹。我們相信上帝聽到了我們的祈禱,給了我們一個父親,直到後來他也拋棄了我們。家裡發生的事情讓我懷疑上帝是否仍然關心並眷顧我們。我請求祂對我說話,作為祂依然存在並且看顧一切的證明。然而,我沒有聽見任何回應的聲音。我又請祂以觸摸我作為祂會照顧我們的信號,我的等待換來的只是一場空。

我祈禱了幾個小時,希望能聽到上帝的聲音,然後我決定再試最後一次。「如果上帝有回應,我就相信祂;如果沒有,我就再也不會相信祂。但這一次,我會在禱告完之後翻開《聖經》,我看到的第一節經文就是上帝對我的回應。」於是,我在祈禱後打開我的《聖經》。我的目光落在〈哥林多後書〉6章18節;「我要作你們的父;你們要作我的兒女。這是全能的主說的。」當我看到這節經文時,我終於從不確定和懷疑的折磨中解脫,並且帶著上帝將成為我父親的保證重新站起來。

從那時起,我開始為母親禱告,希望她學會信任上帝。那年年底,我們在家鄉的教堂舉行了一次培靈會。我在證道中告訴會眾發生在我身上的事,以及上帝如何回應我的禱告。在聚會結束時,我發出了受洗的呼召,第一個站起來的是我母親。她受了洗,目前活躍於教會的各樣事奉,也支持我的傳道事工。

也許你正在經歷一場嚴重的危機,但無論如何務要永遠記住,在我們前進的途中,黑暗的陰影會千方百計地吞沒上帝的良善。如果此刻你正處在絕望之中,請轉向祂的話語,要求祂的應許。祂會按祂的時間表,使一切變得美好。

安麗 (Amri)
印度分校佈道士

有信心：上帝會供應

> 「我的上帝必照他榮耀的豐富，在基督耶穌裡，使你們一切所需用的都充足。」
>
> 腓立比書 4：19 ■

　　信心絕對是一個宣教士應具備的特質。「信心」一詞在《聖經》中共出現過300多次；事實上，有人甚至說，人若沒有信心，就不能得上帝的悅納（希伯來書11：6）。

　　我在印度中部地區擔任佈道士時，我和夥伴非常希望能夠提升並培養當地教會年輕人的宣教精神。當我們在搜尋他們可以參與的事工計畫時，其中一位說：「讓我們舉行一場為期一週的佈道會吧！」這個計畫極具說服力，於是我們決定去做。但是舉辦這樣的聚會需要一些經費，大概的費用為兩萬盧比。我決定負責經濟的部分，而我有六個月的時間來募款。我和夥伴決定把我的生活津貼省下來用於佈道會，而單單用他的津貼來維持生活。我們買了一個存錢筒，每個月都把錢存起來。存了五個月後，不幸的事發生了！就在佈道會預定舉行的前一個月，我們的錢被偷了！

　　我們因這件無妄之災深受影響，於是我們在祈禱中把它帶到了主的面前。我曾聽一位詩歌創作者說：「你在什麼地方有難處嗎？寶貴的救主依然是我們的避難所。要在禱告中把它帶到主面前。」於是，我們懇切祈求上帝供應我們的經濟需要。

　　當時我只有四十盧比，而我們需要兩萬盧比。我的錢遠遠不夠。我們祈禱了好幾天、甚至是好幾週，但上帝似乎一直保持沉默。這讓我們的情況雪上加霜。佈道會前四天，情況仍然無解。如果沒有這些錢，我肯定會陷入非常嚴重的困境。我起初充滿信心，但我的信心在僅剩的四天之下，就快要消磨殆盡！我最後決定禁食禱告並將自己完全獻給主。我告訴主說：「這是祢的工作，應該由祢來承擔費用。」在禁食禱告後，有一股平安湧上我心頭，我感到前所未有的輕鬆。幾天後，一個匿名人士聯繫說他將負責佈道會的所有費用，要我專心地為參加聚會的人禱告。這就是上帝處理事情的方法，祂從不遲到，我們唯一要做的就是信任祂的話。

安麗（Amri）
印度分校佈道士

媽，我們來讀那本聖經吧！

你的話是我腳前的燈，是我路上的光。

詩篇 119：105 ■

安琪拉和她的姊姊是虔誠的天主教徒，從小就被教導要尊崇《聖經》。她們把《聖經》擺在祭台上——一個她們認為安全的地方，使它遠離污穢的觸碰。是的，她們照著吩咐去做。母親禁止她們翻閱《聖經》，免得它遭到損壞。多年來，《聖經》一直擺在上面，躺在耶穌和馬利亞的照片旁邊。安琪拉的表姊是復臨教會的教友，碰巧安琪拉的姊姊決定在一個週末去表姊家過夜。她沒有想到這個決定後來竟改變了她整個人生。

她在星期五到表姊家，對復臨家庭而言，那一天是預備日。這家人與她分享了真理；來自上帝聖言的簡單真理使她信服，她決定與妹妹安琪拉分享新發現的真理。起初，安琪拉駁斥了這個看似奇怪的信仰；但姐姐持續不斷地努力，直到安琪拉決定試一試。她決定翻一下《聖經》，於是要求母親說：「媽，我們來讀那本《聖經》吧！」但是母親不會輕易讓她們姊妹倆這樣做。在她們的堅持不懈之下，那本《聖經》很快就被打開了。當她們開始讀經之後，漸漸明白自己過去所信的是被誤導且片面的，但她們同時也受到新發現之真理啟發。安琪拉意識到，基督教不是單單崇拜《聖經》，這本書確實可敬，但它的內容也很重要。

她決定加入一個完全遵循耶穌和祂的指示的宗教；於是她和姊姊加入查經班並接受洗禮。然而，這個新的信仰旅程成為戰爭與衝突的開始。村民開始以敵基督者或叛徒來稱呼她們。但安琪拉在上帝的「磐石穴中」——祂的聖言裡找到安慰。她毫不猶豫地加入了印度千人佈道士運動，參與了傳福音的事工。她持續地為家人、尤其是她的母親禱告，希望他們也能透過上帝的話語敞開心扉，傾聽上帝的聲音。

藉由祈禱、關懷和查經，安琪拉的母親見證了女兒生命的徹底改變，於是她敞開心門，很快就接受了洗禮。安琪拉目前在斯派塞復臨大學（Spicer Adventist University）讀神學。她希望成為一名醫療佈道士。她們很高興自己打開了《聖經》，自從那本書展開後，他們的生命有了全新的改變。

親愛的主，謝謝祢透過《聖經》向我們說話，幫助我們每日轉向祢的聖言並讓它帶領我們來到耶穌面前，阿們。

安琪拉（Angela）
印度分校佈道士

以信心求告

「你們禱告，無論求什麼，只要信，就必得著。」

馬太福音 21：22 ■

所有佈道士在宣教區都會遇到不同的掙扎和阻礙；我和我的夥伴一到達菲律賓東米薩米斯省的巴林戈安（Balingoan, Misamis Oriental），就體驗到了這一點。我們沒有住的地方。我們去教堂尋求幫助，但那裡沒有人，我們倒是在教堂旁邊遇見了一名醉漢。這讓我們感到很不安，於是請求教會的青年團長來幫助我們。他欣然接了電話也同意協助。於是我們暫時與牧師和青年團長一起住在教堂裡。

當晚睡覺前，從我們與牧師和青年團長的簡短談話中，我們發現大部分的信徒都已離開教會，只剩下少數活躍的信徒家庭。這使我們意識到，我們需要竭盡全力使他們回到教會。那天晚上睡覺前，我祈禱上帝為我們提供所需的資源，特別是為眼前急待我們去執行的工作。我也祈求有人能幫助我們解決問題。那一次，我充滿信心地緊緊抓住祂的應許：「凡你們禱告祈求的，無論是什麼，只要信是得著的，就必得著。」

隔天一大早，我們為一位壽星唱了祝福的歌。我們也順道結識了兩位年輕的教友，並與他們成為朋友。突然，一輛三輪車停在我們面前。司機下車後朝我們走來。他問我們是誰，在這裡做什麼；然後向我們介紹自己。我們很開心地向他解釋了一切。在談話中，我們發現他從前也是復臨信徒。我們告訴他，這段時間我們都會住在教堂裡，於是他很高興地為我們提供家裡的一間空房。我們欣喜若狂，深知上帝回應了我們的禱告。

你看見上帝是如何從我們旅程一開始就供應我們所需嗎？我們在當地繼續我們的事工時，祂派來的人成為我們莫大的祝福。但最好的部分是：我們得到了一個機會，不僅可以向不認識耶穌的人，還可以向那些已流失的信徒傳福音。我們的禱告看似非常簡單，但若憑著信心祈求，我們就會得著。信心會影響禱告的回應。

諾芙琳・L・伊諾芙嘉斯（Novelyn L. Inovejas）
菲律賓總校區第 50 屆佈道士

蒙保障的旅程

「我就是道路、真理、生命;若不藉著我,沒有人能到父那裡去。」

約翰福音 14:6 ■

　　藉由成為佈道士來執行耶穌所吩咐的「大使命」,是我對基督和祂的救贖深表感謝的方式。被分派到南韓宣教,也是對地極的見證。文化障礙是身為外國佈道士的挑戰之一。與此障礙周旋,猶如在大海中航行,隨波逐流。但如果你知道如何面對一波波的驚濤駭浪,就可以視它們為一種加速你屬靈航程的外來力量。門徒彼得認為巨浪是一種威脅,便因它心生恐懼,而將自己的注意力從耶穌身上移開。結果,他就開始往下沉。

　　作為佈道士,面對不知感恩的學生、不尊重人的學習者和漠不關心的當局,就如在海上面對驚濤駭浪。在航程中的某一刻,我們也曾經差點沉沒。然而,只要我們呼求,耶穌就會立即向我們伸出援手,就像祂對待彼得一樣。每當我們需要指引和方向時,上帝的手就會成為我們的幫助,並且祂是隨時預備好幫助我們。

　　耶穌希望保障我們在這趟生命旅途中,能夠走在正確的道路上。祂有一張地圖 —— 事實上祂就是地圖,也是道路 —— 因此,祂肯定能指引我們的旅途。只要我們跟隨祂,就能在世界各處旅行。此外,當我們在「耶路撒冷」之外作見證時,我們需要食物和水。耶穌就是我們的活糧和活水。祂為我們提供了足夠的精神食糧,讓我們可以與他人分享。

　　擁有「地圖、食物和水」的旅人,就能保證自己在旅途中不迷失。在我們進行的這趟信仰之旅和競賽中,不是最快到達終點的人可以得到獎賞,而是堅持不懈的人。所以,不要著急。保持你的步伐,並用活水和活糧得到充分的滋養。願你平安!

梅芙特・馬帕羅 (Melvert Magparo)
菲律賓總校區第 33 屆佈道士

回歸祂的懷抱

3
March
05

這人該知道：叫一個罪人從迷路上轉回便是救一個靈魂不死，並且遮蓋許多的罪。

雅各書 5：20 ■

作為佈道士，我在宣教期所經歷的10個月充滿了全新的學習經驗。我和三個不同的夥伴去了三個不同的宣教區。在分派之前，我一度感到失望沮喪，想要回家；但是，我感謝一群始終鼓勵我前往的人。我最近在東民都洛省（Oriental Mindoro）的一次經歷堅定了我繼續傳福音的信念。

某個安息日，幾個組織的佈道士鼓勵我們去彭格列教會（Pangolong），這是在我們宣教區附近的一個復臨教會。因為教堂被一大片綠地所包圍，我立刻就愛上了這個地方。我們度過了一個美好的安息日崇拜。下午的節目結束後，我們碰巧和一位態度和藹可親、名叫庫亞‧強尼（Kuya Johnny）的弟兄交談，後來主任鼓勵我們在其中一個組織的校園裡待到星期一。我們還得知庫亞是主任邀請的，因主任是他的表哥。

在那裡，庫亞向我講述了他的生活。他告訴我們，他是千人佈道士運動第五、六屆的成員，但因病未能完成任期。在與一位非復臨信徒結婚後，他停止了赴會，染上了惡習；甚至後來還離開了妻兒和家人獨自生活。他每天喝酒，這成了他的生活方式。在我們到達之前，他已經18年沒有上過教堂。自從我們認識他之後，他開始定期參加安息日的聚會，無論我們在哪裡過安息日，他都會加入我們，並積極參加教會活動。他告訴我們，我們的見面重新點燃了他對傳道事工的興趣。

他不斷地告訴我們他是多麼感激能遇見我們。他每天邀請我們去他們家，還請我們一起慶祝他的生日。他主動加入我們挨家挨戶的拜訪行列，並在崇拜聚會時在教堂講道。他說他會竭盡全力為主而改變；也打算與妻子重修舊好。得知他生命中的改變，我們感到非常高興。

在我們離開的那天，他的感謝對我影響很大。他告訴我們，他永遠不會忘記我們，他待我們就像待他的親姐妹一樣，我忍不住流下了眼淚。感謝主帶領我們到當地，使我們能夠遇見這個人，見證他如何重回耶穌的懷抱。他見證我們是如何激勵了他，但他才是對我們產生巨大影響的人。

梅莉普‧伊巴特（Meryll Ibut）
菲律賓總校區第 45 屆佈道士

關閉的門（上）

耶和華說：「我知道我向你們所懷的意念是賜平安的意念，不是降災禍的意念，要叫你們末後有指望。」

耶利米書 29：11 ■

我在2016年通過了12年級的課程，並決心接下來要通過「國家資格累計入學考試」（NEET）；這是一項全國性的醫學預科入學考，是為了在印度攻讀醫學的學生而預備的。我的夢想是成為一名醫師。但一個月後成績公布，我得知自己並沒有通過。在等待NEET成績的同時，我另外也參加了護理入學考試，但同樣也沒通過。我對這次的考試滿懷信心，覺得自己肯定能夠在高中畢業時通過，但這兩次失敗擊垮了我，我的未來突然變得一片黯淡。

我的許多同學在當時都紛紛進入大學就讀，或參加培訓和補習班，為了將來能成為某個重要人士而忙碌。而我呢？只有我獨自一人被拋在後頭。父親無法負擔補習班昂貴的費用，因此他要我自己為第二年的考試預備。我只能答應他，因為我知道這是最好的安排，而我也必須相信上帝。

那年在家自修的時候，我有機會參加了一個青年聚會，那次經歷改變了我的人生。從高中起、三年八個月的時間裡，我愛上了一個來自印度教家庭的男孩並和他持續約會。我從未對禱告和讀經感興趣，只在意如何維繫自己的感情生活，以致於沒有留出時間給上帝。我的心因內疚而沉重，因為心裡明白自己正走在錯誤的道路上，卻又不知如何擺脫它。但上帝沒有將我遺棄。當我在那場聚會中遇到祂之後，多年來隱藏在心中的每一項罪和羞恥都被揭露，我的內心痛苦不堪。當我了解到〈哥林多後書〉6章14節所說——「你們和不信的原不相配，不要同負一軛」，我的人生就此改變。

我回到家，為我的錯誤向父母道歉，並與那個男孩分手。做這樣的決定非常困難，但我知道這是我本應該做的。我被蒙蔽了雙眼，完全迷失在罪中，但上帝拯救了我。因此，我內心有一股想為上帝做更多事的強烈渴望。我自覺有義務為上帝服務，於是我求問祂說：「我能為祢做什麼呢？」上帝指示我加入千人佈道士運動在印度校區的訓練營。於是，我在2016年12月加入培訓。這也成為我做過的、最好的決定。如果不是上帝在那些考試中為我關上了門，我永遠不會聽見祂的呼召！有時，失敗可以成為上帝在我們的生活中創造奇蹟的機會。

班絲（Banse）
印度分校佈道士

祂深知我們最深的意念（下）

耶和華啊，認識你名的人要倚靠你，因你沒有離棄尋求你的人。

詩篇 9：10 ■

　　在千人佈道士運動印度校區，我很高興能遇見來自全國不同地區的佈道士；他們每一位都有不同的背景和文化，也有自己的故事與經歷，但使命卻是相同的。兩個半月的密集培訓結束之後，我和兩位宣教夥伴被分配到美麗的錫金（Sikkim）地區。到了當地，我們在一所學校裡服務。除了一般的教學之外，我們還可透過學校來提供免費課程或拜訪鄰居，並幫助治療輕微的健康問題。

　　在宣教區待了幾個月後，我經歷了失去曾祖母的痛苦。當我還在為她的死悲痛之際，我的另一位叔叔也去世了。我的處境變得非常艱難，也很想回家陪伴家人。但是上帝在這時支持了我。隨著在宣教區的時間漸近尾聲，我和我的夥伴有幸為一些人查經。靠著上帝的恩典，有五個人願意透過洗禮將生命交給耶穌。

　　當我在2018年1月完成宣教工作時，我不知道下一步該做什麼。成為一名醫生的夢想仍然激盪著我的心。但由於停止學習了兩年，如果我再次參加NEET考試（見前頁註解），我沒有信心能通過。儘管如此，經過多次的禱告，我決定再次嘗試。2018年，印度共有133萬名學生報考NEET考試；其中有許多人都為此上過補習班，而我卻沒有，也沒有足夠的時間來準備。

　　在等待考試結果的一個月後，發生了一個意想不到的奇蹟。省政府特別將我選入攻讀醫學的學生保送名單之列。上帝確實有實行神蹟的大能！祂依照祂的時間完成對我的計畫。今天，我是一名醫學系三年級的學生，只要我的生命有一息尚存，我就渴望終身事奉上帝，為祂的榮耀而努力。我無意宣稱通過入學考試完全是因為我自己的努力或智識。只有上帝能為我打開這扇門。祂真正了解並關心我們最深切的願望！

班絲（Banse）
印度分校佈道士

對小事心存感恩

叫你們凡事富足，可以多多施捨，就藉著我們使感謝歸於上帝。

哥林多後書 9：11 ∎

　　我被分派的宣教區——菲律賓阿克蘭省班加（Banga, Aklan），是我生平去過最平靜的地方之一。當地的人慷慨、善良又勤勞。我來自民答那峨島（Mindanao）的一個地方，在那裡我們不斷經歷戰爭、毒品問題和政治衝突，導致人們互相殘殺。然而，我在阿克蘭省從未經歷類似事件。我只經歷了一些不可思議的事，它們讓我對我的生活，甚至最微小的事物都心存感激。

　　我們的任務是服務整個地區。我和我的宣教夥伴熱衷於參加教會活動。有一次，牧師帶我們徒步6小時爬附近的一座山，拜訪一間擁有超過76位信徒的教會。我們抵達時，看到有一個人背著60公斤的馬尼拉蕉麻去鎮上換米。那裡的人沒有拖鞋、電、手機信號也沒有水。當地大多數人都是文盲，孩子們也對尋常的聖經人物一無所知；他們必須花六個小時走路上學。當我看到他們的處境時，我的心瞬間沉了下去。我渴望幫助他們，於是我向上帝祈求。接著，我和夥伴籌劃了一個外展項目，但我們沒有經費，所以我們努力找人捐款並籌集了6千比索。我們用這些錢買了食物、蠟筆、圖畫紙、簡單的玩具和其他東西。

　　2018年5月，我們和一些教會的年輕人一起回到了當地。看到孩子們再次見到我們是如此開心，我們於是決定在那裡待上八天。我們教孩子們唱詩歌、講述聖經故事，為民眾提供血壓量測服務，並且每晚做禮拜。

　　當地人非常喜歡沙丁魚罐頭。有一個孩子甚至用他的土雞換了一罐沙丁魚罐頭，因為對他們來說這是非常罕見的食物。當我們準備回家時，他們哭著說我們是第一個來到這座山的佈道士，因為那裡的路非常難走，特別是在下雨的時候。

　　看到當地人們的處境，我學會了對我所擁有的小東西心存感恩。我從未想過有人會對一罐沙丁魚如此感激。我因此深受感動，也很感謝上帝在我生命中所做的一切。當地人祝福我們，就像我們用社區服務祝福他們一樣。陪同我們的三名青年也因此深受激勵，他們後來也加入了千人佈道士運動。感謝上帝的一切美意！祂的愛是無私的；祂也總是以最好的方式祝福祂的子民。

桃樂絲・希高（Dorothy Sigao）
菲律賓總校區第 50 屆佈道士

請準時

說：「日期滿了，上帝的國近了。你們當悔改，信福音！」

馬可福音 1：15 ■

　　每個佈道士都應能感受上帝工作的緊迫性。我相信一直有人在等待福音。在猶未為晚之前，讓我們向世界宣告耶穌的真理。

　　我和我的韓國佈道士夥伴兩人被分派到菲律賓的阿巴堯山（Apayao）。在一次家訪中，我們見到了梅賽德斯・阿比安（Nanay Mercedes Abbian）。她今年81歲，是天主教會多年的傳道。作為一名傳道，她的職責是為亡靈祈禱，使他們的罪孽得到寬恕好進入天堂。她曾經相信，一個平生不按上帝旨意生活的人在死之前依然可以因祈禱而得救。後來，她結識了我們。關於我們的相遇最棒的一點，就是梅賽德斯媽媽能說一口流利的英文。我們相信這是上帝的安排。

　　我們多次拜訪她，就像我們對其他查經班學員一樣。但我對此非常內疚，雖然我們經常看望他們，但我們無法與他們分享上帝的話。於是我向上帝求助。我們想出了分發單張的點子。由於傳單是英文的，我們只能先給梅賽德斯媽媽。內容是關於死亡的狀態。我當時真的不知道該如何進行查經，所以我告訴她先自己讀一讀，我們下次再討論這個主題。

　　當我們再次拜訪她時，我感到既興奮又緊張。梅賽德斯媽媽看了傳單後，感到很困惑。這與她所信的完全不同。我告訴她這件事應該從《聖經》來解釋。我們使用了她的個人聖經，並依她的指示強調我們所關注的經文。因為聖靈所做的工，她相信為死人禱告並非來自《聖經》。在接下來的拜訪之中，我們持續研究安息日及其他主題。我知道她學到了很多新東西，是她在傳道生涯中從未學到的。一天她說：「要是我早一點學會這些就好了！」她的眼中帶著悲傷繼續說道：「你為什麼現在才來呢？我都已經老了。但無論如何，我很感謝上帝給了我了解這些真理的機會。」這些話讓我心碎；我明白了把真理帶給人們的意義。

　　我了解到，作為復臨信徒，我們應該迅速與所有人分享真理。梅賽德斯媽媽的青春都耗費在讓上帝蒙羞的事上。如果她早點知道，她就會成為上帝使命的一個偉大器皿。趁一切都還來得及之前，我們務要宣告耶穌的救贖！

阿多尼斯・B・安徒蘭（Adonis B. Antolan）
菲律賓總校區第 44 屆佈道士

在你回應祂的呼召之前

他們尚未求告，我就應允；正說話的時候，我就垂聽。

以賽亞書 65：24 ■

　　斯瓦西里語——「Habari」，是肯亞最常見的問候語之一。這種問候通常會伴隨著一些手勢，如親吻臉頰，扶住前臂上部，碰觸頭部，以及獨特的握手方式。打招呼是肯亞習俗中很重要的一部分。在那裡的第一個月，我和我的夥伴像大多數人一樣，向沿途遇到的每個人打招呼，即使我們和對方大多是第一次見面。社區的每個人都是這樣認識我們的；他們為人非常隨和，我們在提供查經課程方面也沒有遇到困難。

　　我們的宣教區就像迦南地，是「流奶與蜜之地」；當地鬱鬱蔥蔥且靜謐，但是它缺乏乾淨的水。事實上，在最初的三個月裡，我們不得不從遠處的河裡取水。一天天過去，我們的生活變得越加艱難。由於語言障礙，無法有效與當地人溝通，我們陷入了困境。英語雖是本地的官方語言之一，但多數的馬賽人聽不懂也不會說英語。而且大部分居民也忙於農務，因此我們很難安排與他們一起查經的時間。我們覺得自己在當地毫無用武之地。魔鬼透過攻擊我們的情緒阻止我們完成任務。我們到了想放棄回家的地步，因為我們非常想念家人。我甚至質問上帝，我們來到異國的目的究竟為何。

　　但上帝向我表明，我不應該低估祂的工作。透過艱難時刻，我明白離了祂我什麼也不是。透過這些考驗，我看到自己是一個軟弱的個體，而上帝是我唯一的力量。得知上帝的工依舊在運行讓我感到欣慰，因為我了解到大多數的聖經課學員都想和我們一樣成為佈道士。每個安息日都有20多個學生表示希望接受洗禮。因此，我們成立了由15名復臨教會學生組成的青少年佈道士團，他們幫助我們推展兒童事工和宣教。

　　「在我們拯救生靈的工作中，禱告是必需的。唯有上帝才能使我們所撒的種子生長。」（《傳道良助》原文28、29頁）我常常問上帝「我為什麼會在此處？」，現在我只想說「感謝主把我送到這裡！」我們拜訪學校和教堂，參加醫療會議，並幫助世界單車宣教（Bicycle Mission to the World）在肯亞全國所組織的、為期10天的宣教培訓。上帝不會無緣無故地派你到任何地方。事實上，在你回應祂的呼召之前，祂已經準備好了一切。你所需要做的就是祈禱，以遵行他的旨意。

莎曼莎・珍・札巴拉（Samantha Jane Zabala）
菲律賓總校區第 48 屆佈道士

宣教是我們最大的福氣

我感謝那給我力量的我們主基督耶穌，因他以我有忠心，派我服事他。

提摩太前書 1：12 ■

　　我們很榮幸能有機會分享我們在菲律賓打拉市、聖何塞德烏爾基科村（San Jose De Urquico, Tarlac）宣教區的經驗。這是一個美麗迷人的地方，人們過著簡樸的生活。他們的收入和食物來源是耕種水稻和蔬菜，水源是透過手搖水泵取得。

　　當我們第一次看到當地分派給我們的住處時，本以為會為此感到非常不適，因為它小又看起來像個涼亭。但我們後來逐漸習慣，且最終覺得這是個很舒服的地方。我們住在一位教會長老的房子附近，我們注意到他的後院有一大片未使用的土地。因此，我們請求他允許我們在那裡種植蔬菜。很高興的是這位長者不但答應我們的要求，甚至還加入了我們。我們播下的種子開始生長，幾個月後，我們開始看到工作的成果。於是我們明白耶穌所說的：「流淚撒種的，必歡呼收割！有三十倍的，有六十倍的，有一百倍的。」

　　隨著時間的流逝，村裡的孩子們開始在安息日來我們的教堂做禮拜。我們很幸運能有機會教導他們認識耶穌。然而，我們沒有足夠的錢能夠在聚會後供餐給他們東西吃。於是，我們祈求上帝供應他的子民。一週後，我們開始收到捐款和資助。上帝確實看顧和供應。祂不僅提供了食物，還提供了拖鞋給孩子們。當我們準備並分發禮物時，我們心中充滿了喜悅。能夠成為上帝工作的一分子是多麼有福氣！

　　在上帝的旨意和帶領下，我們繼續在田間工作。有一次，我們在教會牧師的帶領下進行了為期15天的佈道會。靠著上帝的恩典，有12個人決定跟從耶穌。我們在這個地方的工作是有果效的！有什麼經歷能比佈道士的經歷更偉大、更激動人心？我們是上帝賜福世界的器皿。被上帝呼召與祂同工是我們的榮幸。如今我們能肯定地說，加入宣教事工是我們做過最好的決定。現在我們能堅定地將盼望寄託在耶穌身上，因為祂說：「是的，我必快來。」

布萊恩・阿貝里多（Bryan Abelido）
及巴亞利哈夫克蘭特・雅各・巴特庫（Bayarjhavklant "Jacob" Batkhuu）
菲律賓總校區第 55 屆佈道士

禱告的力量使人恢復

萬軍之上帝啊，求你使我們回轉，使你的臉發光，我們便
要得救！

詩篇 80：7 ■

我在一個沒有基督的基督教家庭中長大。日復一日，我的父親努力維持家庭，供應家人溫飽。在如此的困境中，後來他停止了聚會，最終離棄了基督。在成長的過程中，我不記得他和家人一起去過教堂。儘管如此，我的母親仍然持續為他禱告。我依稀記得她禱告說：「主啊，求祢改變他的心。」離開教會七年後，他變得比以往更糟。我認為他再也不可能改變，但是我的母親仍然不改為他禱告的初衷。她相信上帝可以改變這流浪的丈夫。

2015年讀完十年級後，我決定加入千人佈道士運動在印度分校的培訓。經過兩個月的校園訓練，我的生命發生了改變。在宣教區的十個月是我最美好的時光。另一方面，每當我想到家裡的處境時，我的信心就消沉。我害怕接近我那長期成癮的父親；我所能做的就是為他代禱。我持續為父親禱告，相信有我的禱告再加上母親的，聖靈定能發揮潛在的作用。後來，父親內心開始感到愧疚，他決定做出改變，作為對我繼續做工的大力支持。但是我知道這是上帝的靈在他的內心動工。經過16年全家誠心的禱告之後，上帝的靈終於感動了我父親的心，他將自己的生命交還給耶穌。

我見證了上帝在他身上施行的神蹟。當我立志獻身一年成為佈道士時，上帝也改變了我整個家庭。有耶穌進入我們家，今天我們才有了一個幸福的家庭。上帝從事的是改變人心的工作。祂能使用任何人成為祂修復的渠道。我們能在遠方做佈道士，但也能在家裡做出改變。事實上，我們的家裡應是我們的第一個宣教區。

親愛的主，今日請祢使用我，讓我接觸需要祢之人的心，幫助我為他們禱告。阿們。

便雅閔（Benjamin）
印度分校佈道士

最好的夥伴

你若以我為同伴，就收納他，如同收納我一樣。

腓利門書 1：17 ■

耶穌呼召我成為一名佈道士，所以我不得不辭去原來在公共檢察官辦公室做了近三年的行政工作。在我們這屆佈道士中，87歲的薩拉斯奶奶成了我的搭檔。她因為風濕性心臟病，每21天必須注射一次。但是讓我堅持下去的原因是：我深知上帝為一個87歲的佈道士和一個24歲的佈道士制定了計畫。

在宣教區，教會面臨的最大問題是未婚教友之間的同居問題。當地教會於是夥同傳道區主任和教會堂董會一起計畫並表決，要在一週內舉辦一場公證結婚典禮、研討會和集體祝福。我承諾協助他們處理結婚所需的文件。我們請教友們為這項計畫禱告。我沒有足夠的錢，教會的資金也非常有限。因此，我把一切都交給了上帝，請祂按旨意成全。我憑信心生活，而非依靠眼見。

一位女士告訴我，她無法結婚，因為她的伴侶用的並非他的真實姓氏。儘管我不確定他們的問題是否能解決，但我還是想幫忙。我只是先盡我所能，再看看耶穌能否為他們做些什麼。當我拿到他們的無婚姻紀錄證明書時，我驚訝地發現，所有參加公證結婚的新人在姓名和資訊上都是正確無誤的，包括那位沒有使用真姓氏的人。

這是一個疲憊但值得的旅程；一共有54對新人辦理了公證結婚，參加了研討會，並得到了教會的祝福。結果，7位先前已離開教會的信徒重新回到教會。薩奶奶也在經濟上支持這場婚禮，並在我處理所有結婚文件時作為贊助人之一。上帝使這次活動圓滿成功，因為這是祂的旨意。

在宣教任期結束時，我們領回了12位原已流失的教友，並贏得18位生靈。我有無數的神蹟和蒙應允的禱告可以分享。如今我們知道，上帝使用我們作為工具來潔淨這間教會，使其成為承載上帝信息的真教會榜樣。

在我們前進的道路上有許多挑戰，若我們相信上帝，順服祂的旨意，不住地禱告，並保持積極和謙卑的態度，成功就指日可待。這是我們的經驗。主給了我一個能幫助我治癒所有破碎和軟弱的夥伴。她是最好的夥伴，為我們的工作做出了極大的貢獻。

凱瑟琪瑞‧C‧奧圖（Cathcherrie C. Alto）
菲律賓總校區第 44 屆佈道士

祂要背負你的重擔

「凡勞苦擔重擔的人可以到我這裡來，我就使你們得安息。」

馬太福音 11：28 ■

千人佈道士運動印度分校按照以往慣例，將所有學員兩人一組、派到各自的宣教區。當我和我的夥伴一起服務時，我們透過各種方式和途徑宣揚福音，共同經歷了一段美好的時光。遇到挑戰時，我們透過禱告，凡事都能行。我們每天一起默想上帝的話及禱告，因為這是我們的能量和力量之源。儘管有許多來自外在的障礙，如經濟上的困難、人或教友們等，但這些事都沒有讓我哭過。但是當魔鬼不能從外面攻擊我們時，他就偷偷地從內部見縫插針，導致我和夥伴之間失和並分裂；那是非常痛苦的時刻。

我們在宣教區需要自己料理三餐。按照慣例，我應該做早餐，她則負責煮晚餐。我的夥伴喜歡比較乾的食物，我卻喜歡含有湯汁的食物。一天晚上，馬鈴薯的口感有點乾，我不禁喃喃自語說：「唉！你又把馬鈴薯煮得好乾！」我不該這樣說，但魔鬼抓住了這個機會。我的夥伴對我的抱怨非常生氣，衝口就說：「那你為什麼不自己做飯？」我們都試圖在爭吵中維護自己的權利，最終只落得互相怨恨對方。當我意識到這一點時，我們的關係已經蒙上了一層陰影。就在這個時刻，我了解到關係破裂所造成的痛苦是沒有任何事情可與之相比的。《聖經》上說「憂傷的靈使骨枯乾」實在是非常貼切。我需要迅速做出行動來恢復我們的關係。任何更進一步的拖延都會對我們的宣教任務造成極大的危險。

像這樣的事唯一的解決之道就是禱告。我鼓起所有的勇氣，再次打電話邀請她一起禱告和讀經。在我們讀經的過程中，我們通常會分享默想時的想法，但那晚她卻不願意這樣做。儘管很困難，我還是分享了我的，並且傾吐了我所有的心聲。我想讓我的夥伴知道，對於我們倆之間的爭執，我感到非常難受並渴望與她和解。最後我淚流滿面地祈禱。那天晚上我很難入睡，但令我驚訝的是，早上我看到我的夥伴興高采烈，神采奕奕。我知道上帝垂聽了我的禱告，我們和解了，並同心同意繼續服事，直到使命完成。

親愛的主，祢要我們將重擔卸給祢。每當我們如此行，祢絕不會讓我們失望。求賜我們力量，不僅將重擔卸給祢，也將我們的心交給祢。阿們。

畢安格芭（Biangbha）
印度分校佈道士

祝福他人並得到祝福

好施捨的，必得豐裕；滋潤人的，必得滋潤。

箴言 11：25 ■

「你們看那天上的飛鳥，也不種，也不收，也不積蓄在倉裡，你們的天父尚且養活牠。你們不比飛鳥貴重得多嗎？」（馬太福音6：26）

這節經文是我們與一位老太太談話的主題，我和我的夥伴經常去拜訪她。72歲的尼爾妲（Nelda）奶奶與她的丈夫和三個孫子同住。他們的房子位在一片稻田中間，一下雨就變得泥濘不堪。他們沒有電，水源也非常匱乏。奶奶年事已高，身體卻仍然很硬朗。即使物資匱乏，他們還是在後院種了不同種類的蔬菜。雖然貧困，但他們享受著周圍的自然之美。

某天下午，我和宣教夥伴決定將我們剩下的米送給他們。由於他們的經濟狀況，他們每天只吃一次米飯，或者等待慷慨的鄰居提供米飯。我們給他們的東西不多，但足以填飽肚子一兩天。當我們把一小袋米遞給奶奶時，她流下了眼淚，感謝我們，並為這意外的祝福感謝上帝。她告訴我們，過去兩天她全家都只吃菠菜，這也是孫子們帶到學校的唯一食物。我們帶來的一點米對他們來說證明了上帝確實是偉大的供應者。

在那之後的幾次拜訪中，我們得到了他們的信任，並與他們分享了上帝的話語。她從來不允許我們空手離開他們的房子，總是會塞給我們一把菠菜和香蘭葉。正如奶奶藉著收到的簡單禮物證明了上帝的旨意一樣，我們也證明了上帝在《聖經》中的一個應許：「施捨，你們必得百倍的回報。」在接下來的幾週，我們從一位聖經課學生那裡收到一包剛收割的米。毫無疑問，我們有一位信守祂所有應許活著的上帝。

不僅是宣教區的居民因我們的服事蒙福，我們也因他們的回報蒙福。確實如此——那些澆灌別人的也會被澆灌。感謝上帝賜與我們分享祂的愛給眾人的機會。無論他們將來的決定如何，我們將一切交託給上帝。我們希望並祈禱不久的將來，種在他們心中的真理種子會發芽並結出果實，使他們接受耶穌為個人的救主。

蘿絲·卡由馬尼（Rose Gayomani）
菲律賓總校區第 42 屆佈道士

上帝救贖的恩典

耶和華靠近傷心的人，拯救靈性痛悔的人。

詩篇 34：18 ■

　　小時候，我很幸運地可以自我親愛的母親那裡得到滿滿的愛。她給了我無私的愛，即使我沒能達到她對我的高度期望。母親的愛是我孩提時代所收到過的最好的禮物。我真正的幸福也一向來自母親的陪伴。不料在我青少年時期、最無憂無慮的階段時，母親突然去世；這惡耗讓人難以置信，於我而言更是如晴天霹靂一般。這件事對我的人生是一項重大打擊，我還沒有準備好接受這令人震驚的消息。當我失去了這樣一位對我付出甚多的親人時，我怎麼還能冷靜以對呢？

　　母親的去世讓我深感悲痛，沒有任何安慰的話語能治癒我的心靈，也沒有任何人能支持我度過這段傷痛的旅程。可悲的是，我對孤獨的直接反應是尋求酒精和大麻的陪伴。當我陷入這些令人上癮之物的羅網時，我的身體和靈性也隨之退化。這些東西無法減輕我心靈的憂愁。當悲傷的烏雲籠罩我的人生道路時，我絕望地呼喊尋求幫助，上帝便前來拯救。

　　不久後，我受邀加入印度千人佈道士運動。這裡的培訓中心讓我允分感受到上帝對我的愛。然而，在內心深處，我卻深感不配。漸漸地，校園裡的人和其他佈道士的愛和接納，還有上帝的愛開始填補我心中的空虛。日復一日，藉著個人的靈修和禱告，我漸漸地了解那位以永恆的愛來愛我的上帝。令我高興的是，我在那裡找到了活著的目的。我現在是一名神學生，預備分享唯有在耶穌基督裡才能找到的永恆喜樂。現在，我熱切地希望在那個偉大的復活早晨能夠再次見到我的母親。上帝將使我們團聚，這一次，我們將永不再分離。朋友們，與耶穌在一起是我們能獲得真正希望的唯一途徑。所有渴望與所愛之人團聚的人啊！你唯一需要做的，就是抓緊耶穌，因為過不多時我們就要回家！

博伊米奇（Boimiki）
印度分校佈道士

蒙召服事

惟你以色列—我的僕人，雅各—我所揀選的，我朋友亞伯拉罕的後裔。

以賽亞書 41：8

　　我有幸出生在復臨教會的家庭；我從小就讀經，父親會在一大早5點叫醒全家人，一起唱歌、禱告和研經。我在教會中長大，也積極參加教會活動，如小組、佈道、營會、退修會和宣教等等。我從未離開過信仰，也沒有放棄信仰的打算。

　　然而，2017年對我而言是非常特殊的一年；那是我重生的一年，是充滿著許多疑問和答案的一年，是憑信心生活的一年。我以為我凡事順利，認定自己跟上帝的關係十分良好。我以為每天早上閱讀安息日學學課就足夠了，以為每天禱告5到10分鐘就可以，我以為積極參與教會的活動就十分完備。但事實並非如此，上帝讓我看到我真實的情況。祂向我展示我和祂之間的關係仍然有努力的空間。祂讓我知道，我不懂得如何默想及禱告。祂讓我明白，我不知道作為基督的追隨者意味著什麼。那一年，我學會了如何才算是真正地依靠上帝。

　　上帝使用千人佈道士運動來改變我的生命。在宣教訓練期間，我們每日早起，每次跪下禱告半小時，一天下來就禱告近兩、三個小時。最初幾週，我覺得我的背幾乎要斷了，再也無法忍受膝蓋的疼痛。我總是在不到五分鐘、離禱告時間結束還很久之前，就說完了自己的禱告詞。假如我已無話可說，我還能在禱告中說什麼呢？就在那時候，我意識到自己靈性的匱乏。「如果耶穌作為上帝的兒子都是整夜禱告，那麼我又需要禱告多久？我的禱告甚至沒有超過五分鐘！」同樣，每天的默想也重擊了我的心靈；每一次默想，我都能深切感受到自己的罪。發現自己處於這種情況，我別無選擇，只能向我的天父呼求幫助。我主修神學，所以我每天都在學習《聖經》，但即使作為一名神學生，我也從未像在千人佈道士培訓期間那樣，學習如何每日大量地默想上帝的話。

薩烏・胡加・卡羅克薩（Saúl Huaccha Ccallocsa）
秘魯分校 2017 年佈道士

我能為你修水管嗎？

我的上帝必照他榮耀的豐富，在基督耶穌裡，使你們一切所需用的都充足。

腓立比書 4：19 ■

....

經過幾天在孟加拉灣的航行，我和夥伴終於抵達了我們的宣教地。但令我們驚訝的是，當地沒有適宜居住的房子，也沒有廁所、電和飲用水。不管如何，我們修復了破損的房屋，蓋了廁所，也能應付沒有電力的情況。但是，我們為飲水而煩惱。幾個星期以來，我們一直向鄰居討水喝。但我們了解到，在這一年剩下的時間，我們無法持續這樣做。我們需要接通自己的水源。然而，為了接水，我們需要存一些經費；問題來了：我們沒有錢。

禱告是解決問題的唯一方法。我們藉著禱告祈求上帝供應飲用水給我們。接下來的幾個月裡，我們沒有獲得任何回應，只好繼續向鄰居要水喝。但是我們沒有放棄禱告。我們讀到上帝如何餵養以利亞，把水變酒，使瞎眼的得看見，甚至使死人復活。於是，憑著信心和應許，我們相信祂會為我們開路。有一天，我在房子外面讀經，看見一個人站在門口。我過去跟他打招呼，他問我是否是基督徒。我說：是的。他很高興的得知我是基督徒，我們彼此交談並一起禱告。

禱告之後，他看見我們的水管並沒有連上送水管線，於是他看著我，詢問我是否有飲用水。我告訴他我們必須向印度教的鄰居要水。接著他問我：「我能為你修水管嗎？」我連忙答應。後來我才知道，這個人是一名負責供水的政府官員。我們知道上帝定會回應我們的禱告，並供應我們的需要。當祂這樣做時，祂所給予的將超過我們所求所想。幾個月後，上帝還透過一個從班加羅爾（Bangalore）來拜訪我們的團隊，讓我們得到了電力的供給。

我們當中的許多人正在為某些需要祈禱，大家都在等待答案。但是，當我們所求的沒有立即獲得回應時，我們切勿因此感到疲乏，因為在上帝的時間表裡，祂會使一切都變得美好。務要相信上帝的話。

主啊，我們感謝祢，讓我們有特權向祢闡明我們的每一個需要。我們相信，在祢的時刻裡，祢會使一切變得美好。讓我們所祈禱的每一個回應都使我們與祢更加親近。阿們。

無名氏
印度分校佈道士

上帝確實回應禱告

「你們奉我的名無論求什麼，我必成就，叫父因兒子得榮耀。你們若奉我的名求什麼，我必成就。」

約翰福音 14：13、14 ■

雖說我從印度千人佈道士運動中學到了很多東西，但「祈禱」無疑是我從中學到的最重要的禮物。談到禱告，一切皆有可能。它是開啟天國倉庫的鑰匙。禱告能降雨，使瘸子行走，讓瞎眼的得看見，甚至使死人復活；但這些都只是我聽過的故事。到了現今這個時代，禱告還有用嗎？它是否還像聖經時代那樣，具有人所不能及的強大力量？我的故事是一個真實案例，說明即使在今天，禱告也能發揮作用。

我叫瓊妮歐（Chongneo），是一位來自印度的年輕女孩。在千人佈道士運動培訓中心接受密集訓練後，我被分配到印度東北部一個叫特里普拉（Tripura）的地方工作。這是一個很美的地方。剛結束培訓，我充滿了與他人分享福音的熱忱。但令我失望的是，一連好幾個月我都沒有獲得任何人的聯絡方式，也沒人願意跟我查經。當然，我聽過獲得聯絡方式需要時間。威廉·克理（William Carey）花了七年的時間。但我沒有那麼多時間。我在這裡的宣教任期只有一年。因此，我決定每週五禁食，每天禱告三次，求上帝開路。我意識到只有透過禱告才有可能在那一年贏得至少一個生靈。

有人說：「祈禱是向上帝敞開心扉，就像向朋友敞開心扉一樣。」確實如此，當我讓上帝知道我的問題時，祂回答了我的請求。祂把我領到一個年輕的印度教女孩面前。

我們成了朋友，於是我開始跟她分享耶穌的故事。日復一日，她開始接受福音。在懇切的禱告中，我們一起學習《聖經》，而她也愛上了耶穌。經過幾個月的查經，她決定成為基督徒。她接受了洗禮，現在是我們教會的一員，為耶穌贏得生命是何等喜樂！

如今，我可以用我的生命證實，上帝會回應人們的祈禱。你是否也有看似未蒙回應的禱告？不要感到疲倦失望，要靜心等待主完美的時機，並相信祂是回應禱告的上帝。

瓊妮歐（Chongneo）
印度分校佈道士

痛苦中的安慰

我們在一切患難中，他就安慰我們，叫我們能用上帝所賜的安慰去安慰那遭各樣患難的人。

哥林多後書1：4 ■

在兩個宣教區支援佈道活動15天後，我們告別了最後一間教會，回到了自己的住處。在那裡，我們有幸與許多朋友們分享了禱告、探訪和查經的美好時刻。最重要的是，我們很高興看到我們的新弟兄透過洗禮將他們的生命獻給上帝。

我們上了車，開往下一個城市。但是在旅程當中，我們不幸被一輛卡車撞上。我們不記得發生了什麼，也不知道意外是如何發生的。當我們清醒時，人已經躺在當地一家醫院的擔架上。我們只聽見周遭有痛苦的哭喊聲，整個教會的信徒都在哭泣。我們一行人一共七個佈道士，除了一個沒有受傷外，每個人都有幾處骨折，有些人的傷勢甚至非常嚴重；之後我們被送往一個機構進行手術。儘管為了康復，我們必須臥床幾個月，但我們感謝上帝拯救了我們的生命。上帝的手安撫了我們的痛苦，使我們恢復健康，並繼續為祂服務。

對我來說，那些日子裡，我花了許多時間思考及默想救主所受的苦難，以及祂為了拯救我們脫離充滿痛苦和折磨的世界所忍受的一切。基督的僕人將會面對多次的痛苦和衝突，忍受自我否定，經歷苦澀的失望；但透過這種方式，他們將明白罪的可怕並厭惡它。透過參與基督的苦難，他們可以看見並感恩即將到來的榮耀，超越這個世界暫時的黑暗。我們的主和救主受過極大的苦難，祂的人性遭遇過最大的考驗。祂承擔了罪人應得的死刑，成為他們的保證和替代者。

懷愛倫引用了彼得的話為例：「親愛的（弟兄）啊，有火煉的試驗臨到你們，不要以為奇怪，倒要歡喜；因為你們是與基督一同受苦，使你們在他榮耀顯現的時候，也可以歡喜快樂。」（《歷代願望》原文第385頁）

羅格里歐‧瑪瑪尼‧奇列（Rogelio Mamani Chile）
秘魯分校佈道士

為貧困和無助的人服務

「施比受更為有福。」

使徒行傳 20：35 ■

我在印度齋浦爾（Jaipur）教會度過的第一個安息日非常美好。聚會結束後，我驚訝地看到一個大約四歲、無法自行走路的男孩，他處處都需要媽媽的攙扶。經詢問後，我得知他的名字叫亞倫‧約瑟夫（Aaron Joseph），大家都親切地叫他小寶貝。他患有一種先天性的疾病，致使他截至目前為止都無法走路或說話。他的情況實在讓人心疼。我開始為他禱告，教會也為他禱告了很長一段時間。

他的父母深切地希望看到他能像其他孩子一樣正常行走。我們持續為他禱告，而上帝聽到了我們的祈求。在他五歲生日那天，他的家人發現他開始走路了！他小心翼翼、一步步地邁出步伐，學習走路；得知他現在能夠走路和說話真是太美好了！

我也想為那裡的人們做些什麼，卻毫無頭緒地不知從何開始。於是，我和我的宣教夥伴祈求上帝，求祂為我們指明方向。祂再次回應了我們的禱告。在烏梅什‧納格（Umesh Nag）牧師的幫助下，我們開辦了一所小型的課輔班，在那裡教導學生並幫助他們完成學校的作業。我們也教他們唱歌，帶他們玩遊戲，進行他們喜歡的各種活動。所有的孩子都熱切地期待一天中的這個時刻。家長和村民也對我們所做的事工表示感謝和支持。這就是我們在新冠疫情肆虐導致封城之前，每天與他們相處的方式。

在封城期間，情況有所改變。千人佈道士運動的校區給了我們額外的錢，讓我們可以使用在許多需要幫助的人身上。與人分享福音是福分。誠如《聖經》所說：「施比受更為有福。」成為耶穌的雙手和雙腳帶給我極大而深刻的喜樂。我非常感謝千人佈道士運動的事工，在我們需要時伸出援手。

「主啊，請幫助我在今天成為祢的手和腳，領我到需要看到祢救恩的人面前。阿們。」

達米班瑞‧林多（Damebanri Lyngdoh）
印度分校佈道士

小材大用

耶和華在滄海中開道，在大水中開路。

我的任務是在喜馬拉雅地區服務，這是一個以印度教為主要宗教的地方；當地並不歡迎佈道士，勸人信奉其他教派的行為是一種罪，可判處6年的有期徒刑。在這裡服務期間，我必須小心謹慎。如果被人舉報分享耶穌，我會受到當地社會和法律嚴厲的懲罰。因此，我無法透露自己的真實身分。相反，我面臨的挑戰是必須在不使用《聖經》的情況下分享耶穌。我懇切地祈求上帝為我開路。由於新冠疫情的爆發，當地實施了封城的管理，這使我的工作雪上加霜。

威廉・凱瑞說：「為上帝嘗試做大事，才能收獲大事。」但是在封城期間，我能做什麼呢？我在《聖經》中讀過許多上帝的子民如何面對死亡的故事：以色列人在紅海前逃離埃及人之手、約書亞對抗耶利哥、但以理在獅子坑裡，三個希伯來青年經歷了火窰、還有大衛站在歌利亞面前。在這些故事裡，上帝都為祂的子民開路，但我呢？殊不知上帝已為我預備了一條更快更好的路。

我的鄰居很想剪髮，但沒有一間髮廊開門營業。隨著封城的實施，所有商店都被禁止營業。在看到他的情況後，我便主動提出為他剪髮。令我意想不到的是，上帝竟然使用我微小的才幹和服務來做大事。看到我為這個人剪髮，周圍的人也要求我為他們剪髮。我很開心做了我能做的最小事情來打動他們的心。他們要付我錢，但我委婉地拒絕。他們面露疑惑地問我：「為什麼你不收錢？」我回答說：「我白白地從上帝那裡得到了這份禮物，所以我白白地與你分享。」

透過這次的「理髮事工」，我結識了四個家庭的朋友，他們邀請我去他們家做客。我為他們查經和禱告。這就是上帝如何使用我所擁有的一點技能來承載祂的使命。封城結束後，一位印度教的男子跟從了耶穌。我感謝上帝為我開啟了方法和機會，使我能接觸祂迷失的羊。

親愛的主，祢能使用我微薄的能力為祢的國度成就大事。幫助我們在所做的一切事上完全依靠祢。阿們。

大衛（David）
印度分校佈道士

我必與你同在

「我就常與你們同在，直到世界的末了。」

馬太福音 28：20 ■

我從小就立志要做出英勇的事蹟。在我十幾歲時，我想加入印度軍隊。但聽到家鄉許多宣教士鼓舞人心的故事後，我聽到一個微小的聲音呼召我加入主的軍隊。這個聲音是如此令人信服和難以抗拒，以至我最終屈服了，並且加入了印度的千人佈道士運動。我很高興我做出了如此美好的選擇。訓練過程雖然緊湊，但它非常有效地塑造我和其他的佈道士。兩個月後，我和宣教夥伴被派往印度東部一個名叫比哈爾（Bihar）的地方。

作為一個佈道士，我知道宣教區充滿挑戰。但這個地方遠遠超出了我的預期。這是我第一次體驗難以忍受的高溫以及缺乏供水設備、電力和飲用水的環境。我們周圍還有危險的動物，牠們經常奪走村民的生命。但真正讓我擔心的是恐怖分子的存在，我經常擔心自己能否活著離開那個地方！但是，擁有上帝的全副軍裝，並渴望傳播關於祂的好消息，使我得以繼續前進。

在將近十個月的時間裡，我們成功地躲過了死亡的魔爪五次。其中一次發生在我們拜訪一位住在偏遠地區的教友之時。我很驚訝地看到他們在安息日工作。當我叫他們來做禮拜時，其中一個人說，恐怖分子就在附近活動，如果他們看到教會有人在做禮拜，這些人的生命會有很大的危險。他們建議到天黑時再舉行禮拜。那天晚上我分享了信息，對當地這些時刻活在危險之中的人，我的心滿懷著同情。我多麼渴望耶穌來釋放他們。聚會結束後，我們睡在一棵樹下，把我們的生命放在上帝的手中。第二天一早，我們從那個村莊出發，卻在路上遇到了恐怖分子。他們用槍指著我的頭，我嚇壞了，但我在心裡祈禱，祈求上帝保佑我。

恐怖分子質問我們出現在那裡的原因，於是我們實話實說，告訴他們我們的目的：「我們是來傳揚上帝的話，我們無意擾亂您的工作。」我們在心裡懇切地禱告，希望上帝改變他們的想法，允許我們離開。讓我鬆了一口氣的是，經過徹底的盤問後，他們終於願意放我們走了！這絕對是上帝的拯救。如今，我完全明白耶穌說「我就常與你們同在，直到世界的末了」這句話的真諦！

鄧多（Dondor）
印度分校佈道士

我在絕望中找到了醫治

我深信那在你們心裡動了善工的，必成全這工，直到耶穌基督的日子。

腓立比書 1:6 ■

　　佈道士在任期尚未結束前就決定回家，通常是因為缺少經濟來源、身體不適、受到恐怖主義威脅、太過思念家人、成效不彰或得不到回應；而我的原因就是為了工作成效不彰。在印度千人佈道士運動的培訓中心時，我感受到上帝在我身上動工，讓我具備了為人禱告、奉獻和服務的精神。我帶著為主做大事的熱心來到了宣教地。但不幸的是，實情正好相反；我和我的夥伴無法推進真理，我們的工作也缺乏回應，這使我不知所措。

　　大多數佈道士的見證是關於為耶穌贏得生命，但我的故事則是關於喚醒我垂死的靈魂。當我的工作毫無進展時，我變得優柔寡斷，甚至懷疑上帝對我的呼召：「祢為什麼要無緣無故地派我來這裡？」在我的信仰變得脆弱不堪之後，發生了一件不幸的事情。我踢足球時不小心絆倒了，手腕骨折。醫生檢查時告訴我，我需要兩個月的時間才能康復。我被這個消息徹底擊垮，我沒有向上帝禱告，而是向祂抱怨說：「過去兩個月我的工作沒有任何進展，現在我的手又斷了，還得在家待兩個月。主啊，祢是認真的嗎？祢讓我來這裡究竟是為了什麼？我想回家！」

　　但在經歷了兩天的絕望之後，有某種東西在我心中燃燒，敦促我禱告而不是抱怨。長久以來，我頭一次跪下，真誠地獻上祈禱。我向上帝挑戰，希望祂能醫治我，並承諾如果祂治癒了我，我會盡我所能為祂服務。上帝的回答著實讓我感到驚訝。看著我的夥伴整理花園，即使我的手臂受傷，我還是決定幫助他。在工作時，手臂上的石膏讓我很困擾，於是我把它取下來，卻發現我的手恢復了功能，可以正常工作。不到一週，上帝就回應了我的禱告。這次痊癒的經驗恢復了我的信心。從那天起，我們走訪各個村莊，分享好消息，用按摩作為接近人們的途徑。根據統計，我們為超過200人提供按摩服務。我相信，那位在我身上做善工的主會持續完成屬祂的大工。

艾比尼澤（Ebenezer）
印度分校佈道士

上帝的保證

約在酉初雇的人來了，各人得了一錢銀子。

馬太福音 20：9 ■

　　新約中有一則僱用僕人的比喻：有些人在早上來到做工的地方，有些在中午，有些則是大約在下午三、五點左右才來。但不管他們工作時間的長短，主人都付給他們同樣的報酬。這個比喻一直很吸引我，直到我親眼目睹。

　　我是來自印度的依曼努（Emmanuel，意思是以馬內利）。千人佈道士運動的印度分校派我前往一個印度教盛行的地方，叫做西孟加拉邦（West Bengal）。那裡的人都崇尚物質主義，對福音絲毫不感興趣。但我和夥伴記得一件事：如果我們不知道該怎麼做，我們只需要禱告。於是，我們就如此行。

　　有一天，教會的一位姐妹要我們去她朋友的家裡做客。因為那人的家人是印度教信徒，我雖然不太情願但還是去了。到了對方的家，我看到他們的父親躺在床上且已經被癌症折磨了很久。看見他的病況，我很是同情。我們跪下為他禱告，之後我必須分享《聖經》的話語。我主觀認為他不會接受福音。就算他願意聽，他能在剩下的一點時間裡接受耶穌嗎？但聖靈迫使我分享《聖經》中希望的言語。我終於屈服於聖靈的催促並告訴自己：「主啊，我負責宣講，祢負責改變。」我決定告訴他耶穌的死和復活。我彎下身來，在那位父親的耳邊說：「親愛的先生，上帝創造了您，祂愛您，我不明白祂為何允許這種痛苦出現在您的生命中，但我在此要告訴您，耶穌已經為您在天國裡預備了一個地方，在那裡您永遠不會被癌症或任何疾病感染，而且祂很快就要再來──不論我們是死是活，祂都會接我們到祂那裡去。」

　　聽完這些話，他懊悔地對我說，他相信耶穌是全能的上帝。我在他的眼中看到了堅定和真誠。那晚我回到家，為他禁食禱告。但第二天早上，令我心碎的是，我聽說他已經嚥下了最後一口氣。我為此感到難過，但另一方面卻也很放心，因為上帝在他死前的最後一刻把我們帶到他的身邊，分享希望的話語，以便他能在那光榮的早晨來到時成為我們當中的一分子。主人雇用僕人的比喻是我確信的應許。也許，這樣的生命正是五點鐘的工人。

　　「慈愛的上帝，救贖從來不是我們的工作而是祢的禮物，祢慷慨地把它賜給這破碎的世界。願祢藉著祢的救贖力量不分老少地呼召人。阿們。」

依曼努（Emmanuel）
印度分校佈道士

遇見魔鬼

「信的人必有神蹟隨著他們，就是奉我的名趕鬼；說新方言。」

馬可福音 16：17 ■

在我們舉行佈道營會的前三天，我們真的很喜歡與營地的工作人員，尤其是和學員一起進行的所有活動。這個營會在菲律賓的宿霧省、班達延島馬德里約斯（Madridejos, Bantayan, Cebu）的一個小村莊—巴蘭蓋考科德（Barangay Kaongkod）舉行。然而，在第四天，營地內部爆發了一個問題。

許多與會者出現了胃痛和中毒症狀。多數人懷疑這是他們在營地外吃的食物造成的。這個地方被稱為「Hiloan」，宿霧語的意思為「中毒」。眾所周知，這個地方的居民會在人們的食物中下毒，故因此得名。有些人懷疑是飲用水，但我們從未真正查明中毒的確切原因。

超過半數的學員都病了，有些甚至被送往醫院。因此，我們開始為所有的學員，特別是為住院的夥伴們建立一個禱告團。在第三次禱告進行到一半時，一個女孩突然大聲呼救，說她被魔鬼附身。幾分鐘過後，另一個女孩也在她身邊尖叫，但我們繼續禱告。

這是我第一次看到有人在禱告過程中被魔鬼附身。她是在同一地區參加「一年宣教士活動」（One Year in Mission, OYIM）的成員之一。魔鬼咆哮著，同時大聲地笑著說：「我向你們所有人發怒！你們無法打敗我。」所有的年輕人聚集在她周圍唱著宿霧語的詩歌《讓我們前往天國》，牧師也和我們一起禱告。我們持續禱告，直到在上帝的幫助下，魔鬼終於被趕出去。

幾分鐘過後，又有一位學員被魔鬼附身。我剛好是在他身旁抱著他的人，所以我懇切地祈禱：「主啊，奉聖父、聖子和聖靈的名，請賜給我力量趕走這個惡靈。」然後，我喊道：「撒但，從這個人身上出來吧！你在這裡沒有立足之地！奉耶穌的名求，撒但，離開！（Pahawa Satanas）」幾分鐘後，他平靜了下來。

對我來說，這是一次險象環生的經歷！我充分感受到〈彼得前書〉5章8節——「務要謹守，警醒。因為你們的仇敵魔鬼，如同吼叫的獅子，遍地遊行，尋找可吞吃的人」其中教導之重要性。我因這項提醒而心懷感激，無論我們是多麼軟弱，我們總能靠著耶穌的名戰勝魔鬼，上帝在〈雅各書〉4章7節也應許我們：「務要抵擋魔鬼，魔鬼就必離開你們逃跑了。」

恩‧詹姆斯‧蘭帕索（Kien James Lampaso）
菲律賓總校區第 47 屆佈道士

在困境中遇到上帝的恩典

「那時，人要把你們陷在患難裡，也要殺害你們；你們又要為我的名被萬民恨惡。……惟有忍耐到底的，必然得救。」
馬太福音 24：9，13 ∎

一天下午，我和我的宣教夥伴參觀了聖經課學生住處附近的一間新屋。當我們到了當地時，我們注意到一間幾乎已成廢墟的房子裡有三個小孩——兩男一女，其中最小的一位正在哭泣。當我們問及他們的父母時，才知道他們的父親在他們很小的時候就入獄，而母親大部分時間都在外販賣小吃。

談話之間，我們看到兩個女人朝我們走來。她們看起來很生氣。她們質問我們一些問題，比如我們是誰，為何會在這裡。於是我們介紹自己是佈道士，在那裡是為了結交朋友、為人禱告並且分享《聖經》的話。其中一位婦女嚴厲地說：「我們早已知道《聖經》，我們不能接受其他教義。」

她們警告我們不要再來，因為那個地方曾經發生過綁架事件。於是，我們決定回家。當天稍晚時，兩名騎著摩托車的男子在我們面前停下，問了我們一些與先前那兩名婦女相同的問題。然後他們請我們到警察局接受偵訊。我們滿懷信心地跟著他們，相信他們是警察。當我們到達時，我們被交給負責審訊的人。一名警察聲稱我們是邪教組織的成員。警察繼續審問我們，但我們因為太緊張而無法做出適當的回應。

現場很快就擠滿了人；一群人包圍著我們。接著，其中一個孩子控告我們硬逼一個小孩與我們為伍。我感到很震驚！我無法理解為什麼這些人會以莫須有的事情來控告我們。我閉上眼睛片刻，低聲禱告，請求上帝啟迪人們的心靈，幫助我們解釋真相。突然，我聽到一聲輕柔的耳語，我立刻鼓起勇氣說話。我開始平靜而自信地與警察交談。然而，我確信，當時是有聖靈在一旁透過我說話。

在經歷這場患難時，上帝沒有撇下我們。他派了一個警察助我們脫困。他是唯一相信並支持我們的人。我們真的很有福氣能夠見證主的能力。祂向我們展示了祂的大能，以及祂對那些尋求遵行祂旨意的人是多麼信實！

唐・巴・帕加西安（Don Bar Paghasian）
菲律賓總校區第 45 屆佈道士

期待 vs. 現實

上帝能將各樣的恩惠多多地加給你們，使你們凡事常常充足，能多行各樣善事。

哥林多後書 9：8 ■

有些人認為，主一定會保證佈道士擁有舒適的生活，並滿足他們的各項需求。我以前也是這麼想的，我相信祂會立刻滿足我的需要。因為我認為作為一個佈道士，我是祂優先考慮的對象之一。

我和我的夥伴被分配到菲律賓宿霧皮拉爾島的卡威特（Cawit, Pilar Island, Cebu）。這是一個非常美麗的地方，我們期待會有取之不竭的豐富水源。不幸的是，實際情形並不如我們預期。我們必須步行至少四公里，才能抵達乾淨的取水地。有時我們會因這個現實感到非常沮喪，尤其是每當看到裝水的容器又空了的時候。水是人類最基本的的需求之一，沒有了水，連一天都難以生存。我甚至到了一種總是不斷在求雨的地步。然而，雨也過了很長一段時間才下，因此，我把失望發洩在上帝身上，問祂為何在我們急需要雨水時，沒有降下雨水給我們。

我從沒想過上帝會以不同的方式回應我的禱告。突然間，有一些教友開始每天檢查我們的容器，確保我們有足夠的水可以使用，然後在我們的水用完時主動為我們取水。上帝有千百種方法來解決我們的需要，而且祂從來都是以出乎我們意料之外的方式回應我們的禱告。

至少對我來說，我花了幾個月的時間才認清現實：身為佈道士並不是投身於某種萬無一失的保險計畫。我們被「流放」到一個小島上，被剝奪了許多習以為常的事物；但是當我越是對看似倒楣的事情耿耿於懷，就越是被不安和沮喪所淹沒。我們在宣教生活中面臨巨大的挑戰。佈道士的生活沒有如我預期的發展，因為上帝更關心的是如何塑造我們的性格，而不是確保我們的舒適。

我的宣教經歷並不全然是愉悅的，然而，宣教生活的辛勞變成了祝福，因為它促使我超越自己的局限，打破人不合理的期待。我祈求在個人的不適和掙扎中，我們也依然可以繼續培養像耶穌一般的品格。

羅克珊・C・戴安
菲律賓總校區第 46 屆佈道士

為基督的緣故受阻礙

「我也要指示他，為我的名必須受許多的苦難。」

使徒行傳 9：16 ■

在我的宣教區，我曾經懷著宣揚耶穌福音的理念去拜訪過鄰近的村莊。那個村莊大約有13戶人家，全都信奉佛教。當我介紹自己是一名基督教的福音工作者時，一些年輕人衝向我，試圖攻擊我。他們堅持要我離開他們的村子，並叫嚷著：「我們討厭基督徒，也絕不會聽從《聖經》的話。」他們繼續對我大罵：「如果你不離開，我們會勒死你，把你丟出這個村莊。」眼見情況到了如此地步，我只好默默地離開，坐在村邊的一棵榕樹下。我跪下來為這些村民祈禱，呼求主打開他們的心門，為我開一條接觸他們的道路。然後我離開了那個村子回到家。每天早晚我都為村民向主禱告。

一週後，我再次來到這個村莊，突然有一位老人問我：「你從事什麼工作？」我介紹自己是基督徒。他帶我去他家，讓我為一個長期受慢性病折磨的殘疾青年禱告。當我向這位年輕人的父母詢問他的情況時，他們回答說：「我們非常擔心我們的孩子，因為他已經被這慢性病折磨多年，自己也束手無策。」聽完他們的心聲，我對他們說：「我沒有什麼可以給你們，在這種情況下，我也不知道該如何安慰你們，但我能為你們做一件事，就是為你們的孩子向主禱告。」我讀了一些《聖經》中的經文，然後把我的《聖經》放在他的頭上，為他禱告了15分鐘左右。

我持續拜訪那個年輕人，為他禱告了好幾天。數日後，當我去他們家時，我見證了一個奇蹟：他的情況好轉了！這個年輕人向我要了手機號碼，他晚上打電話給我，哭著說：「請你的上帝原諒我的罪。」他邀請我在他們的村莊內宣講耶穌基督。現在，我可以無所畏懼地訪問那個村莊並分享上帝的話語，因為上帝已經透過這個年輕人為我開路。不再有障礙、反對和迫害。

現在，村民們願意透過《聖經》聆聽上帝的聲音。讓我們繼續為這個村莊祈禱，使他們能夠藉由洗禮接受耶穌基督作為他們個人的救主。

普爾尼瑪・特里普拉（Purnima Tripura）
孟加拉分校第 23 屆佈道士

得人的漁夫

按我們所得的恩賜，各有不同。或說預言，就當照著信心的程度說（預言）；或作執事，就當（專一）執事；或作教導的，就當（專一）教導；或作勸化的，就當（專一）勸化；施捨的，就當誠實；治理的，就當殷勤；憐憫人的，就當甘心。

羅馬書 12：6-8 ■

儘管我的宣教夥伴是韓國人，而我是菲律賓人，我們卻能彼此擁抱，證明我們在基督裡是一體的。在前往宣教地的路上，我們倆起初很不自在，然而，我們愉快地獲得了彼此的信任。但是當我們在宣教區看到尤蘭達颱風造成的破壞時，我們的使命願景就此展開。房屋、建築物和其他基礎設施遭到的破壞實在是筆墨難以形容。最可怕的是因天災造成的傷亡和心碎。

在一些外國人的贊助下，當地的災民們在帳篷裡住了一年多。住在帳篷裡一天或一週或許還行，感覺就像露營一樣，但超過一年就不同了！此外，災民們飽受各種疾病的折磨，還需要應付各種資源的匱乏。因此，他們逐漸感到疲倦和沮喪。

不久，他們搬到一個避難村重新被安置，住進木材建造的房屋。我們也跟他們住在一起。他們的房子無法保護家人免受另一場颱風的侵襲，但足夠讓他們在可怕的颱風過後重新開始。我和我的夥伴不禁歎了口氣，尤其當我們明白這些人為了活著必須付出多大的努力時，我們不免心痛。「祢派我們來這裡的目的是什麼？」我們哭著向上帝禱告，「我們不夠富有，無法滿足他們的需要。」「我要使你們成為得人的漁夫；你們將成為靈魂的醫治者。」這首詩歌激勵了我們。這裡居民的主要收入來自漁獲，於是我的夥伴開心地喊著說：「我們去釣魚吧！」

我們鼓起勇氣駕著一艘船穿過海浪，找到了捕魚的最佳地點。在兩位漁民的協助下，我們捕獲了五公斤的魚。這對我們來說是千載難逢的機會。我們仿效漁民的耐心、堅韌、敏銳的注意力和勇氣，因此知道如何面對眼前的巨浪。但最重要的是，我們分享了上帝的應許；他們的生計可能無法保證穩定的收入、餐桌上的佳餚或舒適的居所，但如果他們獻身於上帝的工作，就能在天國得到獎賞。我們感恩的是，我們終能用我們微薄的力量幫助人們聚焦在能為他們帶來希望的事上，而不是過往可怕的經歷。

瑞澤爾‧L‧帕布—阿亞（Rezel L. Pabu-aya）
菲律賓總校區第 45 屆佈道士

挽救人的友誼

膏油與香料使人心喜悅；朋友誠實的勸教也是如此甘美。

「我們生是天主教徒；因此，我們死也會是天主教徒。」這是索拉諾家族（Sollano）的堅定聲明，當時我和我的宣教夥伴正嘗試與他們建立友誼。在我們拜訪的所有家庭中，只有兩戶人家——克里塔和索拉諾招待我們；他們兩家都是虔誠的天主教徒，但他們向我們敞開了家門。

每天的探訪讓我們與這些家庭的關係越加親密，以致能開始談論〈但以理書〉和〈啟示錄〉。我們深信，很快他們就會藉著洗禮接受真理。但當我們最終請他們做出決定時，兩個家庭都堅決不接受洗禮。聽到他們的回答我頓時失去了希望，覺得自己查經的時間和精力都白費了，我想馬上回家。但是主為我準備了一個信息——我只需要做好我的工作，其餘就交託給祂。

我們繼續拜訪這些家庭並為他們禱告，與他們保持著友誼，因為我們知道上帝希望他們遵循我們分享的真理。我們竭盡所能為耶穌贏得這兩個家庭，但把結果交給祂。經過幾個月的努力，我們再次詢問他們的決定，他們再次拒絕。我們決定之後也不再詢問，而是將一切都交給上帝。

儘管事情的發展令人沮喪，上帝還是帶領我們到另一個叫瑪洛特（Malot）的人面前。她受到我們的工作啟發，也想加入宣教服務。但是仇敵不願看她繼續前進。所以當瑪洛特決定受洗時，天主教的神父迫使她的父母說服她回到天主教。當地人都認為我們會強迫人成為復臨信徒。當神父得知瑪洛特的決定是出自她個人意願，他決定把我們趕出那個地方。他和同樣是虔誠天主教徒的村長討論，然後命令我們離開。

但上帝卻為我們而戰。一位和我們已建立友情的村委會委員為我們辯護。她向其他村委解釋，我們的工作沒有、也不會給村民帶來任何傷害。感謝上帝，我們的工作沒有因此受到阻礙。友誼確實是宣教的有力工具。

我們繼續我們的友誼事工，直到索拉諾一家決定按時參加我們的安息日聚會。了解到真正的友誼是贏得人們歸向耶穌的一種方式，我們的心中充滿了喜悅；因為深信上帝的工作是透過我們完成的，我們帶著喜悅的淚水離開了那個村莊。我們現在隨時預備好與他人建立友誼的橋樑，為耶穌贏得每個人。

傑斯曼・A・奎蘭特（Jaysemen A. Quirante）
菲律賓總校區第 50 屆佈道士

參與其中

各人要照所得的恩賜彼此服事，作上帝百般恩賜的好管家。

彼得前書 4：10 ■

我一直認為，光是閱讀好書和聆聽講道，就足以使一個人成為好的基督徒。但多年的教學經驗讓我明白積極參與學習過程的重要性。在課堂中，學生可能會透過自己的見聞學習，但如果他們有機會把這些東西付諸實行，他們會學到更多。

我經常告訴自己不要接受任何沉重的責任，如領導一群人或帶領社會和其他教會的活動。我只是喜歡傾聽和追隨那些領導者。但這個決定導致我無所事事，只會依賴他人。我覺得自己的靈性沒有任何增長。我越不活躍，花在上帝身上的時間就越少。我捫心自問：「如果我繼續這樣做，能夠滿足我的上帝對我的期望嗎？」答案自然是否定的！作為最偉大的教師，耶穌慷慨地傳授知識和智慧，告訴我們如何按照祂的旨意生活，祂自然也希望我們能夠積極參與祂的工作。

雖然我有時感到自己尚未準備好參與上帝的工作，並認為其他人可以做得比我更出色；但上帝總是提醒我，我是特別的，透過祂的帶領，我能做特別的事。如今，我把自己最好的獻給上帝，為要得祂的喜悅並榮耀祂的名。我雖軟弱，但祂美好的應許使我剛強。祂說：「我的恩典夠你用的，因為我的能力是在人的軟弱上顯得完全。所以，我更喜歡誇自己的軟弱，好叫基督的能力覆庇我。」（哥林多後書12：9）

毫無疑問的，閱讀上帝的話、聆聽祂的聲音並積極參與祂的工作能使靈性增長。靠著聖靈的引導，我們的能力、經驗及對祂的服事會變得更加有效。上帝需要的不是我們的能力，而是我們願意為祂工作的意願。只要我們將自己獻給上帝，祂便會賜下願意服事祂的心意。我們必須學會倒空自己，才能讓聖靈充滿。

讓我們持續為主做工來促進我們的屬靈成長。我們的知識和才能若不能用於主的榮耀，又有何用處呢？每一個被上帝賦與真理知識的人都應該貢獻自身的服務。

珍妮佛・達玲・杜彼特（Jennifer Darling Dupit）
菲律賓總校區第 36 屆佈道士

感謝上帝

無論做什麼，或說話或行事，都要奉主耶穌的名，藉著他感謝父上帝。

歌羅西書 3：17 ■

　　加入千人佈道士運動充滿挑戰，但收穫頗豐。每一天，我都能感受到上帝是多麼偉大；祂呼召我們前往正好需要我們的地方，使我們的技能可以在祂的事工上發揮作用。

　　我和宣教夥伴被派往一個地區舉行佈道會。然而當地的教友很擔心，因為他們沒有講師可以負責健康講座。我默默聽著他們談論這件事情；但我沒有告訴他們，我正是一名專業的醫護人員，可以教授健康課程。後來教友們發現我是一名護士，便問我是否能負責授課。我毫不遲疑地說：「當然沒問題！」在這次佈道會中，有60個寶貴的生命接受基督為他們個人的救主。我們還協助了三個小鎮的醫療宣教。我們在宣教區的活動也包括烹飪課，向人介紹如何準備營養又美味的菜餚。我們還為孩子們舉辦了假期聖經學校，他們非常開心，因為這是他們第一次參加這樣的活動。我們還給警察查經，讓真理的光啟發他們的心。希望按照上帝完美的時刻表，他們有朝一日能受洗加入我們的教會。

　　佈道夥伴之間也可能存在分歧，導致彼此發生爭執。我和我夥伴也是如此。從宣教工作展開到結束，我們總是爭執不斷。每次發生爭吵，我總是尋求主的幫助，我能看到自己的變化。上帝一直在提醒我，我們應該成為別人的祝福而非絆腳石。感謝主，我們的爭執並不嚴重，我們仍然可以一起做上帝的工作。我認為這些只是生活中的挑戰。

　　即使試煉臨到，我們仍應在主裡堅立。不要放手，也不要放棄；只有靠著基督，我們才可能做到凡事都能做。加入千人佈道士運動後，我的生命得著了許多福氣。我感謝上帝的帶領。在苦難、悲傷和失敗中，祂總是與我同在。祂為我打氣，將我舉起，向我展示祂的美善。無論何種景況，祂說：「要將感謝歸給主。」

喬溫・克列寇瑞歐（Joem Gregorio）
菲律賓總校區第 44 屆佈道士

上帝永遠供應

「所以,不要憂慮說,吃什麼?喝什麼?穿什麼?這都是外邦人所求的。你們需用的這一切東西,你們的天父是知道的。你們要先求他的國和他的義,這些東西都要加給你們了。」

馬太福音 6：31-33 ■

　　我原本以為在一年的宣教任期結束後,我就可以返鄉了。但因為疫情,我必須留在千人佈道士運動的培訓校園裡,於是我選擇接受校園佈道士的工作。有一次,我剛結束一天的工作,心情十分愉快,不料卻突然接到急電說我妹妹被緊急送往醫院。我當下立即決定辭去工作,要專心照顧妹妹。我從未想過,醫院會因此成為我宣教旅程中的第三個宣教地。這是一段漫長的過程,也是我們在疫情中需要忍受的一場艱苦的鬥爭。

　　我第一次必須承擔妹妹的醫療費用和相關需求;我很擔心該如何籌集需要的錢,但上帝為我開路。某個晚上,我發現錢包裡的錢實在不足以支付她下一期的醫藥費。就在此時,我之前的韓國宣教夥伴聯繫我,想跟我在網上聊聊近況,她說非常想念我。我也有同樣的感覺,我告訴她我在醫院,因為妹妹病了。但我沒有想到的是,她竟然因此把她獎學金的一部分給了我,用來支付妹妹的醫藥費。

　　這種情況發生不只一次。每次我在凌晨或半夜檢查錢包,或白天需要支付藥品費時,錢包裡總是只剩下一點錢,完全無法支應我妹妹接下來一小時或一天的需要。每當發生這種情況時,我便祈求上帝;而每次禱告時,總會有人突然和我聊天,或打電話聯絡我,然後寄錢幫助我。我的姊姊就是其中一位寄錢給我的人。我們從來不需要為了籌措妹妹的醫療費而另作打算,因為上帝供應了我們所有的需要。確實如此,祂深知祂兒女的需要。

　　停留在醫院的39天裡,我與上帝的經歷使我的信心更加堅定。我比過去更加相信祂的應許。是的,我們的天父深知我們的需要,只要我們祈求並相信,祂必隨時預備好供應我們。

史達萊特・薩菲德拉（Starlight Saavedra）
菲律賓總校區第 54 屆佈道士

上帝選擇我

「以後我不再稱你們為僕人，因僕人不知道主人所做的事。我乃稱你們為朋友；因我從我父所聽見的，已經都告訴你們了。」

約翰福音 15：15 ∎

〈約翰福音〉15章16節說：「不是你們揀選了我，是我揀選了你們，並且分派你們去結果子。」為此，我感謝上帝揀選了我，並且透過千人佈道士運動使我能在祂的葡萄園裡服事。為了回應上帝的呼召，我來到孟加拉的阿利亞普爾（Aliapur）傳講上帝的道。當我到達當地時，一些村民熱情地歡迎我，但也有些人勸他們說：「這個基督徒打算讓你們都信基督教，然後以福音的名義從外國人手裡斂財。」聽到這些令人沮喪的話，我受到極大的傷害，並離開了村莊，因為我沒有做好心理準備來應付這樣的事。在這種情況下，我想起了耶穌在〈馬太福音〉22章29節說：「你們錯了；因為不明白聖經，也不曉得上帝的大能。」

村民們相信這些人對我的誹謗。他們問我：「你想讓我們信奉基督教，使這個國家成為基督教國家嗎？」並將這樣的謠言傳給鄰近村莊的居民。幾個月後，我再次拜訪那個村子，發現有一戶人家願意聽耶穌基督的福音。看著他們對福音的渴望，我讀了〈馬太福音〉24章14節：「這天國的福音要傳遍天下，對萬民作見證，然後末期才來到。」然後我再又讀了〈使徒行傳〉4章12節：「除他以外，別無拯救；因為在天下人間，沒有賜下別的名，我們可以靠著得救。」當他們聽到這些經文時，他們興奮地想更了解耶穌基督。他們催促我說：「請告訴我們更多關於耶穌的事！」在進行了經文的討論後，他們表達了喜悅的心情和接受耶穌作為他們個人救主的意願。現在，上帝已透過這個家庭在那個村子裡開闢了一條傳播祂話語的道路。

有一次，我和一群熱心的民眾去蒙格拉（Mongla）參加一個培靈會，他們在途中接到一個電話，沒有任何解釋就留下我一人離開了。我知道那定是撒但在想方設法使這些人遠離上帝，不讓他們聽到真理的話語，因為他知道一旦他們聽到上帝的道，就會離棄他而相信耶穌。

讓我們繼續為這群偏離上帝道路的人祈禱，以便他們在未來的日子裡能夠認識真理。

圖馬・阿海卡瑞（Toma Adhikary）
孟加拉分校第 23 屆佈道士

上帝親自揀選我的夥伴

又要彼此相顧，激發愛心，勉勵行善。你們不可停止聚會，好像那些停止慣了的人，倒要彼此勸勉，既知道那日子臨近，就更當如此。　　希伯來書10：24、25 ■

　　如果你到一個宣教區域，必須與一個素不相識的人成為宣教夥伴，你會將其視為一種祝福嗎？我原先認為我無法忍受和一個不熟的人一起從事上帝的工作。但上帝的智慧超過我們的想像。祂能為我們選擇最好的合作夥伴。

　　2017年9月，我被派往我的宣教區。我的夥伴是一位叫狄安的中國人。當我得知他將成為我的搭檔時，我感到有些失落，因為我們並非親近的朋友。我不斷思考自己該怎麼做，以及在宣教區時該如何與他相處。

　　當我們到達宣教區時，有一個家庭很樂意支持我們，他們為人非常友善，還為我們購置了廚具和食物。

　　我們的宣教區在山裡，當地的生活在各方面並不容易。因此，我一直想著，若是我的好朋友派翠克能和我在一起，那該多好！我總是告訴自己，如果派翠克在這裡，我們定能幹一番大事。

　　後來，我和狄安之間發生了激烈的爭吵。撒但總有辦法在夥伴之間造成爭執和分裂。但上帝不允許魔鬼破壞我們的夥伴關係。祂派遣了全牧帥來勸勉我們要彼此相愛，互相理解。於是，在那之後，我改變了對待狄安的態度，我開始主動關心他。不久之後，我們的宣教事工漸入佳境。我們每天在山裡教孩子們英語，有時為村民做飯，甚至舉辦或支援佈道會。

　　然後，我明白了我們若學會如何去愛並接受自己的宣教夥伴，我們便能將事奉主的工作做得更好。對於上帝的計畫和良善，我始終心懷感謝。我學到了很多，也收獲頗豐。我學會了愛人，對許多事抱持感恩的心，並關心我遇到的每一個人。這是我一生永遠不會忘記的呼召。上帝知道誰是最適合我們的宣教夥伴，我們需要學習向他們敞開心扉，接受他們，就像上帝接受我們一樣。

山姆・L・安杜（Shammel L. Ando）
菲律賓總校區第 50 屆佈道士

信實的上帝

耶和華成就了他所定的，應驗了他古時所命定的。

耶利米哀歌 2：17 ■

這是塔塔伊・邦・菲利塔斯（Tatay Bon Felicitas）一家對於如何活出上帝的信仰所做的見證。我們在宣教區——菲律賓薄荷島的安達（Anda）遇到了塔塔伊。受到家庭和環境的影響，他長大後成為了一名天主教徒。他是當地人熟知的虔誠天主教徒。但隨著年紀漸長，他發現了新的信仰，成為重生的基督徒。

而他的妻子——莉亞阿姨則是該地區最早的復臨信徒之一。但由於受到迫害，她離開了自己的信仰，最後還是隨了丈夫的。他們提到由於天主教徒的偏執和逼迫，該地區沒有其他的基督教教會。人們會向基督教教會扔石頭，擾亂他們的聚會，對信徒潑糞，甚至威脅他們的生命。然而，他們仍然相信上帝，並祈禱他們的信仰能夠增長，以便能夠以重生的基督徒身分愉快地事奉上帝。

有一天，莉亞阿姨想起了復臨教會。她想知道是否可以跟丈夫分享復臨教會的信仰。於是，她決定開始行動。她迫切地懇求上帝介入，並請人告訴她的丈夫和家人關於安息日和《聖經》記載的真理。

莉亞阿姨的禱告蒙上帝回應。祂派遣使者到她的家，告訴家人們上帝的真理。塔塔伊透過研究《聖經》發現真正的敬拜日是星期六，而非星期日；他渴望成為天國的一分子，於是他召集了孩子和整個家庭，一起討論復臨教會的信仰。雖然孩子對離開原本的信仰猶豫不決，但塔塔伊認為他們應該團結一致。要離開熱愛已久的教會令他們傷心，但他們還是告訴重生教會的牧師，他們發現了新的亮光。然而，他們的朋友卻無法再接受他們，特別是他們帶來的新亮光。結果，他們只好完全脫離那個教會。

接著他們開始在每週三、五和六做禮拜，盡可能培養自己對於潔淨食物的接受度，學習天國的知識，並為耶穌的復臨做準備。我們在那裡宣教時，他們已經堅持復臨教會的信仰將近四年了，然而他們依舊受到逼迫。但上帝在這些年裡一直保護著他們。這個家庭中有九個成員接受了耶穌基督作為他們個人的救主。因著上帝的憐憫，2018年11月，第一座復臨教會的教堂在薄荷島安達市成立。上帝是信實的！是的，祂能滿足我們一切所需。

傑洛・科克・派翠克・T・桑契斯（Gerard Kirk Patrick T. Sanchez）
菲律賓總校區第 50 屆佈道士

上帝使我有能力

你要專心仰賴耶和華,不可倚靠自己的聰明,在你一切所行的事上都要認定他,他必指引你的路。

箴言 3:5、6 ■

　　你是否曾經懷疑過自己的能力?那是一種無論自己多麼疑惑,周遭的人卻總是認為你能做到的處境?只是在內心深處,你曉得自己的確無能為力。好吧,我就曾經有過這樣的自我懷疑。

　　2017年1月,上帝帶領我來到千人佈道士運動的校園。到達校園後不久,我按照英語課程統籌人的建議開始教授英語。我相信上帝呼召了我透過教學向世界分享祂的信息。我相信這是我的恩賜也是我的事工。但是這樣領悟得來不易。

　　教學是極具挑戰性的,尤其是對初學者而言。但我有幸成為那願意尋求挑戰,並在其中茁壯成長的人之一;透過這樣的方式,我可以輕易地學會隨機應變,找到改善的方法並克服自己的弱點。這就是我願意接受請託的原因,儘管我並不十分了解該如何教授不同語言背景的學生。雖然班上只有來自韓國和印尼的學生,我發現要在多元文化的課堂上傳授我的想法和意見仍然是一個挑戰。因此,我使用了繪畫和表演教學法,來表達我想教給學生的,讓他們明白課程內容。

　　我懇切地祈求上帝賜智慧予我和我的學生。我對自己的教學能力並非信心十足,但上帝教導我把自己的才能交給祂,因為靠自己的力量是不夠的。我首先要向耶穌學習,從祂那裡獲得力量。畢竟,祂才是世界上最偉大的教師,且是人人都能擁有的良師益友,所以我們必須先向祂學習,然後才能教導他人。

　　上帝是信實且大有能力的,祂可以使用那些願意謙卑地把自己委身於祂的人。這就是祂在我身上所行的。在校園的禱告週期間,我和學生們都充滿了感恩,因為憶起在英語培訓期間的樂趣和喜悅,並且看見了自己的進步和成長。我親眼看到上帝如何引導我們,並給予我們所需的智慧。

　　我們可能會感到軟弱,無法完成任何事情,但且讓我們記住,這種感覺只會讓我們更容易為上帝所用。祂從不認為我們軟弱無能,因為是祂賦予我們力量,去完成祂所交託給我們的任務。事實上,上帝評判我們並不是根據我們的本質,而是藉著祂的兒子耶穌基督,我們得以成為什麼樣的人。

荷普・蒙提薩 (Hope Montesa)
菲律賓總校區第 49 屆佈道士

上帝勝過一切

「你們多結果子，我父就因此得榮耀，你們也就是我的門徒了。」

約翰福音 15：8

　　作為一名佈道士，事奉上帝一直是我的心願，儘管我的家人從未表現出任何從事傳教工作的意願。我曾多次請求家人允許我加入主的工作，但得到的總是否定的答覆。每次與媽媽爭吵後，我總是透過禱告尋求上帝；希望祂能賜我力量，應付我面對父母時所受到的考驗。

　　我所受的挫折從未阻礙我追求夢想，也沒有燒熄我內心燃燒的渴望。相反地它們賦與我為上帝工作的熱情。我竭力滿足父母的要求，使他們能同意我的請求。我在學習上盡心盡力，取得好成績，尤其是完成了他們為我選擇的課程。不僅如此，我還努力爭取通過教師資格考試，只為了取悅他們。

　　我按照他們的要求去了另一個城市工作。並在那裡擔任了兩年的私人教師。是的，我有很高的薪水。我可以買我想要的東西並供養他們，但我卻充分感受自己的生命是不完整也不快樂的。有時我會想，我什麼時候才能飛出牢籠，像老鷹一樣自由地飛翔。我再次祈禱並請求父母允許我參加宣教工作。起初，他們猶豫不決。但隨著時間過去，他們終於同意了我的請求。

　　佈道士只有微薄的薪資。我每個月收到的生活津貼與以前相比簡直是天差地遠。然而，在我現在擁有的這一點中，我找到了喜樂和滿足。在這裡，我找到了金錢買不到的真正幸福。我遇到了可以稱之為家人的新朋友。在這裡，我獲得了新的經驗。它們是無法用金銀來交換的無價之寶。

　　宣教之旅並非總是一帆風順。事實上，我的宣教之旅坎坷處處，時常面臨著極大的磨難。更糟的是，因為我是孑然一身、孤獨一人，所以更是雪上加霜。有些時候，我感到十分孤獨，擔心自己無法完成使命。但是，每當我感到軟弱無力，似乎要像其他人一樣放棄的時候，上帝總是提醒我向祂立下的誓言。祂不斷地提醒我抓緊祂的應許。我終於明白我不是一個人，因為上帝一直與我同在。透過我的宣教之旅，祂自始至終都與我同在。

喬伊‧R‧班洛特（Joy R. Benlot）
菲律賓總校區第 46 屆佈道士

上帝見證我的成長

我深信那在你們心裡動了善工的，必成全這工，直到耶穌基督的日子。

腓立比書 1：6 ■

作為一名佈道士，是一種既困難又充實的經歷。起初我想方設法尋找一條輕鬆的道路，但後來我明白一件事：我若想在靈性生活中獲得進步和成長，艱苦的經歷是不可少的。我經歷了生命中的高山低谷、沮喪和壓力，但上帝的話本身就是力量，它給了我希望，使我能夠堅持上帝賦予我的使命。

宣教區內有許多因素都讓我感到沮喪；首當其衝的是我自己悲觀的性格。雖然我制定了計畫，並盡量履行我的職責，但大部分時候我消極的想法都會嚴重影響我的工作。要是我再積極一點該多好！另一個原因是我被安排住在該區牧師所住的宿舍社區內，這令我倍感壓力。此事讓我無法專心；我因此做了許多事都不是出於愛，而是因為壓力。區域牧師和他家人的出現和期望使我感到壓力重重。此外，我和宣教夥伴在日程安排、家務以及其他職責方面的協調上也出現問題。

但是，若要與我和上帝失去連結的那段時間相比，上述所有因素都顯得微不足道。那是我人生遭遇空前低谷的時候。正因如此，我考慮轉到另一個宣教區，並把這個想法告訴了牧師。但是他拒絕了我的要求。我很感激也很高興他這樣做，因為事實證明，留在那裡對我來說是最好的安排。待在原本的宣教區最終成為我極大的祝福。

加入千人佈道士運動前，我失去了人生的方向。我非常困惑以致無法決定是否該繼續我原來的工程事業。但我在這趟宣教之旅所學到的功課是無價的。我的宣教經歷使我更接近上帝，幫助我變得更成熟，並給了我人生的方向。上帝見證並保守了我越過一切的困難！

阿瑟‧布萊恩‧岡本（Asher Bryan Gumban）
菲律賓總校區第 40 屆佈道士

化腐朽為神奇的上帝

你們要將一切的憂慮卸給上帝，因為他顧念你們。

彼得前書 5：7 ■

在認識耶穌之前，我是一個秉性惡劣的人。13歲時，我就學會了喝酒、抽菸和吸毒。我母親過去每天早上都會給我150比索，讓我在店裡幫忙，而我轉手就把這筆錢用在我的惡習上。這種可怕的生活囚禁了我八年；直到有一天，我幡然醒悟，想要改變。「我如今無法改變，是因為我已經習慣了這種生活，」我想。然而，渴望改變的想法過於強烈，以至我無法抗拒。「我真的需要改變！」於是我漸漸減少抽菸的次數，直到一天抽一根。我提醒自己：「這是最後一根！」但隔天，我的朋友遞給我一支菸，我還是接受了。

在一個賭輸錢的晚上，我回家看到哥哥跪在地上，他無比熱切地向上帝祈禱。「我也來試著禱告怎麼樣？」我嘲笑自己有如此瘋狂的想法，但想要改變的渴望揮之不去。所以我試著呼求上帝並向祂祈禱：「主啊，如果祢對我仍有計畫，求祢幫助我，因為我單憑自己是做不到的。」我熱切地向祂表達了我的渴望。

兩天後，大哥從外地回來。我的兄弟姐妹非常擔心我，因為我讓父母很傷心。他們力勸我戒掉惡習。但我無法忍受任何嘮叨，所以找藉口要外出買午餐，實際是準備開溜。當我正要出門時，我遇到了我的表兄。他勸我回去，但我堅持離開。走到大門時，一位從事文字佈道的叔叔來到我家並強迫我回到屋子裡。於是我的逃跑計畫失敗了。他們用上帝的話親切地與我交談。我終於意識到，也許這就是上帝對我祈禱的回應。因為這個想法，我努力地傾聽他們的建議，即使我無法立即理解其中的意思。幾天後，他們帶我到一間文字佈道辦公室的地下室，在那裡我學習了將近一個月的《聖經》。靠著聖靈的大能，我透過洗禮接受耶穌基督為我的救主。

受洗後，我開始以文字佈道來服事上帝。當我穿上新衣面對鏡子時，我幾乎認不出自己。的確，我穿上了耶穌公義的義袍。這讓我產生了從事宣教工作的強烈願望。在生活中，有時我們認為許多事是我們做不到的。但是當我們把一切的掛慮都交託給上帝時，祂必會親自處理這些煩憂。

貝沙多・迪・佛拉（Bersaldo de Veyra）
菲律賓總校區第 49 屆佈道士

上帝的神蹟

門徒出去，到處宣傳（福音）。主和他們同工，用神蹟隨著，證實所傳的道。阿們！

馬可福音 16：20 ▓

我們被派駐到一座山的中央，它的另一側是海岸線；在這宣教區舉行佈道會是我永難忘懷的經驗。佈道會場地在卡哈（Kakha）。因為這個地方位置偏遠，而且據說有很多新人民軍（主要活動範圍在菲律賓偏遠地區的反叛組織）出沒，所以我們一直對周圍的環境保持高度警戒。

在我們為期一週的佈道會中，雨下個不停，但我們沒有停止為人查經。我們也拜訪當地的居民。有一天，一位查經班的學員因為大雨從聚會中回家，但是當他到家時，他驚訝地發現所有的鄰居都已經逃到了附近的體育館。他進到家裡尋找他的家人，但沒有看到任何人，直到來到教堂，才發現他的家人已被撤離。知曉家人們已被安置在安全的地方，他便回到佈道會的場所，並一直待到節目結束。我們都叫他「波特朗叔叔」。我被上帝的能力和祂如何觸動波特朗叔叔的心所震撼。儘管大雨不息，許多人仍然堅持參加夜間的聚會。終於到了最後一晚，我們詢問與會者的決定。感謝上帝，有8位寶貴的生靈透過洗禮對耶穌做出承諾。

上帝在災難中施行神蹟。誰能想到，在危險的時刻，人們仍然願意透過參加佈道會來聆聽主的聲音？他們本可以選擇保存自己的財物，但他們選擇了上帝，而事實上，上帝從未讓他們失望。

洗禮後兩天，我們去了教友的住家。因為颱風侵襲，這個地區淹大水。但我們對所看到的一切感到驚訝。外面的水有三英尺高，但沒有一滴水進入上帝僕人的家。我們無比感謝上帝對這位教友和他整個家庭的保護。誠然，上帝在遵守祂的承諾方面是信實的。在任何時候，上帝都會為祂的子女創造奇蹟。

佩妮・琳恩・迪亞茲（Penny Lane Diaz）
菲律賓總校區第 50 屆佈道士

上帝回應我們的禱告

「你們祈求，就給你們；尋找，就尋見；叩門，就給你們開門。」

馬太福音 7：7 ■

我聽過無數個這樣的見證：有許多人遭遇奇蹟般的經歷，因此對於福音的真實性再沒有一絲懷疑；這些經歷包括避開誘惑及危險，透過謙卑和簡單的行動吸引數百人加入教會，甚至透過《聖經》找到人生問題的答案。

在我的宣教區，我也經歷過一些奇蹟時刻。有一個人不相信上帝，對祂的話語一無所知。當有人向他宣讀和解釋《聖經》中上帝的話時，他回答說：「《聖經》只是一本人手寫的書，充滿了各式各樣的神話。」他一直都這麼認為。日子一天天過去，接下來幾個月、甚至幾年過去了，他從未改變態度，仍然不相信上帝。換句話說，他是無神論者。但後來他身上發生了一些事情；他突然生了重病，服用了很多藥物，卻不見好轉，而藥物也沒有任何功效。

有一天，他打電話給我說：「牧師，請為我向上帝祈禱，讓我得到醫治。」應他的要求，我和一些教友前去探望他，一起為他禱告。在我們拜訪他幾天後，他來找我說：「牧師，我今天感覺好多了，在我看來，我的病得到了緩解。你的上帝確實很偉大。我想接受祂作為我的上帝。」他接受了洗禮，現在是復臨教會忠心的教友。

我逐漸認識到，當我們轉向祈禱時，我們將以超乎想像的方式體驗到上帝的力量。根據《火力全開：擊潰魔鬼的爭戰式禱告》一書的作者──普莉西雅·夏勒（Priscilla Shirer）所說：「禱告是將天堂的力量帶到人間的途徑。」懷愛倫也說：「祈禱是人與上帝的傾心談話，像同知己的朋友談心一樣。我們之所以要禱告，並不是要叫上帝知道我們的境遇，乃是因為禱告能夠使我們接近上帝。禱告不是使上帝下來見我們，是把我們帶到上帝面前。」親眼目睹上帝如何回應我們熱切的祈禱並施行奇蹟，實在是令人嘆為觀止。

卡比蘭詹·特里普拉（Khabiranjan Tripura）
孟加拉分校第 23 屆佈道士

上帝的神蹟

「我是耶和華,是凡有血氣者的上帝,豈有我難成的事嗎?」

耶利米書 32:27 ∎

我叫蘇巴施・希爾卡(Subash Sircar),是孟加拉千人佈道士運動的志願佈道士。我在達卡的戈瓦巴坦(Gowalbathan, Dhaka)接受培訓;在課程中,我學了聖經研究和足部治療。完成一個月的培訓後,我回到故鄉開始宣教的工作。我為8個村民進行了足部治療,作為我事工的一部分,接受足部治療的人都痊癒了。由於得到了醫治,他們前往薩特基拉(Satkhira)分享他們的經歷。透過提供足部治療,我去了博伊拉圖利亞(Boyratetulia),與村民們分享福音。我透過這樣的宣教旅行了兩、三個星期,到各處分享上帝的愛。此外,有4個人因為我提供的足部治療得到痊癒。經過三個月的持續探訪和分享福音,後來一共有66人接受耶穌基督為他們個人的救主。

我竭盡所能地傳講和分享福音及末世事件。2021年,我去了一個新的村莊,在那裡宣講《聖經》;關於祂的兒子耶穌,以及祂的出生、受難、復活和再來。村民很高興可以聽見這樣的信息,這也使我能夠為25人準備洗禮。

洗禮過後,一位天主教神父對我怒氣沖沖,他出口威脅我和其他人。然後他打電話給警察,他們逮捕了我,把我關進了監獄。我在監獄裡待了7個小時。一位警察盤問了我幾個問題,我恭恭敬敬地回答。我告訴他我沒有強迫任何人奉主耶穌基督的名受洗;在我的探訪和宣教之後,他們欣然地主動接受耶穌。於是警察將一些已信主的村民帶來,他質問說:「蘇巴施・希爾卡是否強迫你們受洗?」然後村民們回答說:「我們不是被他引誘或強迫的。我們是在了解真正的真理之後才接受了耶穌。」同時,我也說明我們並不推行火葬,而是土葬。警察很高興我們沒有推崇火葬。我接著給他看我的足部治療證書並給了他17,000塔卡,他們在7個小時後總算將我從監獄中釋放。

我很高興上帝保護我免受警察和其他想讓我入獄之人的傷害。後來警察告訴我,如果有人找我麻煩,我應該告訴他。耶和華必與依靠祂的人同在。我要事奉祂直到耶穌再來。請繼續為我禱告。

蘇巴施・希爾卡
孟加拉分校第 23 屆佈道士

上帝的工是團隊事工

4
April
14

兩個人總比一個人好，因為二人勞碌同得美好的果效。

傳道書 4：9 ▓

當許多人一起同工時，所發揮的力量自然加倍；作為一個團隊，他們可以完成更多的工作。他們也會因此收獲團結工作的獎賞，因為他們創造了和諧而不是混亂。齊心協力始於個人與另一個人一起工作時所付出的努力。

有一次，我們宣教區的教會舉行了佈道會。在整個佈道會期間，我們的團隊每天晚上都會聚在一起，討論如何提高在宣教區的工作效率。一天晚上，我們開會討論我們的預算；那時我們沒有任何食物，尤其是米，因為那一週原本分配給我們的米，已經被我們用來煮菲律賓鹹粥（Aarroz Caldo）給每天晚上的與會者吃。然而，這並沒有阻止我們前進。我們祈求上帝的應許，祂會滿足我們的需要。「別擔心，上帝會供應的。」我們的組長向我們保證。我們持續地跪下祈求上帝的供應。

有一天，上帝給我們帶來了驚喜；一位我們認識、來自阿蒂莫南（Atimonan）教友名叫查爾，是個牙醫，他為我們帶來了食物。令人驚奇的是，他帶來的米足以在佈道會餘下的幾個晚上供應來赴會的人。一位牧師和師母也給了我們食物。在接下來的日子裡，上帝的供給支持著我們。

宣教的每一天都充滿著上帝的仁慈與信實。我們彼此之間沒有爭吵，每個人都渴望完成各自分配的任務。但是我們最大的驚喜出現在安息日——即佈道會的高潮；兩個寶貴的生靈將他們的生命交給了耶穌。洗禮過後，其中一位叫庫雅·威爾森（Kuya Welson）的新信徒告訴我們，佈道會的第二晚，有一個聲音告訴他並催促他參加聚會。他說：「我能在此，是因為你們的禱告。」因佈道會通常只舉行五天，我們根本沒有想到會有這樣的事發生。我們更加感謝上帝，因為在我們離開當地之後，祂提供了一位平信徒來持續跟進和培育新教友。

當我們見證上帝的大功時，我們的心真的充滿了喜悅。透過共同努力做上帝的工，我們可以成為傳播亮光和祝福他人生活的重要渠道。

尤妮絲·迪羅絲·桑契斯（Eunice Delos Santos）
菲律賓總校區第 55 屆佈道士

善行義舉

我們行善，不可喪志；若不灰心，到了時候就要收成。

加拉太書 6：9 ■

我們的宣教區位在菲律賓奎松省的邦多克半島（Bondoc Peninsula, Quezon）。我們住在離鎮上主要道路七公里的高地。由於路況不佳，當地交通不便。當地人喜歡種植蔬菜、花生、稻米和椰子。我和宣教夥伴在那裡時為當地人提供了許多服務。

有一天，我們從一個慶生會中走回家，有個孩子半路加入了我們。他用一個袋子裝著食物，走進一個極其狹小的房子；這引起了我們的關注。因此，我們走過去一探究竟。我們看見了一位80歲的老人，他名叫阿波羅尼奧（Apolonio）。這位爺爺看到我們時泣不成聲，向我們乞求幫助。於是，第二天，我們替他打掃房子，幫他洗澡、剪頭髮和指甲。給他穿上新衣服並提供食物及牛奶給他。隨即，我們在他臉上看見了笑容，也在他眼中看到了希望。

當地人得知了我們的所作所為並將此事傳開來。有些人很驚訝，他們沒有想到會有人關心這位老人。他一直又髒又臭，沒有家人與他同住。他有一個分居的妻子和一個不幸早逝的孩子。他能說、能看，但聽力有些障礙。由於中風，他的手也無法自如地行動。我們告訴他要相信上帝的莊嚴和能力，讓他透過我們的服務體驗到上帝對他的愛與關懷。每當我們挨家挨戶拜訪時，我們都會順道探望他。

在那裡的最後一個安息日，我們也拜訪了他。得知他非常孤單令我們感到很難過。我和宣教夥伴為他做最後一次的禱告。我祈求神蹟出現，因為他越來越虛弱，難以起身和下床。當我們回到家時，再次熱切地為他祈禱。之後，我們驚訝地看到他走出家門，像沒有生病一樣正常行走。他也拜訪鄰居與他們聊天。對於上帝如此迅速地回應了我們的禱告，並奇蹟般地治癒他，我無比感動。我們不禁感謝讚美上帝！

宣教區的人們與我們分享，他們如何因我們簡單的關懷行動蒙受祝福。他們說自己因此學會照顧他人。由於我們之間的共同經歷，他們發誓永遠不會忘記我們。事實上，他們見證並經歷的，是上帝對每個人的愛，無論他們的地位或處境如何。我們也深刻感受到他們的尊重及愛。我對上帝的信心也越發增強。感謝上帝使用我們成為他人的祝福、希望及鼓勵。願將一切的榮耀歸給上帝。

珍妮佛・M・奧奎斯
菲律賓總校區第 50 屆佈道士

心存感謝

凡事都是為你們，好叫恩惠因人多越發加增，感謝格外顯多，以致榮耀歸與上帝。

哥林多後書 4：15 ■

你是否曾向主起誓，如果祂應允了你的請求，你就會以服事祂作為回報？我24歲時曾許下這樣的承諾。於是在通過教師資格考試後，我便投身於千人佈道士運動。

但是當我抵達千人佈道士運動的培訓校園時，我感到很焦慮，因為我完全不知道自己來做什麼。然而在培訓開始之後，我的焦慮一掃而空，因為我遇到了許多來自不同國家、對宣教事工極有熱忱的年輕人，這讓我既激動又興奮。我度過了一段美好的培訓時光，也學到了很多。在差派儀式的前一天，我為宣教夥伴、地點，並為自己成為一個好夥伴向上帝禱告。前往宣教區阿克蘭馬來（Malay, Aklan）之前，我有些擔憂，因為無法確知未來會如何。不過，我有信心上帝將引導我。因此，即使祂將以某種方式帶領我走出舒適圈，我還是相信祂。我滿心期待去探究祂為我準備的一切。縱然我有一定的期望，但我未曾想過祂為我所預備的是如此豐盛的祝福。

為了展開我們的使命，我和我的夥伴加入了在阿克蘭的納巴斯（Nabas, Aklan）名為「傳給人」（Pass It On）的事工，與來自瓦斯達夫（Wasdaf）的年輕人一起宣教。上帝透過那裡的弟兄姊妹們行奇妙之事。他們是積極支持宣教事工的虔誠復臨信徒。我因為住在教堂隔壁，與牧師的家人互動頻繁，他們為人親切又良善。整個教會及傳道區都熱烈地歡迎我們。然後在納蘇格（Naasug）──馬來最後一個村落，我們遇到了很多還不認識耶穌的人。我們定期拜訪他們，與他們一同查經；我們也舉行了佈道會，雖然在佈道會結束時尚未有人受洗。另外，我們也有機會參與醫院的拜訪事工，為病友們唱詩歌並為他們禱告。

上帝透過許多樂意投入宣教事工的生命予以我們極大的祝福。每個週末教友們都積極參與關懷小組事工，展開宣教工作。我是微笑關懷小組的一員，該小組願意協助上帝的工作。他們的熱情給了我力量為上帝做更多的事。最重要的是，我現在有信心透過分享上帝的話，來培養我與家人、朋友和其他人的關係。儘管我在宣教區面臨無數挑戰，上帝仍然豐豐富富地祝福了我。我永遠不會忘記上帝的應許：「不要懼怕，因為我永遠與你同在。」參與這項佈道運動，讓我的生命從此不同。為此，我永遠感謝上帝。

羅內爾・克林特・M・馬格多洛（Ronel Clent L. Magdolot）
菲律賓總校區第 50 屆佈道士

偉大的事發生在「我願意」之後

人心籌算自己的道路；惟耶和華指引他的腳步。

有個男孩來自破碎的非復臨信徒家庭；他對於在耶穌裡的生命是何模樣一無所知，他被惡習所奴役，與朋友過著毫無意義、漫無目標的生活。因為他從未有過幸福而完整的家庭，所以報復的念頭時常在他的腦海中浮現。儘管如此，他仍然很享受罪中之樂的生活。

但在他高中的最後一年，他的人生發生了變化。一切皆由查經開始；他了解到復臨教會的基本信仰。但是撒但不打算放過他；因為同儕的影響，這個男孩再一次面對飲酒的誘惑。然而，靠著上帝的恩典，他得以持守從《聖經》中所學到的，並堅定地抵擋了試探。正因如此，他的信仰得著了朋友們的欣賞與尊重。

大三時，他終於受洗。2018年，上帝派遣他以文字佈道士的身分進入城市宣教，在那裡他見證了許多偉大的奇蹟。同年，他還被派任到另一個省，成為家鄉整個地區的復臨青年會會長，同時也擔任青年協會幹事之一。然而，這些只是他與教會有關的幾項工作。對他而言，必須獨自一人去教會，看到別人都和家人一起做禮拜，這情景還是令他觸景傷情。因此，他想過逃離責任，在其他地方找工作。但一些長老勸阻了他。

2020年，他再度被選為復臨青年會會長，得以專注於這項使命賦予他的角色。靠著上帝的恩典，他和團隊製作了一系列的節目，它們成為許多年輕人的祝福，而他們的信仰熱情也重新被點燃。他的會長任期在2021年中旬結束，當時上帝呼召他執行另一項使命，即加入千人佈道士運動。

終於在2021年中旬，這個男孩──就是我，回應了兩年前成為千人佈道士的呼召。我和我的夥伴被派往萊特省卡南加市（Kananga,Leyte）。我們的第一項任務是培育新受洗的教友，尤其是年輕人。我意識到，上帝把我放在一個責任重大的位置上，這是我在學生時代從未了解或嘗試的。

只要答應上帝的呼召，你就會見證偉大的事情。祂使不配得的成為配得的，上帝確實是偉大的上帝。

奎斯莫・T・馬卡波佩瑞（Cresmer T. Macapobres）
菲律賓總校區第 57 屆佈道士

最大的成就

所以，我親愛的弟兄們，你們務要堅固，不可搖動，常常竭力多做主工；因為知道，你們的勞苦在主裡面不是徒然的。

哥林多前書 15：58 ■

你生命中最大的成就是什麼？是擁有一間豪宅，還是一輛豪車？或是達到事業的頂峰？也許是其他事情。我們都有自己對於成就的不同定義，但對我來說，最大的成就是服事主。

感謝上帝派我和宣教夥伴到菲律賓北三寶顏省的辛丹干（Sindangan, Zam-boanga del Norte），那是一個十分美麗的宣教區。這個小鎮離市中心約三到四小時機車車程。我們不僅有支持我們的教會成員，也有饒富同情心和愛心的教會領袖和同工。我很高興回應了服事上帝的呼召。

在宣教區最後一個月的經歷考驗了我們的信心，但也強化了我們的信念。我們想舉行一場佈道會，因此我們向傳道區的牧師尋求協助。但因他個人忙碌的日程，他拒絕了我們的要求。我了解牧師的難處，卻仍不免感到沮喪，因為我非常渴望舉行這樣的聚會。因此，我向上帝祈求指導。我祈求祂派人來幫助我們實現我們的計畫。上帝沒有讓我們失望，祂派人來協助並支持我們的計畫。結果，我所期待的佈道會終於舉行了。

在聖經研討會的第二個晚上，一位教友來到會場時注意到兩個高大的男子，一個身穿白色長袍，另一個穿著夾克站在入口。她以為那兩個人是我和我的夥伴，就急忙向他們走去。可當她走到他們站的地方時，卻發現那裡空無一人，只有她自己！她反覆思考良久，直到她斷定那些人一定是天使。她堅信他們是天使，並為這次相遇向上帝祈禱並獻上感謝。她也很感激我們選擇她的地方作為佈道會的地點。在活動結束時，有29人透過聖靈的力量將自己的生命交給了耶穌。

我可以證明，幫助人們遇見並接受耶穌，是人所能獲得的最滿足的感覺。對我來說，這不僅是最美好的感受，也是我今生最大的成就。所以，只要將自己完全獻給主，祂就會賜給你同樣的經歷，甚至更多。

達里奧・西納格普洛（Dario Sinagpulo）
菲律賓總校區第 44 屆佈道士

最偉大的醫生

「看哪，我要使這城得以痊癒安舒，使城中的人得醫治，又將豐盛的平安和誠實顯明與他們。」

耶利米書 33：6 ■

在調到菲律賓聖費南多（San Fernado）之前，我和我的夥伴在宿霧宣教了五個月。我最難忘的回憶，是在宣教區透過分發單張進行家訪。

我們遇見一位已患病近一年的婦女；她患有肌瘤，並且大量出血。她名叫喬伊阿姨，遇見她時她熱情地向我們打招呼。因此，我們開始定期拜訪她，關係也越來越親密。後來我們決定帶她去醫院就診，因為她出血過多。我們盡了最大努力幫助她，讓她的女兒在醫院陪她時可以住得舒適。喬伊阿姨已經養成了和我們一起禱告和讀經的習慣。所以，每當我和她在一起時，她總是讓我為她祈禱，和她分享鼓舞人心的詩歌。她是一個虔誠的天主教徒，但在這段時間裡，她很喜歡聽我們分享詩歌和聖經章節。

當她的手術時間定下來之後，我們都很擔心接下來手術的結果，所以我以強烈的獻身精神來到上帝跟前。我祈求這位宇宙間最偉大的醫生，為我們行大神蹟，特別是行在喬伊阿姨身上。開刀的時間已到，醫生走近我，問我能否為她祈禱手術成功。我們一起禱告，期望聽見好消息。

當手術完成後，醫生告訴我，她所患的不是一般的肌瘤，它已經惡化成了癌症第三期。因此，我向上帝呼求，幫助我保持愉快的心情，使我能夠鼓勵喬伊阿姨，讓上帝實現祂的旨意。但是，當喬伊阿姨說「我很高興知道有上帝和像你這樣的人向我表達真實的愛」時，她的話令我為之一震。她告訴我，她永遠都不會停止讚美和信靠上帝。

能成為上帝的見證者，我們是何等有福！手術過後，我們繼續探訪喬伊阿姨並為彼此禱告。她正在穩定地恢復中。不但如此，她還接受了洗禮，並與家人一起事奉上帝。看到我們的上帝如何奇蹟般地治癒疾病，實在是令我無比喜樂與感恩。

葛登・葛麗絲・G・法比拉（Golden Grace G. Fabillar）
菲律賓總校區第 49 屆佈道士

最有用的武器

我的上帝，我的磐石，我所投靠的。他是我的盾牌，是拯救我的角，是我的高臺，是我的避難所。我的救主啊，你是救我脫離強暴的。我要求告當讚美的耶和華，這樣，我必從仇敵手中被救出來。 撒母耳記下 22：3、4 ■

「趴下，不要動！」一名男子威脅道；他的頭和臉上戴著黑色面具，一身黑衣，手裡拿著一把M16步槍。在我看來，他就像帶著鐮刀的死神。大約凌晨1點左右，我們在借住的長老家中，聽到門口傳來了槍聲。當我們前去查探，發現大門已經遭人破壞。槍聲再次響起，一個陌生的黑衣人闖了進來。我趕緊想找個地方躲起來，但只找到一個對我來說太小的櫃子。我叫長老的兒子和我一起躲在櫃子旁邊，我們用毯子蓋住自己。這不是什麼絕佳的藏身處，但當時我們別無選擇。

隨即有一群人進入客廳、翻找家具並砸壞電視，對此我們只有不停地禱告。突然我們感覺到有人靠近。蓋在身上的毯子落下時，我們看到兩把槍對著我們。持槍的人向我們大聲質問。我們嚇到了，無法繼續禱告。其中一個人在發號施令，他似乎是帶頭者。我看到房間大約有8個人。當我掃視房間時，發現長老躺在地板上，被暴徒毆打得遍體鱗傷。我驚慌失措地想尋找我的夥伴，但那個人用槍指著我的臉威脅我。

帶頭的人拿走了我們的手機和錢，走進長老的妻女和嬰兒睡覺的地方。我的內心充滿恐懼，想大喊卻喊不出來。我知道自己打不過他們。我所能想到的只有死亡及耶穌的第二次降臨。我開始在心中高喊：「我準備好為主赴死。我是一名佈道士，主呼召我，所以我必能做到，一朝佈道士，終身佈道士！」我持續地禱告。接下來帶頭者喊著說：「你們的武器在哪裡？趕緊交出來！」當暴徒再次毆打長老時，帶頭者怒吼著。「武器？」我的目光落在離我最近的《聖經》上。只見長老站了起來，用堅定的聲音回答說：「我們沒有武器，這是我們唯一的武器。」他邊說邊將《聖經》遞給帶頭的人。帶頭者憤怒的接過來，叫上他的同夥，便離開了。

我整個人如釋重負，但膝蓋仍在不停地顫抖。長老把我們聚集在一起。我的夥伴原來是躲在天花板上。我們感謝上帝的保護。若我們之中有任何人試著與他們對抗，我們必死無疑，但我們帶著堅定的信心，向他們展示了我們最大的武器——《聖經》。

埃爾默・康提洛（Elmer Contillo）
菲律賓總校區第 47 屆佈道士

上帝的偉大與良善

耶和華本為大，該受大讚美；其大無法測度。

詩篇 145：3 ∎

對我來說，在宣教區十個月的經歷乃是無價之寶。透過這樣的經驗，上帝塑造了現在的我，使我成為我能做到最好的基督徒。接觸生活的現實面促進了我個人靈性上的成熟。的確，加入宣教工作是一項無價的投資，所有年輕人都應該考慮參與。

我在宣教區遍嘗了生活中的酸甜苦辣。生活的甜蜜使我成為基督快樂且蒙福的僕人，尤其是當我遇到並認識來自不同階層和地方的人時，他們對我產生了影響。這一切都是上帝賜給我的禮物。我同時也了解到祂的愛、恩典和信實，儘管我有時並不忠心，祂仍然遵守他的諾言。「耶和華本為大，該受大讚美。」祂的供給如此豐富，恩典滿溢。祂離我只有一步之遙（一個禱告的距離），我親眼目睹祂是如何仁慈地回應我大部分的禱告──「耶和華的眼目看顧義人；他的耳朵聽他們的呼求。」（詩篇34：15）

在宣教區的生活亦是五味雜陳；我經歷了各種考驗，有時會覺得上帝並沒有垂聽我的懇求。但是，當我看到了上帝透過這些考驗所成就的一切時，考驗就成了祝福。加入千人佈道士運動前，我對於全能上帝的仁慈和能力有所懷疑，尤其是在面對沉重的負擔時。如今情況已經改變，我了解苦難只會讓我們為天國做好準備。現在當我遇到問題時，我會由衷地感到高興，因為我知道它們使我更接近上帝。透過注視祂，我知道自己會被改變──形塑基督化的品格。當我面對挑戰，重申〈雅各書〉1章2至4節的應許確實讓我感到安慰。

當我在宣教區宣揚福音並為主展現祂無私的愛時，這般充滿挑戰性的使命讓我每天都能親眼目睹祂的偉大和良善。我打從心底感謝祂的呼召。能與祂同工並為祂工作是一種特權。沒有其他經歷比宣教更能使我接近上帝，並成為祂忠心的僕人。當我盡心、盡意、盡性地事奉祂，我確實得到了回報。

伊登・葛蕾絲・阿蘭德拉（Eden Grace Arandela）
菲律賓總校區第 40 屆佈道士

夥伴們，醒醒吧！

再者，你們曉得，現今就是該趁早睡醒的時候；因為我們得救，現今比（初）信的時候更近了。

羅馬書 13：11

你沉睡了很久嗎？也許現在就是清醒並保持警惕的時刻。隨著我們的救恩臨近，是時候體驗警醒的生活，以及行在主之光中的美好了。

我和我的宣教夥伴被分配到一個既沒有電力也沒有水的地方。因此，儘管房子的屋頂會漏水，我們還是每天祈禱能下雨。下雨也延後了我們的安息日節目。有時我們會使用從生鏽屋頂收集的水來製作飲用水。這種經歷持續了十個月。儘管生活面臨挑戰，我們還是進行了所有可能實施的活動，例如開展友誼事工、與教友一起慢跑，並向中學生講授《聖經》和健康主題。

2015年5月的一個晚上，當我們慶祝完我的生日正準備睡覺時，一位信徒突然出現，催促我們：「夥伴們，醒醒！村長被綁架了，所以我們必須即刻離開。」聽到這個消息，我們十分害怕且不知所措。我們雖然不清楚實際情況，卻知道我們也可能被捲入危險，所以十分驚慌。我們用毯子包著自己，逃往安全的地方。我們和一些半夜逃進森林裡的人待在一起。祈求上帝出手干預，保佑我們平安。全能的主伸出祂大能的膀臂拯救和保護我們，就像祂從埃及人手中拯救以色列人一樣。儘管發生了如此可怕的事件，我們後來仍然可以順利地舉行一次佈道會。藉由聖靈的運行，共有四個人受洗。

當我聽見「夥伴們，醒醒！」的喊聲時，我嚇了一跳。我意識到，我應該隨時隨地準備好，應付生命中可能發生的任何事。就我的屬靈生活而言，如果我在該醒著的時候卻沉睡，那會如何呢？我還能安全無虞嗎？我會被算在得救的人當中嗎？在我們的屬靈生活中始終保持清醒是多麼重要啊！的確，「你們曉得，現今就是該趁早睡醒的時候；因為我們得救，現今比（初）信的時候更近了。」我們很容易忘記並鬆懈，好像一切都平安無事，但只要看看我們所處的時代，我們就可以肯定，耶穌很快就會再來。

朱維琳・達尤德（Juvellene Dayuday）
菲律賓總校區第 44 屆佈道士

水的作用

耶和華啊,求你可憐我,因為我軟弱。耶和華啊,求你醫治我,因為我的骨頭發戰。

詩篇 6:2 ■

「扣扣扣!」我們不斷地敲門,但沒有人願意應門。我們已經走訪了好幾戶人家,但仍然沒有人歡迎我們,所有的門都是緊閉著的。我們到這裡已經將近一個月,卻仍然沒有招到任何查經班的學生。

我們沮喪而絕望地走著,發現自己來到一對老夫婦居住的茅屋。老太太邀請我們進到她生病的丈夫躺著的地方。那位生病的爺爺名叫亞歷杭德羅·布林(Alejandro Buling)。他今年將滿62歲,臥病在床已經6年。他不能走路,也無法移動下半身。人家說他之所以癱瘓,是因為在農場工作了一整天後立刻去洗澡。我們發現我們之前曾走過這間房子,但當時沒有人在。我們相信這次能遇到亞歷爺爺,並為他成了奇蹟和力量的器皿,乃是出自上帝的旨意。

我們心中充滿喜悅,為亞歷爺爺做了幾次熱敷。從那時起,我們開始每週探望他四次,協助他的下半身浸入溫水後,我們為他做舒緩的腳部按摩。我們必須從山下打兩桶水,然後帶上山,這使我們的工作愈加艱難。在為他進行治療的過程中,有一天我們邀請他學習《聖經》,藉著聖靈的感動,他欣然接受我們的邀請。他喜歡學習關於耶穌的事,後來他更在聖靈的鼓勵之下改變了思維,逐漸地接受並實踐我們所分享的聖經真理。

後來,我們的一位朋友捐贈了一張床和床墊給亞歷爺爺,讓他能睡得舒服。「孩子們,我有東西要給你們看!」有一天,他興奮地向我們打招呼。然後他試圖移動他的下肢。不僅如此,他還自信地不靠任何幫助站了起來!我們對眼前發生的事感到十分驚訝,並感謝讚美上帝。我們見證了上帝為祂的兒子亞歷杭德羅所行的神蹟。我們很肯定這不是因為熱敷產生了什麼作用,而是上帝的力量透過我們熱切的禱告使這一切成為可能。

我們大大的讚美主,因為祂透過我們將祂的愛充滿這個家庭。現在亞歷爺爺的家人積極參加每個安息日的聚會,並慢慢過著上帝最初為我們設立的生活。亞歷爺爺承諾,一旦他能自己走路,他很樂意將自己的生命獻給上帝,並幫助傳播耶穌復臨的福音。

馮恩·馬克·托尼賈斯(Vhon Mark Tonejas)
菲律賓總校區第 47 屆佈道士

聽見主人的聲音

「我的羊聽我的聲音，我也認識他們，他們也跟著我。」

約翰福音 10：27 ∎

在所有的動物中，我最喜歡貓。你可能會好奇原因；這是因為貓十分可愛又有趣，有時還喜歡躺著發出呼嚕呼嚕的聲音。

對我來說，貓似乎是動物界的整潔冠軍。牠們知道如何覆蓋自己的排泄物以防蒼蠅，牠們甚至還會聞一聞氣味，確保排泄物被完全覆蓋。牠們每天洗澡；牠們會在沒有其他事情做時，每小時洗一次澡。牠們把清潔工作做得非常徹底；當牠們的舌頭無法觸及身體的某些部位——比如臉，牠們會舔自己的爪子並在較難觸及的部位摩擦以達到清潔目的。此外，貓還會認主人的聲音。當主人呼叫貓的名字時，牠會做出反應，因為牠認得自己的主人。

在千人佈道士運動的校園裡有許多貓；其中有一隻因牠可愛柔美的叫聲，特別吸引我的注意。「帕奇」——我都是這麼稱呼她，我照顧她並給她食物和水。起初，她並不認得我給她起的名字，但我堅持以這個名字叫她，直到她終於曉得，只要我叫這個名字，就是在呼喚她。此後，每當我呼喚她，她都能認出我的聲音並回應我。

每當我經過禱告園時，我都會叫「帕奇，帕奇！」她總是在那裡，跑來迎接我，這讓我非常驚訝。每當我在涼亭裡看書和在禱告園祈禱時，她也會陪著我。當我聽到身後傳來柔和的貓叫聲時，我不再感到驚訝；因為我知道一定是帕奇。她認得我的聲音，也會傾聽我的聲音，每當我呼喚她時，她就會來見我。

我們又是如何呢？如果連貓這類的小動物都懂得辨識主人的聲音，那我們呢？我們是否也認識救主的聲音？我們是否可以從所聽到的眾多聲音中辨認出祂的聲音？我們是否注意並跟從祂說的話？我們是否花時間與祂交談並傾聽祂的聲音？我們是否已準備好見祂呢？

李琪琳・貝絲・阿西奧（Richlyn Beth Asio）
菲律賓總校區第 49 屆佈道士

祂的旨意、方式和我們的信心

信心軟弱的，你們要接納，但不要辯論所疑惑的事。

羅馬書 14：1 ■

我和宣教夥伴在派駐的宣教區擁有許多難忘和激勵人心的經歷。上帝待我們如此仁厚，祂始終陪伴在我們左右。我們見證了祂在我們生活中所行的許多神蹟奇事，包括在前往宣教區的路上，以及在宣教區當地民眾的生活之中。

大能的主從不失信於人。我們可以證明這一點，因為我們一共見證了7個寶貴生命接受洗禮，還為我們宣教區的非復臨教會青少年查經，並與當地教友聯合、探訪20個查經的島民，並促成他們受洗。雖然我們在宣教區遭遇各種的挑戰，但上帝從不放棄我們。反之，祂使用這些挑戰來塑造我們的耐心和無私的精神。上帝教導我們在混亂中保持謙卑和冷靜。

我們認識的一個家庭與我們分享了他們的故事：在這一家的母親即將生下第三胎時，家中第二個孩子卻因病住院。不幸的是，孩子最終沒能活下來。父親因此心灰意冷甚至質疑上帝。幾年過後，另一個挑戰再度臨到他們家——他們失去了其餘的兩個孩子。父親在那之後不想再與上帝有任何關連。然而上帝差派我們來到他們家，透過聖靈向他們說話。他們非常感動，尤其是那位因過去的重大打擊影響家庭後開始酗酒的父親。透過聖靈的感動，他們全家再次接受耶穌走進他們的生命中。誠然，上帝的工作「不是倚靠勢力，不是倚靠才能，乃是倚靠祂的靈」，這個家庭的經歷是值得一再闡述的見證。上帝對祂兒女們不變的關心是不證自明的。

我們明白我們需要前往上帝差派我們去的任何地方。祂吩咐我們做的事可能很艱鉅，但並非不可能，因為祂會幫助我們。我和我的宣教夥伴既興奮又感恩，因為我們事奉的是一位又真又活的上帝。我們在宣教區經受了考驗，但也完成了我們對當地的使命；我們將在接下來的人生中持續保持信心。

亨澤爾‧安‧C‧德萊昂
菲律賓總校區第 50 屆佈道士

緊握上帝的應許

你不要害怕，因為我與你同在；不要驚惶，因為我是你的上帝。我必堅固你，我必幫助你；我必用我公義的右手扶持你。

以賽亞書 41：10

　　我在菲律賓美麗的宿霧島出生成長，並且在那裡度過了我人生泰半時間。自從我搬到甲米地省的西朗市（Silang, Cavite）參加千人佈道士運動的培訓，迄今已有五個多月。

　　由於新冠疫情的爆發，第55屆佈道士的派遣不斷延期，培訓也一再延長。這與我所預期的不同，但我依靠上帝並不斷向祂祈禱。我每天都起得很早，為要與造物主共度時光，並感謝、讚美祂，默想祂的話語。

　　所有參加培訓的佈道士都會定期打掃校園，作為自律訓練的一部分。我很高興我們每天的努力使校園保持整潔美麗。運動時間是我最期待的事情。我們一起打籃球、踢足球和做其他的運動。由於疫情帶來旅遊限制，大部分的時間我們都必須待在校園，體育活動是唯一令我感到自由和放鬆的時刻。延遲派遣和封鎖措施所帶來的影響自是不容忽視，但我努力調整自己面對這樣的變化。

　　每當我在校園裡感到擔憂或寂寞時，我便閱讀《聖經》，並試著從中找到上帝對我的美好應許。我想引用上帝在〈以賽亞書〉41章10節的應許：「你不要害怕，因為我與你同在；不要驚惶，因為我是你的上帝。我必堅固你，我必幫助你；我必用我公義的右手扶持你。」想到上帝在延長培訓期間對我的祝福，我決心完成祂的使命，宣揚福音，為祂贏得更多生命。有時我也會因為必須一直待在校園感到無聊，但正因如此，我和耶穌基督相處的時間比以前更多。我也感謝在校園裡上帝賜予我的朋友。我們經歷了同樣的掙扎和困難，所以更能夠彼此關心和鼓勵。我們一起祈求上帝在這種意想不到的景況下引導我們，幫助我們不要放棄祂呼召我們去執行的使命。

埃德加多・吉門尼斯（Edgardo Jimenez）
菲律賓總校區第 55 屆佈道士

成為佈道士的過程

上帝救了我們，以聖召召我們，不是按我們的行為，乃是按他的旨意和恩典；這恩典是萬古之先，在基督耶穌裡賜給我們的。

提摩太後書 1：9 ▇

我在菲律賓巴拉望省公主港（Puerto Princesa, Palawan）出生，並在一個簡樸卻充滿愛的復臨家庭中長大。我們家並不富有，但是全家人都忠心愛主。父親在我小學六年級時不幸早逝；靠著上帝的供應，我和兄弟姊妹可以繼續在巴拉望復臨中學就讀。我學到上帝的計畫可能是痛苦的，但最終定會成為祝福。

高三那年，我認識了一位參與千人佈道士運動的前輩；我突然告訴自己：「總有一天，我也要像他們一樣。我要成為千人佈道士運動的一員。」高中畢業後，我工作了一年，然後進入在潘加西南的北呂宋復臨大學就讀。在那裡我結識了很多千人佈道士運動的前輩。他們與我分享了他們的經歷，告訴我上帝在他們宣教期間是如何與他們同在。他們一再告訴我，要持續地禱告。

2017年有一段時間，我感到非常孤單，彷彿上帝離我很遠，沒有人理解我所經歷的一切。我曾試圖自殺，但上帝不允許這樣的事情發生。儘管我們無法完全了解祂的計畫，但我們可以確信，上帝對我們的生命自有其安排。我的母親知道了我想在大學畢業後加入千人佈道士運動願望。因此，五年後我完成大學學位、在電話中告訴她我的計畫時，她便回答說：「如果這個決定能讓妳高興，我支持妳。妳知道嗎？我自己也是在1993年5月、透過千人佈道士運動的宣教受洗的。」聽到母親的經驗，更加激發了我參與的決心。我的佈道士前輩朋友也鼓勵我去宣教一年。加入千人佈道士運動一直是我的夢想，經過多年的等待，我的夢想終於實現了！〈箴言〉3章5至6節說：「你要專心仰賴耶和華，不要倚靠自己的聰明，在你一切所行的事上都要認定他，他必指引你的路。」

2021年2月19日，經過一個月的培訓，我和我的宣教夥伴被分配到我們的宣教區。我欣喜若狂，因為上帝回應了我的禱告，讓我經歷了從未經歷過的事。這是我收穫的最大祝福。即使你覺得自己無用，也請回應上帝的呼召，因為祂對你有一個計畫。上帝選擇了你，因為祂知道你可以透過祂的能力來勝任使命。一旦你決定成為佈道士，就會一輩子都是佈道士，並終身為主所用！

卡梅拉・卡洛托（Carmela Carloto）
菲律賓總校區第 56 屆佈道士

HRM 事工

普天下當向耶和華歡呼！你們當樂意事奉耶和華，當來向他歌唱！

詩篇 100：1、2 ■

在我的宣教旅程中，主一直恩待我。我被分配到一個與我的期望不符的地方。起初，我和我的夥伴一直被拒絕，但藉著禱告，一切事工都漸漸有了起色。布基農省（Bukidnon）的菲律賓民眾學院是我們的宣教地。我們最初以為我們會在學校裡教書，但我們沒有教學經驗。然而，上帝為我們開路，讓我們可以從事宣教。

暑期過後，我們開始了一項名為「HRM」的事工，即包括醫院（Hospital）、廣播（Radio）和看顧（Monitoring）之意。我們沒有成為老師，卻成了宿舍主任。我們透過關懷學生和他們做朋友開啟我們的事工。每天晚上，我們在女宿舍的六個房間裡組織禱告小組，我們還與復臨學生運動—復臨教會大學生事工（MAS-AMiCUS）以及打工生和聖經研究生一起進行早晚靈修。

醫院事工是從下午5點到7點半，我們為醫院裡的病人進行分享、唱詩歌和禱告。有一次，當我為一個病人唱歌時，一位女士走進來，一直待到我唱完為止。之後，我跟她交談。她告訴我，她待著不走是因為她聽見了如天使般的歌聲。因為如此，我的心中充滿了對上帝的感謝和讚美。她要求我們也去看望她的丈夫，他是那家醫院的病人。

主的靈和祂的天使陪伴著我們。上帝也給了我機會，讓我透過醫院事工加入廣播事工。我只是向我們在醫院遇到的人打招呼，但是在一位主播聽到我的聲音並得知我會講他加祿語後，他便邀請我和他們一起讀他加祿語《聖經》。我從未參與過這類型的事工。聽眾要求我唱一首歌，於是我唱了《有人愛你》，因這首歌在我心中佔有特殊地位，每次我在醫院或公車上唱這首歌時，人們都很感動。我還為臉書的節目《上帝的話》的聽眾成立了查經班。他們得到了祝福，也對我們的聖經廣播節目表示感謝；該節目鼓勵並提醒他們上帝就快再來。我還認識了一位長期聽眾，他希望參加我們教堂聚會。他來過一次之後，就在接下來的安息日持續赴會，接著他成了洗禮的準候選人。我的聲音並不是最動聽的，但是上帝使用它成就祂的目的。我在宣教區的許多經驗證明了主的慈愛和能力。上帝總是在我們身旁傾聽我們的聲音。讓我們獻上自己的才能為祂所用，不住的禱告是我們唯一的資本。

愛碧嘉・霍蒂利亞諾・克拉維里亞（Abigail Hortillano Claveria）
菲律賓總校區第 45 屆佈道士

我可以

我靠著那加給我力量的，凡事都能做。

自2019年起，我一直在孟加拉千人佈道士運動中擔任佈道士，當時我服事的教會是沙姆普爾（Shampur）復臨教會。在當地宣教期間，發生了一個神蹟。每個安息日聚會後，我和我的夥伴都會和一些活躍的教友一起去拜訪長時間未赴會的信徒，並為他們做足部治療。

有一天，我遇到了一個癱瘓的老人。他的身體左側完全喪失了功能。我在前往市場的路上遇到了這位老人，他手裡拿著一根拐杖在街上閒逛。「您怎麼了？」我問道。老人回答說他已經癱瘓好幾天。我主動提出陪他去他家，他欣然接受。在前往他家的路上，他告訴我他的遭遇。我為此向上帝祈禱，並為他提供了足部治療。接受治療後，他喜出望外，因為他頓時感到輕鬆許多。然後在療程結束後，我告訴他可以試著不用拐杖走路。當他能夠不用拐杖走路時，他欣喜若狂。因為覺得比以前好多了，他對我十分感謝。然後我告訴他，如果他想完全痊癒，他需要每天向上帝祈禱。

我因此開始了對那人的事工。從那天起，我每天都為他做足部治療，並持續了一個多星期。然後，他開始向上帝祈禱，希望能從癱瘓中康復。是的，上帝無所不能，沒有任何事情能難倒祂。每件看似不可能的事，祂都能使之變為可能。很快，這個人就完全康復，能開始正常行走了。

如今，他可以不用拐杖就能走路。上帝的祝福和醫治的能力成就了這件奇事。〈馬太福音〉12章13節說：「『伸出手來！』他把手一伸，手就復了原，和那隻手一樣。」發生在這位弟兄身上的事確實是上帝的神蹟。〈腓立比書〉4章13節也說：「我靠著那加給我力量的，凡事都能做。」上帝的愛的確無處不在。

沙德欣・哈瓊（Shadhin Hajong）
孟加拉分校第 23 屆佈道士

靠祂我可以獨當一面

4
April
30

「你們當剛強壯膽,不要害怕,也不要畏懼他們,因為
耶和華—你的上帝和你同去。他必不撇下你,也不丟棄
你。」

申命記 31：6 ∎

　　我和宣教夥伴在一個安息日抵達我們的宣教區。教友們熱烈地歡迎並邀請我們在聚會前共進早餐。但接著讓我們感到驚訝的是,他們請我們帶領學課研究。我還沒有閱讀那一週的學課內容,所以有些緊張。然而我是一名佈道士,需要隨時做好準備。我祈求上帝賜予我知識和智慧來好好解釋這一課,祂也確實在當天的學課研究中幫助了我。第二天,我們去見負責村莊的官員,希望獲得家庭拜訪的許可。由於新人民軍的叛亂分子時常出沒,這個地方被標記為「紅旗區」,所以我們被告知每次行動都必須小心謹慎。

　　透過挨家挨戶的訪問,我們漸漸地與當地居民建立了融洽的關係。每週日,我們都與教會中支持佈道事工的年輕人一起舉辦假日聖經學校。然而,三個星期後,我的夥伴想退出返鄉。我提醒她我們起初的承諾,但沒有奏效。一個月過後,她離開我回家了。透過教友們的鼓勵,我想起上帝派遣我並選擇我成為佈道士的原因。我跪下禱告,滿懷信心地對主說:「靠著祢聖名的力量,我必能做到。」在任期剩下的幾個月裡,我透過排球和其他方式結交了更多非復臨信徒青年的朋友。每天晚上,我們和新受洗的教友一起敬拜。後來有個家庭滿足了我的所有需求,甚至允許我使用他們的摩托車代步。誠然,在任何時候,上帝都會彰顯祂的慈愛。

　　在六月時,我們進行了一次醫療佈道,並為即將到來的佈道會做了準備。靠著上帝的能力,一共有37人透過洗禮接受耶穌為教主。福音的傳播並沒有就此結束。接下來的一個月,我們拜訪了另一個地方,在那裡又有29人接受了洗禮。

　　靠著上帝的恩典和供應,我得以完成使命。我並不孤單,因為祂一直與我同在,陪伴我經歷痛苦、悲傷和挑戰。我祈禱在生命的旅程中,我們能將上帝視為我們的夥伴。有祂同在,我們永遠不會孤單,因為祂應許:「你們當剛強壯膽,不要害怕,也不要畏懼他們,因為耶和華——你的上帝和你同去。他必不撇下你,也不丟棄你。」憑著信心,讓我們握住耶穌的手,與祂並肩站立。

艾蜜莉・T・特塔爾（Emily T. Turtal）
菲律賓總校區第 50 屆佈道士

尋求真正的喜樂

謹守訓言的,必得好處;倚靠耶和華的,便為有福。

箴言 16:20 ■

許多人發現,要獲得真正的快樂並不是件容易的事。大多數人認為我們可以在世俗的享樂和財富中找到真正的快樂,而這些都只是暫時的。很少有人知道該向那唯一能給予永恆快樂的上帝尋求。當我明白了這一點時,我便朝著正確的方向尋找快樂——即尋求上帝賜給我的喜樂。

為上帝執行任務並與祂同工乃是體驗喜樂的絕佳機會。我學到了很多事物和重要的教訓;但如果我沒有回應上帝的呼召,我肯定不會學到這些。佈道士的生活很難形容,我首先將其描述為最具挑戰性、同時也最有意義的生活。雖然很多人認為它既艱苦又不安舒,但我的看法不同。在宣教區,我體驗了上帝的愛和力量,這樣的經歷讓我看到值得我永遠珍惜的美好事物。

儘管我是罪人,但對我而言上帝一直是信實的。祂給我的愛是我從來都不配得的;無論我做多少宣教工作亦然。藉著耶穌,我喜歡從事我認為自己原本沒有能力做的事。回顧生命中的每一次失足,我都會喜極而泣,因為我明白,每次我跌倒,耶穌都會賜給我重新站起來的力量。當我回顧過往的經歷和所收穫的祝福時,我頓時明白,是上帝的愛使這一切成為可能。在我所有的試煉和掙扎中,耶穌一直與我同在。因此,我已經證明我無法靠自己的力量得到喜樂。我需要耶穌,需要有祂在我的生命中,讓我能以希望和愛來看待周遭的一切。

喜樂,真正的喜樂,唯有在主裡才能尋著。它不存在於短暫的物質事物中,也不存在於世俗成就中。我無法靠自己找到快樂。我需要耶穌——沒有什麼事或人可以取代祂。選擇耶穌,祂可以帶給你永恆的喜樂。

路易森・阿德賽爾（Luison Adecer）
菲律賓總校區第 52 屆佈道士

我找到屬於我的愛

主為我們捨命，我們從此就知道何為愛；我們也當為弟兄捨命。

約翰壹書 3：16 ■

在耶穌裡，我們可以尋著對彼此的愛。所以，只有來到祂面前，我們才能替自己和周圍的人找到愛。只有全心投入到祂的工作中，我們才能真正看見每個人的價值。

當我和宣教夥伴前往宣教地點時，我們相當興奮。然而，當我們得知在前往宣教區的途中，有一個城鎮正面臨武裝衝突時，興奮之情隨即消失。由於情況特殊，負責該地區的牧師建議我們先留在城裡，幫助受到戰爭影響的難民。因此，我們提供食物給難民。在這段時間裡，我學會了如何在槍林彈雨的威脅之下真摯地呼求上帝。我內心其實也很害怕，但我鼓勵自己，上帝會眷顧一切。感謝上帝，幾週後動亂就停止了。

我們終於抵達我們原來的宣教地區，但這時真正的挑戰才開始。那裡的居民不是宿霧人就是比薩亞人，而我卻是純粹的他加祿人。他們能聽懂我說的話，我卻聽不懂他們的，因為他們的語言對我來說是完全陌生的語言。但後來我教孩子們聖經故事和帶動唱的時間越長，我就越了解他們的語言。靠著上帝的恩典，我慢慢地學會了用他們的語言交談、講道和禱告。事實上，在上帝手中沒有難成的事。任何能推進祂事工的事情，祂都會成全。

接著，所有被派往三寶顏半島差會（Zamboanga Peninsula）的佈道士，包括我們在內，共同舉行了一次佈道會。但我們的團隊必須渡河18次，在崎嶇的路上跋涉將近4小時，才能面對面邀請我們的慕道友參加聚會。在整個宣教期間，主對我們是如此良善而信實。祂祝福我們手上的工作，帶領許多寶貴的生命接受耶穌為他們的主和救贖主。

福音在這些人的生活中產生了深刻的影響。當他們努力追隨耶穌的腳蹤時，他們的生活也慢慢發生了變化。成為上帝的僕人確實有福。感謝祂所賜予我的一切。在宣教地區發生在我身上最神奇的事情就是，我找到了對自己的愛。我因為耶穌的生命而認識了愛，我將隨時準備為此作見證。

蓋依・洛德・拉莫斯・薩拉茲（Gay Lord Ramos Salazar）
菲律賓總校區第 42 屆佈道士

竭力為主做工

上帝能照著運行在我們心裡的大力充充足足地成就一切，超過我們所求所想的。

以弗所書 3：20

　　在我的宣教任期內，我很擔心自己無法為主的事工做出很多貢獻。但是我很確定一件事：我一定會盡我所能地為主服務。

　　我和夥伴抵達宣教區時，我們對未來的日子既興奮又害怕。然而，提出佈道士申請的教會長老們見到我們時，他們有些失望，因為他們希望來的是女性佈道士。

　　當他們將我們的房子和宣教區域指給我們看時，我們只是面面相覷並哈哈大笑：「這就是我們的宣教區嗎？」我們沒有浴室、自來水或電，周邊的道路也全都是石子路。我們從事家訪的第一週就遇上重重阻礙。我們曾考慮過轉到另一個宣教區，但最後我們還是決定留下來，因為教會裡有一個活躍的家庭，我們很同情這一家，擔心沒有人帶領他們做禮拜。

　　由於我們的宣教區沒有教堂，我們只能在家裡聚會，但這並不妨礙我們敬拜上帝。我們想在那裡蓋一座教堂，但沒有預算。因此我們努力尋找贊助並不斷地為此禱告。但不管如何努力，我們依舊籌不到足夠的錢，所以我們停止思考這件事而是把它交託給上帝。我們仍繼續從事宣教；透過幫助他人和我們與眾不同的生活方式，向他們展示上帝的愛。

　　因為我不會說比薩亞語或英語，做起事來就很費力。每當我聽不懂別人說的話，就必須詢問我的夥伴。但我對此也很尷尬，因我不想打擾他太多，他已經有太多事情要做。他總是在我們聚會時負責講道，我則盡我所能支持和幫助他。

　　然後，隨著當地居民開始學習《聖經》，他們中的一些人決定受洗。其中有一個家庭的所有成員最終都接受了浸禮。我們的查經班學生給了我們很多啟發和祝福。我們也透過協助其他人，比方說為老年人取水和關懷已離開教會的教友，以此擴展了我們的友誼事工。幾個月後，上帝應允了我們的祈求，為我們的教堂建築提供了一塊土地。在上帝的恩典下，經過兩個月的施工建造，教堂終於竣工。

　　上帝確實與全心服務的人同工，我全力以赴、盡我所能，上帝則賜給我所需的力量。

帕塞斯・賽羅（Paseuth Sailo）
菲律賓總校區第 42 屆佈道士

做了正確的決定

你或向左或向右，你必聽見後邊有聲音說：「這是正路，要行在其間。」

以賽亞書 30：21 ▪

　　我們之所以是現在的自己，乃是因為我們的選擇。我們腳下之地，也是我們的選擇。有些選擇很單純，有些則會改變我們的人生；甚至不僅對我們，連帶對我們的家庭都有永恆的影響。至於我，因為選擇遵循上帝對我的計畫為祂服務，我可以自信地說：我相信我的選擇是正確的。

　　在千人佈道士運動培訓結束後的派遣儀式上，主任宣布我將與一位我不認識的資深佈道士前往菲律賓達沃市的馬里洛區（Marilog, Davao）。一想到要在沒有任何同期夥伴同行的情況下踏上旅途，我就非常擔憂。我和其他佈道士計畫在4月3日下午3點左右一起從校園出發，前往我們的宣教地。在離開前，培訓中心的主任大衛牧師為我們做了特別的禱告。他鼓勵我說，雖然我暫時沒有夥伴，但他相信我能做到，因為我身邊有最好的幫手耶穌基督。

　　但在前往港口的途中，我的心中充滿著擔憂和恐懼：「如果我能做到，也能忍受，那麼神差派我去做的事工會是什麼？」就在這時，一輛卡車從馬路的另一邊出現，車頭斗大的標語寫著：「這麼嚴肅幹嘛？」不知道為什麼，這句話讓我笑了。於是我閉上眼睛，開始聽音樂。我睜開眼睛，再次往窗外望去。就看到一棟建築物上寫著另一句標語：「上帝與你同行。」我頓時感到非常欣慰。我相信我能看到這些標語絕非巧合。這些話鼓勵了我，使我熱淚盈眶。我於是輕聲向上帝祈禱，感謝祂的同在，並為我的擔憂向祂道歉。

　　但是上帝的鼓勵還不僅止於此。當我們從港口開向市區時，交通漸漸壅塞，前面是一輛又一輛的大卡車。然後我們的巴士停在另一輛巴士前，上面的標語又寫著：「無論你往哪裡去，我們都在你身邊。」看著這句話，我的眼淚又忍不住流了下來。我實在感謝上帝對我的安慰、保證以及關懷。這時我意識到，我們固然都需要其他人作為夥伴，但絕不可忽視主的同在和陪伴。我們可以依靠祂。選擇站在主的一方，我們就永不迷失。

瑞亞・喬伊・弗朗西斯科（Rhea Joy F. Francisco）
菲律賓總校區第 53 屆佈道士

活著的不再是我

我已經與基督同釘十字架，現在活著的不再是我，乃是基督在我裡面活著；並且我如今在肉身活著，是因信上帝的兒子而活；他是愛我，為我捨己。　　　加拉太書 2：20 ■

　　你是否曾經遇到過這樣的人——他的內心深處似乎有一道裝著仁慈、福氣和喜悅的祕密泉源？這個人也許是你的親戚、老師、同事，或是某個散發熱情、滿足和幸福感的人。像這樣的人，時時刻刻都顯出喜樂，並反照耶穌的生命，更為遇到的每個人都帶來平安和幸福，簡直好得不可置信！也許你尚未遇見這樣的人，也懷疑這種人是否真的存在。但在親身經歷後，你會深信不疑，而我也願意為此作證。

　　2019年是上帝賜給我生命的一個寶貴禮物。這一年，主賜給我機會和福氣，讓我加入了秘魯千人佈道士運動。這一年我發現了自己的真實性格，我充分感受到聖靈存在於我的生命中，這是我過去從未有過的感受。我看見並感受到我的生命如何轉變，罪惡的思想如何消失，真正的愛因何誕生，而平安又是怎樣在各式挑戰中充滿我的心靈，喜樂如何代替悲傷，以及上帝是如何改變宣教區居民的生命。這真是蒙福的一年！我感覺基督住在我裡面，我的自我和驕傲都消失了。這樣的感受真是妙不可言！

　　這段經歷始於我對上帝說：「我在此，請差遣我！」這是我一生中所做的最好的選擇。準備參與志願服務前，我遇到敵人處心積慮設下的許多障礙，欲阻止我接受上帝的呼召。他利用我親愛的家人、我的學業、我的獎學金，以及其他紛擾設下阻礙，但是上帝的力量更強大，所以我最終能夠做出事奉祂的決定，而其他的一切也隨之準備就緒。

　　如果你對上帝的呼召回應是：「我在此，請差遣我！」上帝必能改變你的生命。

雷納・蓋比・奎斯佩・阿克拉（Reyna Gaby Quispe Acra）
秘魯分校 2019 年佈道士

堅持不懈

為這緣故，我也受這些苦難。然而我不以為恥；因為知道我所信的是誰，也深信他能保全我所交付他的，直到那日。

提摩太後書 1：12 ■

我開始為我的宣教夥伴和未來的宣教區懇切祈禱。我特別祈求能被分配到一個沒有手機訊號的山區，而且是需要渡河才能抵達的地方。因為我一生都住在城市裡，我覺得這些挑戰和逆境能讓我學會更加依靠上帝。

我被派往位於長灘島附近、阿克蘭省的納巴斯（Nabas, Aklan）。當我和夥伴前往宣教區時，我簡直克制不住興奮之情，期待映入眼簾的是著名的白色沙灘。但令我失望的是，我們被安排在遠離大海的山區，我的心不禁一沉。更糟糕的是，這個地方真的完全收不到訊號。

當地的牧師安排我們到一個新興教會，這個教會過去曾經有60名教友，但都因故離開了。經過幾個星期的宣教工作後，我面對的困難與日俱增，因為我同時必須照顧我的外國夥伴。每天的活動讓我筋疲力盡，因為我們必須徒步穿山越嶺、過河，還得經過一群醉漢才能到達目的地。後來的一個晚上，我實在受不了這種孤獨和空虛，我向上帝哭訴：「主啊，為什麼？祢為何要把我放在這裡？我一天都待不下去了！」然後我突然感到內心平靜祥和。我恍然大悟，這就是我所祈求的！我為自己的忘恩負義感到羞愧。

隨著時間流逝，我慢慢看到這個宣教區的美好，變得更懂得依靠上帝，也開始做一些從未想過自己能做到的事，一切都朝著好的方向前進。然而，我的夥伴突然生病了，他發現脖子上有腫塊。我的負擔因此加倍；我必須一邊做所有的工作，一邊照顧生病的他。醫生建議他儘快接受治療並回到自己的國家。他的離開讓我很傷心，但我知道這對他而言是最好的選擇。

我祈求上帝差派一個工作夥伴來協助建堂的工作。上帝奇蹟般地回應了我的禱告，祂果真送來了一個新夥伴與我同工。我們時常一起禱告。令我印象深刻的是，儘管我們在許多方面完全不同，卻總能相輔相成。我因此經歷了上帝對我們堅定不移的愛和同在。

回顧這些經歷，我從未想過自己會成功。每一個看似無法逾越的障礙背後，都有一位大能的上帝，祂藉著願意順從祂計畫的人創造奇蹟。我確實領會並見證了上帝的美好。

羅恩‧拉斐爾‧阿德塞（Ron Raphael Adecer）

菲律賓總校區第 52 屆佈道士

我必在你前面行

我必在你前面行，修平崎嶇之地。我必打破銅門，砍斷鐵門。

以賽亞書 45：2

　　在宣教期間，我和夥伴面臨最具挑戰性的時刻之一，是我們被迫必須在一場訴訟中作證，這場訴訟的控告人是我們經營之素食餐館的房東。開素食餐館是我們在宣教區領人認識基督的方式之一。由於我們認為參與訴訟是不妥的，所以拒絕了。不料在拒絕房東的要求兩天後，我們接到通知，他要我們在月底前搬出去，因為房東計畫在同一地點開設自己的餐廳。我們心想：「沒問題，這事沒什麼大不了！」但我們錯了；幾天後，他設立新餐廳所需的新家具和一箱又一箱的用品就搬了進來。

　　「那我們現在該怎麼辦？」我們問自己。然後，我們想到先前有位客人曾經極其堅定地建議我們可以搬到他在該城市位於黃金地段的房子。這個新地點沒有現今地點的約束和限制。儘管我們感到擔憂，特別是搬到新地點可能造成的財務風險，但在向主禱告並陳述我們的情況後，我們對於向前邁進充滿信心。透過素食餐館，我們能夠在宣教區接觸更多的人，並藉著健康飲食介紹耶穌基督的福音。我們後來才發現，之前的房東並沒有把他的房子租給任何人。但這對我們來說並不重要，因為我們知道上帝對我們另有安排。

　　今天，這家餐廳繼續以影響力中心的經營模式在社區中發揮作用，即使是在新冠疫情爆發期間也是如此。感謝上帝和祂的帶領！這家餐廳也是該地區復臨信徒小組聚會的場所。這個經歷告訴我們，無論遇到什麼困難，上帝都會走在我們前面。早在問題出現之前，祂就已經準備好了出路！如果今天你正在經歷這樣的艱難時刻，請放心，祂的承諾是真實的：「我必在你前面行！」

馬里索爾・盧卡・維多利亞・拉喬・蒂科納（Marisol Lucha Victoria Llacho Ticona）
秘魯 2019 年佈道士

沒有耶穌就不完整

當將你的事交託耶和華，並倚靠他，他就必成全。

詩篇 37：5

離婚是一種會擊潰生命的可怕疾病；它就像一種流行病，甚至會傳染給下一代。我自小父母就離異，不得不接受沒有父親陪伴的成長過程，有時我不免質疑：「主啊，為什麼？」

看到其他家庭如此幸福讓我感到嫉妒。我也想要有一個幸福的家庭。我無法忍受看著母親因悲傷一蹶不振。我知道上帝是堅定而無所畏懼的，祂非常愛我們，但這些都只是信念罷了！家裡發生這場變故時，祂在哪裡？也許所謂上帝的恩典並不真實。好幾次我都想放棄上帝，在多次失敗後，我決定給上帝最後一次讓我獲得幸福的機會。

我聽說了印度的千人佈道士運動，於是我參加了培訓，但不知它會對我有什麼影響。我對上帝說：「這是我生命中的一年；如今到了祢展示真實身分的時刻，不要只是在理論上，請在實際的經驗中，為我的幸福做必要的事情吧。」上帝沒有讓我失望；在我生命裡，這是我頭一回知曉祂是真實的，不是因為我親眼看見祂，而是因為我親身感受到祂。我目睹祂如何透過禱告改變生命。這是我第一次禱告半小時，第一次愛上祂的話，不僅是閱讀，還不時地默想。我越是禱告和默想祂的話，就越意識到我是多麼需要祂。當我祈禱、閱讀和事奉祂時，我就明白祂不是一個遙不可及的神。

當我急於尋找一個地上的父親時，上帝成了安慰我的父親。如今我已經找到了生命的目的，我明白耶穌也曾經歷人生的曲折。祂深知我們的恐懼、局限、問題和悲傷。但祂也知道我們的未來。我明白自己悲傷的原因是因為放棄來到祂身邊。我曾經風聞祂，卻沒有親自認識祂。即使我曾眼睜睜地看過父親如何離棄我們，但我也明白當我們與耶穌分離時，祂所感受的傷害。我感謝上帝，因祂在我想要放棄的時刻接觸了我並賜我喜樂。

祂只需要最後一次機會，若你今天的生命曾和我一樣破碎，也想知道自己該何去何從，請給耶穌一個機會，讓祂告訴你祂創造你的原因。

親愛的主，我感謝祢讓我沐浴在生命的陽光下，驅散我所有的陰影，賜給我希望和快樂，讓我期待萬事都互相效力，叫愛祢的人得益處。阿們！

無名氏
印度分校宣教士

施比受更為有福

「我凡事給你們作榜樣,叫你們知道應當這樣勞苦,扶助軟弱的人,又當記念主耶穌的話,說:『施比受更為有福。』」

使徒行傳 20:35 ■

　　我和宣教夥伴被派往菲律賓南阿古桑省的埃斯佩蘭薩(Esperanza, Agusan del Sur);但我的夥伴後來辭職離開了。感謝上帝的大能,我依然撐了過來。我在鄰近地方找到了一個十分忠於信仰的家庭,他們支持我做主的工作。他們擁有的雖然不多,卻是一個快樂的家庭。他們過著簡樸的生活,務農是他們主要的收入來源。耕作有時對他們來說極具挑戰,因為只要大雨一來,他們就無法將產品運輸和銷售到城市。夏天則因乾旱更加艱難。

　　在一個安息日早晨的禮拜結束後,當時我的夥伴還和我一起工作。這個一家四口的家庭特別邀請我們到他們家吃午飯,他們待我們如同自己的親人!他們當天只剩下三杯米,卻煮了兩杯作為午餐,剩下的則留作晚餐。他們的父親說佈道士應該先享用午餐。他知道這些食物不夠我們所有人吃,可是他補充說,只要佈道士和女兒們吃飽,他不吃午餐也沒關係。

　　我們吃完飯後,那位父親打開電鍋,驚訝地發現鍋裡有更多的飯。因為對於所看見的不敢置信,他於是問我們每個人是否真的都吃過並飽足了。我們回答說;「是的,我們吃飽了!」這位父親對於上帝為他們提供食物感到非常驚訝,就像耶穌在湖邊提供食物給除婦女及兒童以外的五千人一樣。因為有中午剩下的米飯,他們晚餐就不用再煮剩下的那一杯米。這家人告訴我們,這是因為主的大能運行在我們的生命中。

　　若我們對上帝保持忠誠,慷慨待人,我們就會像以利亞時代的寡婦和她的兒子一樣,經歷主豐盛的祝福。分享和關心永遠是最好的行動。有時我們可能只剩下一點勉強能夠糊口的東西,但即使如此,當我們尋求成為他人的祝福時,上帝仍然邀請我們相信祂能滿足我們一切所需。

埃爾文・阿蘇拉 (Elvin Arsula)
菲律賓總校區第 38 屆佈道士

夢中的耶穌

「我做了一夢,使我懼怕。我在床上的思念,並腦中的異象,使我驚惶。」

但以理書 4:5 ■

這是一個非比尋常的經歷。我們憑著對上帝的信心和祈禱,走了十天的路程,來到菲律賓北蘇拉威西省,位於南博拉昂蒙多、中皮諾羅西亞分區的南阿多村(South Adow, Central Pinolosian, South Bolaang Mongondow, North Sulawesi),當地居民大多是穆斯林。

到達村裡的第一天,我們立刻決定透過挨家挨戶的拜訪來開始我們的使命,我們不斷祈求上帝賜下足夠的勇氣,讓我們去敲陌生人的門,進入他們的家。我們決定為此禁食禱告一個星期,因為我們渴望找到真正想了解耶穌基督的生靈。

在我們訪問並停留在當地的最後一天,我們回到了之前曾探訪過的人那裡,並且在出發前一起禱告。一路上我們也不停地默禱,懇求上帝提供一個願意學習《聖經》的生靈,卻沒有獲得任何回應。但有一戶人家住得離我們很近,而我們卻從未拜訪過,完全不知道這是上帝對我們禱告的回應。

當我們最終拜訪那戶人家時,一位母親熱情地接待我們,還請我們為她禱告。結束後,她提到當我們派駐那裡的第一天,她就夢見一個巨人,身穿白袍,蒙著頭,在她睡覺時撫摸著她的頭。她聲稱,如果她面前這個人是真的,她一定會擁抱他。

她對這個夢相當感興趣,我們立即向她提出學習《聖經》的建議,她欣然接受。她還參加了當晚的佈道會。到了聚會地點,我們看到教堂的牆上掛著一幅耶穌的大畫像。當我們問到畫像中的人是否像她夢中的人時,她回答說:「是的,非常相似。」她非常渴望了解更多關於耶穌的事情,於是我們繼續為她禱告,希望有一天她能接受耶穌為她的救主。

上帝以奇特的方式在我們面前展示祂的能力,使我們獲益良多。我們特別感受到祈禱有如此強大的力量。如果我們樂意無時不刻地信靠上帝,祂就永遠不會讓我們失望。這是對我們的呼召。讓我們對上帝忠心,在一切事情上學習依靠祂。這是對我們忠於上帝並在一切事上信靠他的呼籲。

明・泰貝努和塞西莉亞・胡塔戈爾 (Rimin Taebenu and Sesilia Hutagaol)
菲律賓總校區第 31 屆佈道士

耶穌喜愛小孩

耶穌說：「讓小孩子到我這裡來，不要禁止他們；因為在天國的，正是這樣的人。」

馬太福音 19：14 ■

教導孩子滿足了我心中的渴望；他們獲得的每一項知識和智慧，乃是驅使我教導他們更多的動力。不僅如此，上帝更透過一個經歷讓我看見了具備像孩子般單純智慧的重要性。

我在宣教區認識了一個六歲的男孩，他名叫伊恩。他生來身體就有殘疾，不能像正常孩子一樣行動。然而，儘管對他而言生活很艱難，他的母親卻表現出堅定的信心。我為此感謝主。我很幸運能聽到她分享作為一個單身母親如何撫養孩子的見證。我能感受到她的辛酸與掙扎，這些都從她的眼神裡流露出。我很同情伊恩，我相信他也在與自己的處境搏鬥。

我加倍努力教導他，和其他孩子一起。我告訴他們每個星期天都要帶著筆記本和鉛筆來上課。每次他們問我：「阿姨，明天就是星期天了嗎？我迫不及待地想見到您並跟您學習。」看到這些孩子如此渴望學習，我深受感動；尤其是伊恩，他的注意力已經從自己身上的殘疾轉移到學習上。

我們都處於人生的不同階段：面臨不同的掙扎、學習不同的東西、有不同的需求。有些人需要身體上的治療，有些人需要情感上的安慰，有些人需要經濟上的支持，其他人則渴望得著靈性上的豐盛。但就像伊恩和他的母親一樣，我們都需要被醫治和安慰。他們的故事提醒我；在基督裡，我們永遠有希望；我們只需要用孩子的眼睛去看。他們可能對生活的理解非常單純，但他們也與上帝關係密切，與祂很親近。我們只需要讓他們明白，他們可以向上帝提出心中的任何願望。即使以他們年輕的思維，也能和上帝一起看見並經歷大事，並對祂產生極大的信任。並非所有人都經歷過醫治，但每個人都可以和有需要的人分享耶穌的愛。這個簡單的舉動一定能安慰人們，讓他們覺得有上帝同在，一切都能獲得解決。

雪琳・塞米諾（Sherlyn Semino）
菲律賓總校區第 49 屆佈道士

5
May
12

耶穌與我們同行

「耶和華必在你前面行；他必與你同在，必不撇下你，也不丟棄你。不要懼怕，也不要驚惶。」

申命記 31：8 ▇

為主工作的人總會遇到不尋常的事，從而使他們服事主的態度更加積極，使他們對祂的信心更加堅定。主讓我體驗到這一點。我在宣教區真切地感受到祂的存在。

主派我和三個同伴到東民都洛（Oriental Mindoro）的一個山區。為了到達我們的宣教地，我們必須旅行一天，並穿過一條大河。此外，我們還必須從某個特定地點搬運所有的行李，因為我們的服務車無法駛近我們的宿舍，它位於30公頃的稻田中間，是我們預備服事之教會長老的房子。

有一天，我們欲進行挨家挨戶的探訪行程，我們當中只有三個人出去，一個人留在家。但在我們返家的途中，一名男子迎面走來問我們說：「你的同伴呢？今天你們經過時，我看到的是一共四個人從我眼前走過。」他問了我們兩次並對此非常肯定，所以我們沒有跟他爭辯；我們相信當時與我們同在的是上帝的天使，甚至可能是耶穌本人。

知道上帝和祂的天使與我們同行，並與我們同工，是多麼令人欣慰的事！我們無法確切地表達當時的驚訝程度，這是我們從未經歷過的事，也是耶穌在民都洛宣教區為我們所行的神蹟之一。我們相信上帝在〈馬太福音〉28章20節中的話，即祂會永遠在我們身邊，與我們同在，直到地極，而祂也確實做到了。

我們滿腔熱情，渴望做上帝的工作，無論這項任務多麼具有挑戰性；因為我們知道祂永遠不會離開我們。我們的肉眼可能無法看見祂，但我們能在心中感受到祂。耶穌確實與我們同行！能與我們的主人和救主同工同行，是何等大的榮耀！

埃爾默・馬內塔伊（Elmer Manaytay）
菲律賓總校區第 55 屆佈道士

日蝕不會長存（上）

上帝救了我們，以聖召召我們，不是按我們的行為，乃是按他的旨意和恩典；這恩典是萬古之先，在基督耶穌裡賜給我們的。

提摩太後書1:9 ■

我在三歲時就失去了雙親，原本一片光明的生命突然變得昏暗。從那以後，我不得不和我的叔叔住在一起，而我必須為他工作，他才會收留我。他天天強迫我工作，當我達不到他的期望時，就把我趕出去。但是有一天，我在田裡看到兩個說著當地方言的白人，他們來到我家拜訪，並且問我叔叔是否能允許他們帶我去學校，叔叔很高興地讓我去了。

我第一次體驗基督教的環境。儘管我有種種缺點，他們還是接受了我。我是個異常頑固的男孩，在許多事上都不願意順從他們。但有一位老師從未放棄過我。她告訴我耶穌的故事並為我禱告，也教導我可以透過浸禮將我的生命交給耶穌。我的許多朋友決定受洗，我也考慮加入這個團體。於是，我決定接受浸禮；但是當時我的性格還沒有得到磨練。就在同一個月，我被那所基督教學校開除了。之後，我加入了一個幫派，跟著他們做著偷竊和搶劫的事。沒過多久，我的名字就被警察掌握；他們在村子裡到處搜捕我。於是我逃到了另一個地方。就在那一刻，我開始思考我的人生，以及我如果繼續這條歧路必將導致的後果。

「我生命中的日蝕何時才能消失？我這破碎而悲慘的人生還有希望嗎？」殊不知上帝已經在烏雲後為我預備了一道彩虹。一位朋友建議我加入印度千人佈道士運動。我想我也應該再次把自己交給上帝。於是，我參加了培訓，遠離了世界的邪惡影響。我有生以來第一次跪下來禱告30分鐘。兩個月來，我們每天都專注於禱告和《聖經》的學習。上帝在我身上帶來了我未曾預料到的深刻轉變。我的肉體曾經受洗，現在則是接受靈性上的洗禮。在培訓期間，我了解到上帝對我奇妙的愛，我所能說的是：「要把一切交給耶穌，白白地獻給祂。」現在，上帝正使用我在加爾各答市傳福音。祂給了我希望，並且正使用我在加爾各答傳播希望。

喬伊（Joy）
印度分校佈道士

我做過最好的決定（下）

耶和華上帝說：「那人獨居不好，我要為他造一個配偶幫助他。」

創世記 2：18 ■

《聖經》中創造世界的記載給我們一種心滿意足的感受，因為上帝所造的一切都「甚好」。但在亞當的孤獨中，卻突然出現了「不好」這個詞，指明上帝造人從未想讓人孤獨。「不好」一詞對我來說尤其正確。

在千人佈道士運動培訓結束後，我被派往印度北部擔任校園佈道士。千人佈道士運動有個慣例，就是以兩人一組的方式派遣佈道士去宣教。我的名字叫喬伊，我的宣教夥伴是馬威。到達宣教地後，意想不到的狀況來了。我們被分派前往兩所不同的學校工作。我從未想過這是上帝的計畫。在我負責的學校已經有一位佈道士，她的名字叫艾米納姆（或艾米）。作為佈道士，我們齊心協力為那所學校和學生做工。

我們一同工作，互相幫助，彼此分享我們的想法和擔憂。隨著時間的流逝，我們變得非常親近，以至於我開始對她產生愛慕之情。我們有相同的願望，事奉同一個主，對事工也抱持著相同的熱情，她會是上帝為我預備的那個人嗎？當然，有她在我身邊，我真的可以坦然說：「一日佈道士，終身佈道士。」我決定在禱告中把這件事帶到主面前。我需要上帝給我一個確切的信號！於是，有一天，我鼓起所有的勇氣，透過簡訊向她表達我的感情。我把信息發出去，心裡十分忐忑不安地等待著回覆。令我驚訝的是，原來她也一直在禱告中把我帶到主面前。

然而，我們沒有急於確認彼此的關係，而是懇切地祈禱上帝的指引。我們的禱告越多，它就顯得越清晰。因此，我們決定將這件事告訴我們的家人。這是至關重要的部分。印度是一個多元化的國家，我和艾米的文化背景差異很大。她的家人會願意讓她嫁給我嗎？但對上帝來說，沒有不可能的事。因此，我決定在向她求婚之前，先向上帝祈禱，讓一切成為可能。我在此很高興地跟您分享，2017年1月3日，我們在上帝和人面前喜結連理。縱然結婚之後，仍少不了有些許障礙，然而今天我們倆在加爾各答市一起服事。她一直是我最大的支持者。除了決定跟隨耶穌之外，她是我一生中所做的最美好的決定。有一位身為傳道人的妻子確實是一種祝福。能夠和傳道人結婚，並培養出更多的傳道人，的確「甚好」！

喬伊（Joy）
印度分校佈道士

靠禱告沒有難成的事

有許多人到他那裡，帶著瘸子、瞎子、啞巴、有殘疾的，和好些別的病人，都放在他腳前；他就治好了他們。

馬太福音 15：30

2014年，印度千人佈道士運動派我和我的夥伴前往安達曼和尼科巴島（Andaman and Nicobar）。這個島是印度的度假天堂，人們經常來這裡進行各類潛水活動。它原始海岸般的景觀和藍寶石般的海水無限延伸圍繞著它，白色沙灘尤其壯觀。每天我們都能看到壯麗的日出和日落。這裡的美景絕對令人嘆為觀止。

雖然這裡有著耀眼的景色，但我們也在這個宣教區看到了完全相反的情況。當地有一個家庭十分窮困；作為佈道士，我們在人們的社交方面，以及他們身體和靈性上的需求，都會竭盡所能地向社區和鄰居伸出援手。與他們分享耶穌的事蹟是很困難的，但我們熱切地向上帝禱告。當我們遇到這個家庭時，看到他們實際的生活狀況，我們不禁同情地掉淚。在靈性上，他們是印度教徒；在身體上，他們非常虛弱；在經濟上，他們也很匱乏。母親是個寡婦，女兒是殘疾人。我的夥伴和我決定與這個家庭分享好消息。但是我們期盼不僅能夠為他們帶來精神上的醫治，也帶來身體上的醫治。

耶穌總是滿足人們的需要，然後叫他們跟隨祂。基督的方法是唯一成功的方法。起初，我覺得自己沒有能力幫助他們。我們沒有大筆的經濟支持；自己所擁有的錢也只夠一個人生存。我們祈求上帝創造奇蹟。是的，我們的祈禱沒有白費。有一天，一個來自印度本地的復臨教會青年團來到島上訪問。他們聽說我們在印度教和穆斯林文化盛行的當地擔任佈道士之後，就來鼓勵我們。

當他們看到我們小屋的狀況時，他們很感動。最後，在離開之前，他們給了我們一些錢，供我們的事工使用。在收到錢的那一刻，我當下就想到那個貧苦的家庭，「現在你們可以有更好的生活了！」用這筆錢，我們為他們開了一家賣菜的店，使他們得以維持生計。從那時起，他們的心向福音敞開。我們每天都分享福音，並很快邀請他們透過浸禮與耶穌建立愛的關係。他們帶著喜悅接受了邀請並接受洗禮。藉著禱告，沒有難成的事，我能夠以我真實的生活見證來證明這一點。

古浩（Kuho）
印度分校佈道士

上帝呼召我

惟有你們是被揀選的族類,是有君尊的祭司,是聖潔的國度,是屬(上帝)的子民,要叫你們宣揚那召你們出黑暗入奇妙光明者的美德。

彼得前書 2:9 ∎

直到看見了光,我才明白自己身處在黑暗中。我是來自印度的拉克曼朗(Lakmenlang),出生在一個星期日教會的家庭,並且從未質疑自己的信仰。然而,當我的姐姐開始到復臨教會赴會時,一些奇怪的事情也隨之出現。她提出了與往日大相徑庭的信仰。可想而知,她新發現的信仰在我們家中並不受歡迎。

她想幫助我查經的堅持說服了我,使我願意給她一次機會。當我研究《聖經》、逐句對照且不時地進行比較時,《聖經》真實的教導開啟了我的視野。真理是如此簡單而絕對。為什麼我沒有早一點知道呢?我非常渴望加入復臨教會,但我也必須面對一個極待解決的考驗。我們的父母永遠不會認同我們新發現的信仰。因此,我必須在父母和上帝之間做出一個關鍵的決定。透過懇切的禱告,我選擇了永恆的上帝。但是這個選擇伴隨著一個威脅。我和姊姊都被趕出了家門。幸運的是好心的信徒們張開雙臂歡迎我們。幾個月過後,我聽聞了印度的千人佈道士運動。

事不宜遲,我立刻參加了培訓,因為我相信仍有許多人只要聽見福音就會相信,並且只願從傳道人口中聽到福音。於是我想:也許上帝是想藉此讓我遠離家鄉,好讓我能夠成為祂真理的使者。我很高興能成為這個運動的一分子,接受這奇妙的光。印度千人佈道士運動讓我透過禱告和奉獻體驗了與上帝無比親密的關係。這位呼召我進入這奇妙之光的上帝,將使用我擔任祂向世人傳遞光的渠道。我依然不時地為我的父母禱告,我確信上帝會按照祂的時間表回應我的祈禱。

每一份上好的禮物都來自於祢。祢的計畫是美好的。祢已賜給了我一個未來和希望。我祈求祢會接觸到更多像我一樣的人,他們如果認識祢一定就會跟隨祢。阿們。

拉克曼朗 (Lakmenlang)
印度分校佈道士

學習新事物

你們卻要在我們主—救主耶穌基督的恩典和知識上有長進。願榮耀歸給他，從今直到永遠。阿們！

我最初的生涯規劃，是一完成學業並獲得學位後，就要工作來幫助家裡的經濟，這是我的義務。但是上帝對我有其他計畫；祂希望我透過宣教工作來接近祂，選擇我作一名佈道士為祂服務。我以前無意成為一名佈道士，因為我甚至沒有能力來帶領查經班或講道。我的弱點和掙扎之一，在於我缺乏與他人溝通的能力和勇氣。儘管我擁有的才幹不多，但上帝以一種獨特的方式使用我作為醫療佈道士。在我的宣教地區，我學會了如何使用體脂計（Karada scan）來檢查人們的健康狀況。

我的宣教地是在印度拉古納的聖羅莎（Sta. Rosa, Laguna），在這個地方宣教對我來說很困難，因為都市人沒有時間和興趣學習《聖經》。但我祈求上帝指引我接近他們。每天我和夥伴都會進行家訪並和他們交朋友。在拜訪他們時，我們會協助檢查健康狀況，贈送和烹調嗎哪包，給孩子們食物吃並給他們講故事；我們另外還提供按摩和泡腳服務，幫助播種，贈送水果和蔬菜，並分享素食。在向他們介紹《聖經》之前，我們做了這一切的工作。因上帝的恩典，他們接受了我們的服務和學習《聖經》的提議。在當地牧師和教友的支持和幫助下，我們得以向拉古納州聖羅莎的許多人傳福音。

我從來沒有經歷或做過比宣教事工更充實的事情。為上帝做工，與上帝同行，是喜悅和榮耀。聽到我們的聖經課學員講述他們如何學會分享上帝之愛的不同經歷，給我帶來極大的滿足和喜悅。他們有時會因為必須面對和忍受困難而哭泣，但是他們也非常感恩，因為知道有這麼多人關心著他們。我們都以不同的方式成為上帝的佈道士。我們是耶穌之能力和愛的活見證，因此我們必須向他人展示祂的品格。

朱納倫・B・薩爾薩萊霍（Junallen B. Sarsalejo）
菲律賓總校區第 50 屆佈道士

放手，讓上帝來掌管

上帝能照著運行在我們心裡的大力充充足足地成就一切，超過我們所求所想的。

以弗所書 3：20 ■

　　我年輕時就曾經夢想將來要成為一名佈道士，但是我從未想過會夢想成真。我花了將近七年的時間，最終才決定參與宣教。當我來到千人佈道士運動的校園時，我感到很失落。在一個地方和不同的人一起受訓，我不知道該從哪裡開始或如何安頓自己。我將成為一名佈道士的事實似乎很不真實，但是我的佈道士同伴們的熱情鼓勵了我。

　　然後我開始審視自己：當我不再擁有這種能量時，我怎麼能服事主？我看著自己，雙目所及只有自己的手和腳。我很想知道，我會收到怎樣的宣教任務？我內心有許多疑問，但我相信上帝有答案。我緊緊抓住上帝在〈傳道書〉9章10節中的話：「凡你手所當做的事要盡力去做。」

　　當我們被派往宣教地時，我心中的疑問慢慢消失了。我了解到我所要做的就是對上帝有信心，保持愉快的心情，勇敢地為祂工作，祂自然會處理好一切。在宣教區的10個月裡，我有許多奇妙和驚人的經歷。我們協助佈道會，進行一些個人見證和查經。我夢想著被派往山區，卻發現自己原來還有更大的高山要攀登。

　　與我的夥伴和宣教地的教友們合作並不容易，我怎樣才能成為一個更好的夥伴和上帝忠心的僕人呢？我努力祈求上帝能引導我。於是祂領我讀〈詩篇〉37篇4至5節：「又要以耶和華為樂，他就將你心裡所求的賜給你。當將你的事交託耶和華，並倚靠他，他就必成全。」因此，我沒有向上帝祈求個人的祝福，而是求祂讓我成為夥伴和教會的祝福。我學會了更有耐心、善解人意、慷慨，以及最重要的──成為有愛心的人。

　　當我把自我放下時，我感到無法言喻的喜樂和平安。上帝在我的生命中所創造的美好奇蹟是無法解釋的。因為我放手讓上帝掌管，知道祂在我身上所做的工將有豐碩的成果。上帝藉由我們所做的工帶來的不僅僅是暫時的回報；只要我們讓上帝掌管我們的生活，祂就能賜給我們比這個世界所能給的多更多。現在與祂一起同工，我別無所求，只能說：「全能的上帝，我在此，請使用我並差遣我！」

安妮莉・麥・布庫爾─卡特爾（Annielee Mai Bucol-Cartel）
菲律賓總校區第 40 屆佈道士

在宣教區的生活

若沒有奉差遣,怎能傳道呢?如(經)上所記:「報福音、傳喜信的人,他們的腳(蹤)何等佳美!」

羅馬書 10:15 ■

在我們開始宣教工作之前,我們先到山區尋求新人民軍(NPA)的許可。他們保證,如果我們在該地區的工作目標順利達成,我們就可以留下來並在之後安全回家。得到他們的同意後,我們就開始了任務。我們有許多事情要做。在第一個月,我們在當地區域的參與下舉辦了佈道營(E-CAMP)。營會結束後,有60人受洗。

每天晚上,我們為家長、青少年和兒童開設聖經課程。每當他們對所讀的經文不確定時,我們便解釋給他們聽。之後,我們也在監獄舉行為期一週的佈道活動。之後,有37人受洗。接著我們在12月透過唱詩歌籌集資金,為要捐贈日常用品給非復臨信徒。在送禮物給他們之前,我們唱了一首歌並為他們禱告。我們拜訪的幾戶人家都對此非常驚訝,因為他們以為我們是去要錢的。

在我們的宣教任期進行到一半時,我的夥伴突然萌生了退出的想法。儘管我不斷地勸說,他還是決定放棄。他希望回家幫助自己的家人;我能理解他的難處,因為我也出生在一個貧窮的家庭。那麼,我現在是該繼續前進,還是乾脆放棄呢?然後主透過〈以賽亞書〉41章10節對我說;「你不要害怕,因為我與你同在;不要驚惶,因為我是你的上帝。我必堅固你,我必幫助你;我必用我公義的右手扶持你。」在我跟著米沙鄢群島的佈道士前往在宿霧舉行的期中會議之後,我獨自回到了我們的宣教地。我很沮喪,但我想起了上帝的承諾,祂將成為我的幫助。

從那時起,我就獨自進行家訪。但是教會青年也同我一起在星期日拜訪,因為這是他們唯一的空閒日。我們的研經課程很受年輕人的歡迎,其中有四位年輕人受了洗。我很高興能和他們一起工作。我為他們購買了直笛,並教他們如何演奏。

在我的任期結束之前,我們從我的朋友那裡籌集了建堂的資金。三個月後教堂竣工。附近的居民都很高興,也很感激能有一個聚會的地方。因為我的上帝永遠偉大,我才得以完成我的任務!阿們。

諾里・費利佩 (Noli Felipe)
菲律賓總校區第 44 屆佈道士

生活的匱乏與上帝的機動性

「我豈沒有吩咐你嗎？你當剛強壯膽！不要懼怕，也不要
驚惶；因為你無論往哪裡去，耶和華—你的上帝必與你同
在。」
約書亞記1：9 ■

當我得知上帝要派我去菲律賓布基德農省、聖費爾南多市的巴洛戈
（Balogo, Kalagangan, San Fernando, Bukidnon），這個位於民答那峨島的偏遠地帶時，我毫不
猶豫地去了。當地居民被稱為馬諾博（Manobo），是一個原住民部落。我和我
的夥伴被派到那裡當老師。由於負面信息頻傳，前往該地區工作並不容易，
恐懼開始在我心中滋生。我們被告知將面臨巨大的挑戰：沒有電、沒有手機
訊號、也沒有舒適的房間，此外該地區還有反政府的武裝部隊經常出沒。

在那裡的每一天都像是一場戰爭。我們需要自己尋找食物和柴火。每當米
不夠吃的時候，我們就吃野芋和木薯。當地幾乎每天下雨，造成河水泛濫，使
得外出和尋找柴火越發困難。我們經常被蚊蟲叮咬，由於喝了不乾淨的水，
肚子痛了一個月左右。然而，每天都有人向我們索取藥品。這個地方離市區很
遠，居民們沒有錢買藥。因此，我們與居民們分享我們的津貼和物資。

由於這些挑戰太過艱難，我們打算離開這裡。我們與我們的牧師商議，
並告知我們的情況。於是我們被調到了市區。然而，一週後，另一位牧師打
電話來，堅持要我們回到山上。他說：「你們必須回去，因為當地人非常需
要你們。我知道你們一定能做到；要堅強，不要放棄。願主保佑你們。」當
我告訴我的夥伴牧師的決定時，他拒絕了。第二天一早，我只好獨自一人回
到巴洛戈。在返回山區的路上，有人警告我路上有殺手。這個人知道我是佈
道士。那人帶上槍陪著我，直到我安全抵達。我知道這肯定是上帝的安排。

在山區，我繼續獨自傳福音，為當地人提供醫療服務和藥品。起初我很
難與他們溝通，因為他們聽不懂我說的他加祿語，而且只有少數當地人懂這
個語言。但在上帝的幫助下，我學會了一點宿霧語。

靠著上帝的恩典，39位原先離開教會的信徒又重新回到教會，54位新生
命接受了耶穌基督。我相信，當我們把自己的生命奉獻給祂的工作時，祂也
隨時準備好協助我們。當我獻上自己來完成祂的旨意和目的時，祂的國度就
增添了更多的生靈。我只能感謝上帝賜予的恩典，以及祂持續不斷的關懷和
保護。

諾爾・里戈斯（Noel Rigos）
菲律賓總校區第 39 屆佈道士

生命的颱風使我們堅強

於是，他們在苦難中哀求耶和華，他從他們的禍患中領出他們來。他使狂風止息，波浪就平靜。

詩篇 107：28、29 ■

我永遠不會忘記我和我的夥伴在菲律賓東薩馬（Eastern Samar）宣教區所經歷的一切。由於我在一個氣候較溫和的地方長大，從未遇過像超級颱風等自然災害。因此當海燕颱風襲擊我們的宣教區時，我們感覺像是被父母拋棄的孩子，完全不知道該怎麼辦。起初我為此不住地流淚；颱風摧枯拉朽地捲走了所有的房屋、樹木、電線桿和其他財產。它摧毀了大片農業區。為了生存，我們必須從任何可能的地方撿水果和食物。當地有許多人非常傷心，因為有些親人因這災難而傷亡。但我們雖然無助卻不絕望，我相信只要上帝的僕人保持對祂的委身，他們在祂的手中就永遠安全。

颱風過後連日的大雨讓我們徹夜難眠。我們甚至需要在屋內撐傘。我開始質疑上帝。但是不論發生什麼事，我繼續學習《聖經》並歌頌讚美祂。儘管我們周圍遭受了種種破壞，我仍然相信上帝始終與我們同在，因為祂應許會拯救祂的子民。我的信心受到嚴重的考驗，但是我緊緊抓住上帝在〈帖撒羅尼迦前書〉5章17至18節中的承諾：「不住地禱告，凡事謝恩；因為這是上帝在基督耶穌裡向你們所定的旨意。」當我再次回到千人佈道士運動的校園時，一股想返回宣教地的衝動油然而生，而我後來確實也這樣做了。

後來我了解到上帝為何會再次呼召我；有許多生命在無助的生活中正在渴求希望。在災難衝擊我們生活的日子裡，我們學會了保持喜樂，學會了感謝上帝，即使我們每天的食物只有麵條、沙丁魚罐頭和NFA米（菲律賓政府配給受災地區的米）。最美好的是，雖然我深知自己並不習慣過那樣的生活，但因為主的供應，我順利完成了佈道士的延長任期。

因為有太多的生靈在等待著我們，我們熬過了那場考驗。我們周圍的悲劇可能會考驗我們的信心，但它從未燒熄我們的信念。上帝對我們滿有恩典和憐憫。祂使我們能夠服務，並教導我們擁抱生命，只有祂能提供我們的需要。每當我們經歷挑戰和困難，我們都會成為更好的人。有時上帝允許並利用颱風等天災來增強我們的力量。但只要上帝與我們同在，任何超級颱風都無法與我們對抗。

希娜・梅・維拉赫莫薩（Sheena Mae Villahermosa）
菲律賓總校區第 42 屆佈道士

小天使

「你們要小心,不可輕看這小子裡的一個;我告訴你們,他們的使者在天上,常見我天父的面。」

馬太福音 18：10 ▉

我出生在一個復臨信徒的家庭。當我開始上大學時,覺得自己似乎遠離了上帝,沒有時間接觸祂;但祂仍然關心我。祂呼召我成為一名佈道士,能為上帝工作使我感到非常快樂且蒙福。

在宣教區的第一個晚上,我們的信心立時就受到了考驗。我和我的夥伴住在教堂的兒童課室。當我們倆進行晚間靈修時,我們注意到有人在搖晃窗戶,但我們選擇忽略它。然而,每次我們一禱告,窗戶都會跟著搖晃。當我們讀完《聖經》並禱告時,晃動變得更加強烈。我和我的夥伴害怕地含淚抱在一起,相互依偎,雙手和雙膝都不住地顫抖。

幾週後,我的夥伴生病了,全身起了疹子,這對我而言是很大的考驗,因為那時我必須獨自負擔所有的家務和拜訪,還得照顧她。我以前從未照顧過病人,但我感謝上帝的協助。

某天清晨,我正在打掃房子,一位教友路過教堂,看起來像是帶狗出去散步。他經過時帶著好奇的眼神看著我,讓我不禁感到疑惑。他後來忍不住問道:「妳在教堂裡有新的同伴是嗎?」我驚訝地回答說:「叔叔,沒有啊,我們是唯一住在這裡的人,潔西病了,所以她待在教堂裡。」但他堅持說:「可是我剛剛路過時,明明看見妳們有三個人。」我微笑地回答:「也許那位是天使!」當我回到教堂時,我喜極而泣並且感謝上帝,因為祂從未拋棄我們,祂差派祂的天使來看顧我們。

加入千人佈道士運動是一種祝福,也是我所做過的、最好的決定之一。即使我們並不完美,但祂仍然使用我們來激勵我們周圍的人,特別是年輕人。教友告訴我們,我們就像上帝派給他們的小天使。我很高興,也很感謝,因為上帝呼召了我。我對祂的信心越加增強,祂也引導我回到正道上。

瑞貝卡・R・德吉托（Rebecca R. Dejito）
菲律賓總校區第 44 屆佈道士

被囚的出監牢

在上帝我們的父面前，那清潔沒有玷污的虔誠，就是看顧在患難中的孤兒寡婦，並且保守自己不沾染世俗。

雅各書 1：27 ■

「這就是我們要拜訪的人家嗎？」我忍不住詢問帶我們過來的嚮導。「當然！但我不確定是否有人住在這裡，」他回答說。「這看起來像個沒人住的鬼屋，」我半開玩笑地回答。打開一座位於巨大羅望子樹旁的大門後，我們在大草坪上散步。房子四周被藤蔓盤繞的高大灌木包圍。有兩隻貓和一隻狗跑出來迎接我們。這是一間古老的雙層木屋，而我們的目標是在這間房子進行當天的家訪。

「梅孟奶奶？」嚮導喊道，我們走到房子後面，發現後門鎖著。有人用沙啞微弱的聲音回答：「把門打開，我在這裡。」突然，房間裡散發出的惡臭迎面而來，蓋過了宜人的空氣。然後我看到梅孟奶奶坐在她的舊竹床上；看到我們，她的臉上洋溢著喜悅的笑容。在交談間，她透露自己來自潘加南的卡羅特安達（Carot Anda, Pangasinan），有七個孩子，他們的名字各自以字母A到G開頭。

她是一位左眼失明的78歲寡婦。由於中風，她幾乎無法站立和行走。她經常把窗戶打開，只為了看看外面的世界。她的第三個孩子和她同住，為了照顧她，她的孩子沒有結婚。她在北呂宋復臨大學就讀高中時受洗加入復臨教會。但由於個人因素，她離開教會已將近50多年，這期間一直沒有人跟進她的情況。去年，我們的宣教區蓋了一間教堂，但復臨信徒在這裡並不為人所知。此外，這個地方有12個教派，難怪梅孟奶奶不知道這間新復臨教會。

我們與她分享了上帝的愛，以及希望、救贖、悔改和寬恕的信息。在那次訪問中，她不停地哭泣。她一直渴望著這樣的相遇。她想從絕望、悲傷和痛苦的束縛中獲得自由，也渴望得到愛和關懷。我們用歌聲向她告別，並以懇切的禱告結束了這次探訪。直到我們離開宣教區前，我們對她持續地進行了幾次的拜訪。

那次的相遇讓我非常難過。這世上可能有人被關在精神的監獄裡，他們需要幫助才能走出綑綁，看到黑暗獄牆外的希望之光。我知道上帝希望我成為打開梅孟奶奶監獄大門的鑰匙，為她和其他人打開救贖之門。

蜜雪兒‧林‧卡羅里諾（Michelle Lyn Carolino）
菲律賓總校區第 45 屆佈道士

像基督一樣愛人

總要披戴主耶穌基督，不要為肉體安排，去（放縱）私慾。

羅馬書 13：14 ■

　　身為佈道士，我們應該對每天遇到的人沒有任何偏見，尤其是那些我們認為比自己更有罪的人。我們都是罪人，在上帝面前都是平等的，但我花了很長時間才在我的宣教區裡意識到這一點。

　　我被分配到菲律賓呂宋島的某個地區，在那裡我能夠遇到各式各樣的人。那是個可愛的地方；西邊傍海，東邊依山。漁民和農民同樣生活在同一地區；其中有稻田點綴著這片風景，這裡也是各種草叢和灌木的家園。

　　與這片土地之美形成鮮明對比的是其居民的不忠心。我必須處理的、最困難的事情之一，是面對不願遵守安息日的教友。我試圖教導他們守安息日，但我的努力在他們看來卻是截然不同的事，並且經常受到負面解讀。漸漸地，我厭倦了關注那些人的態度，開始偏離真理和正道。

　　在絕望中，我向上帝祈求幫助，望祂能助我克服這樣的困境，因為我知道，在面對這樣的挑戰時，只有祂能提供力量和智慧。然後我翻開懷愛倫的《基督比喻實訓》（又譯《天路》）；當我讀到第四章時，我了解到擁有如我宣教區這種心態的人，將會在教會裡留到最後，才由上帝將他們與正直的人區分開來。

　　在我試圖研究人們品格的過程中，我發現在與這些人打交道時，最關鍵的態度是永遠不要把焦點放在他們的缺點上，而是要愛他們，為他們禱告，永不放棄他們。我還明白，我的角色僅限於分享耶穌的愛和真理，改變人心乃是聖靈的工作。雖然我們在態度和行為上存在差異，但我學會了愛教會裡的每一個人，就像耶穌無條件地愛我們一樣。

魯恩·阿利特（Ruen Alit）
菲律賓總校區第 54 屆佈道士

蒙召做佈道士（上）

「我可以差遣誰呢？誰肯為我們去呢？」我說：「我在這裡，請差遣我！」

以賽亞書 6：8 ■

2014年，在印度的梅加拉亞邦索林卡姆（Sohryngkham, Meghalaya）舉行的青年大會上，由於一群佈道士的宣傳，我生平第一次聽說印度的千人佈道士運動。當時，我已經進入弗萊茲復臨大學（Flaiz Adventist College）就讀神學系一年級。另外，我加入復臨教會只有一年的時間，還在學習許多新的事物，但我服事上帝的意願變得非常強烈，這成為我一生的熱情所在。

因此，在接下來三年的時間裡，我不確定上帝是否真呼召我獻上一年的生命從事宣教工作。然而最終隨著我與一些佈道士熟識的程度加深，我開始思考加入千人佈道士運動是否是上帝希望我做的事情。2017年1月，在我完成神學學位的兩個月前，我開始懇切地祈求上帝的引導和對我生命的計畫，並求祂讓我清楚地看見祂的旨意。我需要知道上帝的呼召，以及在畢業後祂希望我往何處去。當我回顧我的背景和出身時，我看到上帝是如何慈愛地引導我成為一名復臨信徒。我的禱告和願望是：作為一名剛畢業的學生，我首先要服事上帝，讓祂在宣教區塑造我。

值得慶幸的是，千人佈道士運動印度分校為每一位年輕的復臨信徒提供了到各地參與傳福音一年的機會。經過幾個月的禱告，我確信這是上帝引導我走的路。最後，在畢業兩個月後的2017年5月，我開始擔任佈道士。

作為一個剛畢業的學生，我為自己感到驕傲。但是我不知道兩個月的佈道士培訓會如何改變我。它強化了我的信仰，以及我與上帝和周遭人的關係。有生以來我第一次習慣了在清晨時刻祈禱。我現在學會從不同的角度看待問題。儘管培訓的課程十分挑戰，但我知道上帝正在為我做更大的準備。

洛賓森（Lovingson）
印度分校佈道士

我在宣教區的經歷（下）

我們原是他的工作，在基督耶穌裡造成的，為要叫我們行善，就是上帝所預備叫我們行的。

以弗所書 2：10 ■

在千人佈道士運動的校園裡培訓兩個月後，我於2017年7月27日和宣教夥伴一起被派往錫金（Sikkim），它是印度最小的邦之一，大多數的民眾都不是基督徒。我很害怕去錫金，因為知道我肯定會面臨語言障礙，因為我不會說當地的方言——尼泊爾語或印地語。然而，在我和夥伴到達宣教區後不久，我們就見證了一個神蹟，我們從未想過像這樣的神蹟會這麼快就發生在我們身上。

我和宣教夥伴持續地禱告，希望上帝的引導能臨到我們。在宣教區的第一個安息日，一位名叫迪尼斯・蒂瓦里（Dinesh Tiwari）的當地居民來到我們面前，他將成為我們的鄰居。他表示很高興見到我們，並且興奮地介紹自己和他的家人。我對他感到非常好奇。在我心裡，我感謝上帝讓我遇到了這麼好的人。最後，他和他的家人成為我們的親密朋友和鄰居。

不久之後，我們得知他對基督教很感興趣。經過多次禱告，上帝為我們鋪平了道路，讓我們與他和他全家人一起學習《聖經》。七個月後，他和他的妻子透過浸禮將生命交給了耶穌，他們也將兩個孩子獻給主。

我總是認為自己微不足道，甚至不配事奉主。我從小就覺得自己無法被上帝所使用。然而，上帝卻利用我在宣教區面臨的困難，讓我可以在信仰和與祂的關係中成長。在宣教區服務的十個月中，共有14位寶貴的生命接受耶穌為他們個人的救主。決定加入印度千人佈道士運動，是我做過最好的決定之一，它為我帶來生命中最喜樂的時刻。無論我是誰，上帝的恩典都夠我用。

親愛的上帝，今日請讓我成為祢的工具。我也許軟弱、恐懼，但祢的恩典夠我用。阿們。

洛賓森（Lovingson）
印度分校佈道士

如祢默想

使人和睦的人有福了！因為他們必稱為上帝的兒子。

馬太福音 5：9 ■

　　我在菲律賓龍目島的阿爾坎塔拉（Alcantara）和盧克（Looc）的傳教旅程中，最困難的部分就是我必須在兩位母親——艾爾維阿姨和米歇爾阿姨之間充當調解人。在我和夥伴到達那裡之前，她們一直對彼此懷有仇恨。據說，其中一位阿姨不再去教堂就是因為她們之間的誤解。當我在不同的時間和地點聽到雙方的說法時，我注意到她們之間極度缺乏謙卑和理解，這就是她們忽略了基督不斷鼓勵的姐妹之愛的原因。

　　在談過生活中的其他事情後，我和艾爾維阿姨討論了重返教會的可能性，因為教友們在那時皆已忘了他們與米歇爾阿姨之間的誤會。但她鄭重的告訴我，除非米歇爾阿姨道歉，並且兩人和解，她才會回到教會。因此，我問她是否允許我和米歇爾阿姨談談這件事。

　　見過艾爾維阿姨後，我祈求上帝在米歇爾阿姨的心中動工，打開她的心扉去原諒並放下艾爾維阿姨對她所做的一切。這件事微妙的癥結在於艾爾維阿姨希望對方道歉，然而對米歇爾阿姨而言，她也很難做到為了讓艾爾維重返教會就放下自尊。無論如何，我希望我對這件事件的關心，可以使米歇爾阿姨改變心意。

　　第二天早上，我去了米歇爾阿姨家，和她談論了和艾爾維阿姨之間的衝突。我們在談話一開始先做了禱告。然後我鼓勵她對我們即將要討論的話題持開放的態度，然而我卻不知道該從哪裡講起。突然間，我開始說話，時間過了泰半我才講完上帝希望祂的兒女成為什麼樣的人。她勉為其難地同意放棄自己的驕傲和艾爾維阿姨談談。我感謝上帝使用我作為這兩位姊妹重修舊好的工具。

　　知道有些弟兄姐妹們互相懷恨在心，會減少眾人去教會的意願；這會大大地抑制福音工作，阻礙事工的發展。因此，只要我們在教會中，我們就必須關心彼此的負擔；要協助彼此互相理解並在上帝的恩典中成長。當我們這樣做的時候，我們需要從耶穌那裡尋求智慧，祂是我們心靈中唯一的平安。

艾米林・菲爾（Emelyn Fiel）
菲律賓總校區第 45 屆佈道士

記憶之路

遇見這光景的百姓便為有福！有耶和華為他們的上帝，這百姓便為有福！

詩篇 144：15 ■

　　離開我的宣教地令人心碎；回顧在那裡所有快樂和悲傷的經歷，我不禁潸然淚下。記得我和夥伴到達宣教地的那個下午，映入眼簾的是一個凌亂的大院和陰暗的教堂。這景象令人難過。當我們向前走幾步後，我們就來到了我們的「家」。我們也被一位身材嬌小、面帶微笑的婦女所擁抱，她立即成為我們的朋友。她是教會中唯一的長者和活躍的成人教友。

　　那個地區有許多孩子，我們很快就成為朋友。每天晚上他們都會來到我們的住處，和我們一起聚會。他們喜歡學習我們的歌曲，背誦《聖經》章節，聽聖經故事並且讀經。他們還會詢問我們一些關於信仰的問題，我們都樂意回答。後來，父母們也加入了孩子們的行列。他們只是平凡而幸福的人，過著簡單的生活。一位母親傳簡訊告訴我們：「認識你們兩位讓我想改變我的人生。」我為此感謝上帝！

　　在安息日學和假期聖經學校教導孩子們也讓我們感到滿足；被那麼多孩子圍繞著且不斷地叫我們的名字，講德育和聖經故事給他們聽，並看到他們實踐所聽到的，是上帝對我們豐厚的獎賞。饑餓的肚子和空空如也的口袋從未阻礙過我們。上帝的聖工在當地持續進行。

　　有時候我們需要到山上去。我無法忘記在山裡舉行佈道會時發生的事。由於颱風的關係，雨下得很大，但我們需要去鎮上陪新朋友接受浸禮。我們騎著摩托車穿過了一條河，河水湍急並夾帶著許多石頭，但我們毫髮無傷地到達了目的地。我們知道這是因為上帝的天使與我們同在。

　　佈道士的生活雖然艱難，但卻是值得的。有位鄰居曾經問我為什麼選擇做酬勞不高的佈道士。我回答說，佈道士的工作很辛苦，也很有挑戰性；我們有時可能口袋和肚子都空了，但我們很快樂，因為這份工作是服事上帝。我可以證明，在所有的挑戰和不適中，上帝一直同在。我學到了這一點，並將繼續為祂的榮耀學習和成長。你現在可能感到空虛，但如果你忠心地事奉我們的上帝，祂會賜給你無限的福分。願榮耀歸於上帝，從今時直到永遠。

里茲勒・梅・岡薩加（Riezle Mae Gonzaga）
菲律賓總校區第 50 屆佈道士

地震開啟事工大門

自己心裡也斷定是必死的，叫我們不靠自己，只靠叫死人復活的上帝。

哥林多後書 1：9 ▣

2013年10月15日早上8點30分，我和我的夥伴正準備離開家時，我們遇上了芮氏7.2級、襲擊整個薄荷島（Bohol）的地震。來自各地的人們帶著家人在公路上來回奔跑。當我呼喊我的夥伴以最快的速度逃到地上時，我剎時感到自己腎上腺素激增。我無法不看四周劇烈的晃動，道路斷裂及房屋搖晃，到處都是痛苦的呼救聲。

我們很快在房子對面的一棵矮椰子樹下找到避難所，遠離電線桿和建築物，我們和鄰居們一起禱告，在那裡屈膝呼求主。

地震停止後不久，一位教友邀請我們到他們的住處避難。於是，我和我的夥伴決定和他們一起暫住。我震驚地看到路上到處是滯留的居民和車輛。由於橋梁倒塌，許多車輛停在路邊。就連當地歷史悠久的天主堂也倒塌了，化作一大片碎磚瓦礫。

當我看著教堂和道路上的碎石瓦礫，以及在路邊用墊子和枕頭睡覺的人時，我想起了當我們到達宣教地時人們對我們的冷漠。由於他們對自己的宗教有強烈的認同感，於是偏見佔據著他們的心。當我們進行家訪時，他們並不歡迎我們，這就像拒絕上帝一樣。但是他們的偶像並沒有救他們脫離災禍。他們的禮拜儀式也無法挽救喪生的親人。他們的祈禱文在他們帶著自己的財物逃跑到田裡、眼睜睜看著自己的房子被毀時，也無濟於事。

這場災難為我和夥伴打開了第二天進行家訪的機會之門。餘震仍舊不斷，但這並不妨礙我們在那天對拜訪的每個家庭進行醫療服務、舒緩壓力和激勵靈性。各種故事、回應和奉獻的精神感動了我們，讓我們同情這些居民。當上帝介入祂子民的生活時，我意識到祂是多麼強大。祂將不可能變為現實，為我們鋪平走向居民的事工道路。

當我們將自己獻給上帝時，世上沒有任何東西是我們可同時獻上的。人們可能會花費數百萬元建造豪宅，購買房產，或投資企業以滿足自我。但當耶穌復臨時，所有的這些物質都會化為烏有。因此，要喚醒你的靈性，警醒守候，耐心等候主。

艾利希林‧V‧阿貝拉納（Elexilyn V. Abellana）
菲律賓總校區第 42 屆佈道士

奇蹟確實發生了！

「你求告我，我就應允你，並將你所不知道、又大又難的事指示你。」

耶利米書 33：3 ■

　　我有一個破舊不堪並總是空空如也的錢包，但這個錢包承載著我的回憶，對我來說深具情感價值。它是一個非常特別的人送給我的。但它不僅被我丟失過一次，還丟了兩次，每次都被好心的陌生人撿到並還給我。他們本可以拿走裡面的錢，但他們沒有這樣做。。

　　在飛往馬尼拉的前一天晚上，我發現我的錢包丟了，裡面有我所有的證件。我找遍了整個房間，卻一無所獲。臨睡前，我的父母也為此做同樣的禱告。在睡夢中，我夢見有人打電話給我，他要歸還我遺失的錢包。第二天早上，我意識到這只是一個夢——因為既沒有來電也沒有簡訊。

　　我的班機是在晚上8點，我剩下的唯一有效證件是我的護照。我非常擔心，因為我真的需要錢包裡的身分證。那天早上當我收拾行李時，我父親收到一則陌生的簡訊，是我從伊利甘市（Iligan City）回家時，從卡加延德奧羅（Cagayan de Oro）到瓦倫西亞（Valencia）途中的隨車服務員傳來的。

　　我很驚訝有人發現了我的錢包。這位服務員在打掃車子時看見了我的錢包。但問題是我們要如何見面。我的班機是在幾個小時後，我必須小心絕不能錯過登機時間。我們約定當天下午在瓦倫西亞見面，但他的巴士誤點，所以我必須在馬來巴萊市（Malaybalay City）與他見面。他到達時已經是下午5點鐘。他將錢包送還給我，我回送他一份禮物表達我的謝意，當時也是聖誕季節。

　　之後，我又坐上了前往卡加延德奧羅的巴士，一路上擔心著自己無法準時登機。約在晚上7點，我到達目的地，卻找不到前往機場的車輛。於是我向上帝尋求幫助；突然有一個人走到我身邊，告訴我他正在尋找前往機場的乘客。於是，我立刻告訴他，我需要去機場。當他帶我上車時，我發現他的車竟然是一輛白色的豪華跑車。上帝的回答實在令人意想不到。他開車速度飛快，以至於我覺得自己說不定看不到明天了！然而我卻在登機時準時到達。這是多麼神奇的一天啊！上帝果真以不可思議的方式回應禱告！永遠不要忘記向上帝禱告，因為祂必垂聽。

丹・萊斯特・薩拉瓦里亞（Dan Lester Salavaria）
菲律賓總校區第 43 屆佈道士

消失的信封

風從何道來，骨頭在懷孕婦人的胎中如何長成，你尚且不得知道；這樣，行萬事之上帝的作為，你更不得知道。

傳道書 11：5 ∎

你是否曾經去過人們為了生活終日忙碌的地方？我奉差前往的城市就是如此，尤其在違章建築裡生活的人，他們鎮日為生活忙碌，根本沒有多餘時間能留給像我們這樣的佈道士。

一個晴朗的早晨，我和我的夥伴走訪了幾戶人家。我們告訴居民，我們正在做健康調查，希望可以進入他們的家和他們談談，但是沒有人有時間接待我們。當我們走近最後一戶人家時，我們再次祈求上帝觸動屋主的心，讓他們願意向我們敞開家門。我敲了敲門，他們高興地開了門。當我們進去時，發現他們正在吃飯。我很猶豫要不要繼續探訪，但我的夥伴堅持。於是，我們與這家人的母親塔尼阿姨聊了起來。聊了一會兒後，我們獻上一首歌。塔尼阿姨給了我們20比索，因她以為我們在募款。我們沒有接受，而是做了一個禱告就離開了。在回家的路上，我們注意到我們遺失了一個信封，所以我們立即回到塔尼阿姨的家，但只看到他們的表弟。當我們詢問關於信封的事，他說沒有注意到。接下來的星期一早上，我們又去詢問信封的事，但還是沒有人看到。我們在離開前再次禱告，塔尼阿姨的丈夫突然在禱告後提出學習《聖經》的要求，我們興奮地答應他並訂好時間。我們感到很高興，因為他們是第一批對查經表示有興趣的人。我們認為在各種娛樂活動鋪天蓋地的城市裡傳福音是很困難的，也是不可能的。但是上帝讓我們看到，只要我們努力地盡到佈道士的責任，在祂手裡沒有不可能的事。

在學習《聖經》的過程中，這對夫婦分享了上帝如何改變他們的生活；他們已經開始祈禱並讀經。他們注意到，隨著他們對耶穌的了解逐漸加深，兩人之間的誤解和爭吵也隨之大大減少。我們感謝上帝，因為他們在關係中經歷了改變，並讓我們有機會認識他們。我們不斷為他們和該地區其他的查經班學生禱告，因為他們看到了上帝的大能如何運行在他們的生活中。上帝自有祂與人溝通的方式。就如祂使用遺失的信封進入了人的內心。祂利用那張信封使我們能夠與那個家庭分享得救和永生的盼望。同樣的，上帝也用我們生命中缺失的部分與我們連結。當然，這些缺失的部分最終都會成為讓我們感到生命完整的引薦之處。

蘭尼‧R‧塔拉德羅（Lannie R. Taladro）
菲律賓總校區第 50 屆佈道士

完成使命

「然我指著我的永生起誓,遍地要被我的榮耀充滿。」

民數記 14:21 ■

　　時光飛逝,我發現自己已在回顧過去幾個月的經歷。在為期三個月的培訓中,我每天都努力完成晨跑和英文課程。在委任獻身會上,臨別讚美詩唱的頭一句是「有一種呼召要傳遍各國」,這使得我熱淚盈眶。接著是培訓學員們互相道別的時刻,因為我們準備啟程前往不同的宣教地區。那些在培訓中心共同工作、敬拜和學習的美好回憶著實令人難忘。

　　我和我的夥伴最初期待滿滿地被派往宿霧(Cebu),為要達成一個使命和目標。但是,上帝以祂無限的智慧重新安排我們到薄荷島(Bohol)的東部地區。我們透過彼此合作,並以上帝為我們的夥伴和嚮導,克服了所有威脅我們的挑戰和阻礙。在艱難困苦中,上帝的祝福總能鼓舞我們。接著,一場7.2級的地震摧毀了宣教區居民對我們的偏見之牆。我和夥伴在這場災難中看到了分享上帝之愛的機會,遂設計了一個策略來完成我們的任務,但上帝有祂做事的方法,而且祂的方法總是最好的。

　　帶著我們的全副武裝 —— 禱告、《聖經》、熱心和承諾,我們艱難地前往學員居住的山區,忍受著炙熱的陽光和冰冷的雨水。當臉上洋溢著喜悅笑容的聖經課學員跑來歡迎我們時,長途跋涉八公里的疲憊瞬間就消失殆盡。在接下來的日子裡,有一位父親一大早帶著呼吸困難的兒子趕到我們的佈道所,一位老婦人在我們被她兒子趕出家門時懇求我們留下,一位母親抱著她營養不良的嬰兒在公車上請求我們餵養她在家的孩子,還有一位母親在學習《聖經》後緊緊握住我們的手表示感謝,這些都給了我們足夠的機會傳揚上帝的愛。看到他們的轉變給我們帶來了極大的喜悅,不斷地挑戰我們向他們展示更多的愛,並教導他們更了解創造主。

　　作為佈道士,我們總是期望事情會出現意想不到的結果,這實際上於你我都是有益處的。我們從未見過的人將會前來伸出援手,並最終成為我們終身的朋友。其他人會加入我們熱烈的談話,追溯我們的家族血統,並告知我們或有血緣關係。但是我們也面臨著一些問題,例如我們與上帝和其他人的關係。但我們為這些問題感謝上帝,因為透過這些挑戰,我們身為佈道士的價值得到肯定,品格也得到提升,而我們的信心更得以強化。

以利希林・V・阿貝爾納(Elexilyn V. Abellana)
菲律賓本校區第 42 屆佈道士

使命，不是說說而已

沒有愛心的，就不認識上帝，因為上帝就是愛。

約翰壹書 4：8 ■

嚴重的身心健康問題困擾著老年人，他們可能會發現難以獨自生活，因此需要搬到養老院。家庭也可能面臨因醫療費用衍生的經濟難題。我們遇到的一位80歲的女士就是如此，而她尚須照顧她100歲的母親。

當我第一次看到這位母親時，我感到很震驚。她的背部布滿了大大小小的傷口。後來我們發現，這些是褥瘡。她的頭上有跳蚤，在手腕和手上可以看見被頑皮的狗咬傷的痕跡。她身體瘦弱不堪，又瞎又聾。她80歲的女兒盡其所能地照顧她，但成效甚微。我和夥伴把一個小紙箱改造成一個藥箱，裡面裝著處理她的傷口所需的東西。

我過去從未看過這樣的傷口，不知道該怎麼處理。我只能聽從夥伴的指示，她讓我清洗傷口，我照著她說的做，但內心感到很害怕。我一直都很怕面對血和傷口。處理完老奶奶的傷之後，我們承諾第二天會再來。後來我們去詢問社區醫生，他好心地教導我們如何治療褥瘡。他告訴我們，他認識這名患者，也已經和她的家人談過照顧她的事宜，但是很顯然地，家人並沒有配合。那天晚上，當我回到家時，我詢問主，我該如何向一個聽不見也看不到耶穌之愛的人說話。

我為這位奶奶和所有生活在悲傷和困境中的老人流淚多次。上帝透過一位朋友回應了我，他在電話中告訴我，我們可以和那位奶奶分享耶穌，給她治療，並且照顧她、愛她，使她感受到耶穌對她的愛。所以我們就如此行。

漸漸地，她的傷口癒合了。她頭上不再有跳蚤，兒孫們也開始常常來探望她。他們注意到奶奶的情況好了很多，並穿上了乾淨的衣服。每當我們去看望她時，她都能認出我們，並且偶爾會露出笑容。我們合起她虛弱的雙手，和她一起禱告。兩個月後，因為看到奶奶的家人回家照顧她，我們暫停了對她的探望。不久後，我們聽說她去世了。我們雖然難過，但確信她已經透過我們對她的付出遇到了耶穌。我們很高興她能在離世前體驗到耶穌的愛。基督每天都賜給我們無限的愛，所以我們應該分享給那些最需要它的人。

加布里艾拉·維拉·Y·傑西卡·基斯佩（Gabriela Vera y Jessica Quispe）
秘魯分校佈道士

用耐心塑造我

你們必須忍耐，使你們行完了上帝的旨意，就可以得著所應許的。

希伯來書 10：36 ■

每一種情況，無論好壞，都必然會以某種方式形塑一個人的品格。塑造品格的過程並不容易；它可能涉及其他人，也可能需要我們花上一生的時間。但上帝知道對我們而言何者才是最佳環境，讓我們能夠學習並成長，成為最好的自己。

在培訓期間，我是千人佈道士運動校園的英語老師之一，這是我第一次教授多元文化的學生。由於課堂是由來自不同文化背景的學生組成，我需要學習如何在教學中適應和利用這種多樣性。在這類型的課堂授課最具挑戰性的部分就是語言的多樣性。因此，我開始將這些挑戰視為我與上帝的第一個使命。

在課堂上，我遇到了四個非常吵鬧和活躍的韓國學生。由於他們不同的性格和孩子般的態度，我發現很難為他們安排活動。上帝看到了我的困難，於是給了我一個教學夥伴。我們的合作催生了一些構想，可以用來提高學生的英語能力。

有時師生之間會產生誤解。說實話，我曾經有過很難適應學生個性的一段時期。默想我的情況時，我漸漸明白了主在我身上要成就的事情。我是一個非常缺乏耐心的人，對我不理解的事情，也容易感到煩躁。但令我驚訝的是，我發現自己的脾氣漸漸地有了一些改善。我相信這是上帝的計畫，讓我擁有與這些學生一同學習的經歷，以此造就我成為一個有耐心的人。

隨著課程的進行，我們更了解彼此的文化和傳統，建立了持久的友誼，並享受彼此的陪伴。我還沒有完全轉變為上帝希望我成為的人；我仍然是一個正在塑造中的作品。但是我可以肯定，透過這次經歷，我的耐心得到了改善，我對上帝塑造我的方式感到驚訝。我一直在祈禱成為一個更好的人，而上帝也回應了我的請求，祂首先解決了我缺乏耐心這項最大的弱點。如果我們向上帝禱告，讓祂以祂所知、對我們最好的方式塑造我們，我們就能成為更好的人。

達爾文・N・艾利森（Darwin N. Alisen）
菲律賓本校區第 49 屆佈道士

我的初心

我要教導你，指示你當行的路；我要定睛在你身上勸戒你。

詩篇 32：8 ■

一談起「愛」這個話題，每個人都會專心聆聽吧？這件事看來十分有趣，因為傳達情感給聽眾是一件很神奇的事。我這方面的經歷始於高中時期，當時菲律賓復臨大學（Adventist University of the Philippines，AUP）的學生因為安息日的佈道活動來到我們的教會。當他們開始服事時，我能看到他們的喜樂和興奮之情。他們的熱情深深打動了當時天真的我，我告訴自己將來有一天也要像他們一樣。

這就是我一見鍾情的經歷，接著我發現我的初心是成為一名佈道士。因此，當我高中即將畢業時，我開始思考進入大學要選修什麼課程，才能在將來成為一名工作有成效的佈道士。

我學習護理，希望成為一名宣教護士；因我深受非洲佈道士的經歷吸引。遺憾的是儘管我做了一切心理準備，卻從未成為一名非洲的宣教護士。反之，我來到了千人佈道士運動的校園，開始了佈道士的培訓。

我相信每個資深佈道士在培訓期間都有一段特別的校園時光。在培訓期結束後，我沒有任何選擇，上帝派我去東薩馬（Eastern Samar）而不是非洲。我覺得自己先前準備的一切是徒勞的。然而，上帝的計畫比我的更好，因為在宣教地，我遇到了我未來的另一半。這就是上帝為我準備宣教地的方式。幾年過去了，我終於有機會在科威特當護士；直到我辭職後，我和丈夫又一起到菲律賓中央復臨大學（Central Philippine Adventist College）工作。

不料「佈道士的收入」對當時的我來說成了一大挑戰，因為我過去在國外工作。像這樣的收入很難滿足我不斷擴大的家庭規模和需求。因此，我又開始尋找出國工作的機會。然而，上帝不允許我這樣做。我懷了第二胎，這個孩子帶來了兩個祝福。若不能確保孩子們得到充分的照顧，我也無法放心離開。但是，隨著孩子們長大，他們的開支也隨之增加。我再次申請到國外工作，我因為需求蒙蔽了我的雙眼，全然忘記了我的初心。然而上帝藉著痛苦點醒了我。經過診斷，我罹患了乳癌第2B期。「妳留下來！」上帝告訴我：「妳忘了第一次說愛我是什麼感覺嗎？別忘了，一朝佈道士，終身佈道士！菲律賓中央復臨大學，就是妳的宣教地！」

凱妮·特里尼奧·塞維爾（Khanny Trinio-Severe）
菲律賓本校區第 10 屆佈道士

我的上帝更強大！

「主耶和華啊，你曾用大能和伸出來的膀臂創造天地，在你沒有難成的事。」

耶利米書 32：17 ■

菲律賓的聖弗朗西斯科（San Francisco）、薩布拉延（Sablayan）和西民都洛（Occidental Mindoro）是上帝派我和我的宣教夥伴去體驗祂的大能之地。這裡有菲律賓常見的景色：一望無際的稻田和平原，有機山脈和森林覆蓋的岩層，這個地方將成為我們接下來十個月的戰場。此地還有許多等待我們去體驗的事情，我想知道上帝為什麼派我們來這裡。

當地人對迷信的執著與信任讓我感到震驚，這使撒但能輕鬆地控制他們。我們甚至有一個被鬼附身的聖經課學員，她的家人深信邪靈是唯一能幫助她的力量。我們沒有任何方法可以告訴他們只有真實大能的上帝才能真正幫助她，但是我們知道這場戰爭不是屬於我們的，而是上帝的。

我從來沒想到會親眼目睹一個人被鬼附身的情況。在一堂聖經課上，她被強大的邪靈附身了。我眼睜睜地看著她變成了一個滿嘴詛咒的惡毒之人，即使是村裡最強壯的人也無法控制她。她的聲音聽起來像個男人，並且他告訴所有人，他擁有這副身體，誰也無法趕他走。女孩的祖母曾是一位善用巫術的專家，後來成了復臨信徒，她請求我們為她的孫女禱告。

第一次做這樣的事對我來說極端困難，因為我的內心充滿了恐懼，所以無法專心禱告。我的同伴回想起〈馬太福音〉17章中門徒因缺乏信心而無法趕鬼的故事。於是我禱告完後，我的夥伴也開始了她的禱告。她向上帝呼求，承認我們太懦弱所以無法對抗魔鬼，只有靠上帝的力量才能把魔鬼趕出去。之後我們開始唱歌，我因此獲得了更多的勇氣。隨著那個被鬼附身的女孩變得越來越虛弱，我們唱的讚美詩也越來越大聲。

約莫唱了一個小時，魔鬼終於離開了她。我們都因長時間的歌唱和禱告而疲憊不堪，但我們有信心，上帝站在我們這邊，為我們而戰。那一天證明了上帝的力量是實實在在地存在於我的生命中，也存在於每個當場目睹這一事件之人生命中。在這一天結束時，我明白雖然撒但很強大，但我的上帝更強大！

埃米歇爾·弗洛雷斯（Ermichelle Flores）
菲律賓本校區第 44 屆佈道士

我與上帝的宣教之旅

若沒有奉差遣，怎能傳道呢？如經上所記：「報福音、傳喜信的人，他們的腳蹤何等佳美！」

羅馬書 10：15 ■

主呼召你時，祂會按你的願望，使其與祂為你安排的任務相輔相成。我的母親在我四歲時就去世了。從那時起，我就夢想成為一名醫生。這個夢想直到大學為止從未改變。大學畢業後，我申請了不同的醫學院，希望能達成我的夢想。在四所學校中，只有一所接受了我。但那所學校的學費非常昂貴，我的家人無法負擔。在那一刻，我意識到我的宣教呼召。哥哥建議我加入一個醫療宣教團，因為我是專職醫療人員。我接受了這個挑戰。我起初對於自己沒能進入醫學院感到很沮喪；但後來我了解到，上帝在我身上看到了祂能使用的潛質。

我的佈道士之旅始於2017年。在前往佈道士培訓校園途中，我遇到了可以分享自身信仰的人，那一刻我經歷了上帝的引導。培訓期間，我擁有了靈性生活的轉變和成長。其他人也注意到了這一點，特別是我的姐姐。後來，我被派到本格特省的拉特立尼達（La Trinidad, Benguet），擔任為期一年的佈道士。任期結束後，我決定繼續做一名自養佈道士。我在那裡註冊了一些課程，以獲得教育學位的學分。就這樣，我成為同學們的見證，向他們介紹了《聖經》中的教育觀。

兩年後，在我即將離開本格特時，新冠疫情爆發。當我正在思考並規劃下一個宣教計畫時，一位來自土格加勞（Tuguegarao）的牧師邀請我去一個新的宣教區。我接受了邀請，並在那裡待了將近一年，協助組織佈道會。大部分時間我都用來查經和培育剛受洗的教友。而其他時候，只要有需要，我也會組織兒童佈道會。

當我離開那個地方時，我決定加入千人佈道士運動。這個決定並不容易，因為我已經和土格加勞人有了感情，但我必須順從上帝的帶領。培訓結束後，我和我的夥伴被派到蘇丹庫達拉省的白薩里皮南（Bai Saripinang, Sultan Kudarat）。

我的宣教之路可能使我離鄉背井，但卻讓我更接近上帝，對於走上這條路我並不後悔。我將我的生命獻給上帝，直到流盡最後一滴血。我與上帝的宣教之旅還未結束。正如我們常說的——「一朝佈道士，終身佈道士」，你是否也願意加入這個行列呢？

羅文・G・迪斯托（Loven G. Diesto）
菲律賓本校區第 57 屆佈道士

全知全能的耶穌聽見我的呼喚

「耶和華必在你前面行；他必與你同在，必不撇下你，也不丟棄你。不要懼怕，也不要驚惶。」

申命記 31：8 ▣

儘管發生了嚴重的疫情，上帝還是讓我們及時到達了位於印尼巴布亞省賓當山縣艾普梅克（Eipumek, Bintang Mountains, Papua）中的瓦基達姆村（Wakidam）宣教地。宣教的資助人向我們介紹了我們的職責，包括教育學童和照顧病人；但我們渴望透過研究《聖經》與他們分享福音。

幾天過去了，我們漸漸適應這個地方。當地人非常歡迎我們，直到我們在瓦基達姆村事奉的第二週其中一天，一群學員匆匆跑來告訴我們，一群危險分子即將經過此地。他們說：「你們必須躲起來！」我和我的夥伴，以及另外兩位佈道士同工都很害怕且困惑。我們只能祈禱，並決定躲進森林裡。

進入森林的路上，我們不得不翻山越嶺，穿過陡峭而危險的道路。感謝上帝差派我們的學員在旅途中協助我們，甚至幫忙攜帶我們的東西。我們在逃亡的過程中驚恐萬分，邊逃邊掉淚，不停地向上帝禱告說：「主，我們需要祢！」經過三個小時的路程，我們終於到達了藏身之處。

在我們躲藏期間，上帝再次滿足我們分享《聖經》的渴望。我們能在森林裡和學員們度過許多時間；一起講故事、背誦經文、唱歌讚美我們的造物主。上帝允許我們在森林中待上三天兩夜，直到我們得知那群原本要經過瓦基達姆的危險分子改道走了另一條路，穿過了其他村莊。我們便祈禱並收拾行李回家，因為上帝聽到並回應了我們的祈求。在上帝的保護下，我們安全到家。

我們在那裡面臨許多挑戰，讓我們感到既軟弱又無用，但我們決心克服一切，「要顯明這莫大的能力是出於上帝，不是出於我們。」（哥林多後書4：7）當我們接受上帝的呼召成為祂的工人，面對具挑戰性的環境時，我們可能會擔憂；然而，我們的主是值得信賴的。我們有信心，有一天，在上帝的完美時刻裡，我們所接觸到的生靈會接受真理。「一朝佈道士，終身佈道士。」

蜜雪兒・E・桑達納（Michelle E. Sundana）和賈西赫・納林（Jasih Nalim）
東印尼分校第 29 屆佈道士

我的道路非祂的道路

耶和華說：我的意念非同你們的意念；我的道路非同你們的道路。

以賽亞書 55：8 ■

那是在2017年，也是我在印度浦那（Pune）的斯派塞復臨大學（Spicer Adventist University）讀神學的最後一年。我來自印度千人佈道士運動的朋友們經常邀請我加入他們的行列，將生命中的一年獻給主。但我始終沒有給出明確的回應。由於我正在修讀大學的最後一年，我希望在完成學業的同時擔任助理牧師。

同年4月，我參加了印度梅加拉亞邦（Meghalaya）的暑期宣教之旅；那裡經歷的一些事打動了我，說服我前往千人佈道士運動的培訓中心。我隨即訂了機票，完成宣教旅行後我先在家裡住了15天，預備前往培訓中心的旅程。我在深夜到達校園，第二天開始參加培訓。那次培訓造就了今天的我，且對我產生了深遠的影響。

有的時候，我也會思考我為什麼要加入培訓，為何要浪費一年的時間；但是上帝一直與我同在。正是在培訓中心，我親身經歷上帝的同在，見證了許多我一生從未想像過的神蹟。正是在那裡，我體驗到上帝如何透過甘心樂意將自己奉獻給祂的人，來進行祂的聖工。在2018年5月，當我為主完成一年的工作時，我告訴祂我想同時工作和學習。在上帝的帶領下，我得以完成韓國三育大學的碩士學位，並擔任學生牧師。同時，我與教會堂主任沈牧師一起建立了一個新教會。上帝給了我一個機會與幾位國際學生分享福音，其中有來自日本和印度的朋友接受了基督作為他們個人的救主。今天，我在同一個校園裡工作，在那裡我明白了佈道士的真正價值，還有我的祖國──印度，對佈道士的需求。

親愛的上帝，感謝祢在髑髏地向我顯明祢的愛。親愛的主，請幫助我，使我可以藉由我的生命也展示出祢的愛。阿們。

無名氏
印度分校佈道士

上帝關心每一個生命

「你們這小信的人哪！野地裡的草今天還在，明天就丟在爐裡，上帝還給它這樣的妝飾，何況你們呢！」

馬太福音 6：30 ■

　　當我首次聽說印度千人佈道士運動時，我認為自己永遠不會成為其中的一員，因為我從未想過要離家一年。但是，加入這個運動卻成為我此生做過最好的決定。它教會了我很多事；若不是參與了這運動，是我永遠也不能體會到的。我在畢業後加入了千人佈道士運動，明白這是上帝對我的旨意，因為從我做了決定直到抵達校園，中間沒有遇到任何阻礙。我看到上帝在一切事上的帶領。完成培訓後，我和夥伴一起被派往尼泊爾。在我們的旅程中，我們再次見證，無論在何種景況下，上帝都會伸出援手。我們一路上沒有遇到任何困難，並且安全抵達。

　　當然，我們也有艱難的時刻，也曾灰心喪志，想要放棄，但是上帝深知我們的每一個需要並回應我們的禱告。每天都能體驗新的事物，實在令人驚訝。我們對上帝如何帶領我們感到敬畏。我永生難忘的經歷是上帝如何向我們表明祂關心並愛護祂所創造的一切，並且深知我們的需要。我們只需要相信。

　　雨季來臨時，要走下尼泊爾的山丘是非常困難的。路變得非常濕滑，並且在下雨天，我們通常也無法走太遠。一天，有位教友告訴我們，我們需要立即去他們家，為一個病人禱告。我們立即出發，因為下山通常要花20至30分鐘才能到達他們家。在路上我們才聽說是一頭牛生病了，於是我們笑著說：「我們難道要冒這個險去為一頭牛禱告嗎？」

　　但是當我們看到那頭母牛時，我們的笑容立時僵住。那頭母牛已懷孕四個月，小牛即將出生！母牛忍受了好幾個小時的痛苦，因為小牛已經出來了一半！在小牛即將出來的幾個小時裡，母牛一直處於非常痛苦的狀態。牛不能像人類那樣透過語言來表達痛苦。因此，我們明白了為什麼我們需要禱告。我們的禱告一結束，小牛的身體就完全出來了！母牛也鬆了一口氣。不幸的是，後來小牛沒能活下來。但至少這頭母牛不再感到疼痛。那一天我明白了一件事，我們可能覺得像為一頭牛禱告這樣的事是微不足道的，但上帝說：「不！我創造了牠們，所以我也關心牠們。」

納圖（Netu）
印度分校佈道士

從來不是陌生人

所以,你們要彼此接納,如同基督接納你們一樣,使榮耀歸與上帝。

羅馬書 15:7 ■

我們的宣教區位於菲律賓阿克蘭省馬來市的阿爾高(Argao, Malay, Aklan)。我們住在當地教會的兒童部課室裡。我們很幸運能認識如此友善和好客的教友;他們待我們就像家人一樣,不僅在經濟上、也在靈性上展現他們強大的支持。我們很高興能與他們同工。起初,我們在他們面前很害羞,因為我們彼此是陌生人,但是他們對我們表現出的熱情,讓我們完全不覺得自己是外人。我們一起開展的活動,例如關懷小組的事工,讓我們的關係變得更牢固。

有一天,我們在那蘇格村(Naasug)進行了一次家訪。在當地我們遇到了兩個家庭。我們拜訪的第一家有六個孩子。他們很友善地接待了我們。然後,我問他們的母親她的丈夫在哪裡?我有此一問是出於困惑,因為每個孩子的長相看起來都不太一樣。她告訴我,每個孩子有不同的父親。我聞言非常震驚,而她只是看著我微笑。但我卻從她的眼裡看到了痛苦、掙扎和悲傷。他們的房子非常狹小,就如我們的浴室一般大。儘管這是我們第一次拜訪他們,但他們開心地歡迎我們,並邀請我們進屋去。當我們問這位母親是否可以為他們唱一首歌和為他們禱告時,她欣然同意。

我們拜訪的另外一家的主人是奈莉·普拉多女士(Nely Prado),她是一位65歲的婦女,沒有丈夫和孩子,一個人獨自生活。她的房子又小又破舊。她也沒有工作,所以只能依靠別人的慷慨和善意。當我們到達她家時,她熱情地接待了我們,並對我們來看她表示高興。奈莉非常善良,她甚至為我們準備了食物。她很高興,因為這是第一次有人來看望她。她對待我們就像對待自己的孩子一樣。後來我們常去拜訪她,唱歌給她聽,為她禱告。她很想參加我們的查經班,一起討論上帝。因為禱告和詩歌,她感受到了上帝的愛。當我們的任期即將結束時,我們去向奈莉道別,她很難過,並一再告訴我們,歡迎我們再次拜訪她。對我來說,我們的宣教區是見證上帝旨意和愛的最佳場所之一。

麥克·約翰·羅迪歐(Michael John Rodeo)
菲律賓本校區第 50 屆佈道士

永不放棄

應當一無掛慮，只要凡事藉著禱告、祈求，和感謝，將你們所要的告訴上帝。上帝所賜、出人意外的平安必在基督耶穌裡保守你們的心懷意念。

腓立比書 4：6、7

當我還在千人佈道士運動的校園裡等待派遣時，我的母親打電話建議我說：「你就回家吧！在我們的家鄉服事上帝就好。」我說服她我應該完成這段旅程，令我訝異的是，她同意了。然而，第二天一大早，我收到她的簡訊，她說：「如果你現在不回家，你就再也見不到我了，你甚至不能再踏進家門！」她這番話很傷我的心。

我非常困惑，不知道該聽從她還是上帝的旨意。我發現禱告園和涼亭是我向上帝傾訴一切的完美場所。我默想、禁食、祈禱，並尋找祂的旨意。我決定不回家。我通知了母親，但沒有收到她的任何回覆。我再次對上帝懇求：「主啊，如果祢想讓我繼續這段旅程，請幫助我，讓母親在這週與我聯繫。」我的朋友們和我一起禱告。突然，母親打電話告訴我，如果我的宣教地點可以從薄荷島改到另一個地方，她就願意支持我的決定。她很擔心這次的疫情，靠近薄荷島的宿霧有越來越多新冠肺炎的病例。我向上帝禱告，希望祂能改變我的宣教地點。

過了幾天，我聽說我將被調到呂宋島，靠近佈道士運動校園附近的某個地方。我非常高興，把這個好消息告訴了母親。她和我一樣開心，因為上帝回應了我們的禱告。事實上，祂以令人驚嘆並意想不到的方式解決問題。在任何情況下信任祂是我們所能做的最好的決定。〈腓立比書〉4章6節說：「應當一無掛慮，只要凡事藉著禱告、祈求和感謝，將你們所要的告訴上帝。」這個章節給了我勇氣去做正確的事，繼續完成使命。我真的很幸運能來到這個宣教地，因為這裡的人是如此積極、支持和慷慨。

儘管有各種挫折，但耶穌從未忽略我的禱告。我在學習完全依靠上帝，相信祂的應許，並祂神聖的計畫。環境可能會改變我，但祂昨日、今日直到永遠都是一樣的。祂永遠信實！無論我在宣教工作上遇到什麼挑戰，我都會感到高興，因為我知道這些挑戰會幫助我在基督裡成長。讓我們永不放棄，因為祂已經應許將與我們同在，直到世界的末了！朋友們，讓我們繼續前進，直到完成祂所交託給我們的使命。讓我們一起不住地禱告、相信，並常存喜樂之心！

馬琳・卡帕帕斯（Malyn Capapas）
菲律賓本校區第 55 屆佈道士

毫無準備，就緒，出發

於是耶和華伸手按我的口，對我說：我已將當說的話傳給你。

耶利米書 1：9 ■

　　我是聶薩卡（Y Saka Nie），一位年僅20歲的越南佈道士。自2018年9月以來，我對主的禱告是希望祂幫助我能聽懂並講流利的英語，以便與他人交談。我持續為此禱告，在我禱告的第二個月，有三個人受洗。然而，我的英語仍然很差。「朋友，你需要在星期三聚會時講道，」我的夥伴告訴我。「我想我做不到，因為我的英語實在不行，」我解釋說。「我需要更多練習，請再給我一點時間。」我禱告了三個月，但上帝似乎沒有垂聽。然後我突然明白自己為什麼感覺不到變化——我不斷地祈禱並閱讀《聖經》，但我從未嘗試用英語講道過，一次也沒有，因為我害怕自己做不到。

　　我感謝上帝透過〈耶利米書〉1章6至7節讓我知道該怎麼做。我覺得這節經文彷彿是直接在對著我說話。我聲稱由於我的英語很差，我無法說話，上帝透過〈耶利米書〉1章9節回答我：「於是耶和華伸手按我的口，對我說：『我已將當說的話傳給你。』」沒有人可以不採取任何行動就取得進步，無論他禱告多少次。「我不擔心用英語說話，」星期三臨近時，我告訴自己。「我的天父到時會觸摸我的嘴。」在開始分享上帝的信息之前，我做了禱告。大約20分鐘後，我感覺到上帝在和我說話。在我講道時，因為有些教友聽不懂英語，唐尼便主動擔任我的翻譯。

　　這真是不可思議，這次的經驗給了我為人查經的信心。我們在一個天主教家庭中感受到上帝的存在，便定期為這個家庭向上帝禱告，而祂也回應了我們。由於聖靈的工作，這個家庭將他們的心轉向耶穌，並開始在星期六做禮拜。我們非常高興，並繼續與另一個天主教家庭維拉斯（Villas）舉行查經聚會。即使他們沒有像第一個家庭那樣容易接受福音，我們也沒有放棄。在我與這個家庭的最後一次談話中，我感謝上帝打開了他們的心門和思想。我向他們傳達了上帝的信息後說：「我希望明天在教堂見到你們。」他們熱情地同意了。第二天，他們果然出現在教堂與我們一起敬拜上帝。這對我來說是一個千載難逢的經歷。我時常祈禱他們與上帝的關係能夠更加牢固。我也請大家為他們禱告。我透過不斷地禱告並且憑信心行事，就從上帝那裡收獲了一切。

薩卡・聶（Y Saka Nie）
菲律賓本校區第 52 屆佈道士

多出一百倍

「凡為我的名撇下房屋，或是弟兄、姊妹、父親、母親、兒女、田地的，必要得著百倍，並且承受永生。」

馬太福音 19：29 ■

　　2009年，我抵達了秘魯的千人佈道士運動校園。我從未想像原來上帝早已為我準備好一切。我看到〈馬太福音〉19章29節的經文是如何在我生命中應驗；上帝對我的祝福是百倍的。在我的宣教任期即將結束時，我的母親患了重病，為了恢復健康，她需要接受手術。由於母親患有糖尿病和帕金森氏症，手術的過程和細節相當繁複。我的哥哥們打電話給我，堅持要我回家。但上帝讓我看見並明白，我當下無法為我母親做任何事，只有祂能照顧、醫治她，而祂也會如此行。於是，我決定留在宣教地，直到那年12月任期結束。之後當我回到家時，我發現我親愛的母親竟然能夠站立，並且邁出堅定的步伐，微笑地看著我。看到她康復是多麼令人興奮！主在她徘徊死亡邊緣時拯救了她。

　　造物主不僅拯救了我的母親，也在我的佈道士任期結束後的幾年間持續供應我，並且在我響應祂的呼召後，祂還以百倍地福分供應我們。此後，我為未來的丈夫祈禱，我的願望是擁有一個家庭。隨著時間過去，這個夢想似乎變得越來越遙遠，殊不知上帝正預備在祂完美的時間表裡賜給我更多。2020年，我蒙上帝賜福，與秘魯千人佈道士運動第九屆的同工──威爾遜·華索卡（Wilson Huarsoca）結婚。今天，我們有幸能看見並撫養我們的孩子──以賽亞·末底改（Isaiah Mordecai）。是的，如果我們回應上帝的呼召，祂會信守祂的承諾，賜福我們比想像中的多一百倍！

　　主總是以這樣的提問呼召我們：「我可以差遣誰呢？誰肯為我們去呢？」我的家人和我回答說：「我在這裡，請差遣我！」不要猶豫，要永遠回應上帝說：「我在這裡，請差遣我！」因為上帝想賜給你一百倍的回報。

安娜·拉奎爾·法爾凡·康多里（Ana Raquel Farfán Condori）
秘魯分校 2009 年佈道士

一次一個生靈

那帶種流淚出去的，必要歡歡樂樂地帶禾捆回來！

詩篇 126：6 ■

我認為，在國外生活的前幾週，往往是佈道士最膽怯的時候；但《聖經》中有許多不同的經文不斷在振興上帝所呼召的佈道士精神，尤其是被派往韓國宣教的佈道士。

在我的宣教區，分發單張經常讓我覺得自己是一個「真正的」佈道士。每當我們分發單張時，大多數人都會忽視或拒絕我們，但也有些人會微笑著接受，並至少看一兩秒鐘。這景況常促使我禱告說：「耶穌，今天有一個生靈就夠了——只要有一個願意認識祢的生靈。」這是我平日的禱告，因為我看得出大多數的當地人都迫切需要上帝和祂的救贖。對他們來說，在這個世界之上沒有可仰望的。

有一次，我手中的單張就快發完，一名中年男子接過它後停下腳步，快速瀏覽了單張的內容，從頭到腳打量我，然後說：「你不是韓國人！你來自哪裡？」我於是介紹自己是一名來自菲律賓的佈道士。出乎意料的是，他微笑著熱情地說：「我去過菲律賓的馬卡蒂（Makati）！我喜歡菲律賓！」我感謝他對我的國家表現出好感，於是他又看了看單張，接著告訴我當地的復臨教會——清涼里教會就在他家附近，他有時間會去拜訪。多麼美妙的不期而遇啊！雖然之後我迷路了，不知道如何回到分發單張的出發地點，但這絲毫不影響我愉快的心情和臉上燦爛的笑容。

第二天，同一批佈道士又到兩位年長者家中探訪。我們唱歌給他們聽，他們很喜歡我們的歌曲，甚至努力嘗試和我們一起唱。雖然我們無法全數進入他們的小房子，但是我們每一位都感到賓至如歸，長輩們以最大的熱情和喜悅接納我們！我們可以感受到他們渴望上帝的愛，而上帝的話也滿足了他們的渴望。上帝的話不僅為他們帶來愛，還帶來了醫治和平安。

這個世界無法提供真正持久的和平、愛和快樂；只有上帝能做到！祂能透過我們來實現，我們是聖靈的燈塔，可以接觸仍置身於黑暗中的人！付出時間，一次接觸一個人，心中充滿上帝的話和愛，我們就能分享那可以為人帶來平安、愛和快樂的救恩。像這樣的事是無價的！

卡拉・芬塔尼拉（Karla Funtanilla）
菲律賓本校區第 37 屆佈道士

唯有在基督裡

上帝能照著運行在我們心裡的大力充充足足地成就一切，超過我們所求所想的。

以弗所書 3：20 ■

單憑我們自己的力量，是不可能實現超越我們思想和能力之事；試圖挑戰這個極限，只會暴露出我們的有限。然而，儘管我們有弱點，但主賜給我們希望，在祂裡面我們能成就的比我們所想像的更多。

我第一次聽說千人佈道士運動是在2010年，當時我正在印度的斯派塞紀念學院（Spicer Memorial College）讀神學。2014年7月，我決定參加佈道士培訓。三個月後，我被分配到菲律賓南部民答那峨的布基農省。

我和夥伴到達被分派的宣教地區之後，度過了一段艱難的適應期。我們得適應要每天做基本家務才能生活。我們必須自己做飯、翻山越嶺去打水，以及從事其他必要工作。我們還必須學習如何說比宿霧語，以便和當地人保持聯繫和溝通。我們確實需要堅持不懈才能實現我們的目標。

抵達宣教區一個月後，我們的教會舉行了一場佈道會。由於我是神學畢業生，因此被選為主講人。然而我的問題是：我不會說當地的方言。因此，主辦單位同意為我找一名翻譯。靠著上帝的力量，最終有7個人接受了洗禮。這只是一系列佈道會的開始，我擔任主要講員。因為教友們喜歡我的證道，於是要求我繼續分享。我們總共舉行了六場佈道會，為175名慕道友受洗。除此以外，我們還協助了其他的聚會，在那裡也為許多人施洗。在中民答那峨區會（Central Mindanao Conference）的協助下，我們為該地區的教友建造了一座教堂。此外，在確認過禮拜場所後，我們舉辦了一次假期聖經學校，一共有300多人參加。我最終講了一百場道。我無法想像，若是沒有聖靈的能力，以及我的夥伴及周遭之人的協助，我將如何完成這一切！

當然，沒有耶穌我們什麼也做不了。但有了耶穌，不可能的事化為了可能，困難的情況也變得容易。唯有藉著基督，我們才能成就大事。

提摩西・N・奧姆維加（Timothy N. Omwega）
菲律賓本校區第 44 屆佈道士

禱告的大能

「所以我告訴你們，凡你們禱告祈求的，無論是什麼，只要信是得著的，就必得著。」

馬可福音 11：24 ▓

我名叫東尼‧凱陽（Tonny Khyang），在孟加拉的博羅帕拉復臨教會（Boropara）擔任牧者。當我藉由孟加拉千人佈道士運動開始為主服務時，我經歷了不住的禱告所帶來的奇妙結果。在我聽到有一位佛教徒的孩子發燒時，我和一些教友們一起去拜訪了這個家庭。我為這個生病的孩子禱告後，他第二天就痊癒了。他的家人問我：「你是怎麼做到的？」

當他們繼續追問時，我利用這個機會用《聖經》溫和地回答他們，並教導他們《聖經》中的真理。我特別向他們講述耶穌的故事：祂如何用醫治的雙手和話語治癒許多病人，用簡單的祈禱餵飽成千上萬的人，這些都是《聖經》中的神蹟。隨著我不斷地與他們分享我的信仰，我注意到他們的表情和生命發生了一些變化。我希望他們能很快接受耶穌基督。

如果我們心中懷著對生命的誠心和愛，並按著主的旨意和話語祈求，無庸置疑地，祂一定會應允我們的禱告。正如〈馬太福音〉所說：「你們祈求，就給你們；尋找，就尋見；叩門，就給你們開門。」（7：7）再者，「你們在禱告中無論求什麼，只要信，就必得著。」（21：22）讓我們無論是在個人或集體的禱告中都記念這個家庭，以便他們也能在生活中接受耶穌基督並得著救贖，體驗那只有耶穌才能帶給他們的快樂、和平和希望。

我同時想分享一個令人高興的消息：在我的宣教區中，那些原先離開教會的人，以及迷失的人正逐漸回到教會中，還有許多佛教家庭也渴望加入復臨教會。請為我禱告，好讓我能與周圍的人分享耶穌基督的光。也請為那些我與之分享耶穌之光的人代禱，願他們能夠甘心樂意接受耶穌的光，並體驗到完全得救的喜樂。我相信禱告的力量，也相信上帝創造奇蹟的能力。阿們。

東尼‧凱陽（Tonny Khyang）
孟加拉分校第 23 屆佈道士

上帝的供應

「腰袋裡不要帶金銀銅錢；行路不要帶口袋；不要帶兩件褂子，也不要帶鞋和枴杖。因為工人得飲食是應當的。」

馬太福音 10：9、10 ■

2015年，我開始了與上帝同行的宣教之旅；每一天我都見證了上帝應許的實現。在接到上帝的呼召、參加秘魯千人佈道士運動宣教計畫，並接受了為期七週的培訓後，我們所有人最終兩人一組的被派往宣教地。我和我的夥伴被分配到位於秘魯伊基多斯諾塔（Nauta, Iquitos, Peru）公路旁的卡利普索住宅區（Villa Calipso）。

經過五天坐車又行船的旅程之後，我們終於抵達了宣教區。接著我們搬進了當地教會一位弟兄借給我們的小組合屋。因為沒有任何料理用具，頭幾天我們都以市區裡購買的水果當正餐。那天吃完了特意為晚餐留下的最後一個水果後，我們就上床睡覺。我們沒有為第二天留下任何東西；但相信一天不吃飯，我們也不會死。我們告訴對方要一起等待上帝的供應。

當我在半夜醒來時，我感到很焦慮，我想起教會的一位姐妹曾說：「如果我們醒來沒了睡意，那就是上帝邀請我們禱告。」所以回去繼續睡之前，我坐在床上禱告說：「天父，我們已經沒有食物了；請賜予我們力量，讓我們能再努力一天，或者提供食物給我們。」第二天一早，有位弟兄突然來敲門，告訴我們一位姐妹想和我們談談。我們同意去見她。

這位姐妹分享了家庭的一些問題，然後我們就一起禱告並默想了上帝的話。當我們準備離開時，她問：「姐妹們，你們吃過早餐了嗎？」我們告訴她，我們會回家吃早餐。於是，她邀請我們在她的廚房坐著，由她來為我們準備早餐。毫無疑問，這是我們到達當地後所吃過的、最豐盛的一頓早餐。而這還不是全部。她邀請我們也順道回來吃午餐和晚餐，並承諾會等我們。結果，她為我們提供了接下來一整週的飲食。感謝上帝，在我們十個月的服務期間，我們從未挨過餓。祂按著祂的豐盛供應我們所需的一切。

瑪麗亞・利澤特・卡爾西納・科里（María Lizeth Calcina Ccori）
秘魯分校 2015 年佈道士

〈詩篇〉23 篇和颱風

耶穌說:「你們這小信的人哪,為什麼膽怯呢?」於是起來,斥責風和海,風和海就大大地平靜了。

馬太福音 8:26 ■

2015年9月19日,風呼嘯而過,整個天空充滿了恐怖和危險的氛圍。這是我第二次聽到這種不祥的聲音;第一次聽到這聲音是在某次颱風襲擊菲律賓呂宋島之時,我當時是在千人佈道士運動的校園。

夜裡,傾盆大雨開始降下。晚上9點左右,當我們正準備就寢時,我們的房東——庫亞·丹來敲門。他建議我們做一個禱告,因為大雨下個不停。如果再這樣下去,整個地方就會被大水淹沒。禱告結束後,雨仍舊不停地下。我和夥伴回到房間,分別又各自禱告,然後上床睡覺。整個晚上我都無法入睡;到了凌晨12點,我被周圍發出的危險聲音驚醒。我拿出《聖經》,打開它,一邊讀著〈詩篇〉23篇一邊禱告。就在我禱告時,雨停了,而我們再次醒來,映入眼簾的是美麗的晨曦。

之後在我們的佈道會中也再度發生了類似的事件。聚會開始時,天氣對我們非常不利。狂風大作,大雨傾盆,聚會地點只好從廣場轉到了教堂。我們不得不在深夜行走,水深及膝。儘管有雨傘,我們還是渾身濕透。我們不斷地祈禱;感謝上帝,積水總算退去了。到了佈道會的最終場時,我們很早就到了會場。我開始擔憂,因為天氣一直很不理想。在聚會開始前,我含著淚祈求上帝,讓我在佈道會結束前看到祂最後一次行動。我拿出《聖經》,又讀了一遍〈詩篇〉23篇。就在我讀完之後,雨停了,風勢也緩和下來。最令人驚奇的是,第二天的浸禮儀式竟然陽光普照!我感謝上帝所行的奇妙作為!

上帝是我所知道的、最好的父親和幫手。從孩提時期,我就看見祂是如何引領我的生活。祂的話帶有能力,每一句都是真實而有價值的。因此,我們可以完全相信祂所說的一切。

艾普爾·喬伊·A·穆巴斯(April Joy A. Mubas)
菲律賓本校區第 44 屆佈道士

當上帝給我機會時（上）

這一等是出於愛心，知道我是為辯明福音設立的。

腓立比書 1：16 ▮

我曾經聽聞也曉得很多人白手起家、從無到有的故事，但我的卻是一個好得讓人難以置信的故事。雖然我還年輕，但我卻早已用最不光彩的方式度過了自己前半段的青春，我並不為此自豪。在同儕的影響下，我在年幼時就走入歧途。我很快就意識到，追求快樂和世俗娛樂使我殘害了自己。但是，當我明白這一點時卻為時已晚，我的生活已經變得混亂不堪，以至於連學校都無法容忍我。很快，我就被開除了。

他們說，罪人逃脫不了懲罰，這是事實。但誠心悔改的罪人會獲得第二次機會，這也是事實。上帝是輕慢不得的，我的懲罰是我理所應得的。當我離開學校時，我的生命就處於危險之中。因我不明白原來只有創造我的上帝才知道什麼對我最好。當我的品格尚未磨練、心尚未悔改時，祂透過查經課程觸動我、呼召我。

「給上帝一個機會，我能有什麼損失呢？」於是，這正是我所做的。我天天參加查經班，原本只是一個試驗，結果卻轉變為一場勝利。當我沉浸在《聖經》的研究之時，我就像從冷凍庫裡取出一些東西，再將它們置於溫暖的空氣中融化。我冰冷的心因為公義太陽的明亮之光而溫暖。現在我知道，在那為我獻出生命的主面前，我是居首位的，祂不會讓任何事物把我從祂的手裡奪走（約翰福音10：28）。

那位在我身上展開美好工作的，現在呼召我成為一名佈道士，我的生命因使命和服務而驅動，這更是何等美妙！只要祂仍使我一息尚存，我就會服事這位在學校和家人都拒絕我時卻依然接受我的主。

潘洪（Pynhun）
印度分校佈道士

人算什麼，你竟顧念他！（下）

他們尚未求告，我就應允；正說話的時候，我就垂聽。

以賽亞書 65：24 ■

使徒保羅說：「我深信那在你們心裡動了善工的，必成全這工。」上帝呼召我成為一名佈道士，這是今生發生在我身上最偉大的事，因為現在我終於有機會跟隨祂的腳蹤行。

當我出發前往印度千人佈道士運動的培訓中心時，我對基督復臨安息日會的基本信仰還很陌生。但無論我的經歷如何，上帝已經準備好使用我。有一天，在我們去拜訪附近的一個村莊時，遇到一名因癱瘓終日臥床的人。看到他的狀況，我心生憐憫，我思考了一會兒，想著如果耶穌處於我的處境，祂會怎麼做；可想而知，祂一定會減輕這個人的痛苦。《聖經》說，如果我們全心全意地尋求祂，就會尋見。出於憐憫，我決定為這人祈求上帝的醫治。禱告之後，雖然尚未有任何明顯的變化發生，我仍然安慰、鼓勵他們，然後才走出他們家。

回到培訓中心後，我繼續為他禱告。令我驚訝的是，三個月後，那人的女兒打電話告訴我，在我禱告幾天後，她的父親開始重新走路。我簡直不敢相信自己的耳朵！上帝真的透過那個簡單的禱告創造了奇蹟嗎？為了證明祂的能力，上帝又帶領我見證了另一件事。在宣教區的一天晚上，我正準備上床睡覺，抬頭一望，我看到頭上的風扇完好無損，但不知何故我卻感到不安，於是我起身祈求上帝的保佑，然後回到吊扇下睡覺。我一夜好眠，但沒想到當我醒來的時候，原來在我頭頂上的風扇卻掉到了地上，但幸好不是落在我頭上，而是在我腳下。

人算什麼，上帝竟顧念、保護、醫治、聆聽並且愛他？這一切讓我目瞪口呆。現在我知道、並且相信──《聖經》說他的耳朵並非發沉，不能聽見，他的的膀臂並非縮短，不能拯救──乃是真實的！

潘洪（Pynhun）
印度分校佈道士

重建上帝的教會

「耶和華必為你們爭戰;你們只管靜默,不要作聲。」

出埃及記 14:14 ∎

感謝上帝,因為祂允許我在印尼北蘇門答臘省、西馬倫貢縣西勞卡希安分區(Silau Kahean, Simalungun, North Sumatera)中的納戈里・多洛克(Nagori Dolok)服事祂,並且見證祂奇妙的作為。在宣教區發生了許多令人嘆為觀止的事,讓我見證了上帝的大能,並且明白我不過是展現上帝大能的一個工具。

我們在宣教區的第一次禮拜是在我們的住家舉行的。但上帝賜予我先見之明,將一張圖片先掃描到筆記型電腦裡,並邀請一個經常來我們家的孩子給它上色。透過這個孩子,我見證了上帝的美善。

在過去的六年裡,離我的宣教區不遠的西亞巴特教堂(Siarbat)一直悄無聲息;教堂周圍長滿了高高的草叢和雜草,教堂的窗戶被打破,水泥碎裂,電力系統被切斷,洗手間也遭到破壞。當我看到這一切時,我想:「主啊,這是祢的聖殿,但現在卻成了廢墟。如果祢允許聖殿再次開放,請祢確保我的旅程成功。」

上帝支持我修復關閉已久的教堂。「主啊,請幫助我認識三個家庭,其中兩個是以前的教友,一個是新教友。」我一邊禱告,一邊出去尋找教友,以便我們可以再次一同敬拜。上帝讓我遇見並邀請三個家庭來教堂,這讓我感到驚喜。

在西亞巴特教會長期空置後的第一次安息日崇拜,我祈禱說:「主啊,是祢讓這個教堂重新開放。請提供一個新的生靈加入教堂的安息日崇拜。」一個男人在進入教堂時說:「我等這個教堂重新開門已經很久了,我想加入你們的聚會。」他感謝上帝,而我見證了上帝的大能,我知道祂定能重建這個廢棄已久的教堂。

不僅如此,這個人還在接下來的安息日邀請了他的妻子,在隔週的安息日也邀請了他的弟弟來到教會。我們讚美上帝,有三個人渴望研究《聖經》。在我的使命結束時,有兩個寶貴的生命決定接受浸禮。耶穌強調這次任務的成功不是因為我,而是因為上帝。我所要做的就是在禱告中順服,祈求聖靈的力量,上帝自會安排好一切。

倫薩・阿比蓋爾・梅萊斯(Renza Abigael Meres)
菲律賓本校區第 29 屆佈道士

超越信仰的修復

若有人在基督裡，他就是新造的人，舊事已過，都變成新的了。

哥林多後書 5：17 ■

對我來說，生活從來都不是一帆風順的，但儘管災難臨到我的家庭，上帝的愛依舊無所不在。雖然我父親可能不是一個完美的榜樣（他有酒癮的問題），他還是帶領媽媽受洗加入了復臨教會。幾年後，爸爸也跟隨了耶穌。但撒但總有他可用來破壞家庭的伎倆。對我們而言，他令我追逐短暫的快樂，使我徹底毀了自己：我酗酒、吸大麻、吸食危害健康的東西。為了尋求快樂，我最終成了無論在上帝或社會眼中都是痛苦和羞恥的存在。家人視我為眼中釘。由於我亂七八糟的生活方式，媽媽還曾經對我說：「你死了比活著給我添麻煩來得好！」我想尋找出路，但是單憑自己是做不到的；必須有一隻來自上面的手將我拉出這個苦難深淵。是的，「耶和華的膀臂並非縮短，不能拯救。」（以賽亞書59：1）

一位朋友向我介紹了印度千人佈道士運動，我決定加入。他們張開雙臂歡迎我，對我進行培訓，並向我展示透過禱告和查經來實現真正改變的過程。三個月來，我們與世俗的影響隔絕，這是我一生中第一次開始與我的主交談。我請求祂幫助我，因為我幫不了自己。是的，祂做到了！祂結束了我生命中混亂的前篇，為我開啟了往後全新的篇章，我不再是一個無藥可救的癮君子，而是一個得到救贖的僕人。日復一日，我經歷了超乎想像的修復。我看到了福音及其令人難以置信的力量，它可以改變像我這樣可怕的罪人。然後我明白了，祂為救贖我捨棄了自己的一切；現在輪到我把自己的一切交託給祂。儘管我犯了許多錯，祂還是用他的血洗淨並饒恕了我。在十字架的跟前，我找到了擺脫毒癮的方法。在擔任佈道士一年後，我再也不是從前的自己。我已經把一切都交給了耶穌！現在我在斯派塞復臨大學攻讀神學。我從未想過生命中有了耶穌會是如此美好！

如果你正在與毒癮和罪惡鬥爭，要知道，耶穌隨時準備拯救你，其程度超過你所求所想。祂改變了我，我保證如果你允許祂這麼做，祂也會改變你。主啊，感謝祢的奇妙恩典。你派天國的王子來拯救像我這樣無可救藥的人。我們沒有什麼特別的東西可以獻上，只有我們破碎的心。祢知道對它最好的醫治和補救的措施。我們把一切都交給祢。阿們。

瑞奇妮（Rikini）
印度分校佈道士

通往復臨信仰的道路

「你只管去！他是我所揀選的器皿，要在外邦人和君王，並以色列人面前宣揚我的名。」

使徒行傳 9：15 ■

羅迪洛先生和迪娜・阿爾托女士是知名的木器和木雕供應商，這對夫婦在菲律賓馬斯巴特省米拉格羅斯市（Milagros, Masbate）也幫忙提供住宿給佈道士。

當我和我的夥伴在當地擔任佈道士時，阿爾托一家是該地區少數對《聖經》研究感興趣的居民之一。迪娜女士說：「我們是尋求真理的人。這就是為什麼我們非常歡迎佈道士進入我們家。」他們從小就是基督徒。這對夫婦一直樂於遵行上帝的旨意，並根據他們所得到的知識讓上帝的律法居住在他們心中。在1998年1月2日，這對夫婦決定在馬斯巴特中央復臨教會（Masbate Central Adventist Church）受洗，見證他們新發現的信仰，並以更好的方式事奉主。

這對夫婦很樂意地以各種身分服事主。阿爾托弟兄成為教會長老，他的妻子被任命為教會書記。作為家鄉教會的現代門徒，他們將大女兒凱切莉交託給上帝，於2014年將她送到千人佈道士運動的培訓中心。她擔任佈道士直到2016年，屬於第44屆學員。在這兩年裡，她在北三寶顏省（Zamboanga del Norte）和韓國宣教。他們的第四個孩子安傑洛・羅登也在2021年8月加入千人佈道士宣教，成為第57屆的一員。由於擁有不俗的歌唱天賦，安傑洛被選為千人佈道士運動官方歌唱團第8屆的成員，成為「Here Am I Send Me」（我在此請差遣我，簡稱HISM）合唱團的歌手。

作為一家之主的羅迪洛弟兄，則在自己家鄉愉快地管理當地的志願佈道士培訓中心迄今，以此表達對上帝呼召他們進入祂奇妙光中的感恩之情。這個家庭證明耶穌將永遠尋找祂的子民，而且祂一定能找到他們。有時祂也會使用佈道士作為祂的工具，來尋找並引導祂的子民認識真理。讓我們把這個家庭納入我們的禱告中，因為他們在自己的崗位上和其他地方充當擎光者。靠著上帝的恩典，他們有效地發出自己的光芒，從而不斷地幫助他人清楚看見走出黑暗的道路。

喬納森・M・貝洛伊（Jonathan M. Beloy）
菲律賓本校區第 4 屆佈道士

匱乏中的勝利

烏鴉之雛因無食物飛來飛去，哀告上帝；那時，誰為牠預備食物呢？

約伯記 38：41 ■

　　沒有苦難和考驗，勝利永遠不會是甜蜜的；我作為佈道士的經歷可以證明這一點。我的宣教之旅充滿成功和失敗，這樣的經驗使我更接近救主。我和我的夥伴被派往菲律賓南部的北蘇里高省（Surigao del Norte）。我充滿了興奮之情，部分原因是我從未去過當地，但真正讓我開心的，是對於等待我們的挑戰充滿了期待。在熱心傳福音的過程中，我們遇到了第一個考驗。一對膝下無子的復臨信徒老夫婦招待我們一起住。儘管他們食物匱乏，他們還是接受了我們這兩位陌生人，並提供米飯給我們。

　　我們的第一個月一切都很順利，直到爺爺向我們承認，他們無法再支持我們。因此，我們決定靠自己的力量。這是我們艱難時期的開始。在發放生活津貼的前兩週，我們已經沒有食物和額外的錢；最後，我們只好煮青香蕉來吃。大約有兩週之久，我們嚴格控制飲食，因為我們必須控制食慾。每天的生活都像一場戰鬥。我以前從未經歷過這樣的事，但我毫無保留地相信上帝絕不會忽視我們的需要。最終，我們把最後一分錢花在了一公斤的米上。當時是星期五，我們預計會在星期六晚上吃完這些米。我們非常努力地祈求供應。我甚至在半夜醒來，向上帝傾訴我的感受。

　　到了星期六晚上，果然我們的晚餐是最後僅剩的一些米。我滿懷希望，希望上帝能創造奇蹟。第二天一大早，一位教會長老突然來訪。但是最讓我們吃驚的是，他帶來了半袋的米和一些日用品。我簡直就要掉下淚來，但還是努力壓抑著心中的喜悅。上帝的祝福及時來到；那天早上，我享用了我畢生最難忘的早餐。

　　這件事激勵我們更加殷勤地工作。我們持續為人查經，上帝也祝福我們的努力，讓我們帶領四位寶貴的生靈來到耶穌的腳前。我們還幫助建堂，建立了一群由新的忠實信徒組織的會眾。我們也舉辦了假期聖經學校，一共有41名畢業生。上帝確實祝福我們，並使我成為宣教區的祝福。我們的工作並非一帆風順，但最終還是取得了勝利。在經歷重重考驗和疑惑之後，勝利最終湧現。在艱難困苦中，我一直對一件事堅信不疑──主對祂忠心僕人的眷顧是永不改變的。

弗里茲・赫恩斯・朱馬萬（Fritz Herns Jumawan）
菲律賓本校區第 40 屆佈道士

為耶穌尋找生靈

那報佳音,傳平安,報好信,傳救恩的,對錫安說:你的
上帝作王了!這人的腳登山何等佳美!

以賽亞書 52:7

　　當耶穌準備差遣祂的門徒時,祂對他們說:「你們往普天下去,傳福音
給萬民。」對門徒和每位基督徒來說,這都是應當被認真看待的有力信息。
我們所有人都是大使命的參與者,在等待基督再來時,我們都必須宣揚福
音;佈道士的精神應該活在我們心中。

　　〈以賽亞書〉52章7節說:「那報佳音,傳平安,報好信,傳救恩的,對
錫安說:你的上帝作王了!這人的腳登山何等佳美!」當我在宣教區感到無
比絕望時,這節經文無疑地鼓勵了我。我之所以絕望,不是因為需要走很遠
的路,背很沉重的行李,還要跋山涉水,而是因為我對如何分享福音缺乏理
解,儘管我很想這樣做。

　　我和我的夥伴被分配到位於菲律賓南部、南三寶顏(Zamboanga del Sur)的米
薩利普(Midsalip)。當地村莊是一個寧靜平和、遠離塵囂的地方。那裡沒有
電,沒有手機信號,也沒有便利的交通工具;是一個「未竟之地」。在那
裡,我們必須跨越不同的河流20次,才能為人查經。我們必須在泥濘的道路
上行走;刮風下雨也好,忍受飢餓也罷,只為替耶穌尋找生靈。這就是我們
10個月來所做的事情。

　　有一次,在挨家挨戶拜訪時,我們意外地經過了森林中的一戶人家。在
那裡我們遇到了一個家庭,他們後來成了我們兩週定期的查經班學員。當我
們在村子裡舉辦佈道會時,儘管他們每天晚上都要走很遠的路,這家人卻經
常來參加。在佈道會結束時,他們全家人都接受了浸禮。

　　我感謝上帝向我們展示了祂深不可測的能力。雖然我們的宣教之路充滿
了未知,但在每一步路上耶穌都與我們同行,並且向我們展示祂無盡的愛。
我們在宣教區所做的一切不會為我們贏得拯救,但會為上帝帶來歡樂和榮
耀,而這才是最重要的。

夏倫・格利澤貝爾・M・亞松森 (Charren Glizebel M. Asuncion)
菲律賓本校區第 44 屆佈道士

無私的服務

因為上帝並非不公義，竟忘記你們所做的工和你們為他名所顯的愛心，就是先前伺候聖徒，如今還是伺候。

希伯來書 6：10 ∎

我們被分配到菲律賓的西民都洛（Occidental Mindoro），這是一個禱告的應驗。我祈求上帝允許，差派我們到一個可以做出改變的地方；但沒有想到我們的宣教區在環境上是最惡劣的。

我們住在卡拉曼西亞（Kalamansian），當地的男人只穿丁字褲，女人不穿上衣；他們的性格非常和善。但是當地既沒有電力，也沒有自來水、廁所或浴室。想像一下，住在那個地方時常被糞便臭醒的情景。村裡有一座奄奄一息的教堂，或者該說是已經死了的教堂，早已淪為山羊和小孩的遊樂場。

盧馬德人（lumads）（當地土著）不識字，也不知道自己的年紀或生日。我們認為自己能很快地適應這個地方，因為外來人說什麼當地居民都相信。然而我們也很快發現：要融入他們相當困難。只有給他們一些好處時，他們才會相信我們。換句話說，他們拒絕改變，只想過著平淡而簡單的生活。

因此，我們向他們展示如何以正確的方式做事。我們沒有堅持指導和改變他們；反之我們使用了最有效的方法。我們透過提供筆記本、筆和拖鞋，來向他們證明教育的價值。我們還專門為家長舉辦了成人研習會，幫助他們教育學齡兒童。另外，我們還蓋了四間廁所，以減少糞便的氣味。很快，一些家庭便開始詢問蓋自己的廁所需要多少錢。展示是教育他們最有效的方式。我們也很高興民眾透過觀察我們而產生想改變自己的念頭。

每個安息日，我們都會為來教會做禮拜的人準備午餐。我們其實不知道他們來的原因究竟是為了吃飯還是敬拜上帝，但這對我們來說並不重要。我們來就是要餵飽他們在身體和靈性上的需要。即使只是每週的一餐飯，我們也願意投入資金幫助他們。因為潰瘍是當地常見的病症，而且許多人還患有結核病，我們盡力將病人送到醫院，使他們能得到適當的治療，因為他們是社會上最被忽視的人。靠著上帝的恩典，我們培養了兩個曼吉安人（Mangyan）的家庭，使他們在每晚和每個安息日都能夠帶領敬拜。我們意識到，若我們全心全意地事奉上帝，毫無保留地獻上一切，上帝就會賜予我們所需要的，即使我們沒有向祂祈求。

傑拉德和安娜莉・阿布瑞爾（Gerald and Annalee Abriol）
菲律賓本校區第 45 屆佈道士

蒙上帝差遣

人心多有計謀；惟有耶和華的籌算才能立定。

箴言 19：21

在佈道士培訓期間，我一直對於之後該參與何種事工感到猶豫，而這些選擇一直盤旋在我的腦海中：要參與城市佈道？還是教學事工？第一次聽到城市佈道事工時，我感到非常興奮！我開始想像可能的情景；協助佈道會、進行家訪、教孩子們詩歌和說故事給他們聽，最重要的是，每個佈道士最期待的活動：協助受洗。

有一天，培訓中心的職員葛蕾絲女士對我說：「韓國佈道士需要英語教師。」在她的問題之後迎來是片刻的沉默，只是被我突然的回答打斷了：「好的，我想成為教學小組的一員。」出於某種未知的原因，我的傳教士之旅便從那一刻展開。

我教學的第一週是充滿淚水的一週。我內心有一場鬥爭。我很希望待在城市，但是我心裡又想為我的佈道士夥伴們服務。

在英語培訓期間，我負責教閱讀課。這件事其實很諷刺，因為就連我自己在大學時也覺得閱讀課很無聊，我上這些課時總是感到疲倦。但是，如果連我自己都不喜歡閱讀，我怎麼能激勵我的學生呢？

但是主看到了我在教導閱讀方面的掙扎。祂每天都打開我的心，用祂的愛充滿我。祂教我如何接觸我的學生，使最乏味的閱讀課程變得非常有意義。閱讀《喜樂的泉源》激勵了我和我的學生與上帝建立親密的關係。它提醒我們，我們的罪有多深；而與我們的罪相比，耶穌的愛又是多麼廣闊！

教學事工也許不是我的首選，但我從未後悔過自己的決定。在教學過程中，我學會了如何理解並耐心對待我的外籍佈道士夥伴。

主希望祂的佈道士能夠得到英語技能的裝備，以幫助他們在得人的事工上有果效。但是如果沒有人願意協助他們，他們將如何做到呢？在我內心深處，我感覺到這種巨大的需要，因此我回應說：「主啊！我在此，請差遣我。」

謝琳・M・塞米諾（Sherlyn M. Semino）
菲律賓本校區第 49 屆佈道士

小夜曲

就要脫去你們從前行為上的舊人，這舊人是因私慾的迷惑漸漸變壞的；又要將你們的心志改換一新，並且穿上新人；這新人是照著上帝（的形像）造的，有真理的仁義和聖潔。

以弗所書 4：22-24 ▇

一天早上，我和宣教夥伴受到教友邀請去聆聽一場小夜曲演奏。那天是巴迪歐斯媽媽的生日，她也是該教會的教友之一，她的孩子曾經和她一起上教堂。然而遺憾的是，在他們與非復臨信徒結婚之後，就離開教會了。

音樂會結束後，我遇到了34歲的庫亞·萊恩（Kuya Ryan），他是巴迪歐斯的小兒子。他告訴我們他會回到教會。但他有嚴重的酒癮和菸癮，還因為經常打架滋事而出入監獄。他甚至曾在村裡毆打警察和一些村民。所以在那一刻，我有些怕他；而且我注意到他喝醉了，所以我不相信他會回到教會來。接著他補充道：「我明天一早會來教堂。」

第二天是安息日，早上八點我們來到了教堂。當我一走進室內，就看到一個人坐在後排的長椅上。那人正是庫亞·萊恩，他是第一個來到教堂的人。我沒想到他前一天所說的話竟然是認真的。我們很高興地歡迎他，並向他問好。

從那個安息日開始，他總是去教堂聽講。我們繼續為他祈禱並探訪他。我們還邀請他參加佈道會和其他教會活動。很快，他變成了一個新的人。他告訴我：「我已經戒菸、戒酒，不再打架。」我看到了聖靈如何改變他，而上帝又是如何給了他一顆新心。

在宣教區的第十個月即將結束時，我和夥伴打算舉行並負責主講最後一次的佈道會。在庫亞·萊恩的幫助下，我們得以準備所需要的東西。上帝使用了他直到活動結束。由於教會青年忙於學業，他是唯一可以待在我們身邊隨時待命的人。

我們滿心歡喜看到庫亞·萊恩和其他年輕人的生命按照上帝的旨意而轉變。上帝看到了一顆願意改變的心。如果你也渴望有一顆改變的心，請立志把你的心交給耶穌，祂定不會讓你失望。

安吉爾·林·索吉隆（Angel Lyn O. Soguilon）
菲律賓本校區第 50 屆佈道士

我已經決定要跟隨耶穌

「我的羊聽我的聲音，我也認識他們，他們也跟著我。」

約翰福音 10：27 ■

你肯定聽過《我已經決定》（編註：新版《讚美詩》189首）這首歌；它源於我的祖國──印度。這首歌出自一個剛剛接受耶穌的人，當他被帶到異教統治者的面前回答有關他新信仰的問題時，他以這首歌回應。歷史告訴我們，來自西方的佈道士來到印度服務時儘管歷經了千辛萬苦，仍然沒有任何立竿見影的效果。但當他們離開時，他們把一本《聖經》留給了一位願意接受耶穌的人。之後那人不斷地讀《聖經》並最終跟隨了耶穌。

我在印度北部服務時也有類似的經歷。在千人佈道士運動培訓中心接受了兩個月的訓練後，我和夥伴被派往拉達克（Ladakh）──印度最冷的地方。我適應得很慢，但不是出於生活的匱乏，這些對我來說從來不是負擔，我唯一的負擔是渴望與他人分享上帝的話。當我們出去採買日用品或探訪時，我們努力尋找交朋友的機會。

後來我們遇到了一位叫蘇拉傑（Suraj）的人，他對於了解福音表現出一些興趣。我很高興我的禱告得到了回應。當我們的友誼漸深，我們邀請他參加禱告聚會。從那時起，我們與他分享上帝的話，與他一起禱告，並教他一些歌曲。蘇拉傑高興地唱著我們的歌。很快，我們離開宣教區的時間到了，因任期只有十個月。在這段時間裡，我們竭盡全力在蘇拉傑心裡種下福音的種子，儘管不見得能立竿見影，但在我們告別時，我把最喜歡的《聖經》留給了他。我已經使用那本《聖經》很長的時間，並在上面許多地方標明了參考資料。有了這本《聖經》，他肯定能找到真理。

那位說過「我已經決定要跟隨耶穌」的人，身邊只有佈道士給他的《聖經》。因此，當我把《聖經》留給蘇拉傑的同時，我祈禱發生同樣的事。他一直都在我的禱告中。希望有一天，當我走在天國的街道時，我會看到他在耶穌的腳前，唱著我們一起唱過的歌。如果你正在閱讀這篇見證，我懇請你為我的朋友禱告，以便上帝的話能對他的心說話。

親愛的主，我感謝祢讓我在宣教地區擁有如此美好的友誼。我祈求祢能透過我們留下的《聖經》重塑歷史。阿們。

西蒙·拉瓦（Shimon Rava）
印度分校佈道士

他們稱我們為薩博醫生

「從此以後，你的名不再叫亞伯蘭，要叫亞伯拉罕，因為我已立你作多國的父。」

創世記 17：5 ■

我從未想過佈道士生活的一切會是如此難以磨滅且永不褪色。在完成商業碩士課程後，我把一年的時間奉獻給主。我加入印度千人佈道士運動是為了體驗人生的改變，但沒有想到我也體驗了名字的改變。在《聖經》中，我們可以看到上帝如何改變人的名字和職業：亞伯蘭變成亞伯拉罕，雅各變成以色列，囚犯到宰相，牧羊人到國王，奴隸到王后，漁夫到宣教士等等。令人驚訝的是，即使在今天，上帝仍然做著同樣的事情。

我的名字是蕭比特（Shobith），我於2016年加入印度千人佈道士運動。經過兩個月的培訓後，我和我的夥伴被派往喜馬拉雅地區。該村是印度教的聚居地，對皈依印度教有嚴格限制；所以，我們沒有辦法進行宣教。然而，我們不變的思考是：我們該如何與他們分享耶穌？在培訓中心，我們學過腳底按摩。因此，我們決定使用我們擁有的任何才能和設備。從那時起，我們就祈禱，並帶著按摩用具，經常在村子裡走動，為村民們提供免費按摩。

一天，有一個人因為背痛，好幾年都不能走路。我們被請去為他按摩。我們首先跪下來禱告，然後開始按摩。令我們驚訝的是，幾週後，這個人又開始走路了。這是我們沒有預想到的奇蹟。從那時起，我們在村裡有了一個新名字。人們開始叫我們「薩博醫生（Doctor Sab）」，意思是「受人尊敬的醫生」。我們與村民的友誼也更加牢固。按摩事工發揮了極大的作用。我們開始透過這個微小的恩賜接觸人們。然後我意識到，上帝不需要超強的技能來完成祂的工作；祂只需要一顆樂意為主做工的心。

我們的新名字（薩博醫生或受人尊敬的醫生）在整個村裡非常響亮，以至於當我們搭乘巴士沒有座位時，巴士經理甚至會讓位給我們。有人甚至叫我們為他們受傷的牛按摩。當我回想起那段時光，臉上仍會浮現喜樂的微笑，並驚訝上帝如何為祂的使命改變我們的名字。上帝不需要有能力的人做祂的工作，祂只需要願意為祂所用的人。

主啊，祢是多麼美好！祢使用了像我這樣破碎的器皿來成就祢的榮耀。祢真正需要的是我們的心。幫助我們用僅有的一點才能來榮耀祢。阿們！

蕭比特（Shobith）
印度分校佈道士

為救贖而投籃

聖靈和新婦都說：「來！」聽見的人也該說：「來！」口渴的人也當來；願意的，都可以白白取生命的水喝。

啟示錄 22：17 ■

　　我們的宣教地區位於菲律賓巴丹省（Bataan）的皮納圖博（Pinatubo）丘陵地帶，那裡沒有任何復臨教會或信徒。該區的牧師計畫在我們的宣教區舉辦為期兩週的佈道會。因此，我們和第48屆的千人佈道士，並青年之聲一起，進行事前的各項準備工作。

　　我們分成三組，我和我的組員來到附近的一個院子，邀請居民參加我們的活動。後來我們經過一群正在打籃球的年輕人。我們的組長是一名神學生，他讓我邀請他們，因為我是女生，說話比較能吸引他們的注意力。於是，我提出了邀請，但其中一個人冷不防地挑戰我：「如果妳能把球投進，我們就都去參加。」於是，我拿起球，稍微在手中運了一下，然後把它投向籃框。球進了！我的朋友和挑戰我的年輕人都很驚訝。「回頭見。」我轉身對他們笑著說。「再見！」他們都微笑著點頭回答。

　　果然，這群年輕人參加了我們的佈道會。在我的健康講座進行到一半時，我決定向他們當中的一個人提問，測試他們是否注意聽講。而我所指定的那個人回答得非常正確，這讓我很高興。節目結束後，我走近他們，敦促他們在第二天晚上再來。我非常喜樂，因他們全員參加了我們的節目，連續兩週都沒有缺席，也在最後選擇接受耶穌作為他們個人的救主。

　　當我們前往這群年輕人的家裡拜訪並和他們一起聚會時，我們見到了他們的祖父母，得知他們從小就是孤兒，被父母遺棄，被送到孤兒院。在他們接受耶穌之後，我見證了他們如何改變原本的習慣；他們不再吸菸、飲酒或吸毒。他們的家人和鄰居都看到聖靈如何運行在這群將生命獻給耶穌的年輕人身上。他們原本受到鄰居和朋友的逼迫，但在完成查經後，他們的親朋好友也跟著理解他們的信仰，並接受了耶穌。

　　他們沒有教堂，所以他們的祖父母（還沒有受洗前）提供他們一間小房子作為臨時教堂。兩週後，這些年輕人的祖父也決定接受耶穌；目前他負責管理他們進行安息日聚會的房子，而他們的祖母在一週後也選擇接受浸禮。現在整個院子都是復臨信徒。這就是耶穌改變生命的力量。

金切爾・查拉特（Kintchel Zarate）
菲律賓本校區第 50 屆佈道士

成功

耶和華所造的,各適其用;就是惡人也為禍患的日子所造。

箴言 16:4 ■

父母送我去參加千人佈道士運動的情景恍如昨日;雖是一年前的事,我仍然歷歷在目。從小到大,我在成長過程中並沒有父母在旁,因為他們是文字佈道士,向來居無定所。因此,在我上高中和大學期間,他們把我送到祖父母那裡。我年輕時很叛逆,嘗試過各種惡習,如吸菸和喝酒。

參與佈道士的工作是我父母的決定,並不是我的。我還沒有準備好放棄我的惡習。但是一個微小的聲音一直在我耳畔低語,鼓勵我加入。因此,我決定試一試;無論如何,這只需要花我一年的時間,在那之後我就可以重拾我原本的習慣。這是我的計畫,但我未曾想過上帝會出手干預我的計畫。於是,我參加了佈道士的培訓,學會了如何祈禱和服務,也去了朗布隆(Romblon)。我沒想到佈道士的工作也帶來了旅行的機會,因此我很開心能夠去許多地方,體驗不同的文化。

我和我的夥伴被分配到菲律賓薄荷島的安達(Anda, Bohol)。東南區教會的信徒熱情地歡迎我們。他們還在市中心為我們租了一間寄宿公寓。我曾去過幾個地方,但天主教在安達的影響力是我在其他地方從未見過的。根據安達復臨信徒的說法,我們很難立即在這個地方傳講上帝的話語。因此,在教導和宣教之前,我們首先必須與居民建立關系,因為他們非常忠於於天主教教義。這也是安達幾十年來都沒有復臨教會在此植堂的原因。

承蒙上帝的憐憫,我們得以與居民建立連結,我們挨家挨戶拜訪,分享醫療服務,漸進式地與他們分享福音。接著,我們舉行了為期十天的佈道會和兩天的醫療服務,項目包括眼科、牙科和一般檢查。看到安達的居民從這些活動中受益,令我非常高興。結果,一共有21個寶貴生命接受了浸禮,能夠變成為主工作的一員,是相當令人滿足的經驗。

在離開薄荷島之前,我們還協助了塔維德教會(Tawid Church)教堂施工的規劃。我滿心為支持宣教的人感謝上帝:我的夥伴派翠克·桑契斯(Patrick Sanchez)、我的宣教同工、安達教會的信徒、千人佈道士運動的牧者、我的父母,以及最重要的——我的上帝和救主耶穌基督。我在宣教區經歷了上帝的仁慈,學到許多可以在生活中應用的教訓。願將一切榮耀歸予上帝!

烏爾里希·S·索里亞諾(Ulrich S. Soriano）
菲律賓本校區第 50 屆佈道士

發生在我身上最美好的事

你考察就能測透上帝嗎？你豈能盡情測透全能者嗎？

約伯記 11：7

一天晚上，我望著星星默默地向上帝祈禱：「主啊，請允許我們經歷其他佈道士在宣教地所經歷的事。」於是有一天，我們廚房裡的米吃完了，口袋裡的錢也沒了，只能煮青香蕉當作午餐。但是我們繼續向主禱告，希望祂能供應我們所需要的米。

在一次下午的家訪之後，我們見證了上帝是如何回應我們的禱告。一位教會長老送了10公斤的米到我們的住處，我們拜訪的一些人也送來根莖類的作物。在那裡，我們見證了上帝大能的手如何供應我們的需要。誠如〈腓立比書〉4章6節所說：「應當一無掛慮，只要凡事藉著禱告、祈求，和感謝，將你們所要的告訴上帝。」這並不是我們在宣教地唯一一次經歷上帝對我們的眷顧，我們曾經不下數次地見證上帝的雙手如何神祕地施展祂的大能。

有一次，我們認識了一位78歲的查經班男學員，我們知道他過去是為人施行墮胎手術的人，他也相信護身符等傳統菲律賓信仰（anting-anting，一種菲律賓的魔法和巫術）。但在一個安息日的崇拜中，他在教友面前發言並告訴我們他想受洗，我們為此感到非常高興。我們離開那裡時，他還沒有受洗，但我們知道他仍然會忠實地參加教堂的敬拜。

透過千人佈道士運動來事奉上帝，是我一生中最崇高的呼召，也是最充實的經歷。在幫助別人或給予他們一些東西後，我從他們眼中看見了喜樂，這對我來說已經足夠。我以前從未感受過這種幸福和滿足。我意識到，上帝是為了我的益處才託付這項工作給我。那是夢想成真的經驗。在我的佈道士任期結束後，我等待並繼續祈求上帝在我生命中的旨意。

我相信未來無論何處或做什麼，我仍然可以是一名佈道士，並使用上帝賦予我的恩賜。我承諾將盡我所能，成為他人的祝福。我將特別使用我的職業來推動祂的工作。在我為祂工作時，我確知上帝的能力是無限的。讓我們繼續學習上帝深奧的事。

阿亞娜・珍・蘭托（Ayana Jean Llanto）
菲律賓本校區第 40 屆佈道士

聖靈的運行

並且我們講說這些事，不是用人智慧所指教的言語，乃是用（聖）靈所指教的言語，將屬靈的話解釋屬靈的事。

哥林多前書 2：13 ■

為了讓聖靈在我們服務的人心中做工，我們必須堅持不懈地努力引導生命歸向耶穌。被人拒絕往往令人沮喪，但是當我們關心一個寶貴的生命並盡自己的本分時，聖靈就會行動。

當我和夥伴抵達宣教區時，我們得到機會去拜訪一位年長的女士——盧西娜・蘭塔卡（Lucina P. Lantaca），人們喚她「盧西寧奶奶」。她因為中風的關係飽受疼痛折磨，並且已經高齡79歲了。我們與她交談，後來詢問她是否願意和我們學習《聖經》。她說沒問題，但她接著說，她只是聽聽，但不會接受我們的教義，因為她要忠於她的天主教信仰。

我們同意並理解她的決定，但仍然繼續為她查經，直到第七個主題：安息日。她說：「你們的教義是正確的。為什麼我們的神父沒有教導我們這些事情呢？」我告訴她，這就是我選擇成為復臨信徒的原因，因為我相信它是唯一教導真理的宗教，因為它的所有教義都是以《聖經》為基礎的。

根據我們的說法並與她分享的經驗，她明白了《聖經》所教導的，因此她同意我的說法。在學習完復臨教會的28條基本信仰後，盧西寧奶奶終於願意和一些查經班學員一起接受聖潔的洗禮。許多教會的信徒告訴我們，盧西寧奶奶對她原先的宗教非常虔誠，以至於從來沒有人試圖讓她接受我們的信仰。然而，當聖靈持續運行，觸動她的心，靠著上帝的恩典，我們贏得了她。她在受洗時說，如果上帝恢復她的身體健康，她願意加入我們的工作，因為她想與那些尚未了解真理的人分享救恩的好消息。

作為上帝的工人，我們不應該害怕做祂的工作，因為祂總是在我們的日常工作中引導我們。祂永遠樂意幫助我們克服挑戰。

洛雷塔・C・伊巴利格（Loredita C. Ibalig）
菲律賓本校區第 43 屆佈道士

愛的語言

又願主叫你們彼此相愛的心,並愛眾人的心都能增長,充足,如同我們愛你們一樣。

帖撒羅尼迦前書 3:12 ■

　　我和宣教夥伴在一個陽光燦爛的日子裡舉行了一項「食物計畫」的活動。我們收拾好行李離開了家,騎著摩托車到達宣教區附近街區的活動會場。到達之後,我們在賽達阿姨的幫助下佈置了場地,她是我們幾個月前認識的一位女士。她也在廚房裡協助我們。不久,小孩子們——也就是此次活動的參與者——陸續到達現場。他們一臉好奇,我友善地對他們微笑,並請他們往前進,於是他們都靠了過來。

　　過了半晌,我們的活動在遊戲、歡笑和喜樂的時光中開始了。孩子們都十分活潑、主動,而且很合作。他們似乎玩得很開心。遊戲結束後,我們聚在一起禱告,然後開始分發食物;其中有一種非常特殊、包含了素肉和米的「嗎哪包」(Manna Pack Rice)。花園教會將其作為禮物捐贈給我們,我們也趁熱端出了這道富含蛋白質和碳水化合物的餐點。孩子們很感激,他們的父母也隨即加入了我們的晚餐。此外,我們還分發了果汁和巧克力。

　　在孩子們吃完飯並拿到遊戲參加獎後,我們就一起做了散會禱告準備離開。當我開始撿垃圾並清理場地時,一個三歲的男孩走到我身邊。他盯著我,喃喃自語地說了一些我聽不懂的話,然後伸手把巧克力遞給我。「這是你的。」我笑著說。他搖搖頭,把巧克力放在我手裡後走開了。他對我的慷慨讓我感到訝異。儘管他不會說我的語言,卻與我心意相通。他提醒我,上帝愛我,希望我能像個孩子一樣快樂。

　　周圍的人應能在我們身上感受到上帝的愛。即使是一些微不足道的小事,也能展現耶穌的品格。那天孩子們臉上的興奮之情,充分反映了主看到祂的子民向孩子表達祂的愛時的欣喜。我們應該不停地分享愛,因為愛總是會以意想不到的方式回到我們身上。

蒂娜・卡隆加 (Tina Kalonga)
菲律賓本校區第 50 屆佈道士

醫療佈道士的力量

耶和華說：我必使你痊癒，醫好你的傷痕，都因人稱你為
被趕散的，說：這是錫安，無人來探問的！

耶利米書 30：17

我和我的夥伴被分配到菲律賓內湖省的斯塔羅薩（Sta. Rosa, Laguna）。到達我們的宣教地時，我的心情很複雜，既覺得興奮，又很害怕來到城市地區，因這裡盡是忙碌的菁英人士。我們祈求上帝在我們進行任務時與我們同在。我們住在一間教會的分校。抵達當地的晚上，我們便開始了宣教任務。那是我們在金城教會傳道區舉行的第一次佈道會。馬卡雷格牧師（Pastor Macaraig）邀請我們協助；我們在早上進行探訪，邀請人每晚來參加。感謝上帝，許多寶貴的生命在佈道會結束後透過浸禮接受耶穌為他們個人的救主。

佈道會後，我們的牧師重新訓練我們成為醫療佈道士。我學會了如何測量血壓並提供自然療法，如水療、按摩和熱敷；另外也學會如何使用體測機做健康檢查。這些都是我們可以用來接近人的方法。我們學到了很多新知識與技能，可以幫助人們改善他們的健康。我看到了上帝的旨意，明白醫療宣教工作是一個偉大的工具，透過它我們可以接觸到病患的心靈。

好在教會已經制定了全年的計畫，我們只需遵循它並執行即可。我們與市政府合作，以志工身分在健康中心提供協助。我們探訪了體重過輕的兒童，並免費贈送嗎哪包，讓他們可以逐漸增加體重，進行健康檢查，並提供《聖經》研究。每逢安息日下午，我們會在一家商場進行社區服務，並在斯塔羅薩市政府進行健康檢查。我們很高興能代表復臨教會提供免費的服務。我們還訪問了監獄和醫院，並組織了團隊和關懷小組的活動。

上帝教導我們要像耶穌一樣，對祂保持忠誠並遵行祂的旨意。在遇到無論是身體和靈性上都有需求的病人時，我們要與他們分享《聖經》。上帝會透過我們作為祂的工具，幫助人解決健康問題。我記得某次一位客戶的孩子生病了，他要求我們為孩子按摩。我們在進行熱敷前祈求上帝，接著為孩子按摩。過了一天，他就痊癒了。我們感謝上帝使用我們的能力來幫助人。懷愛倫在《服務的呼召》說道：「要存著對生靈充滿懇切渴望的心作工。要做醫療佈道工作。這樣你就會成功接近人心。」我們發現，減輕人身體上的痛苦可以給我們機會滿足他們的靈性需求。這提醒了我，只有上帝有醫治的大能；而上帝也確實醫治那些請求祂醫治的人。

珍妮・塔布科恩（Jenny Tabucon）
菲律賓本校區第 50 屆佈道士

牆上的時鐘

你們要愛惜光陰，用智慧與外人交往。

歌羅西書 4：5 ■

我在宣教區注意到的一件事是，幾乎我們拜訪的每一棟房屋，都是一個可用來放置漂亮虛擬時鐘的特別所在。我們每週拜訪的其中一戶人家，是一棟簡樸的石頭平房。屋中有位男士躺在長椅上，因為腿部骨折，他無法站立，並且從未得到治療，骨癌導致他全身長滿了瘡。我們唱歌給他聽，為他禱告，並用《聖經》的話鼓勵他。雖然我們無力支付他的醫療費用減輕他的負擔，但我們可以從他的微笑看出，那一天他因為蒙福而感謝上帝。

根據掛在餐廳牆上的巨大金鐘，另一間房子的時間已經來到了下午1點半。我和我的夥伴為屋主準備了辣木麵。他獨自住在一幢坐落在河邊的華麗別墅，那裡曾經是一家餐館。他的女兒和妻子分別於那一年的8月13日和12月13日死於癌症。這位鰥夫在中風後無法自主行動，也無人來照顧他，因為其他的孩子都離開了他。但是，他總是用「讚美主！」這句話來打破家裡的寂靜。

當時鐘指向12點整時，我們決定順道探訪下一家。那天有許多人加入我們；在青年團節目結束後，我們和一群教友一起拜訪這個家庭。每個人都分享了個人最喜歡的《聖經》章節給家裡的主婦們。這個家庭的父親躲在隔壁的房間裡，但我知道他其實一直都在注意聽我們分享。儘管他只是聽我們說話，我相信聖靈會在他的心裡動工。

即使最終我們必須離開這些地方，回到自己的家；在那裡，時間之輪會隨著季節的變化或新的任務挑戰而重新開始轉動。在上帝的恩典下，這些人必會堅持所信。願感謝、讚美和榮耀歸給全能的上帝，祂讓我們將希望和光明帶入這些家庭中。我們會永遠記得為宣教途中遇到的每一位代禱。他們每個人雖在不同的時間點與耶穌相遇，但同樣的喜樂將使他們的心靈得到滿足。

莉迪亞・法布里奇斯（Lydia Fabricius）
菲律賓本校區第 42 屆佈道士

令人滿足的工作

你必將生命的道路指示我。在你面前有滿足的喜樂；在你右手中有永遠的福樂。

詩篇 16：11 ■

　　我和我的夥伴被分配到菲律賓阿爾拜省的阿普德利（Apud Libon, Albay），我原本希望能被派到一個沒有任何教會的地方，如此一來我們就可以體驗植堂的過程。但令我失望的是，我們被派駐的宣教區早已有了一間教會，但這教會只有一個家庭定期來赴會。這是一個充滿挑戰的景況，我們不曉得該怎麼辦，也不知道該如何滿足他們的需要。我們發現教會內部有許多問題，所以便想了一個透過組織家庭營會並以此來鼓勵教友的辦法。

　　不幸的是，一場颱風來襲，導致我們的計畫失敗。我們竭盡所能接觸教友，可惜的是，許多突發狀況讓許多教友對我們計畫的活動興趣缺缺。我知道在上帝的幫助下，我們可以有所作為；但是什麼也沒有發生。截至目前為止，九個月的宣教沒能帶來任何成果。我仍然渴望為主服事更多人，也盼望能分享上帝所賜予我的才幹——以主的方式來領導、培養和教導他人。

　　隨著任期即將結束、返家的時間臨近，新冠疫情的蔓延卻帶了來旅行上的限制，因此我決定延長我的任期。但主要的原因是我想做得更多，而且對我之前的服事成效並不滿意。我與新夥伴延長任期的第一個宣教區是南伊羅戈斯（Ilocos Sur），但由於疫情，我們考慮去卡坦端內斯（Catanduanes）、奎松（Quezon）、布拉干（Bulacan）或布基農（Bukidnon），但是這些地方都拒絕核發旅行許可給我們，所以我們也無法前往。我們很灰心，但我們沒有放棄，因為知道上帝有祂的計畫，祂會選擇適當的時機實現。出乎意料的是，卡莫特斯島（Camotes）為我們敞開了大門，我們可以為西蒂奧達納萬康蘇洛（Consuelo, Sitio Danawan）的復臨教會服務。我祈求上帝使用我所有的才幹、技能和強項為祂服務。我們結識了那裡的人，培育教會，舉辦講座，開始查經，組織音樂事工並計畫了一個建堂項目。我們還協助了兩場佈道會：第一場是我們的期中佈道會，於2021年1月與被派駐在米沙鄢（Visayas）的第54屆佈道士一起舉行。這一次，我的禱告終於得到了回應——我的心靈得到了滿足。

　　縱然因疫情的緣故，政府禁止社交聚會，但我們感謝上帝，祂仍然讓這個計畫得以實現。佈道會結束後，共有34位生靈決定接受浸禮，其中5位來自我們的宣教區。能夠見證這神聖的大事，再次與同工們相聚，並聽到上帝如何改變他們的生命，真是令人滿足。現在，我仍然愉快地在宣教地為拯救瀕臨死亡的生命而工作。

賈茲弗・穆阿納（Jazfer Muaña）
菲律賓本校區第54屆佈道士

人們以為我們是乞丐

你們知道我們主耶穌基督的恩典：他本來富足，卻為你們成了貧窮，叫你們因他的貧窮，可以成為富足。

哥林多後書 8：9 ■

謙卑乃是向人們傳遞救恩之好消息極為重要的工具。如果我們能夠如耶穌一般使自己與人們同等，人們的心就較能接受我們分享的信息。透過謙卑，我們可以很容易就消除與接觸的人之間的差距。如此一來，人們就會被吸引到我們這裡來學習並找到希望。

到達位於菲律賓黎剎省泰泰市（Taytay, Rizal）巴蘭蓋多洛雷斯（Barangay Dolores）的宣教地時，當時正值炎熱的夏季。作為計畫的一部分，我們一開始就挨家挨戶地拜訪。這是我第一次參與事工，所以我懇切地禱告，希望主能賜給我完成任務所需的才能。

我們每到一戶人家拜訪，都會獻上一首詩歌。每次唱歌時，我總是請求上帝透過詩歌說話，讓聖靈感動人們的心。但有趣的是，每次我們唱歌時，都會有人誤認我們是在乞討。所以，他們經常給我們錢。但這情形後來變得有點難為情；有時候我的淚水會在唱歌時忍不住掉下來。因為他們當中有些人把我們當成了乞丐，以至於他們後來就緊閉家門不讓我們拜訪。

當我評估且思考我們的宣教經驗時，我開始意識到，上帝多麼希望我們每個人在傳福音時，都能有謙卑的態度。無論我們看起來是否像乞丐或窮人都無所謂，只要能讓上帝透過當時的情境作工，引人走向耶穌就好。作為佈道士，我們應該始終尋求謙卑，成為有吸引力的工具，為的是引領人來到耶穌面前。如果我們願意放下我們的成就、頭銜和驕傲，就容易吸引人們向耶穌敞開心房。作為上帝的同工，有時可能會需要我們紆尊降貴，但我們是否思考過，耶穌又是如何離開祂的寶座，來到我們所在的地方？我們需要時刻記住耶穌的十字架經歷，經常提醒自己，耶穌道成肉身、取了最低的地位，祂在世上時看起來像個窮人，甚至像個乞丐，只為了拯救我們。願我們有幸在為耶穌尋人的過程中追隨祂的腳步。

羅西塔‧西霍塘（Rosita Sihotang）
菲律賓本校區第 50 屆佈道士

救援行動

人被拉到死地，你要解救；人將被殺，你須攔阻。

箴言 24：11 ∎

....

有一天，奧南弟兄和瑪麗莎姐妹夫婦邀請我和我的夥伴；「是我們的家庭聚會，」瑪麗莎阿姨說。我原本很猶豫要不要接受邀約，因為我覺得會打擾到他們的家庭聚會。但後來我意識到，我們也需要與他們的家人建立連結，拉近和他們的距離。經過討論後，我和夥伴都決定接受他們的邀請。

我們在上午8點半抵達他們家聚的地點，這個地方景色優美又寧靜。它讓我想起了上帝是如何創造這完美的世界，後來卻被罪惡毀壞。我們可以聽到鳥兒歡快的鳴叫和河水潺潺的流動聲。沒過多久，他們家的親朋好友都來了，一群人聚在河邊。有些人喜歡游泳，有些人只是將雙腳浸在涼爽的河水裡。孩子們很喜歡在河邊跳水，但有些人會使用游泳圈，太小的孩子們則不太敢下水玩，只待在河邊。我可以看見在場每個人眼中都洋溢著喜樂。

正當我和我的夥伴離開岸邊、要去拿手機拍照並與一些孩子交談時，突然聽到人群中一陣驚呼：「小孩，小孩！」然後我們看到一個昏迷的小女孩被抬到岸上。聽說她從浮板上掉進水中溺水了。我突然感到一陣恐懼、驚慌和無助，但我感覺有聲音在催促我去救那個小女孩。於是，我跑向包圍女孩的人群。

當他們把女孩放在地上時，母親拼命試圖救活女孩但無濟於事，我能感受到周圍緊張的氣氛。我看到那個可憐的女孩，四肢癱軟，嘴唇幾乎呈紫色，肚子脹得厲害，眼睛緊閉著，這些都是瀕臨死亡的跡象！「讓我來幫忙，」我提議道。我迅速執行了我所學過的急救方法為她做了心肺復甦術。我一邊急救，一邊不斷地向上帝禱告，相信祂會幫助我保住孩子的生命。

終於，孩子吐了水並開始咳嗽。儘管孩子的母親沒有向我道謝，但我感謝上帝使用我作為拯救孩子生命的工具。我全然感謝主的幫助和引導。當時我突然覺悟，上帝讓我們參加他們的家庭聚會是有原因的。這不僅是為了讓我們有機會與這對夫婦建立個人聯繫，也是為了在別人有難時幫助他們，特別是在生死關頭。作為基督的佈道士，我們應該隨時準備幫助任何人，無論何時何地，無論他們是誰。

瑪麗・克里斯・利巴內斯（Mary Cris Libarnes）
菲律賓本校區第 47 屆佈道士

真實的改變和真愛

沒有愛心的，就不認識上帝，因為上帝就是愛。

約翰壹書 4：8 ■

在我作為佈道士服事主的第四年，我決定離開SULADS組織*，加入千人佈道士運動。作為一名佈道士，我去過不同的宣教區，與需要亮光的人分享真理。我也曾在不同的宣教機構工作，但並不是為了賺錢或過上更好的生活，而是為了分享永生之源——基督。這些年，在引導寶貴生靈歸向基督而辛勤工作的過程中，我明白了一件事：宣教的成功不在於受洗人數，而是由真正歸向基督的生命數量來決定。救主自己說：「我實在告訴你們，你們若不回轉，變成小孩子的樣式，斷不得進天國。」（馬太福音18：3）

在成為真基督徒的過程中，真正的、由內而外的轉變是非常必要的。我們人類的初代父母——始祖亞當和夏娃，是完美的受造物；這種完美使他們有機會與造物主進行親密的交流，享受祂所賜給他們的種種祝福。但所有的一切，特別是他們完美的形象，卻因為他們的不服從而瞬間消失。他們的不順從導致自己原本完美的形象被罪玷污，「因為世人都犯了罪，虧缺了上帝的榮耀。」（羅馬書3：23）這是何等憂傷的後果！

真正的改變唯有透過我們的救主耶穌基督才能實現；祂是「上帝的羔羊，除去世人罪孽的」！祂乃是「用自己的血使我們脫離罪惡」，並且「將我們這卑賤的身體改變形狀，和他自己榮耀的身體相似」的那一位（約翰福音1：29；啟示錄1：5；腓立比書3：21）。當一個人真心悔改，他最佳的表徵之一，就是對我們唯一的真神和其他人表現出愛。「因一人的順從，眾人也成為義了。」（羅馬書5：19）所以透過順服上帝的誡命，我們可以改變；而這條誡命的核心就是愛。即便如此，今日大多數人依舊不認識唯一的真神，他們甚至討厭和輕視祂，選擇事奉瑪門而不是祂。

然而，我們不可能在不認識上帝的情況下去愛，「因為愛是從上帝來的。凡有愛心的，都是由上帝而生，並且認識上帝。」（約翰壹書4：7）然而，在認識唯一的真神並接受了祂的愛之後，順從的基督徒必須向自己的同胞們也表現出這樣的愛心。透過愛神和愛人，我們才顯現出真悔改最有力的證據，「再沒有比這兩條誡命更大的了。」（馬可福音12：31）

譯註：SULADS International 是一個以社區為基礎的非營利組織（NGO），致力為偏遠地區的原住民部落提供發展項目，這些地區的原住民部落可能無法獲得教育和醫療保健。

伊恩・法米薩蘭（Ian Famisaran）
菲律賓總校區第 56 屆佈道士

相信祂的計畫

耶和華必在你前面行;他必與你同在,必不撇下你,也不丟棄你。不要懼怕,也不要驚惶。

申命記 31:8 ■

　　生活在山區或島嶼讓我感到興奮不已;在炎炎烈日下行走,拜訪偏遠的村莊,穿越數英里長的河流,或乘著小船航行,去接觸鄉下地區的未得之民,一直是我的夢想。這就是我對佈道士生活的想法。

　　我們的宣教地點公布時是在2018年9月。因為我來自菲律賓的第一大島——呂宋島,所以我祈禱能夠被派往民答那峨或米沙鄢島。當結果宣布時,令我驚訝的是,我的宣教地點竟然是在帕賽市的復臨世界廣播電台!我在山區或島嶼做佈道士的夢想破滅了!「祢把我放在原來的地方,我的生命怎麼可能有所轉變?難道祢不希望把我放在一個全新的環境,讓我可以在那裡恢復對祢的信心嗎?」我多次質問主並執著於這樣的想法,認為只有在遠離城市的地方,我才能有一個新的開始。只因主沒有滿足我的期望,我不禁懷疑祂在我生命中的計畫。

　　我加入千人佈道士運動的原因之一,就是為了逃離城市;這裡的人如此忙碌,誘惑無處不在。而我正努力尋找與我原先忙碌的生活截然不同的新事物,還有一些能夠改變我的視野,並賦予我的生命更深刻意義的事物。我時常在競爭的氛圍中工作,晉升是最終目標,金錢比家庭更重要,世俗的事物比永恆更令人嚮往,上帝在這裡沒有半分地位。然而,換作佈道士的身分重新回到這座城市,對我來說是一個全新的體驗,也讓我大開眼界。上帝向我展示了謙卑和溫順、忠誠和信實的活見證。我看見牧師、主任、佈道士們是如何努力尋求失喪的靈魂而不是財富,他們充滿了喜樂而非怨言。我感到上帝就在他們中間。

　　上帝提醒了我那些早已遺忘的事及被我忽視的價值觀。我漸漸變老,但在精神上卻依然年輕。我的教育水平雖然高,卻從未來到耶穌的腳前。過了幾個月,我慢慢明白上帝早已為我鋪平了道路,並為我的問題提供了答案。我的宣教地點可能不是山區或島嶼,沒有乘坐小船去接觸未得之民,也沒有見證大多數佈道士在宣教區的工作,但我相信我活出了上帝對我的旨意。我的視角已經改變,現在的我更親近耶穌。雖然我們現在可能對祂的計畫不明白,但我們仍然必須相信那位深知什麼對我們最有益的主。

拉法・埃拉・V・圖加德(Rapha Ella V. Tugade)
菲律賓本校區第 52 屆佈道士

如小孩般信靠上帝

倚靠耶和華、以耶和華為可靠的，那人有福了！

耶利米書 17：7 ■

在我們培訓期間，我不知道我的宣教地點會在哪裡。其他準備前往韓國的佈道士已經知道他們將在學校或教會中服事。因此，我不停地問：「我會被派往城市，還是鄉村地區？」

我和其他佈道士於2011年5月2日抵達韓國，當時的我仍然非常焦慮。但是當我一看到美麗的宣教地時，原本的擔憂很快就被訝異和敬畏所取代；這是一個被群山、樹木和農場圍繞，鬱鬱蔥蔥的地方，在涼爽的春風吹拂下顯得更加美麗。

我立刻感謝上帝派我到這樣一個美麗的宣教區 —— 遠離繁忙、嘈雜的城市。我覺得在這樣的地方會讓我的信仰更加堅定，尤其是因為我被分配到的教會是一個充滿愛的教會。

那地方的教友熱情地過著以基督為中心的生活，這麼說是因為當我在那裡時，每當我們聚在一起，我都能感受到敬拜的神聖和上帝的同在。置身於這般屬天的氛圍中，我不禁想說：「上帝派我來這裡服務想學英語的韓國弟兄姐妹，我是何等有福啊！」起初，我不知道如何教學或開始我的英語課程。但後來我發現，教學是上帝賜給我的天賦，也是我喜歡從事的工作。我更感謝祂賜給我對於教學的熱情，來滿足課堂上學生的需要。

於是我明白了上帝為什麼把我放在那個地方。祂希望我以全新的熱忱來服事祂。祂要我知道祂奇妙的恩典如何在我身上並透過我發揮作用。很快我就明白，上帝派我到那個地方，是為了讓我擁有在祂裡面成長並結果的奇妙經歷。我的憂慮全然消失，當我學會如孩子般信任上帝時，我獲得了勇氣面對今生的恐懼。

如今我有勇氣做上帝要求我做的任何事情，因為我知道每當我需要時祂都會在我身邊。一如最有智慧的國王所羅門曾說：「你要專心仰賴耶和華，不可倚靠自己的聰明。」（箴言3：5）

弗朗科・卡瓦列羅（Franco Caballero）
菲律賓本校區第35屆佈道士

信靠上帝的計畫

耶和華說：我知道我向你們所懷的意念是賜平安的意念，不是降災禍的意念，要叫你們末後有指望。

耶利米書 29：11 ■

在我們出生之前，上帝就已經為我們制定了計畫。祂創造我們是為了成為祂完美計畫的一部分，是為了使我們有豐盛的人生，而不是傷害我們。祂要給我們帶來歡樂，並與我們交通；就像我們想與朋友和家人共處一樣。每個人的生存環境都是由造物主設計的。而我要感謝上帝，祂創造了我，並為了一個特別的目的派我到我的宣教地區。

我們在宣教區的生活很艱苦，但這正是我所求的。我和我的夥伴很喜歡我們每週所做的活動，比如探訪家庭、教導兒童以及探望已離開教會的教友等。在烈日炎炎下走著，我們每天都感到筋疲力盡，然而當我們走訪一戶又一戶人家時，大自然的美麗總是能帶走我們的疲倦。

當我們繼續我們的友誼事工時，我們遇到了一位悲傷的母親。她的女兒琪琪住在離我們的宣教區僅幾英哩的地方，六年多來一直遭受多種疾病的折磨。由於經歷了太多痛苦，她的身體越來越虛弱。我們向母親保證我們會為她的女兒祈禱，但是琪琪拒絕禱告。母親對女兒的反應感到非常難過，但我們鼓勵她把女兒的病況交託給上帝，單單相信祂，經常向祂祈求幫助，並參加教堂聚會。於是，她決定和我們一起去教堂。我們對她突如其來的決定有些意外，但是在上帝面前沒有什麼是不可能的。她還帶了女兒一起去教會。感謝上帝，因為祂持久的恩典，她女兒的病情漸漸好轉，她們決定受洗。

我堅信上帝已經計畫並準備好了琪琪和她的母親與耶穌的相遇。這也是上帝派我們去那裡的原因之一，祂早已為我們準備了一些特別的經歷。祂計畫使用我們作為祂的工具，將這位母親和她的女兒帶到耶穌的跟前。務必要始終預備好自己為上帝的工作服務，祂將引導你找到那些需要祂的人。

薩雷斯・貿烏（Sareth Mao）
菲律賓本校區第 50 屆佈道士

暮色下的浸禮

所以，我們藉著洗禮歸入死，和他一同埋葬，原是叫我們一舉一動有新生的樣式，像基督藉著父的榮耀從死裡復活一樣。

羅馬書 6：4 ∎

你曾目睹過有人在最後一刻接受浸禮嗎？我猜想機率大概很低，因為浸禮通常是事先安排好的。但是在我的宣教地，我能見證這件事。它發生在凱倫婚禮的前一天，凱倫是我和夥伴寄宿家庭屋主的女兒，我們在他們家住了近五個月之久。浸禮原訂於婚禮前三天舉行，但後來改到婚禮前一天。當時預定的時間是下午2點，但由於溝通不當，主持浸禮的牧師直到下午5點才出現。當時已經是傍晚時分，天色隨時都會暗下來。並且，婚禮將在第二天上午9點舉行！人們需要時間為此做準備。

這是我第一次見證一場黃昏的浸禮。我曾經認為，浸禮只是一個成為復臨教會正式信徒所必須經歷的儀式。然而，當我成為一名佈道士之後，我的觀點改變了，我意識到浸禮的真正意義──它代表向著自我死去，並在耶穌基督裡過全新的生活。

在那一刻，我腦海中浮現了一個情景：當我們的天父看著一個個生靈接受祂的兒子作為個人救主時，祂會有多高興！我環顧四周，看到黑暗開始籠罩天空，但陽光依然燦爛。我想像著當我們歌頌和榮耀上帝的名時，聽到天使長和我們一起歌唱的聲音。我也感到溫暖的晚風擁抱著我們所有人。

浸禮一事是如此莊嚴，以至於我的思緒被帶回到耶穌基督在約旦河的浸禮。我不難想像當時的人在那裡見證耶穌受洗的感覺。這種感覺很可能與我見證這次黃昏浸禮時的感覺相似，也可能不止如此。這是多麼美妙！如果我們每天都能讓天父成為我們生活的一部分，那麼我們的天父能感受的喜樂將是多麼豐沛啊！

瑪麗亞・路易莎・傑德・H・薩維德拉（Maria Louiza Jade H. Saavedra）
菲律賓本校區地 44 屆佈道士

困境中的意外之福

耶和華本為善，在患難的日子為人的保障，並且認得那些投靠他的人。

那鴻書 1：7 ■

我住在孟加拉蘭加馬蒂區的希爾丘里部落（Hillchuri, Rangamati）。這是一個偏遠地區，缺乏許多現代設施。之前，這裡沒有穩定的通訊系統，也沒有診所或醫院可進行治療；此外，這裡沒有學校提供教學，也沒有其他設施。我的家人都是佛教徒，對上帝一無所知。一次，我的祖父得了重病，沒有醫生能為他治療。後來他反而被帶到寺廟，按照他們的信仰和儀式尋求佛祖的保佑。一位師父為我祖父祈福，並要求我的家人遵照某些儀式去行。我注意到當師父說話時，我的家人獻上了一隻山羊並照著師父所吩咐的、按部就班地去行事。但他們的祈禱沒有得到回應，我的祖父也沒有因此痊癒；相反，他的身體狀況越來越差。由於祖父的情況每況愈下，我的家人開始尋求巫師和法師的協助。法師施了咒語後，便讓我們回家。我們持續觀察這位法師的咒語好幾天，但也不見任何效果。

有一天，一位復臨教會的牧師來到我的部落，並從其他的村民口中得知我祖父的情況。於是牧師來到我家問道：「我可以為他向我的上帝禱告嗎？」我們很高興、也很驚訝聽到來自《聖經》的安慰。在禱告前，牧師讀了〈馬太福音〉21章22節：「你們禱告，無論求什麼，只要信，就必得著。」幾天後，我們見證了奇蹟，我的祖父痊癒了。之後，牧師來到我家，分享了〈啟示錄〉18章4節：「我又聽見從天上有聲音說：我的民哪，你們要從那城出來，免得與她一同有罪，受她所受的災殃。」牧師建議我們生病時不要尋求魔法師或巫師，而是尋求有改變生命能力的主。

之後，2021年10月18日，當我在東孟加拉差會參加千人佈道士運動的培訓時，我們家發生了火災。事發當時沒有人在家，大火燒毀了家中所有的物品。依照差會行政人員的建議，我拍了一些家裡的照片，並寄給一些慈善機構。我們經由趙摩西牧師得到了祝福，他協助我們修復受損的房屋。這件事讓我學到一件寶貴的功課：如果我們忠心服事主，上帝會在困境中為我們開路並支持我們。

派特洪・凱昂（Paithuiong Khyang）
孟加拉分校第 23 屆佈道士

戰勝疾病

感謝上帝，使我們藉著我們的主耶穌基督得勝。

哥林多前書 15：57 ∎

　　我母親的名字是頓萊‧姆羅（Tonle Mro），父親的名字是郎克朗‧姆羅（Rangkrang Mro）。我們住在孟加拉班達邦區下屬的圖拉圖里‧姆羅帕拉部落（Tulatuli Mro Para, Bandarbon）。當我回顧過去，我只想讚美和感謝我們全能的主，因為祂讓我們在祂的翼下，保護我們安全直到如今。在新冠肺炎流行期間，祂特別保護我們，讓我們安全地在祂慈愛的懷抱中。

　　新冠肺炎的冠狀病毒具有很強的傳染性，與受感染者或物體的幾秒鐘的接觸就可能導致另一個人感染。不僅如此，感染新冠肺炎的人可能會在短短幾天內死亡。這就是這種疾病的致命性，也是它成為流行病的原因。因此，我們總是鼓勵人經常消毒雙手和身體，與他人接觸時始終配戴口罩，即使戴上了口罩，仍需要與他人保持至少1公尺的距離，以避免感染病毒。我們盡力遵守這些措施並保持謹慎。

　　但是有一次，一個人來到我們村莊。他來自附近的卡拉帕拉村（Kalapara）並感染了新冠肺炎。然而，我當時並不知道這一點。我正坐在樹蔭下，突然聽到他痛苦地尖叫。我趕緊跑過去問他：「你怎麼了？」他對我說：「請幫助我，我肚子痛。」

　　儘管我對他一無所知，但我還是陪他走了45公里回到他家。當我們在行走的間隙休息時，我向他分享了我的信仰，並多次為他祈禱。當我們到達他家時，他說：「我的肚子好多了！」

　　三天後，我才從其他村民那裡聽說他是一名新冠肺炎患者。我和他有過非常親近的肢體接觸！但感謝主，我並沒有感染可怕的病毒！讓我們繼續為他祈禱，讓上帝向他啟示祂的真理，使他成為上帝的門徒。讚美主的恩典、憐憫和祝福。

榮陽‧姆羅（Rangyan Mro）
孟加拉分校第 23 屆佈道士

強烈颱風「羅利」襲擊的村莊

忽然來的驚恐，不要害怕；惡人遭毀滅，也不要恐懼。因為耶和華是你所倚靠的；他必保守你的腳不陷入網羅。

箴言 3：25、26 ∎

我奉差派到菲律賓呂宋島南方、阿爾拜省利本市的布拉博德（Burabod, Libon, Albay）；當地經常是颱風的必經之路，每年都會遭受幾次破壞性的暴風、豪雨及其他自然災害的侵襲。

我和來自斯里蘭卡的佈道士夥伴——安加里卡‧塔蘭加尼（Anjalika Tharangani）在那裡生活並服務了3個月又24天。接著在2020年11月1日發生了一件事。這是生死攸關的一天。這一天，襲擊菲律賓的強烈颱風「羅利」（又被命名為「天鵝」）侵襲了我的宣教地。我們親眼目睹屋頂被強風吹破，房屋被摧毀，樹木被推倒，財產被洶湧的海水沖走，以及居民四散奔逃。那是可怕的一天，但是我們仍感到蒙福。

在風暴肆虐之中，我和夥伴見證了上帝的眷顧。在這個災害頻傳的地區，我們因著上帝的憐憫得安全。風暴過後，我們出去拜訪了一些朋友、鄰居、查經班學員和教友。

颱風造成的破壞著實難以形容。看到居民們的生活環境遭到如此嚴重的破壞，我也忍不住感到揪心。我們知道他們的房屋和收入來源都遭受嚴重損失，生活在水深火熱之中。雪上加霜的是，當時正值新冠肺炎疫情的高峰，導致撤離和災後重建都變得十分困難。因此，有一些家庭不得不留在擁擠的避難中心。

當我們目睹居民們的艱辛和痛苦時，我們心有所感地敲他們的心門，希望他們求助的呼聲能被聽到，並促使人們採取行動。在他們所經歷和忍受的沮喪環境中，願你的禱告能為他們帶來希望和勇氣。在世界上的每個角落，人們時常因為突如其來的災難而陷入痛苦的困境；然而這也是我們為他們提供巨大幫助和安慰的最佳時機。願我們都能成為祝福的管道和工具，幫助那些今日仍處於痛苦和磨難中的人們。

瓦妮莎‧達巴托斯（Vanessa Dabatos）
菲律賓本校區第 55 屆佈道士

在沉默中等待上帝

我的心哪，你當默默無聲，專等候上帝，因為我的盼望是從他而來。

詩篇 62：5 ■

　　自從我們來到千人佈道士運動的校園展開培訓課程以來，我一直不斷地禱告，希望自己與上帝更親近，如此一來我便能成為他人的祝福。然而，在我身上似乎什麼都沒有發生；我發現自己沒有任何改變。我知道上帝肯定聽見並考慮了我的禱告，但祂只是沉默。

　　我本以為我們的小屋聚會對我來說會是個讓我成為他人祝福的機會，反之我卻因我遇到的人蒙福。小屋聚會結束後，很多人都很興奮，因為我們的培訓即將進入倒數階段，等待被派遣。然而，我卻沒有這種興奮的感覺。我認為自己還沒有準備好，因為我仍然沒有發現自己的變化。我數次跪下來痛哭，求聖靈在我裡面動工，使我能夠為我的使命做好準備。我懺悔說：「主啊，我厭倦了自己。求祢接手，承擔所有的重擔。」那一刻我感到自己是如此軟弱，儘管祂沉默不語，我卻只想與祂交談。

　　由於新冠疫情的關係，我們的派遣公布日被推遲，培訓也被延長。當這個消息宣布時，我對自己說：「這是因為我還沒有準備好去做主的工。」我並沒有因為這個消息而感到失望，因為我希望上帝會在額外的訓練中與我交談。我花了很多時間與上帝在一起，覺得自己現在已經獲得了祂的指引；祂提醒我，我是一名仍在悔改過程中的基督徒。

　　上帝在沉默之後忠實地回應了我。在我們的長期培訓中，我所有的禱告幾乎都得到了應允。我現在的禱告是為那些發現自己有相同境遇甚或更糟的人；在等待上帝的回答時，我們可以忠心地將自己交託給上帝。〈詩篇〉62篇5節說：「我的心哪，你當默默無聲，專等候上帝，因為我的盼望是從他而來。」祂知道我們心中的願望，祂知道我們未來的最佳選擇。祂在〈以賽亞書〉54章8節中說：「我的怒氣漲溢，頃刻之間向你掩面，卻要以永遠的慈愛憐恤你。」我們所需要做的就是相信祂的應許。我們在屬靈奮鬥中的困難並不是要使我們與上帝隔離，而是要使我們看到在十字架上拯救我們的那一位，以及祂的榮耀，感受我們對聖靈的需要，思考天父的良善。即使在祂沉默的時候，祂也會使萬事都互相效力，叫祂的僕人得益處。

凡妮莎・達巴托斯（Vanessa Dabatos）
菲律賓本校區第 55 屆佈道士

漂泊的異鄉人

親愛的弟兄啊，你們是客旅，是寄居的。我勸你們要禁戒肉體的私慾；這私慾是與靈魂爭戰的。你們在外邦人中，應當品行端正，叫那些毀謗你們是作惡的，因看見你們的好行為，便在鑒察的日子歸榮耀給上帝。

彼得前書 2：11、12 ■

我與主的旅程就像亞伯拉罕的一樣。當上帝呼召我成為佈道士時，我接受了，但不知接下來會發生什麼。我也有些害怕，尤其我對菲律賓完全不熟悉。我來自玻利維亞，我想我是第一個被派到菲律賓呂宋島新怡詩夏省（Nueva Ecija）的玻利維亞佈道士。自從我開始與主同行以來，我以為菲律賓人都會說英語，也都能聽懂英語，所以直覺認為要與當地人交流很容易，但上帝卻把我送到了一個當地居民幾乎完全不會說也聽不懂英語的地方。我灰心地對主說：「主啊，在這裡身為一個外國人實在是太難了！」

我和我的宣教夥伴禱告了很長一段時間，希望上帝能告訴我們如何接觸宣教地區的居民。隨著時間的過去，我們發現，每當我們在村裡走動時，孩子們都會認出我，並向我打招呼：「嗨，亞歷珊卓阿姨！」僅管我們彼此不認識，但無論我們走到哪裡，孩子們總是對我們微笑。正因如此，上帝允許我們接近他們並與其分享祂的信息。菲律賓人待陌生人非常友善，他們也歡迎我們進入他們家。當地大約9歲的孩子們，是我們所召集的第一批喜愛《聖經》的民眾。我們說聖經故事給他們聽，也教他們聖經課程和帶動唱。我們善用了身為外國人這一優勢；他們好奇地想知道我的一切，也成了我的好朋友，每當我洗衣服時，他們也同時教我他們的語言——他加祿語。他們每天和我在一起，聖靈觸動了他們的心，其中三個人決定受洗。

我們宣教區的教堂沒有門和窗，屋頂也處於未完工狀態，因為缺乏資金，工程突然中斷。因此，我和夥伴為此禱告，求上帝讓我們看見繼續建堂的方法。神沒有讓我們失望。在向家鄉朋友們介紹了我宣教區的需要之後，我們籌集了46,419披索用於教堂建設項目。上帝感動了這麼多人的心來幫助我們，實在是令我們非常感謝。在異國他鄉固然困難重重，但上帝永遠不會離棄我們，正如祂使用我外國人士的身分在宣教區傳揚福音一樣。祂不會拋棄我們。畢竟，我們在這個世界上都是客旅。且讓上帝在你的生命中動工，並使用你作為祂傳福音的工具。

亞歷珊卓・奧羅斯科（Alexandra Orosco）
菲律賓本校區第 45 屆佈道士

當上帝有計畫

人心籌算自己的道路；惟耶和華指引他的腳步。

箴言 16：9 ▩

　　我是在復臨教會價值觀的養成之下長大的，但總覺得自己缺少了某些東西。上教堂只是我日常的習慣──僅此而已。每當有人要求我參與負責安息日學或崇拜聚會時，我一向回答「不」。但當有人建議我加入千人佈道士運動時，我卻認為對此說「不」並不是明智的決定。於是，我決定加入。

　　在佈道士培訓期間的某一天，我的情感防線終於崩潰，因為周圍發生的一切，我無法控制自己的情緒。我當時只想回家，完全不在乎別人怎麼說！後來，爸爸打電話問我：「你好嗎？」我告訴他我想回家。然後我呼求上帝，請趕走我所有的情緒。祂回答說：「記住你對我的承諾。」這句話帶給我很大的震撼。我向祂傾吐了我的心聲，告訴祂生活的一切以及我的問題，最重要的是──我對祂犯下的罪。之後，我所感受到的痛苦消失了，餘下只剩在上帝面前才能擁有的寧靜。〈詩篇〉46篇10節說：「你們要休息，要知道我是上帝！」

　　現在，我正在我的第二個宣教區──千人佈道士運動校本部──擔任校園佈道士。的確，「人心籌算自己的道路；惟耶和華指引他的腳步。」決定加入千人佈道士運動是我一生中最正確的決定。這不是一個一帆風順的旅程，但上帝與我同在。

　　上帝帶領我來到這裡有祂的計畫──幫助我認識到自己的罪有多麼深，品格又是多麼污穢。祂教導我謙卑和忍耐，不僅是對自己，最重要的是對周圍的人。當上帝指引道路時，祂的話語會成為我們腳前的燈和路上的光，引導我們走上一條與計畫中不同的道路。上帝對我們生命的設計是為了平安，而不是邪惡，是為了與祂同在的未來，是為了我們等待祂的希望。在我們的生命中遵循上帝的計畫，我們最終會到達上帝希望我們到達的永恆家鄉。

　　願我們謹記，無論我們走過多少彎路，上帝的引導必定會讓我們安全地抵達祂為我們設立的人生目標。

黛博拉・喬伊・R・魯薩（Deborah Joy R. Luza）
菲律賓本校區第 55 屆佈道士

上帝醫治了我

耶和華—我的上帝啊，我曾呼求你，你醫治了我。

詩篇 30：2 ■

　　我一直是對上帝忠心不移的信徒；但在我生命中曾經有一件事考驗了我對上帝的信心。我一直懷疑自己的身體出了問題，特別是我的健康。有一個朋友問我怎麼了，因她發現我有些異常。「梅，你的眼睛有問題，你需要治療，趕快去看醫生，」她補充道。她的話促使我前往杜馬蓋地市（Dumaguete）的西利曼醫療中心（Silliman Medical Center）進行檢查。當我拿到檢查結果時，我害怕地哭了。

　　醫生診斷我患有嚴重的甲狀腺功能亢進，但這並不妨礙我相信上帝會醫治我，並引導我走過這個過程。因此，儘管我的健康狀況不佳，我還是加入了千人佈道士運動。他們說這樣做會有風險，但我不怕與上帝一起冒這個險；我只是把結果交託給祂，我相信祂永遠不會拋棄我，我也決心不惜一切代價服事祂。後來，千人佈道士運動的培訓展開了，我在訓練過程中一切都很順利。培訓結束後，我被派往民答那峨島。

　　我每天晚上都為身體的康復懇切祈禱。教友們無可避免地總是注意到並詢問我的眼睛怎麼了。他們知道我的眼睛出了問題。儘管如此，我們還是繼續進行我們的事工，在家訪時為病人和絕望的人禱告。看到聖靈如何在他們心中運行，對我來說已經心滿意足。這足以平息我內心的不安。

　　隨著時間的流逝，我並沒有意識到自己已經在不知不覺中痊癒。上帝奇蹟般地治癒了我。我完全不知道祂是如何做到的，但我康復了！我的內心充滿了喜樂。透過這次經歷，我確信：「萬事都互相效力，叫愛上帝的人得益處，就是按他旨意被召的人。」

　　我持續讚美和感謝主，因祂對我的生命有更大的計畫。如果我們希望某事發生，就應該全心全意地祈求。任何事情的發生都有原因，我們所要做的就是相信上帝，並讓祂來處理結果。與上帝為我們計畫和預備的相比，我們在這個世上面臨的所有挑戰都微不足道。有祂同在，沒有什麼事是不可能的。我很高興能事奉我們的主，直到祂來。

梅・法哈多・巴寧（Mae Fajardo Baning）
菲律賓本校區第 52 屆佈道士

當人認識上帝時

我不以福音為恥；這福音本是上帝的大能，要救一切相信的，先是猶太人，後是希臘人。

羅馬書 1：16 ■

　　我叫米克・喬伊（Mick Joy），住在秘魯的首都利馬。我今年23歲，出生在一個復臨信徒家庭；童年時的我生活非常困苦，為了生存，我從小就不得不半工半讀。18歲時的某一天，我感覺到上帝在呼召我參加利馬教會的一個志工項目。負責宣傳這個項目的牧師分享了一些佈道士的美好見證，說到這些佈道士如何前往全國各地服務，上帝又是如何為他們行了超凡的神蹟。當他介紹完之後，他發出了一個觸動我心靈的問題；他問：「有誰願意去用生命事奉上帝呢？」我感覺到耶穌的聲音在對我說話，我毫不猶豫地舉起了手。我的一生都在教堂度過，但我從未親自遇見過上帝，也從未與祂建立真正的關係。但當我來到秘魯千人佈道士運動培訓中心參加訓練，看到許多來自秘魯不同地方的年輕人為成為佈道士準備時，我生命中的一切都改變了。

　　上帝透過他的僕人——秘魯千人佈道士運動主任吳尚恩牧師（Sang Eun Oh）——以非常特別的方式作工，他願意離開自己的祖國韓國，千里迢迢地從遠方來。校園裡的伯特利休閒娛樂中心是我更近距離認識耶穌的地方。之後我在宣教地點親身經歷基督的大能，見證聖靈如何改變人。從參加宣教培訓開始，我就從未停止宣講耶穌。因為宣教工作，我也發展了上帝賜給我的恩賜。我現在一邊學習神學，一邊作為演奏者從事音樂事工。

　　上帝允許我在自己的國家從事不同領域的工作，目的很簡單，就是將主的信息帶給更多的人。2017年，我成為一年宣教士（One Year in Mission, OYiM）以及秘魯千人佈道士的一員。我心裡有傳道的喜樂，渴望讓別人知道耶穌即將再來；而那句激勵了我還有許多年輕佈道士的人生座右銘正是：「一朝佈道士，終身佈道士。」

米克・喬伊・倫吉福・瓦曼（Mick Joy Rengifo Huaman）
秘魯 2017 年佈道士

受試探時，回顧上帝的祝福

我的弟兄們，你們落在百般試煉中，都要以為大喜樂；因為知道你們的信心經過試驗，就生忍耐。但忍耐也當成功，使你們成全、完備，毫無缺欠。 雅各書 1：2-4 ■

我被派往菲律賓瑪京達瑙省的烏皮（Upi, Maguindanao）；在上帝派我去當地宣教之前，我從未去過那個地方。我的夥伴是亞伯，他另有計畫是我不知道的。他先前曾在當地待過一個星期，所以對那裡的情形略知一二。我則寄住在教會長老的家，從未想過回去，因為我堅信上帝要透過我做一些事情。

過了一段時間，上帝派了四位文字佈道士到這個地方，我也加入了他們的行列。我們沒有舉行佈道會，但我們分享的書籍就是上帝的信息。我很喜歡挨家挨戶地拜訪，和人分享上帝的話，在街上與人接觸。

當傳道區計畫舉行佈道會時，上帝差遣了平信徒和查經員來協助；我則盡佈道士的本分，協助查經、拜訪居民，儘管大多數人都拒絕我們。我忙於做上帝的工作，在宣教過程中，我接到了老家鄰居的急電，告訴我哥哥失蹤了。我請教會的弟兄姊妹們為我家的情況禱告。幾天後我得到消息，我哥哥被發現死在森林裡。他失蹤了四天，警察說死因是自殺，他只有25歲。

我把家裡發生的事故跟傳道區牧師說了，但我決定不回去，因為哥哥已經過世了。我寄了一些錢回家，然後繼續我的工作。我為這種情況做好了準備。死亡可能如期而至，也可能出乎意料，但它一定會來；所以，我們也必須為突如其來的死訊做好準備。也許這種想法讓我在忍受失去哥哥的痛苦時，也增添了力量予我，讓我能繼續完成我的使命。

但教友們竭力助我回家參加葬禮。我從未為此祈禱過，但我認為這是上帝對我的旨意。我還從家鄉鄰居的臉書貼文中了解到，他們將我哥哥的遭遇歸咎於我的父母。所以，我把一切都交給了耶穌。最後，我回到了家，而那些威脅我的鄰居沒有一個來參加葬禮。

即使發生了這麼多事，上帝還是讓我完成了一年的宣教工作；這個過程發生了許多不在我計畫中的事情，但上帝始終與我同在。當問題出現時，耶穌就在我的身邊。我們可以隨時呼求祂的名，因為祂的名大有能力。讓我們回顧上帝的祝福；它們勝過我們所有艱苦的鬥爭。

約瑟夫‧卡內多（Joseph Canedo）
菲律賓本校區第 50 屆佈道士

他們何時回到上帝的身邊？

「我要賜他們認識我的心，知道我是耶和華。他們要作我的子民，我要作他們的上帝，因為他們要一心歸向我。」

耶利米書 24：7 ■

上帝所安排的時機確實完美；我認為自己能成為第50屆「黃金年」佈道士的一員是上帝的旨意。我被派往菲律賓東米薩米斯省（Misamis Oriental）的基諾古坦（Kinoguitan）。剛到那裡，我和我的夥伴就遇到了困難，因為我們不僅是外來者，也不受任何教會的教友歡迎。

透過禱告的力量，上帝幫助了我們。一位已離開教會多年的教友願意讓我們租用他的房子。從那時起，我們認識了許多離開教會很久的人，並成為他們的朋友。後來有一天，我們遇到了一個非常和藹可親的家庭，他們的孩子們也很善良。他們家的兒子阿蘭·穆努茲（Arlan Munuz）一直在向上帝禱告，希望有一天能夠有一些人來拜訪他和家人們，激勵他們一起敬拜上帝。

在上帝的幫助下，我們做出了一個重大的決定；我們獲得青年生命協會（United Soul Winning Association, USWA）同意，和我們一起拜訪一些已離開教會的信徒和穆努茲一家，並為他們唱詩歌。阿蘭和他的妹妹開始參加安息日聚會，之後也參加區域的聚會。隨著我們對他們的理解，我驚訝地發現阿蘭因為睡眠不足而患上了憂鬱症，他為了養家和維持學業過度勞累。

我很同情他的處境，於是祈求上帝為我們創造奇蹟，讓我們能為阿蘭做點事。一天我們去了阿蘭家，為陷入困境的他禱告。我們和他的家人唱了近一小時的詩歌讚美上帝，阿蘭開始平靜下來。然後他問道：「克萊兒阿姨，我的家人什麼時候才能悔改並事奉上帝？」淚水在眼眶裡打轉的我回答說：「讓我們為一切向上帝祈禱吧！」然後他要求我唱《谷中百合花》。阿蘭已經很久沒有下床活動了。因此，他的家人決定第二天早上帶他去看心理醫生，並懇求我們為他禱告。上帝是如此奇妙！阿蘭後來完全康復並回到學校學習。他的家人對上帝所做的一切表示十分感謝。

在宣教工作中，我獲得了很多新的經驗，也學到了很多新的東西。每一次新的經歷都為我帶來能量。我發現了如何去愛人。一年的宣教工作改變了我的一生，我將永遠珍藏這些記憶。

瑪莉·克萊兒·B·路亞斯（Mary Claire B. Luyas）
菲律賓本校區第 50 屆佈道士

上帝為何差派我？

耶穌對他們說：「來跟從我，我要叫你們得人如得魚一樣。」

馬太福音 4：19 ■

我確信，上帝差派我們到祂希望我們去的地方，必定有祂的旨意。我們一開始可能不知道、也不理解這個旨意。我們甚至會問：「為什麼是這裡？」即便我們有各種猜測，上帝都會確保祂的旨意實現。

我被派往一個沒有多少人會說英語的宣教區；我們彼此都聽不懂對方所說的話。在那段時間裡，我覺得自己很沒用，什麼工作都做不了。我的夥伴負責教導孩子們，一位平信徒主持查經班，而我卻什麼也做不了。有一天，當我跪下禱告時，我求主將感動以利亞的靈加倍賜給我，就像以利沙的禱告一樣。我還求上帝教我如何說話並與人溝通。那次禱告之後，我開始每天早上4點鐘起床禱告讀經，研讀懷愛倫的書籍。

蒙上帝的恩典，我開始與孩子們建立關係。他們開始向我發問：「上帝在哪裡？」我看到他們是多麼想更了解造物主；他們渴望聆聽上帝的話語並了解祂。隨著敬拜的人越來越多，我們注意到我們敬拜和進行活動的地方已不敷使用。

我們派駐的宣教地點沒有教堂。長老們和鄰近地區的牧師們計畫建一座教堂，因此他們請求我們的幫助。我們同意了他們的計畫，並開始向我們的親朋好友尋求這個項目的資助。上帝沒有辜負祂的子民。祂已經準備好了資金。後來，從中國匯出了一共82,000披索的捐款，用於協助我們宣教地的建堂計畫。現在教堂大致上已經完工，人們也開始在新教堂裡與我們一起敬拜。

當我回顧過去的經歷，我終於明白上帝派我去當地的理由。上帝看到祂的兒女需要一個地方一起敬拜，而我成了祂的工具之一，在那裡為祂的兒女建堂。

那裡的人正等待著進入上帝的大家庭。的確，有許多人正等著收到他們是上帝大家庭一員的通知。然而，必須有人願意像以賽亞一樣，去邀請他們加入上帝的大家庭。我們需要隨時預備願意接受上帝的呼召，無論祂差遣我們去哪裡。

王玉明（Wang Yuming）
菲律賓第 50 屆佈道士

在上帝凡事都能

耶穌說:「在人所不能的事,在上帝卻能。」

路加福音 18:27 ■

在我們的宣教地,我和夥伴認識了盧西寧奶奶,她是一位79歲的中風患者。我們會定期去看望她,與她聊天,後來我們便詢問她有無學習《聖經》的意願。她說:「沒問題,但我就是聽聽,我不會放棄我自己原來的天主教信仰,我只想忠於它。」我們同意並尊重她的決定。於是我們繼續為她查經,直到講到第七個主題——即安息日。然後她說:「你們的教義說的是實話。為什麼神父不教我們這些事情呢?」我回答說:「這就是我決定成為復臨信徒的原因,因為我知道這是唯一教導真理的宗教,它的所有教義都是以《聖經》為基礎的。」因為我們經常一起研究《聖經》,她也漸漸明白了《聖經》的教導,所以她同意我的說法。

終於,2014年10月13日,當我們學習完復臨教會的28條基本信仰後,她和我們的幾位聖經學員一起接受了神聖的浸禮。

根據教會的信徒,盧西寧奶奶對她原先的信仰非常虔誠,以至於從沒有人試圖讓她接受我們的信仰。但那位始終在人們生命中動工的聖靈,感動了她的內心和思想,靠著上帝對祂所有兒女——包括盧西寧奶奶在內——的恩典與慈愛,她將自己的生命交給耶穌。她受洗後,她提到如果上帝能醫治她的身體,她就會加入我們佈道士的行列,因為她也想與那些還不知道真裡的人分享救恩的好消息。的確,在人所不能的,在神凡事都能。

只要我們把一切交託給主,祂就會引導和啟迪我們。作為上帝的僕人,我們應該毫不猶豫地從事祂的工作,因祂會一直在我們獻上的每一份努力中指引我們。我們永遠都不要低估上帝在人心中動工的力量。無論一個人的心有多剛硬,一旦有上帝在他心裡,他的心就會軟化。對祂來說,一切皆有可能。所以,只要相信!

洛雷塔・C・伊巴利格(Loredita C. Ibalig)
菲律賓本校區第 43 屆佈道士

奇妙的驚喜

「你求告我，我就應允你，並將你所不知道、又大又難的事指示你。」

耶利米書 33：3 ▮

佈道士的生活並不容易，其中充滿了挑戰；但它也充滿了美妙的驚喜。就我而言，在宣教地區的許多經歷是令我畢生難忘的。

某天半夜12點整，我和夥伴被一陣歇斯底里的哭聲驚醒。有人不斷地喊著救命，中間還夾雜著我們的名字。當我們聽說鄰居的兒子無法呼吸時，不由得渾身發抖。在前往他們家之前，我和夥伴一起祈禱。禱告後，我們立刻跑到離我們有一段距離的鄰居家。我們盡力以最快的速度趕到那裡。到達時，男孩看起來非常虛弱，臉色蒼白。我們再次與家人一起禱告，祈求上帝醫治。然後，我們給男孩吃藥並檢查他的血壓。上帝立刻應允了我們的禱告，創造了奇蹟！就在那一刻，男孩說：「我現在覺得我好了！」他的呼吸恢復正常！聽到這句話，我們知道他已經康復，就立即回家了。

進行查經時，我們也經常用禱告作為工具。每當我們不知道該說什麼或如何向學員解釋艱深的《聖經》真理時，我們就向上帝祈求幫助。我們祈求上帝賜給我們智慧，讓我們說出正確的話，並給學員們正確的解釋，而上帝從來沒有讓我們失望過。

很快，我就達到了這樣一個層次：解釋真理變得非常自然和主動，就好像有人低聲告訴我需要傳達什麼信息給學員；我為此感到驚訝並讚美上帝，讓我藉由聖靈的引導和帶領，感受到上帝的同在，這是一種令人難以置信的經歷。

上帝的確實現了祂在〈耶利米書〉33章3節中透過哀哭的先知所說的應許：「你求告我，我就應允你，並將你所不知道、又大又難的事指示你。」祂對我做了這樣的大事；我能保證你也可以體驗同樣奇妙的驚喜，經歷這些偉大且大有能力的事情。我可以向你保證，這絕對是你過去未曾經歷、將來也永遠不會有的體驗。將你的生命獻給上帝，並與祂同工吧！

布蘭達・班蒂內（Brenda T. Bantinay）
菲律賓本校區第 38 屆佈道士

有所作為

人若自潔，脫離卑賤的事，就必作貴重的器皿，成為聖潔，合乎主用，預備行各樣的善事。

當上帝呼召亞伯拉罕離開迦勒底的吾珥，前往流奶與蜜之地的迦南時，儘管他從未去過那裡，他仍然毫不猶豫地去了。他去是因為他相信耶和華上帝的旨意，只有上帝知道什麼對他最有益。我的宣教旅程與亞伯拉罕很相似，只是我對於自己從這一地遷移到另一地、並對當地一無所知，是感到十分害怕的。但當我到達宣教地，看到那裡的人們是多麼熱情好客時，我所能做的就是敬拜和讚美上帝的安排。

上帝將我和夥伴分配到六個不同的宣教地區，但只有一個使命，那就是為基督贏得寶貴的生命。正如亞伯拉罕被上帝呼召成為祂的僕人去祝福萬國萬民，我們也有幸被上帝呼召和揀選，在我們的宣教地祝福許多人。我們在所到之處舉行佈道會、醫療宣教、家庭訪問、探望病人、設立安息日學分校、推動友誼事工、培訓年輕人如何教授安息日學學課、如何禱告和佈道等，這些只是上帝給我們的任務中的一部分。透過這些活動，上帝不僅祝福了人們，也祝福了我們。

主的工作大有能力，以至於許多人，包括其他教會的宗教領袖，都被聖靈感動，接受耶穌基督為他們的救主。儘管遭到自己教會信徒的迫害，他們仍堅定地以自己新發現並符合《聖經》的方式遵循真理、生命和道路——即耶穌。

上帝的恩典和憐憫一共獲得了168個寶貴的生命。事實上，一切都不是靠我們的力量，而是靠上帝的靈，祂在人們的心中和生命中動工。我們應該隨時準備為上帝服務，因為這項工作將一直持續到耶穌再來。祂將手持鋒利的快鐮刀歸來，收割並聚集忠心的人，這些人將與祂一起經歷所有的磨難，並最終取得勝利。

傑林・班唐（Jerlyn Bantang）
菲律賓本校區第 46 屆佈道士

你可以改變現狀

只是不可忘記行善和捐輸的事，因為這樣的祭是上帝所喜悅的。

希伯來書 13：16 ■

作為一對夫婦，我們在菲律賓東米薩米斯省、伊蒂瑙（Initao, Misamis Oriental）宣教區最棒的經歷始於我們拜訪一對剛受洗的夫婦，他們已經80多歲，膝下沒有兒女。他們於2015年3月受洗。

有一天，我們挨家挨戶探訪時，碰巧來到一處偏僻的地方。一路上我們沒有看到人或房子。後來，我們終於看到了一個居所；那房子髒亂不堪，周圍長滿了高高的草叢，我們甚至不知道它能不能算是房子。儘管如此，我們還是敲了門。就這樣，我們遇到了那對老夫婦，洛克爺爺和羅娜奶奶。我們為他們的處境感到同情，於是坐下來和他們交談。我們發現他們有一個養子，但他已經有了自己的生活和家庭。

一週後，教友們決定捐米供他們每週食用，因為他們無法再工作謀生。我們持續探訪他們，為他們禱告。每次有多餘的食物，我們都會與他們分享。有時羅娜奶奶獨自在家，因為洛克爺爺經常去市場乞討。這就是我們一直需要確認奶奶是否吃過東西的原因。

為了參加民答那峨千人佈道士運動的期中佈道會，我們必須離開宣教地一個月。我們一回去，立即去看望這對夫婦，我們發現奶奶病得很重，身體很虛弱。但她高興地說：「哦，你們總算回來了！」問及她的情況時，她回答說：「我還不如死了算了！我不想這樣活下去！」於是，我們撫摸著她的肩膀說：「奶奶，上帝愛您。耶穌為您而犧牲。」她不禁哭了。然後我們給她食物吃幫忙打掃他們的房子。我們每週五都會去看望這對夫婦，當一些人注意到我們的舉動時，就會告訴我們關於這對夫婦的可怕之處。我們很害怕，但我們不能背棄這對夫婦。我們有使命，他們就是我們的使命。

我們在臉書上發布了他們的故事。蒙上帝的恩典，一位居住在加州的第17屆佈道士捐錢來翻修這對夫婦的房屋。他們的一些親戚也趕來幫助修繕和重建房子。居民對爺爺奶奶的負面印象也慢慢改變，願意提供食物並幫助他們，這是他們一輩子都沒有經歷過的事情。直到現在，我們仍在為爺爺奶奶和當地的教會禱告。我們不僅可以提供幫助，還可以做出改變！

撒母耳・多納特和羅恩・馬里・多納特（Samuel Donat and Roen Mari Donat）
菲律賓本校區第 44 屆佈道士

你不屬於這裡

> 「你們若屬世界,世界必愛屬自己的;只因你們不屬世界,乃是我從世界中揀選了你們,所以世界就恨你們。」

約翰福音 15:19 ■

　　車子載著我們一路到距離宣教區最近的一個村莊,當我和夥伴從車上下來時,我們目瞪口呆地看著眼前即將徒步前往、高聳入雲的兩座山。我們估計得花上三個小時才能到達我們真正的宣教區。我們越過一條河,氣喘吁吁地慢慢登上其中一座山。不料突然間,美景就在眼前,所有的艱辛都被喜悅和訝異所取代。上帝創造的美景讓我們恢復活力。這是我第一次來到一個沒有電、沒有手機訊號,但也沒有噪音的地方。

　　於是我恍然大悟。我們當中的一些人過分專注於我們的工作、夢想、抱負、成功,以及對於擁有更多的渴望,以致最終忘記了我們生命的主要目的。我們忙碌的日常生活讓我們無法思考,我們雖然身在這個世界,卻不屬於這個世界,與天父為我們這些兒女準備的財富相比,我們所擁有的和將要獲得的東西都是微不足道的。有時,我們需要體驗一下遠離舒適圈的生活,才能意識到我們需要回到屬於自己的地方;要不時地提醒自己真正的身分,我們是這個世界的異鄉人,所以我們不應該渴望永遠留在這裡。

　　這個世界充滿了仇恨與暴力、不公與痛苦、疾病與死亡。無論我們做什麼、前往何處,苦難和艱辛永遠是我們生活中不可避免的一部分。但是,當我們憑著信心持續徒步走在人生旅途中時,當我們到達目的地,我們終將看見上帝創造的美景,這是祂為所有蒙祂救贖的人預備的。這並不取決於我們受了多少苦,而是在於我們努力了多少,以及我們是否能夠堅持到最後。

雷伊・R・哈亞文(Rey R. Hayawon)
菲律賓本校區第 35 屆佈道士

他不是我們的牧師

「凡我所吩咐你們的,都教訓他們遵守,我就常與你們同在,直到世界的末了。」

馬太福音 28:20 ■

印尼巴布亞省博文迪戈爾縣(Boven Digoel, Papua)的傑爾區阿西基村(Asiki, Jair)是我們的宣教區。由於每個人都知道我們是誰,所以當我們到達時,根本不知道如何開始我們的工作。有一次,我們不得不在路上等一輛皮卡(載貨用卡車)來載我們去教堂。就這樣,我們遇到了來自另一個村莊——巴代村(Badei)的一位婦女。等車的過程中我們開始與她交談。當我們告訴她我們是復臨信徒時,她說阿西基村有一位牧師,而她提到的村子就是我們的宣教區。

第二天,我們試圖尋找那位女士告訴我們的復臨教會牧師。終於,我們找到了牧師家的地址。於是便前去拜訪他。我們得知他的名字叫帕斯卡利斯(Paskalis),還發現到他是五旬節教派的牧師,並不是復臨教會的牧師。我們與他交談,直到我們意識到他開始向我們傳教,甚至聲明聖靈一直存在於他們的崇拜中。那天我們失望而歸,並決定不再拜訪他,因為他根本不給我們任何說話的機會。但從那時起,我們開始在禱告中提到他的名字。

與帕斯卡利斯牧師第一次見面後大約兩個月,我們遇到了一位剛剛拜訪過他的文字佈道士,這位文字佈道士告訴我們,帕斯卡利斯牧師希望邀請我們二人去他家做客。不料在我們到帕斯卡利斯牧師家時,令我們驚訝的是,牧師要求我們星期日在他的教堂帶領禮拜,我們認為這是上帝對我們禱告的回應。

於是,我們邀請當地的復臨教會牧師在預定的星期日一同到帕斯卡利斯牧師的教堂講道。在上帝的幫助下,我們的牧師在那個星期日傳講了《聖經》的真理和一些復臨教會的教義。我們擔心他們可能會因此生氣,拒絕我們,或者更糟的是傷害我們。但我們錯了,因為會眾和牧師都邀請我們在接下來的一週再次主持禮拜。不僅如此,該教會的教友還邀請我們隨時到他們的教會一起敬拜。透過這樣的機會,當地有更多的人知道了真理。

尤文蒂婭·帕普林和梅麗莎·布萊勒(Juventia Papuling and Melissa Bulele)
東印尼分校第 19 屆佈道士

我們給了麵包，卻得到石頭

我為基督的緣故，就以軟弱、凌辱、急難、逼迫、困苦為可喜樂的；因我什麼時候軟弱，什麼時候就剛強了。

哥林多後書 12：10 ■

　　我們在印尼巴布亞的提米卡（Timika, Papua）的喀基拉馬（Kwamki Lama）作了十個月的佈道士，在那裡我們見證了許多彰顯上帝大能的事件。剛抵達當地時，要教導《聖經》是件相當困難的事，因為佈道士和復臨教派的出現對居民來說是一件新鮮事。然而，障礙並沒有阻礙我們與居民分享真理。

　　當我們舉行培靈會時，許多來自其他教派的宗教領袖試圖擾亂我們的聚會，但我們仍然排除萬難，堅持進行。最終，我們舉辦了這次聚會，很感謝有許多人參加，會場內座無虛席。然而，第二天晚上下起了傾盆大雨，參加的人寥寥無幾。於是，我們使用一名教友駕駛的巴士，主動到村民的家接他們到會場。我們挨家挨戶地邀請他們參加聚會。

　　在前往會場的途中，突然有許多人停下車來，將巴士團團圍住。這些人手持彎刀和箭。與我們同車的人都嚇壞了，紛紛逃回家，只留下我們和司機。襲擊者一邊說著我們聽不懂的當地方言，一邊向巴士投擲大大小小的石塊。在車上我們當中有的人保持沉默，也有人害怕的哭了。但那群人向巴士投擲石塊之後並沒有停手。突然，一名神父強行奪走了車鑰匙，反覆地毆打司機，後來拿著鑰匙前往培靈會會場。當他到達那裡，他破壞了仍在進行的節目。他和跟著他的群眾朝著會場丟石塊，導致幾位與會者受了傷，節目也因此中斷。

　　然而，我們見證了上帝的偉大；第二天，當我們回到車上時，車身竟沒有發現任何刮痕，這實在是太神奇了！司機妮雅媽媽告訴我們，她沒有感覺自己遭到毆打，只是覺得有風從她身邊吹過，儘管我們那天晚上確實看到神父打她許多次。我們相信是主的天使保護我們免受魔鬼的攻擊。我們的培靈會持續進行，我們也持續挨家挨戶地拜訪。靠著上帝的恩典，培靈會結束時，有幾個人接受了洗禮。

　　我們知道上帝為喀基拉馬預備了一項偉大的事工。請繼續祈求上帝永遠與喀基拉馬教會同在，並祝福當地教會的事工。

梅迪和海莉（Meidy and Helli）
西印尼分校第 4 屆佈道士

我們的主更有能力

上帝能照著運行在我們心裡的大力充充足足地成就一切，超過我們所求所想的。

以弗所書 3：20 ■

印尼中蘇拉威西省帕盧市東帕盧分區（East Palu, Palu, Central Sulawesi）的桑提吉村（Santigi）是我們的宣教地。我們與望加錫（Makassar）復臨志工部合作，在那裡組織了一次佈道會。透過這次佈道會，我們看到了上帝的大能，也看到祂如何能充充足足地成就一切。佈道會的第一天晚上，由於天氣因素，位子並沒有坐滿。在收到邀請的90人中，只有21人參加了聚會。但是上帝真的很奇妙，越來越多的人每天晚上都來聆聽上帝的話。

在最後一晚，有兩個人表達了重生和接受真理的願望；他們是被惡魔力量佔據、卻渴望擺脫黑暗勢力的兩兄弟。哥哥是波索的一個毒販。他聲稱自己擁有巫術和黑衣，可以使他刀槍不入、隱身和飛行。他曾經多次試圖掙脫邪惡的枷鎖，許多牧師也曾嘗試將惡魔逐出他的身體，但都沒有成功。

在接受洗禮之前，他們知道要先禱告，但每次弟弟提到耶穌的名字時，他就會被魔鬼附身。而對哥哥來說，只有燒毀他的黑衣（他的力量之源）才能擺脫巫術的侵害。於是，我們試圖燒掉那件衣服。結果發現，燒掉它並不像我們想像的那麼容易。雖然我們在衣服上澆了汽油，但還是花了20分鐘才把它燒成灰燼。在焚燒的過程中，所有會眾持續唱詩歌和向上帝禱告。儘管有八個人壓制他，哥哥還是繼續掙扎。當時，這個被黑暗勢力附身的人不斷用兇狠和憤怒的眼神看著我們其中的一個人——小尹，彷彿他體內的魔鬼想要轉移到他身上。但是，小尹不停地呼喊上帝的名字，將自己交託給主，相信這位宇宙之神的大能，直到邪惡的目光停止。我們讚美上帝，因著祂的大能，這兩兄弟成功地從黑暗的權勢中得了自由，並最終歸向了基督的陣營。

蓋瑞・尤迪達和尹相浩（Gerry Ujudeda and Yun Sangho）
東印尼分校第 16 屆佈道士

奇蹟就在眼前

耶穌就對他說：「若不看見神蹟奇事，你們總是不信。」

約翰福音 4：48 ■

許多基督徒不再相信神蹟；因他們認為神蹟時期是屬於早期教會的。當時令人敬畏的事件——如摩西分紅海、童女懷孕生子、耶穌從死裡復活等，均一一證實了上帝和耶穌的神性並真實性。然而，僅僅因為我們現在沒有見過如《聖經》中的大事，並不意味著上帝再也不會施行神蹟。我可以在此見證這一點，接下來的這段經歷確實讓我更加堅定了對上帝的信仰。

在印尼中蘇拉威西省、莫羅瓦利區、馬莫薩拉托分區（Mamosalato, Morowali, Central Sulawesi）的薩魯比羅村（Salubiro）從事宣教五個月後，上帝讓我親眼目睹並感受到了祂的大能。我在當地一所小學教英語，某天早上下課時，我看到許多孩子朝同一個方向奔跑。出於好奇，我問一旁的學生發生了什麼事，他回答說，有一個女人試圖服毒自殺。於是，我決定也過去那個女人所在的地方。當我到達現場時，我看到一個虛弱的女人躺在那裡；她臉色蒼白，看起來非常痛苦。

我是在她喝下毒藥三小時後趕到現場的。於是，我趕緊拿出隨身攜帶的活性碳，準備讓她服用。當我正準備活性碳液時，在場的人說：「這個女人活不了了！只有神蹟發生才能救她。」不僅是居民，當地的醫生也表示：「根據過去我處理服毒之人的經驗，沒有人可以在喝下毒藥後還能活下來。她肯定命不久矣！」但我還是把活性碳液準備好。在給她服下去之前，我做了禱告。接著，我便讓她喝下活性碳液。

感謝上帝，那位女士至今仍然健在。藉由這件事，我和她的家人彼此變得親近。上帝的祝福充滿了他們一家，之後他們參加了復臨教會的每一場安息日聚會。雖然現在他們還沒有勇氣決定接受洗禮，但我相信，真理的種子已經播撒在他們的心中；在上帝的時間表內，將來必定會結出美好的果實。

阿爾迪・里文・蒙多寧（Aldy Riven Mondoringin）
東印尼分校第 20 屆佈道士

治癒黑暗的僕人

「一面伸出你的手來醫治疾病,並且使神蹟奇事因著你聖僕耶穌的名行出來。」

使徒行傳 4:29 ▇

我們被派到印尼東爪哇的登格(Tengger),那裡的居民大部分都信奉印度教,也有少部分人是穆斯林,只有兩戶人家是復臨信徒。當地人以相信神奇力量而聞名。一天,一位聲稱擁有超自然能力、能掌控人情緒的女人生病了。當我們前去她家拜訪時,發現她已經七天沒有進食,躺在床上渾身無力。在給她藥之前,我們問她:「妳相信只有耶穌才能醫治妳嗎?」「阿們!」這位女士大聲說道。我們一邊協助她服藥,一邊默默禱告。我們滿懷信心地向她保證:「女士,明天妳就會好起來的。」第二天,看到她正在做飯,我們感到非常驚訝。她說,半夜裡,一個身著白衣的高大男子來到她的臥室,碰觸了她的手。然而,她醒來時發現床邊除了她的丈夫外並沒有別人。她感到非常驚訝,原來她的身體又熱又重,行動不便,但那隻手觸碰她之後,她的身體變得十分輕盈,可以自由行動。在她講述時,她的臉上洋溢著喜悅和光芒。我們非常高興聽到她的見證。接著,我們向她解釋說,那定是上帝的天使來拜訪她,她聞言喜極而泣。從那以後,這位以巫術聞名的女士就成了我們的查經班學員。

另一位據說能把樹葉變成錢的人也前來求助,他問我們:「小姐,妳們有藥嗎?請給我的孩子一些藥,因為他已經15天沒有吃東西。我們帶他去看過醫生,但沒什麼用。」我們根本不知道該給那個孩子吃什麼藥。他們都已經帶孩子去看過醫生了,我們還能做些什麼呢?但我們內心仍然渴望幫助這位父親,於是我們默默禱告:「主啊,讓我們再次看見醫治的神蹟吧!」於是,我們從房間拿出了藥,給他生病的兒子服下。我們和這位父親一起為生病的孩子祈禱。禱告結束後,我們問:「你們一家人相信他明天就能吃東西嗎?」他們回答說:「我們信!」

第二天,這個病童的母親告訴我們:「感謝上帝,我們的孩子痊癒了!」從那以後,這個家庭也成了我們的查經班學員。因著上帝的恩典,後來一共有18人受洗,其中一人是宗教老師,還有46人願意進一步了解耶穌。儘管我們不是醫生,對醫學也不甚了解,但上帝還是使用了我們的奉獻來成就祂的工作。耶穌在〈馬可福音〉11章24節說:「所以我告訴你們,凡你們禱告祈求的,無論是什麼,只要信是得著的,就必得著。」

瓊莉‧馬瓦提和雅克里德‧阿哈爾 (Jhonly Mawati and Jacried Ahar)
東印尼分校第 2 及 3 屆佈道士

當上帝動工

以後,我要將我的靈澆灌凡有血氣的。你們的兒女要說預言;你們的老年人要做異夢,少年人要見異象。

約珥書 2:28 ∎

　　能在印尼巴布亞省賓當山縣奧科普村(Okyop)見證上帝的奇妙作為,我們十分感恩。上帝透過我們為社區提供的醫療服務治癒了各種疾病,從而幫助我們給社區民眾留下了深刻印象。由於我們提供的藥物能更快地治好他們的疾病,因此他們更願意向我們、而不是向其他地方尋求幫助。然而,我們也不斷地提醒民眾,是耶穌而不是藥物醫治了他們。

　　某一天,奈普利先生(Nepri)向我們求助。由於疾病纏身,他不得不拄著拐杖行走。我們先是為他禱告,然後給了他一些藥。幾天後,他恢復了健康,面帶微笑地開始講述他的康復過程。他說他回到家後自己做了禱告,喝下了我們給他的藥,他便立刻可以不需要用拐杖走路。那天晚上他做了一個夢;他看到兩大群人:一群身穿白色長袍,另一群穿著黑袍,看上去即知不是善類。他知道身穿白袍的那群人來自復臨教會,因為他在夢中看到我們兩個人也穿著白袍向他走來。醒來後,他便開始在社區裡做見證。

　　不僅是奈普利先生,還有許多人在短時間內得到了神奇的醫治。華宇先生(Wahyu)在異象中預知奧科普村會發生饑荒,他也夢到了那兩群身穿白袍和黑袍的人。他看到穿白袍的復臨信徒有很多食物,因為耶穌用從天上降下的嗎哪餵飽了他們。而另一群穿黑袍的人卻饑腸轆轆,一無所獲。第一天晚上參加佈道會的一位女士艾琳娜(Elena)也做了類似的夢。她認出她的兒子是復臨信徒,還有其他幾位信徒也站在由兩個人所帶領的白袍團中。穿黑袍的人掉進了深淵,而穿白袍的人卻得到了保護。在我們向旺特姆村(Wantem)傳講了《聖經》中關於不潔淨和潔淨食物的信息後,一個叫阿騰(Ateng)的人做了一個夢。他看到有人抽菸,吃不潔淨的食物,他們被扔進了地獄之火,因為他們的名字不在生命冊上。

　　當我們聆聽社區居民的見證時,我們明白上帝正在成就祂在〈約珥書〉2章28節中說過的話。上帝正在澆灌祂的靈。儘管我們受到自稱是上帝代表的當地領袖仇視,甚至差點被他們毆打,但我們憑信心前行,因為上帝也在我們的生命中動工。因著上帝的恩典,佈道會結束後,有12個人透過洗禮將生命交託給上帝。

威廉・阿佩納和維克多・馬納諾拉(William E. Apena and Victor Mananora)
東印尼分校第 24 屆佈道士

如果我能重生，仍會走同樣的路

我說的話、講的道，不是用智慧委婉的言語，乃是用聖靈和大能的明證，叫你們的信不在乎人的智慧，只在乎上帝的大能。

哥林多前書 2：4、5 ■

在菲律賓，多數人深受天主教影響；因此傳福音的使命看似毫無勝算。但我必須見證聖靈在我們裡面的工作，故我們仍然剛強壯膽地宣講好消息。我在培訓中心度過了大約8個月的宣教任期，其餘4個月則是在潘邦加（Pampangga）和普拉利德爾（Plaridel）度過。我必須留在培訓中心建造宿舍和協助英語培訓工作。看到其他佈道士紛紛前往派駐的宣教地，我也很渴望像他們一樣。當我終於走出培訓中心，才明白宣教地不一定就是荒蕪之地。宣教地無處不在，哪裡有需要耶穌基督的生靈，那裡就是宣教地。

在潘邦加，我們尋找福音未得之地，努力在當地建立小組。一個村子裡若能有五個小組就算是取得巨大成功。然後，我們透過建立更多的小組和探訪計畫來擴大我們的區域。看到人們努力學習真理真是令人動容；每當我們結束查經課返家時，我們常常想著，在雙方語言都不太通的情況下，我們究竟是如何做到這一切的？這自然是聖靈給了我們正確的話語。

我們遇到一對年輕夫婦，丈夫是一名電工，妻子是英語教師。當他們決定受洗時，遭到了家人和親戚的強烈反對。這對夫婦不想讓我們知道他們正在經歷的困難，所以對我們的查經課表現出了更大的興趣。這在我們心中留下了深刻的印象。最終，由於家人的嚴重反對，這對夫婦為了受洗不得已搬了家。他們還主動幫助我們建堂，直到整個工程完工。

當丈夫站在受洗池裡時，他被浸禮前的一些安排感動得開始流淚。看著他強忍著淚水，而他的妻子在一旁看著丈夫也默默地掉下淚來，這一幕實在是令人感動！於是我明白並體驗到了耶穌的愛和恩典。就在當下，我下定決心——若我能重生，仍然會走上這條宣教之路，仍然會願意為這份尋找生靈的工作奉獻一生。

那位即將到來之王的腳步聲越來越響亮；但這個世界依舊淪喪，因為尚未尋著福音。「你們一切過路的人哪，這事你們不介意嗎？你們要觀看：有像這臨到我的痛苦沒有——就是耶和華在他發烈怒的日子使我所受的苦？」（耶利米哀歌1：12）此刻就是像耶利米一樣思考，渴望得著生靈的時候！

韓錫熙（Suk Hee Han）
菲律賓校區第 1 屆佈道士

愛的記憶

耶和華說：「我曾愛你們。」

瑪拉基書 1：2 ■

1993年10月，我在菲律賓民答那峨的坦古布（Tangub）開始了充滿淚水的佈道士生活。我每天只吃一餐，大部分時間都以水充饑。因為我每天的日程都被查經課和拜訪填滿了，所以我會在一大早出門，晚上11點以後才回家。

此外，我受邀在一所大學的英語課程中介紹韓國。在他們的體育課程中，我負責教棒球、足球、排球和壘球。我還教坦古布的游泳運動員；其中有三人在區域比賽中獲得了銀牌和銅牌。

上帝也使用我醫治了高血壓、胃潰瘍、皮膚病、嚴重壞死以及手腳嚴重發炎的病人。有一個病人頭上化膿，以至於頭髮無法生長。有時，那傷口的腐臭味讓我無法呼吸，但因為耶穌的愛，我仍然能夠服務病人。

每當我和另一位韓籍佈道士領到津貼時，我們就會購買《聖經》和《歷代願望》進行分發。我們甚至用原來預計買機票的錢拿來買更多書籍。結果，上帝在六個月內就為我們提供了500多本書。

我還把帶來的所有物品都送了出去，只剩下少許衣物和包括《聖經》在內的三本書，前者是我收到的禮物；另外我暫時保留了我的黑皮鞋和拖鞋，但我已經答應在任期結束前把它們送給別人。

在我的宣教任期內，許多人決定接受浸禮。但當我聽到其他人不受洗的理由時，我花了很多時間流著淚懇求他們，並多次向主吶喊。最終，除了一個想成為修女的年輕人、一個酗酒吸毒的年輕人、另一個教會的家庭領袖和一個農民家庭之外，上帝透過我的工作又帶領了82個生靈受洗。

我還記得自己在烈日當頭之下行走時暈倒的情景。那些時候，我向自己保證，別人可能不知道我受的苦，但上帝知道。我甚至還記得，有一次我不得不為一個人買裙子和鞋子，因為她不上教堂的理由是沒有合適的衣服。

這一切都已成為我記憶的一部分；當我回憶時，上帝似乎就在我耳邊對我說：「是的，仁浩，這就是愛。」

呂仁浩（In Ho Yeo）
菲律賓本校區第 2 屆佈道士

羅莉・普拉西多

主必救我脫離諸般的凶惡，也必救我進他的天國。願榮耀歸給他，直到永永遠遠。阿們。

提摩太後書 4：18

當我的佈道團隊在1993年11月被派到菲律賓的布拉干（Bulacan）時，我認識了羅莉・普拉西多（Rory Placido）女士。

她是一位溫柔的女士，時常笑口常開，為人情感豐富。據說她曾經對宗教有些興趣，也閱讀過《聖經》和其他宗教著作。她過去是一位虔誠的天主教徒，曾經在自己的客廳裡擺放著一尊巨大的耶穌像，做禮拜時含淚祈禱。後來，她遇到了一位復臨教會的退休牧師，開始研讀《聖經》，直到牧師病倒。如今在上帝的眷顧下，我們搬進了向她承租的房子。她重新開始學習《聖經》和做禮拜。她的孩子們在家中唱著在兒童聚會中學的詩歌，歌聲充滿了整個房子。

某天晚上，她和我談起了她的信仰生活。我小心翼翼地向她提到了洗禮。因當時她懷有身孕，所以她希望和丈夫一起受洗，而不是獨自受洗。但她認為現在還不是受洗的時候，於是就婉拒了。沒過多久，她提前分娩；孩子是透過緊急手術出生的，並被放置在保溫箱裡。儘管羅莉最終康復了，但她復原的過程非常緩慢。此外，因為要照顧六個孩子，她無法在安息日做禮拜。我們也忙於籌備佈道會，所以儘管住在同一間房子裡，我們卻無法經常見面。但我非常希望她能參加佈道會，所以我為此事禱告並邀請了她。聚會的第一天，我焦急地等待著她。七點半整，她終於出現了。最後在呼召受洗時，她站了起來。

但在受洗的前兩天晚上，她突然倒下並大喊：「羅克牧師！迪亞布羅（撒但，Diablo），迪亞布羅！」她不停地喊著這句話，許多人也為她哭泣。過了一會兒，她變得沉默不語。我們帶她回家，徹夜守在她身邊，為她祈禱。終於，她受洗的日子到了；我害怕地看著她。但當她從水裡出來時，她哭著對我說：「小波（Dimple，我的英文名），我遵守了我的諾言。我會成為一個更好的基督徒。」

她現在過得很好，花許多時間為丈夫和孩子禱告。她渴望更了解上帝的話。上帝對她生命的引導確實是一個特別的見證；希望每一位讀者都能將羅莉女士的一生視為上帝拯救大能的偉大見證。

黃永心（Yeong Shim Hwang）
菲律賓本校區第 2 屆佈道士

耶穌的道路

他寧可和上帝的百姓同受苦害，也不願暫時享受罪中之樂。

希伯來書 11：25

四月的第一個星期一，我和我的夥伴賈尼離開菲律賓首都馬尼拉，經過22個小時後才抵達波多（Puerto）；很不巧地，當時一個強烈颱風正好來襲。

從波多到沙邦（Sabang）的道路狹窄且危險。因此我們到達沙邦時必須乘船前往，然而因風浪太大，導致我們無法出航。可是那天賈尼和我必須到達我們的宣教區。因此，儘管周圍的人反對，我們還是以500披索的價格租了一艘小船載我們。我們第一天就花了大約1000披索來支付交通費。

從岸上看，海浪似乎並不高。但到了中央它們讓我感到恐慌。我看了船夫好幾眼，他似乎也有些不安。浪越來越大，我們的船開始被沖離預定航道。海水進到了船中，我們和所帶的物品都漸漸浸濕在水裡。好幾次，我們都差點翻船。就連船夫也疲憊不堪。經過幾個小時的努力，我們終於看到了卡羅雷海灘（Caroray）。然而，由於風浪太大，我們無法停靠。發動機也壞了，海浪把我們的船沖向岩石。就在我們即將觸礁時，發動機又能動了，於是我們竭盡所能停靠在卡羅雷海灘。但猛烈的海浪又把我們沖到了大約四公里外的岩石海岸。一上岸，我和賈尼就抱在一起哭，就連船夫也哭了。

從岸邊，我們在上帝派來的牛車的幫助下進入了村莊。我們原來打算以正式的方式進入宣教區，但我們全身濕透，看起來狼狽不堪。宣教區恍如天堂；無論我們走到哪裡，主的恩典都與我們同在。

每週，我們有四天時間在加維德（Gawid），其餘三天在卡羅拉（Carora）。我們在七個不同的地方帶領查經班。我也在卡羅拉和加維德兩地開展跆拳道佈道。賈尼協助我學習當地的語言，加維德講宿霧語，卡羅拉則是說他加祿語；因此我需要學習兩種語言。我們整間房子到處貼滿了兩種語言的便條紙，看起來像孩子的家。

但我心中充滿喜樂，確信上帝與我同在。每天清晨，我都會沿著海岸邊散步並默想。雖然有時會感到孤獨，但我仍懷著感恩的心。宣教之路雖然艱難，但我相信這是一條偉大的道路。耶穌離開天上的寶座，以佈道士的身分來到世上。我謙卑地加入耶穌的行列，一起踏上這條道路。

劉在成（Jae Seong Yoo）
菲律賓本校區第3屆佈道士

單單仰望天國

至於我，我要仰望耶和華，要等候那救我的上帝；我的上帝必應允我。

彌迦書 7：7 ■

我在1993年12月13日前往菲律賓碧瑤宣教，在我看到當地有許多人想認識主、需要我幫助，而我也完成一年任期的宣教事工後，我決定留下來繼續擔任佈道士。這次我被派往馬紹爾群島（Marshall）的埃邦環礁（Ebon Atoll）。自基督教於1857年首次傳入當地之後，那裡就再也沒有其他宗教。當地居民害怕其他宗教，因為如果他們信其他宗教，就會遭人禁止食用麵包果和芋頭這些主食。因此，他們生活在恐懼之中，嚴格遵守星期日的敬拜。他們不能接受其他宗教的另一主因是：當地每兩個月才有船隻來島上販賣食品；但是，他們的食物若在補給船回來之前就耗盡，又被禁止吃麵包果，那他們就只能挨餓。

但主奇蹟般地向我們顯明了祂的大能。當我們聽說附近的一個小島上，一位老婦人因為背痛只能臥床時，就決定去看望她。我為她按摩，並懇切地為她禱告。第二天，當我們再次探訪她並為她做水療時，這位老婦人就已經可以正常地行走了。她的丈夫跑來對我們說，我們前一天離開後，他的妻子就完全康復了。他們懺悔說，希望相信我們的上帝並戒菸。他們還承諾會忠心地去教堂。最後，這對夫婦和他們的長子一起接受了洗禮。

我們透過辦學校展開宣教工作；一共有32個孩子前來上課，但我們還沒有做好充分準備。然而主透過聯合會辦公室提供了鞋子、筆記本、書包和藥品，使我們能夠向學生們傳授聖經知識，將信仰的種子撒在他們的心裡，最後連他們的父母也開始參加安息日的聚會。由於我們沒有聚會的場所，所以每個安息日我們都為天氣祈禱，希望不會下雨或太熱；每個安息日上帝都賜給我們宜人的好天氣。

然而最美好的事情是有26人在美麗的海灘上受洗。回想起我如何為他們向主呼喊，用他們聽不懂的語言教他們《聖經》，我不禁淚流滿面。即使付出了高昂的代價，這些人還是接受了真理，並開始收集棕櫚木為主建堂。雖然後來他們花了25美元購買了2千多個棕櫚木料，但他們還是興高采烈地來建堂，並向其他島民傳揚真理。許多生靈需要佈道士向他們傳授《聖經》。我衷心地為更多的佈道士祈禱。

孫順熙（Soon Hee Son）
菲律賓本校區第 3 屆佈道士

地震

「多處必有饑荒、地震。」

我看了看時鐘，現在是凌晨2點20分；我被書籍、還有一堆從牆上掉下來摔碎的物品驚醒，整個房子都在不停地搖晃。幾秒鐘後，一波更大、更劇烈的震動襲來，讓我不禁滾下了床。緊接著我就聽到了強烈的海浪拍打聲傳來。一聽到這個聲音，所有人都從房子裡跑了出來。那場景就像世界末日。不分宗教信仰，所有人都在向上帝呼求。到了2點半左右，我們不得不離開家，逃到山上避難。一路上人們都在喊著說：「上帝，救救我！請原諒我！」當時我一路唱著一首詩歌《願主旨意得成》（My Jesus, As Thou Wilt，新版《讚美詩》431首）。近600人聚集在離村莊約500公尺遠的山腳下。到處都聽得見嘈雜的叫聲和哭喊聲。現場一片混亂！

到了凌晨4點左右，有些人回去查看自己的房子。我們看到屋裡點著蠟燭，當我走進我們的房子時，發現住在海邊的居民已撤離到我們的地區。他們全身都濕透了，即使我把所有的衣服都給他們也不夠。於是，我把安息日穿的衣服也給他們。約莫5點左右，我去查看海灘的狀況，看見難以想像的慘況。海邊約有60多間房屋倒塌，大部分的屋頂散落一地。就連漁船也遭摧毀。我不禁潸然淚下，不知道這些人將何去何從。我心中想著：我能為他們做什麼？聖靈啟示我，他們需要早餐和乾衣服。我們立即去購買麵包並四處分發，也將佈道士培訓中心寄來的衣物分發給災民。我還隨身攜帶藥品四處走動，為遇到的每一位受傷災民塗抹藥膏和抗生素。

隨後，安澤國際救援（ADRA）的援助抵達。他們向六個受災地區運送了食品和衣物；而在受災較嚴重的地區還分發了毛毯和帳篷。

菲律賓的帕科（Paco）是地震受災最嚴重的地區之一；因為地面到處是裂縫，交通也中斷了兩天。地面裂縫深約1至4公尺。在馬利拉（Malilla），有37人在海嘯中喪生，居民們挖了一個大坑來掩埋屍體。我所在的納薩雷多（Nasaretdo）雖沒有人員傷亡，但房屋嚴重倒塌，有100多戶人家失去了工作。

住在海邊的七個復臨家庭都是剛加入教會的信徒。我們雖然懼怕，但也很慶幸經歷了上帝的大能和保護。我們也由衷感謝上帝將供應同胞之需要的使命交在我們手中。

李昌淑（Chang Sook Lee）
菲律賓本校區第3屆佈道士

愛與恩典的海洋

敬畏你、投靠你的人,你為他們所積存的,在世人面前所施行的恩惠是何等大呢!

詩篇 31:19 ■

我於3月29日抵達我的宣教區——菲律賓的印塘(Indang)。在六個月的痛苦、憤怒和孤獨中,我感謝上帝的愛。

我四處與人分享神的愛,而愛像一座充滿希望和感恩的大山,又回到了我身邊。我毫不懷疑我所有的祝福都是上帝施恩的結果。

同年五月,我因眼睛發炎而痛苦了幾週。一天早上醒來,我竟分不清眼前是白天還是黑夜。除了眼睛腫脹,我還發了燒,於是我決定休息一天。午飯時一個孩子跑來對我說:「老師!」這是他唯一會說的英語單字。他的小手裡拿著一朵白花。他輕輕地把花放在我手裡,然後迅速地跑開。我一邊聞著花香,一邊問自己為什麼這個孩子會和我分享愛。

我去過附近一個叫魯曼邦(Rumanpong)的地方,那裡有一位身材矮小的老奶奶,她總是會在我探訪她時,為我準備一籃水果,從不讓我空手回去。這讓我心裡感到非常溫暖。有一次,她慢慢地走到我身邊,遞給我一個袋子之後就轉身走開。當我打開袋子時,我發現了山陀兒(Santol,小稱棉果)、新鮮的黃瓜和玉米。她知道我很喜歡吃山陀兒,所以特意為我準備了一袋,這是一份非常特別的禮物。

任期結束回培訓中心之前,我再度去看望了那位老奶奶。她把精心為我準備的禮物交給了我。看到她的淚水在眼眶中打轉的模樣,我的眼淚嘩一下就流了下來。那位個頭比我矮近一半的老奶奶緊緊地抱著我,不願鬆開。我告訴自己不要哭,但還是無法控制我的眼淚。當我對她說:「奶奶,我很快就會再見到您的」,她以為我還會再回來,於是笑得像個孩子。當我說「在天國」時,她孩子般的笑容消失了,臉上充滿了悲傷。

我確實經歷過孤獨的時刻和無數的考驗。在那六個月裡,我也曾一度想要放棄。但這一切的磨難都被人們和上帝的愛所吞沒,就像扔進大海的石子,在茫茫的大海中頃刻就沒了蹤影。我該如何報答上帝賜予我的恩典呢?我祈求上帝讓更大的愛和恩典充滿那些不斷經歷苦難的人。

韓愛貞(Ae Jeong Han)
菲律賓本校區第3屆佈道士

伊莎貝爾

「我有當受的洗還沒有成就，我是何等地迫切呢？」

路加福音 12：50 ■

「妳可以讀〈使徒行傳〉22章16節嗎？」

「好的，上面寫著：『現在你為什麼躭延呢？起來，求告他的名受洗，洗去你的罪。』」

「明天安息天下午有浸禮儀式，如果你真心相信我們所學的教義，就受洗吧！」

我翻到《聖經》〈約書亞記〉24章15節，朗讀給拒絕我的伊莎貝爾聽：「若是你們以事奉耶和華為不好，今日就可以選擇所要事奉的：是你們列祖在大河那邊所事奉的神呢？是你們所住這地的亞摩利人的神呢？至於我和我家，我們必定事奉耶和華。」接下來我說：「伊莎貝爾，如果此刻耶穌問妳同樣的問題，我相信妳會回答說妳要事奉主。」最後，我讀了〈啟示錄〉3章20節：「看哪，我站在門外叩門，若有聽見我聲音就開門的，我要進到他那裡去，我與他，他與我一同坐席。」然後，我補充了一句話：「伊莎貝爾，耶穌正在敲妳的心門，我希望妳能夠以『好的』來回應祂。」

在安息日崇拜聚會近尾聲時，我詢問她的決定，她依舊沒有下定決心。「噢！上帝，看來還是行不通，」我心裡這麼想。

崇拜聚會結束後，所有人都前往浸禮儀式現場。牧師致詞時，我看著那些預備受洗且對自己的決定感到自豪的人，難以言喻的喜悅立時充滿我的心。「父神上帝，那位是誰？」我看見伊莎貝爾穿著雪白的受洗袍，低頭站著。

「父神，祢得勝了！」

浸禮在所有信徒和村民面前舉行。輪到伊莎貝爾時，她勇敢地走上前，奉聖父、聖子和聖靈的名受洗。在眾人面前，她重生並成為上帝的女兒。浸禮結束後，她哭了很久。她的徬徨劃下了句點；她在那個安息日的下午簽下浸禮約言。她叫我「弟兄」時，我忍不住微笑。受洗後不到一週，她就決定參加女子佈道學校。回來後她和另一位一起受洗的姐妹準備向山區民眾傳福音。我確信上帝會透過她成就大事。願上帝的祝福永遠與伊莎貝爾同在。

洪行秀（Haeng So Hong）
菲律賓本校區第 4 屆佈道士

不知何故

耶穌說：「是因你們的信心小。我實在告訴你們，你們若有信心，像一粒芥菜種，就是對這座山說：『你從這邊挪到那邊』，它也必挪去；並且你們沒有一件不能做的事了。」
馬太福音 17：20 ■

在〈馬太福音〉第17章中記載了這樣一個故事：有一個人來找耶穌醫治他被鬼附的兒子。耶穌當時不在，門徒試圖趕鬼，但失敗了。耶穌就斥責門徒，把鬼趕了出去。之後，門徒問他：「我們為什麼不能趕出那鬼呢？」

耶穌回答說：「是因你們的信心小。我實在告訴你們，你們若有信心，像一粒芥菜種，就是對這座山說：『你從這邊挪到那邊』，它也必挪去；並且你們沒有一件不能做的事了。」這話讓我想起發生在宣教區的一件事。

一個炎熱的夏天，日正當中之時，有三個女孩來拜訪我。這三位菲律賓女孩是學生文字佈道士。我們在一棵樹下聊了好幾個小時；一邊分享食物，一邊互相鼓勵。在當地，三輪車是唯一的交通工具，但5點鐘就停止營運了。因此，我們很快以禱告結束了這次的會面。突然，三位女孩中最小的一位倒在地上，表情痛苦。我們親眼目睹一個人被鬼附身的過程，我嚇得不知所措，因為我只有在《聖經》中讀過這樣的事。但我告訴自己：我是一名佈道士。於是，我冷靜下來，和同伴手牽手，把《聖經》放在胸前，開始為被鬼附的女孩禱告。我們齊心協力要降服魔鬼，他真的很強大，甚至集我們四人之力都難以抵擋他的力量。然後，被鬼附身的女孩說：「如果你向我俯首稱臣，我就給你錢、黃金和豪華的宮殿。」然後她指著我說：「不要傳福音。」她的眼神看上去很不正常。

距離我們開始禱告和唱詩已過了一個小時，太陽已經下山。最後，她大聲尖叫，暈了過去。不久之後，她醒了過來，不再被鬼附身。我們感謝上帝救了她。後來，她坐上一台三輪車回家。大家離開後，我再次跪下禱告。我明白佈道士的工作只有依靠上帝的大能才能完成。萬事唯有依靠主的能力才能成就。正如主所說：「乃是倚靠我的靈方能成事。」（撒迦利亞書4：6）

我了解到佈道士在從事任何宣教工作之前，都必須先將自己交託給上帝。我感謝上帝的愛，儘管我理解力較慢，感謝祂仍樂意等待像我這樣遲鈍的人。

金城順（Seong Soon Kim）
菲律賓本校區第 4 屆佈道士

天國的方向

因為這上帝永永遠遠為我們的上帝；他必作我們引路的，
直到死時。

詩篇 48：14 ■

好天氣讓我心情雀躍不已。「加油，我今天也要盡力為主作工！」我把藥包背在肩上，騎上自行車，向上帝的生靈所在之地駛去。

不料騎了一段路後，烏雲開始集結，雨點也一滴滴落下，後來越下越大。天空烏雲密布。一開始只是下著小雨，然而不到幾分鐘，我就看不清眼前的景象。眼前有棟屋子，雖然這是我第一次去那戶人家叩門，但我還是信心滿滿地朝它走去。

「你好！我是來自韓國的佈道士，下雨了，我可以跟你們借傘嗎？」

雖然我們素未謀面，但這位女士很歡迎我。然而，她感到很抱歉因為她沒有傘，於是她給了我一杯熱可可和一些麵包。我非常感激她的好意，內心也因此感到溫暖。這不就是作為一名佈道士的回報嗎？

短暫休息後，我和這位女士開始交談，我們暢所欲言，後來談到了聖經故事。她對《聖經》很感興趣，還問了我一些信仰問題。從短暫的交談中，我得知她一個月前在循理會受洗。當下我就知道應該和她一起學習《聖經》。於是，在簡短的介紹後，我們約定要定期查經。

幾天後，我再次去探望她，她一如既往地熱情歡迎我。於是我們開始查經。但有件事是我第一次拜訪時沒有發現的。她的英語並不好，因此當我向她確認是否聽得懂時，她只是眨了眨眼睛。我很沮喪，因為我不知道該怎麼辦，後來她告訴我，她在碧瑤讀書的兒子在家。於是我請她的兒子充當翻譯，他也願意幫忙，但他說他對《聖經》毫無興趣。所以查經結束後，他立刻回到自己的房間。在這過程中，我有時感到很尷尬。

在那戶人家帶領查經時，我體驗到上帝的大能。我看到那位原本單純協助翻譯的兒子有了變化；他不再只是翻譯，而是開始思考我所說的話的真實性。後來在一次查經中，他決定受洗。他告訴我他想受洗的那一刻，將永遠銘刻在我的心中。

當我繼續為這個家庭禱告和查經時，我確信這位女士會接受兒子所相信的真理。因著這種確信，我感謝並讚美上帝奇妙的引導。

金炳泰（Byeon Tae Kim）
菲律賓本校區第 5 屆佈道士

莫斯科的溫暖

「你起初雖然微小，終久必甚發達。」

約伯記 8：7 ■

在南韓漢灘江（Hantan）舉行的第一次退修會中，我傾訴了自己的沮喪。

某天晚上，我收到了一份來自千人佈道士運動校園的雜誌 ──《主必再來》（Maranatha）。讀到其他佈道士的消息，並看到他們的照片令我感到非常高興。我想起自己還是菜鳥佈道士的時期，並我的宣教旅程：從菲律賓到庫頁島，再從塞班到塔什干，直至關島。憶起自己是如何藉著將十字架擺在首位來克服在宣教地的試煉，這些回憶令我輾轉難眠。

我來到莫斯科已將近一個月。剛到的時候，我住在一個教會長老家。大約兩週前，我找到了另外的住處，現在我和另一位女佈道士同住一間房子。起初，我感到非常孤單和不安；因為語言是我最大的障礙。我只能在健康中心使用英語，在安息日使用韓語，而且只能夠跟教會長老和一位留學生說這兩種語言。上個安息日聚會結束後，我和一位老爺爺因為要前往一位長老家，便同行了約10分鐘，他和我交談時我只能拼命點頭。他熱情地用英語和俄語問我問題，但我一個字也聽不懂。那是一個安息天，我眼中卻溢滿了沮喪的淚水。

我試圖使用《聖經》教那些對韓語有興趣的人，但他們抱怨說他們根本連一個字都聽不懂，要從哪裡開始學？由於沒有翻譯，我別無選擇，只能努力學會俄語。我考慮過開設查經班、韓語班和音樂班等課程，但語言始終是個障礙。即使我必須每週拜訪一個地方並在當地過夜，我也打算教授《聖經》和韓語。但對於既不懂也不會說俄語的我來說，這些似乎都言過其實，況且深夜外出也存在安全問題。但我知道我必須執行任務。

我在房間裡待了幾天，想起了在菲律賓遇到的人。我想起工作時汗流浹背的情景，憶及許多生靈願意受洗的時刻。但我也因此受了提點：我應該學會度過「乾旱」時期，用禱告和上帝的話裝備自己，相信按照上帝設定的時機，祂必會成就大事。每當我想到莫斯科韓國教會，就不由得一陣揪心。他們沒有合適的教堂，也沒有牧師。我擔心他們會因為對福音了解不深而離開。但我知道上帝永遠不會離棄他們。我們的起點可能很薄弱，但我知道靠著上帝的恩典，我們必能興旺。這種想法給了我繼續工作的平安和力量。

金賢善 （Hyeon Seon Kim）
菲律賓本校區第 5 屆佈道士

我也必須告訴我父親

並且在那沉淪的人身上行各樣出於不義的詭詐；因他們不領受愛真理的心，使他們得救。

帖撒羅尼迦後書 2：10 ■

我的內心面臨著大大小小的考驗；每次我都向那位了解我內心的主哭訴。那位我依靠的主能解決我一切的問題，並在我每次動搖之時扶持我。祂幫助我克服困難，適時地回應我的禱告。

初抵宣教地時，我因為皮膚病和發高燒飽受折磨，上帝伸手醫治了我。我感謝主，因為祂適時地供應了我一切所需，安慰我痛苦的心靈。我感謝上帝賜予我力量，解決我所有的問題，甚至助我戰勝魔鬼的一切誘惑。

然後，一場考驗襲擊了我；我收到了來自韓國的急電，告知我父親病危的消息。聞訊後的我感覺似乎天都要塌下來了，他已經昏迷了一個月。我無法用語言表達這種沮喪、痛苦和悲傷。掛斷電話後，我立即向主禱告。在這種情況下，我只剩下唯一一個求救之道，就是相信並依靠主的力量。我父親還不認識上帝；作為一名佈道士，對此我感到心中無比沉重。一想到要看著父親在尚未認識耶穌的情況下就離世，我就覺得自己是個不負責任的兒女。

在醫院裡，我父親靜靜地等待著死亡；他既不知死亡何時到來，也不了解原因。但是，那位總是在我迷惘和掙扎時回應我的上帝，卻為我父親創造了一個驚人的奇蹟。

在我返回培訓中心預備起程回韓國的路上，我一直不斷地禱告：「主啊，在民都洛這裡有許多生靈，我想向他們傳福音，但我也要把這個好消息分享給我的父親。」

一到馬尼拉，我立刻打電話訂回韓國的機票。就在那時，我得知主以祂神奇而有力的手治癒了我父親。那天早上，父親竟從長達一個月的昏迷中突然醒了過來；然後，我聽見他親口告訴我他將在下一個安息日受洗！我感謝上帝拯救了我的父親，並帶領他重生。

我回到了我的宣教地，尋找渴望真理的生靈。在接下來五個月的宣教任期裡，我竭盡全力服事主，並尋求祂的大能。透過這次機會，我經歷了祂奇妙的愛和神蹟。我讚美我的救贖主，祂總是回應我的禱告，賜給我力量和勇氣。

羅有貞（Yoo Jeong Na）
菲律賓本校區第 5 屆佈道士

風雨中綻放的花朵

雅各便給那地方起名叫毗努伊勒,意思說:「我面對面見了上帝,我的性命仍得保全。」

創世記 32:30 ■

在韓國,有一種植物與韭菜十分相似,它此刻就長在我們家門前;我覺得聊勝於無,就留下了它,但它並沒有持續長高。某天早上,我看到那株植物開出了一朵粉色的花。雖然只開了一朵,但它實在太美了!我巴不得其他的花苞也能儘快綻放。在菲律賓,植物似乎都有著旺盛的生命力;寬大的葉子從地裡鑽出來,長出不知名的花朵。它們在人們不斷踩踏的道路上頑強地綻放和生長,讓我不由得聯想起佈道士的力量,儘管他們在世人眼中並不亮麗。也許我們並沒有太多值得炫耀的地方,但當上帝的手托住我們時,我們也會像這些野地的花一樣,在雜草叢中開出美麗的花朵。

幾天前,一個颱風和暴風雨的侵襲帶來了一場大雨,把人們都困在家裡。當時的災情十分嚴重,我們不得不連續幾天使用蠟燭照明、收集雨水當成飲用水。然而,出乎我意料之外的,有幾十盆鮮花像新娘羞澀的臉,頂著大風大雨,連日來開滿了前院。靠著纖細柔美的綠莖,這些花給人帶來了平靜而深刻的印象。它們是在風雨中綻放的花朵。

這些花朵不是在陽光明媚的天氣裡、而是在狂風暴雨中綻放。高大的椰子樹可能會倒下,甚至被連根拔起,但這些花朵卻能在風雨中綻放。佈道士就像在困境中綻放的美麗花朵一般,也是在艱難困苦中收穫美麗燦爛的成果。也許我們現在還看不到珍貴而有價值的果實,或者我們正走在一條無人知曉的道路上,還可能因此被人嘲笑,在這個信息爆炸的時代,也許人們會說這只是我們的幻想。但我們可以肯定,這是我們作為年輕人,能夠為世界做出貢獻的途徑。我們極可能是地球上人類歷史的末代群眾。

這個地方就是毗努伊勒(Peniel)。只要我們沒有停止禱告,我們的眼淚不乾涸並祈求不息,我們自己和教會就都有希望。若沒有與耶穌相遇,沒有對寬恕的確信,沒有對根本問題的解決,沒有對周圍生靈的愛,我們就無法有效地禱告。

安明熙(Myeong Hee Ahn)
菲律賓本校區第 7 屆佈道士

魔鬼如何附在人身上？

到了晚上，有人帶著許多被鬼附的來到耶穌跟前，他只用一句話就把鬼都趕出去，並且治好了一切有病的人。

馬太福音 8：16 ■

我有過一次特殊的經歷；與其說這樣的經歷令人驚訝，不如說是令人難為情。那是發生在卡布拉島（Cabra）的晚間靈修之後。

珍妮佛開門進屋時，她看到了一個惡魔。她臉上露出了恐懼的表情，預示著即將發生嚴重的事。我不知道該怎麼辦，因為我無法與她溝通。過了一會兒，牧師和當地的佈道士也來了，他們做了合宜的處理。起初，我叫她讀經，她拒絕了，說她很睏，她也拒絕禱告。但是，當牧師開始為珍妮佛禱告時，她變得激動異常。當我們更熱切禱告時，珍妮佛的癲癇開始發作。我們徹夜禱告。她突然變得力大無窮，比成年男性還強壯，並且不間斷地抽搐著。在她發作期間，一個魔鬼透過她說話。

她蒼白的臉和沙啞的尖叫聲讓我顫抖。珍妮佛的癲癇不時地發作。在臥室和浴室裡，她的尖叫聲和憤怒持續了兩天。即使在教堂裡也是如此。在魔鬼進入她身體的前幾天，珍妮佛已經暴露了自己是魔鬼的目標。她開始討厭讀經。有一天，她來到正在讀經的魯塞羅（Rucero）身邊問：「你有什麼煩惱嗎？」她似乎在暗示讀經只是解決問題的一種方式。

藉著耶穌的力量，魯邦教會（Lubang）的教友、牧師和佈道士趕走了魔鬼。珍妮佛恢復後，我出於好奇問了她幾個問題。我問她鬼的模樣和被鬼附的感覺。據她說，惡魔的名字叫「維赫」（Vihel），身高約三公尺，頭上有兩個大角，有一雙紅色的大眼睛，還有四顆大牙。惡魔之所以進入她的身體，是因為她的善良和美麗。但她完全不知道被惡魔控制的感覺為何，因為那時的她已經沒有了自己的意識。

這件事不禁讓我思考，自從撒但在天國領頭叛亂以來，他和上帝之間的戰爭就從未間斷過。耶穌在十字架上已經贏得了這場戰爭。然而，撒但仍在繼續欺騙許多人，使他們站在他注定失敗的陣營之中。但在不久的將來，耶穌會再來接那些選擇祂的人回家。我們該以什麼方式等待祂的降臨呢？這次經歷告訴我，要抵擋撒但，就要不斷地與上帝交流；其中的祕訣在於禱告和研讀上帝的話，這將幫助我們與耶穌建立親密的關係，並完全倚靠祂。

閔慶旭（Gyeong Wook Min）
菲律賓本校區第 7 屆佈道士

驅散黑暗的勢力

因我們並不是與屬血氣的爭戰，乃是與那些執政的、掌權的、管轄這幽暗世界的，以及天空屬靈氣的惡魔爭戰。

以弗所書 6：12

和其他佈道士一樣，我和我的夥伴們在宣教地會使用韓藥治療當地人，然後為他們查經。但很快我們就把帶來的韓藥用盡了，於是我們開始以水療的方式進行醫療宣教。我們發現這種方法非常有效。

我們遇到了一位信奉天主教的女士。由於發高燒和嚴重的胃痛，她已經連續三天不能喝水。我們不是醫生，所以無法診斷她的病情。但在進行水療時，我猜想她可能是消化不良。於是我仿照在韓國處理的方式，我揉了揉她的背部和腹部，扎了她的手指，讓血流出來。之後，她感到舒適許多，也吃了一點東西。第二天，她的頭和腿卻開始劇痛；於是我為她做了水療和按摩，但隔天卻又出了問題。村裡的孩子來到我們家，告訴我們這位女士神志不清，無法行走。當我們去她家拜訪時，人們卻說是因為我前一天按摩了她的腿，所以邪靈進入了她的腿，造成她癱瘓。這位女士一直極力避免與我對視，我知道撒但已經控制了她。我們先把她帶到屋外，讓她呼吸新鮮空氣。然後，我們進行了禱告。在我們禱告和唱詩歌之後，她的臉色變得紅潤，並站起身來正常行走。我們讚美上帝，因為我們的禱告和讚美驅散了黑暗的力量。之後，這位女士開始持續地研讀《聖經》。

我們還遇到了一位30多歲、中風的女士。看到她和家人住在一間小房子裡，家徒四壁，我很同情他們的景況，卻無能為力。我的夥伴們想為她做水療，但我覺得我們對她的情況幫不上什麼忙。但在夥伴們的堅持下，我虔誠地為這位女士按摩了她無法動彈的右臂和右腿。第二天，奇蹟出現了！雖然她尚未完全康復，但已經開始慢慢走路。她的丈夫因妻子的病況有所改善感到非常高興。我知道適當的飲食和有規律的運動對中風的病人十分關鍵，所以我鼓勵她這樣做。最後，他們全家人都開始學習《聖經》。

接受福音的人都會經歷別人的疏遠和嘲諷，但這些蒙上帝呼召的人卻能甘之如飴。我可能很快就會搬到穆斯林地區。請為我祈禱，讓我成為上帝的工具，無論在何處或在何時，都能舉起被釘十字架的基督。

朱基泰（Gi Taek Joo）
菲律賓本校區第 7 屆佈道士

閃耀的星

我觀看你指頭所造的天，並你所陳設的月亮星宿，便說：
人算什麼，你竟顧念他！世人算什麼，你竟眷顧他！

詩篇 8：3、4 ■

我的宣教區是個很美麗的地方。這是我有生以來第一次爬那樣的山。我究竟走了多遠？走到了前方已無其他路的山頂時，我疲憊不堪的身心從美麗的大自然和清新的空氣中獲得了嶄新的力量。大自然所彰顯的上帝之愛總是神祕而奇妙。

當我仰望夜空和繁星時，我確信上帝的存在。我還發現，與浩瀚的宇宙相比，我個人何其渺小。這樣的領悟讓我心中溢滿了感恩；基督拯救了我，儘管我只是一粒塵埃。這樣的領悟讓我更加愛祂。

在我們到達宣教地的第一個晚上，我看到了一顆令人驚嘆的星星。就像耶穌降生時的那顆星一樣，這顆閃亮的星像手電筒般隱隱約約地照亮了我們的天空，似乎在暗示著，這位用祂的光驅散黑暗的耶穌會與我們同在，以便在這個沒有教會的地方興起祂的教會。

這兒只有一個復臨信徒的家庭，我們和他們同住。當地大多數人都是天主教徒，另外還有一個特殊的教會，叫做「新部落」（New Tribes）。

帶著《聖經》和醫藥包，我開始和夥伴走訪附近的家庭以及遠在山區的家庭。我們為病人祈禱、給他們一些藥品，並教他們《聖經》。當這些方法效果不彰時，小提琴優美的琴聲也能幫助我們與民眾建立友誼。

某個星期四，我們收到了來自韓國的菜苗，並進行了種植。第四天，看到嫩芽迸出，我欣喜若狂。我只是播了種，其餘都是上帝的工。我相信，只要我像基督一樣生活，在人們心中播下福音的種子，祂就會賦予我力量完成剩下的工作。當然，這也包括在該地區建立教會。

上週，我向碧瑤區會購買了100本《歷代願望》、《喜樂的泉源》，以及《預言之靈》的十二階段查經教材。將來等我存夠更多錢時，我還要幫助這些居民購買當地語言版本的《聖經》，讓他們能夠接觸《聖經》。我由衷感謝上帝的旨意，以及祂引領我來到那個地方。

崔慶錫（Gyeong Seok Choi）
菲律賓本校區第 7 屆佈道士

如約伯所受的考驗

上帝啊，你曾試驗我們，熬煉我們，如熬煉銀子一樣。

詩篇 66：10 ■

1996年春天，我終於通過了成為佈道士的申請。同年夏天，我坐上了飛往菲律賓的班機；這是我夢寐以求的。我和新的佈道士同事們一起踏上了這段旅程。

兩個月的英語教育和一個月的佈道士培訓是一段忙碌而充滿挑戰的時光。隨後，我和我的夥伴阿爾伯特被派往宣教地 —— 菲律賓的民都洛島（Mindoro）。

我們白天蓋教堂，晚上幫人查經。但在宣教區的最初期，我與夥伴的關係有些緊張。作為一名素食者，我總是在吃的問題上與他發生衝突，這也導致了在其他方面的許多分歧。然而，過了一段時間，我們想起了自己身為上帝兒女的工作。於是，我們靜靜地跪下，雙手合十，彼此寬恕；我們透過一起禱告流下了眼淚，重新建立起美好的友誼。我們在基督裡效學了如何像弟兄般彼此相愛。如果我們不能接受彼此的差異，又怎麼能被稱為佈道士呢？

時光飛逝，轉眼到了1997年春天，我妹妹突然捎來了一封信，要我為身體不適的大姊禱告。幾天後，我又收到一封信，說大姊的身體狀況越來越差；我幾乎是哭著讀完這封信。不料幾個月後，當我和夥伴仍持續為姊姊的痊癒禱告時，我收到了一封來自妹妹的短信。撒但似乎在試探我們全家，就像他試探約伯一樣；我的姐姐被診斷出患有癌症。

數月後，我收到家裡捎來的信：「歐爸（哥哥，Oppa）！姐姐已經走了。她睡在一座開滿連翹花的村莊墳墓裡。讓我們一起等候主再來！」我感覺天都要塌下來了；我既不解又心痛，甚至懷疑上帝的存在。但是，一段時間過後，我的信心越來越堅定，撒但無法奪走我和上帝對彼此的愛，我知道自己絕不會陷入撒但的誘惑之中。

在完成佈道士的畢業典禮後，我又主動延長了一年的任期；我這樣做的目的是為了能早日見到我的姊姊。我做這個決定是為了表明我對上帝堅定不移的信心。當我最終啟程返回韓國之際，我回顧了過去兩年的美好經歷。我決定終其一生做一名佈道士，在我所到之處分享上帝的愛。

金東漢（Dong Han Kim）
菲律賓本校區第 8 屆佈道士

一千則感人的經歷

除了基督藉我做的那些事，我什麼都不敢提，只提⋯⋯聖靈的能力。

羅馬書 15：18 ■

　　我在秘魯的宣教使命以兩個家庭（八個人）的洗禮結束；在秘魯服務的那一年，我學到了很多。經歷了許多挫折和阻礙後，我明白上帝直到最後一刻都不會放棄祂的兒女。

　　有一天，我拜訪了敏俊植（Min Jun Shik）先生的商店，敏先生是長老會的教友。我們的談話很自然地帶到了安息日和靈魂不死的問題。我們的討論隨著聖經章節的查詢持續進行。他雖然嘴上不承認，但臉上的表情卻有了變化。我給了他一篇來自《基督教雜誌》（Christian Journal）和《預言之靈》（The Spirit of Prophecy）的文章。此外我還每週拜訪他一次，鼓勵他聽申桂勳（Gye-Hoon Shin）牧師和金基坤（Ki-Gon Kim）牧師的證道錄音帶。事實證明上帝的話是活的，且有改變人心的力量。

　　他和他的家人說：「我們很少聽到這類寶貴的話語，真的非常感謝！我們很幸運。」他們了解了安息日改變的歷史和過程，但無法承諾遵守第七日安息日。敏先生曾經擔任長老會執事和詩班指揮。此外，他的父親還是韓國長老教會的牧師，但聖靈並沒有停止工作。1998年2月第二個安息日，敏先生全家（一共五人）開始守安息日。最後，他們於同年6月13日在巴西韓國教會受洗。同年二月，敏先生將他經營的商店轉給沈在仁（Shim Jae In）女士經營，我也因此認識了她。雖然她有佛教背景，但當我與她分享上帝的話時，她並沒有拒絕。聖靈也為她的家庭打開了一扇門。這個家庭開始閱讀靈修文章和書籍，如《福山寶訓》和《救贖的故事》，並收聽證道錄音帶。這家人也開始在三月的安息日和我們一起做禮拜。

　　我曾經從我的神學教授那裡聽過一句話：「作為一名佈道士，是這個世上回饋最多、也最有價值的工作。如果你加入了千人佈道士運動，難道不該帶著至少一千種充滿了不同歡笑和淚水的經歷回家嗎？」我因他這番話深受鼓舞。當我回顧自己作為佈道士的生活時，每天似乎都充滿著在耶穌裡得勝的感人經歷。主無限的恩典永遠與我們同在。我要用這份從十字架的人子身上得到的愛充滿我心，在遇見厭倦生命之人時，以動人的方式將這愛傳遞給他們。主必再來！

朴正根（Jeong Geun Park）
菲律賓本校區第 10 屆佈道士

耶和華尼西：上帝是我們的旌旗

摩西築了一座壇，起名叫「耶和華尼西」。

出埃及記 17：15 ∎

凌晨兩點，我被夥伴的急電吵醒。我迅速起身並拿起藥箱，跟著我的夥伴跑向鎮上，卻不知道發生了什麼事。從遠處我就聽到了孩子絕望的哭聲，很快我們就到了那間房子，原來這是我們的朋友——一個啞巴男孩的家。

兩年前，他的母親在原來的村莊被一名男子強暴，結果因此而懷孕，並生下了這個啞巴男孩。他發出絕望的哭聲，讓人聽了非常不安，也聽得出不太尋常。

當我走進房子時，刺鼻的氣味和煙霧阻擋了我衝進來的腳步，讓我聞了幾乎作嘔。但我告訴自己我能做到。我祈求主原諒我的可悲，因為這樣的小問題就想放棄。

房間中央是那個一歲大的小男孩。他渾身顫抖，抽搐不止。他滿臉淚水和汗水，還把吃的都吐了出來。當我試圖用酒精擦拭他的身體時，他似乎很想把我推開，並且抽搐得越發厲害。

看著小男孩尖叫的樣子，我再次鼓起勇氣去擦拭孩子骯髒的臉。那一刻，我被眼前的景象震驚了。我在男孩的大眼睛裡看見自己的倒影，我的夥伴也看到了這一幕，並用宿霧語喊道：「阿斯旺！阿斯旺！」（編註：Aswang，菲律賓民間傳說的鬼怪）我們虔誠地為男孩祈禱。在祈禱過程中，我聽到了男孩抽搐的聲音，他全身都被汗水浸濕。這讓我更加依靠上帝。當我們持續禱告時，上帝提醒我，我是祂的佈道士。因此，我能夠大膽地說：「我奉主耶穌的名命令你——撒但，離開！」孩子的痙攣隨即緩解了，邪靈也因著上帝的大能離開。

第二天我去探訪時，看到那孩子以燦爛的笑容熱情地歡迎我。我為主得勝的事實感到高興和感恩。透過這前所未有的經歷，我認識到無論遇見何事，上帝的佈道士總有上帝和他們站在一起，為此我深深感謝祂。我還感謝上帝的恩典，使我能夠與他一同站在祂揚起勝利旗幟的地方。願將一切榮耀歸於上帝！

朴宣玉（Seon Ok Park）
菲律賓本校區第 11 屆佈道士

起來行走

耶穌對他說:「起來,拿你的褥子走吧!」

為了將癱瘓的老奶奶帶到浸禮池,我們需要擔架;但我們沒有,甚至沒有時間製作一個。於是,我和夥伴抓住對方的手,像孩提時代那樣用前臂架成馬鞍。然後,我們讓老奶奶像女王一樣坐在我們的前臂上。當我們和老奶奶一起浸入水中時,我們成了這位特殊而幸福的新生兒見證人。

我是在走訪附近村莊時遇見這位老奶奶的,認識至今已有三個月的時間。她當時65歲,但她在50出頭時就癱瘓了。她有11個孩子,卻沒有一個能照顧她。她在作清潔工丈夫的照顧下活了下來。我和宣教夥伴每天都去看望這位孤獨的老奶奶,與她分享上帝的話,教她唱新歌,成為她可以傾訴的朋友。

後來,我們舉行了為期兩週的佈道會。這位奶奶雖然無法參加,但她在床上透過收音機收聽信息。就這樣,她決定受洗。受洗後,我們對她的照顧比以前更多了。為了讓她能夠順利參加我們的安息日聚會,我們每週都要做更多的準備。但這對我們來說是件好事,因為我們就不需要額外健身了。

然後,我向老奶奶介紹了新起點(NEWSTART)健康原則的益處。我說她最好在早晚涼爽的時候散步,而不是在太陽最毒辣的中、下午時分。我提出這個建議時,完全忘了她是一個不能走路的癱瘓病人。我只是把上個月從教會聽到的信息告訴了她。但第二天早上,當我們走進她的村莊看望她時,兩個小女孩一見到我們,就向我們跑來,喊著說:「奶奶能走了!她會走路了!」我心裡想:「糟了,奶奶那天聽了我的建議後,可能在嘗試走路時摔倒了!萬一她骨折了可怎麼辦?」我趕緊跑到奶奶家。只見她儘管步伐緩慢,卻杖著拐杖享受著晨間散步的樂趣。

對我來說,這簡直是耶穌奇蹟般治癒癱子的情景重現!看著老奶奶像嬰兒般一步步地走過來,我的喜悅之情無以復加!直到今日,每每想起這件事,我都會忍不住激動,無法停止對上帝的讚美。老奶奶聽到了上帝要她「起來行走」的命令,並完全順服地遵從了這一命令。我何等有幸親眼見證這件事。我感謝上帝,祂引領我今天的生活,並且命令我:「起來行走。」

李宰鎮 (Jae Jin Lee)
菲律賓本校區第 11 屆佈道士

菲律賓人

我們既有屬土的形狀，將來也必有屬天的形狀。

哥林多前書 15：49 ▉

　　過了八個月，我已經徹頭徹尾成了菲律賓人；重口味的菲律賓菜不僅讓我吃得津津有味，我烹飪這些菜餚的手藝也漸入佳境，而且我不必用洗衣板也能把衣服洗淨。此外，我還能區分菲律賓的旱季和雨季。過去當我看到人們不分男女因家中沒有供水系統，所以在公共水池旁洗澡時會覺得不好意思，但現在我也和他們在同一個地方洗澡。以前我只吃白米飯，但現在我比當地人更喜歡吃玉米。

　　現在想想，我已經分不清韓國冬粉和菲律賓冬粉的不同，所以即使嘴裡吃著韓國冬粉，我也會納悶：「這真是韓國冬粉嗎？」

　　之前我無法理解我的佈道士前輩們，他們來到宣教區後往往很早就寢。但我如今也成了不折不扣、早睡早起的菲律賓人，希望在這個沒有電的地方，哪怕節省一點點燈油也好。另外，雖然說起來有點難為情，但現在即使如廁時忘了帶衛生紙，我也可以用沖洗的方式來清潔，因為我認為水是更好的清潔用具。

　　在菲律賓，一餐有一道配菜就足夠，兩道是綽綽有餘，三道就是擺宴席了。現在，我漸漸覺得菲律賓人的生活方式與韓國人的相比要簡單許多，因為他們不會吃每一餐都得配上一堆小菜。

　　我開始喜歡妙不可聞、有點像臭腳丫的波蘿蜜，也愛上甜度逼人的芒果，還有聞起來像腐魚的榴槤、淡而無味的椰汁和口感奇異的椰肉。

　　現在，每次看到泡麵的調味包，我都會留著備用。每當我花1披索（約23韓元）買一袋麵包時，我都會懷著感恩的心享用它。想去Dunkin' Donuts（甜甜圈連鎖店）或麥當勞時，我只會盯著菜單一會兒，然後就離開。

　　每當我去市區提領津貼時，就會思念起我的宣教區。這顯然像是菲律賓人的生活。但在今天這樣的下雨天，我也會想念韓國溫暖的家。過了13個月，我的本質依舊是韓國人。看來我終究無法輕易改變。我祈求耶穌擁抱我，願將來的我可以轉變為屬天國的人。

趙熙珍（Hee Jin Jo）
菲律賓本校區第 11 屆佈道士

我為你預備了這一切

你在這樹根前預備了地方，它就深深扎根，爬滿了地。

詩篇 80：9 ■

　　常有人問我「你為什麼要當佈道士？」，對此我向來回答：「因為上帝呼召了我！」抵達宣教地時，我證實了我的答案；上帝對我說：「我為你預備了這一切！」參加佈道士培訓時，我曾為即將派駐的宣教區禱告。「上帝啊，沒有電和瓦斯爐我沒問題。但主啊，如果可以，拜託把我派到有水的地方。請不要派我到必須躲進樹林才能如廁的地方。」後來我如願以償來到一個沒有電和瓦斯爐、但水多到整個街道經常泥濘不堪的地方。而且在我們的宿舍就有廁所可以使用。如果我的禱告是祈求上帝送我到一個有電、有瓦斯爐、水源充足，還有冷暖氣的地方，那我還不如留在韓國就好！

　　上帝也為我預備了一個夥伴。我的夥伴非常友善，是一個真正的好朋友，從不抱怨或說任何壞話，還包辦所有卑微的工作。我問他：「你為什麼成為佈道士？」他說：「因為末後的日子已到，我必須做上帝的工作。」但無論他的回應為何，我似乎都聽到他回答：「我來此是為了成為你的夥伴。」我的夥伴正是上帝為我預備的人。然而，如果只有我和我的夥伴住在這偌大的房子裡，我們仍然不免會感到孤獨，所以另有一位離鄉背井、為人可靠的男士與我們同住，我必須說：他也是上帝為我們預備的人。他早年喪父，廿多年來靠電鋸工作養活單親母親和七個弟妹。我到達宣教區兩個月後，建造教堂的木材就等著這位弟兄來進行裁切。我一抵達宣教區，就打電話給我思念的家人和朋友，告訴他們我準備蓋一間教堂。

　　我的父母、同學和朋友立即籌募了80萬韓圓，讓我們可以在當地建造一間漂亮的教堂。透過那裡的許多生靈，上帝告訴我：「我為你預備了這一切！」1999年11月27日，就在我抵達兩個月後，共有16位寶貴的生命被帶到上帝面前。在他們受洗之前，握手感覺很平常，但在受洗之後，握手的感覺卻很不同。我感受到了溫暖。我大聲喊道：「感謝主！」更讓我感激的是，還有無數的生靈渴望學習《聖經》。上帝逐一向我揭示了祂的計畫和旨意。我知道上帝已經為我預備好了一切，因此我萬分期待祂為我餘下的服務所預備的祝福。

尹承均（Seong Gyoon Yoon）
第 14 屆佈道士

〈使徒行傳〉第 29 章

「我樂意將至高的上帝向我所行的神蹟奇事宣揚出來。」

但以理書 4：2 ■

　　我們在印尼西巴布亞（West Papua）的伊里安查亞（Irian Jaya）蓋了一所小型的住宿學校。我們花了七天準備建材，然後另花了七天時間完工。在當地想用七天就完成一座建築簡直是天方夜譚，所以在地人都說是天使幫了我們一把。不管是真是假，七天內完工絕對是上帝旨意的結果。工程結束後，我們在安息日舉行了竣工典禮。我們準備了大約325人的午餐，但當天有500多人參加。我們為此有些擔心，但還是禱告並分發了午餐——我們發給了100、200、300、350、400，一直到500人！每個人都領到了午餐！甚至還有剩餘，於是我們又發給每個教會15至20個餐盒，許多人還帶了餐盒回家。每個人都為此感到十分驚訝，並一起感謝和讚美神。這確實是一次令人感動、不可思議的事件。

　　有一次，因為學校只剩下10公斤的米可供學員們食用，我向上帝祈求幫助。就在我上街準備買更多米時，一向對我們的活動毫無興趣的鄰居突然走過來問我：「你需要米嗎？我可以用半價賣給你。」我感激地接受了這個提議。於是，我打電話給束印尼區會，預支四個月的津貼。區會聽到預支的原因後，很感動地捐了一些錢作為買米的費用。過了一段時間，一輛載著1500公斤白米的卡車到了！在接下來的七八個月裡，我們都不用再為米發愁。然而要將1500公斤的米送到我們的地區必須使用飛機運送，這幾乎是不可能的事情。後來這件任務全是上帝透過當地的村長來為我們達成。我們不禁讚美上帝，將榮耀歸給祂！

　　隨後，我們在雅利斯科博（Yaliskobo）舉辦了以〈但以理書〉和〈啟示錄〉為主題的研討會，有許多來自天主教和其他基督教派的年輕人前來參加。研討會結束兩個月後，我收到一條與會者發來的信息。那人告訴我他們的教會正計畫將他們的名字改為基督復臨安息日會，但此舉遭到他們父母反對。因此他們要求我們拜訪當地，為他們的父母舉辦研討會。接下來的一週，我們便帶領一班青年學員前往。這絕對是一場〈使徒行傳〉29章再現的見證！

　　當地已經成立了一所小學，最近也興建了一所先知學校，而那裡還有一家醫院。隨著這三個機構同心協力地運作，上帝的信息定能傳遍伊里安查亞的每一個角落。我們懇求你們的代禱。

全弼元（Pil Won Jeon）
第 14 屆佈道士

待完成的工作

凡你手所當做的事要盡力去做；因為在你所必去的陰間沒有工作，沒有謀算，沒有知識，也沒有智慧。

傳道書 9：10 ■

我以為一個人年紀越大，就意味著他為人會更大方、更輕鬆、更容易微笑、也更加成熟。但是我邁入50歲時審視自己，卻發現我並沒有這些特質，只有疲憊的痕跡。我的生活就像把水倒在一個底部有洞的桶裡，絲毫沒有任何意義。

後來，一場突如其來的車禍讓我的生活雪上加霜。我過得生不如死，幾次險些喪命。我很想放棄生命，因為就連我的家人也放棄了我。我所受的、沒完沒了的痛苦，以及家人眼睜睜看著我所經歷的一切，是言語無法形容的，我的信心也因此動搖。我向上帝吶喊：「與其讓我經歷這些苦難，還不如取走我的性命！」我向上帝發出懇求，因為我的信仰和生命都折磨著我。就在那時，我開始看到了一絲希望。然後，我開始奇蹟般地重新活了過來。起初，我無法確實明白祂的旨意。「還有什麼工作在等待著我去完成嗎？」有一天，當我聽一首福音詩歌時，我頓時找到了這個問題的答案。

「許久之前，天國為我安排了一個計畫。上帝看到後說：『這甚好，我親手創造了你，你比世上任何事物都珍貴。我因你而快樂。我愛你，我要祝福你。』主啊，我將我的心獻給你。」

當我明白我們的主對每個人都有計畫時，我實在是慚愧不已。我只想報答祂的愛和恩典。於是，我選擇成為一名佈道士。在這一年裡，祂透過我成就了許多事情。我所期盼的，就是將所有這些神奇的經歷都留在我心裡。我了解只有透過信心才能創造奇蹟。當多馬不相信耶穌從死裡復活時，耶穌說：「你因看見了我才信；那沒有看見就信的有福了。」

每當我在宣教地宣講祂的話語時，我十分確信祂與我同在。祂是那位充滿能力、將不可能變為可能的上帝。祂也是充滿慈愛、永不離棄我的上帝。祂的愛深深地感動了我，我會順從祂的旨意，完成祂所賦予我的使命。我終其一生都要與主同行，我願事奉上帝，祂的話是活的，並且與祂的兒女們同在。

南允珠（Un Jo Nam）
菲律賓本校區第 16 屆佈道士

這是上帝的神蹟

眾人都詫異上帝的大能。

路加福音 9：43 ■

位於菲律賓的新巴羅塔克（Barotac Nuevo）是一個危險地帶；即使是執法部門在當地也是束手無策，菸、酒、甚至毒品隨處可見。當我知道這個地區將是我的宣教地時，我內心十分恐懼。然而蒙上帝的恩典，我得以在村長的幫助下進行拜訪。

帶著血壓計，我首先來到了一個叫達維斯（Dawis）的村莊。當我為人們測量血壓時，一位婦女也過來要求我幫她測量。然而，她身上有股難聞的氣味，導致周圍等待的人紛紛走避。但我不能棄她於不顧，我還是幫她量了血壓。然後她突然哭了起來，拜託我幫她治療：「請救救我！」這個請求非常突然，於是我決定先送她回家，並答應第二天再去看她。

按照約定，我第二天去拜訪了那位女士。她叫約瑟芬，是一位48歲的單身女士。她身上有幾處明顯是燙傷造成的傷口。據她說她在酒後抽菸時，不小心衣服著了火，燒傷了左臂和身體一側，情況相當嚴重。惡臭的膿液不斷地從她的傷口中冒出來，讓我聞之欲嘔。她的傷口因為沒有及時得到適當的治療，導致不斷地腐爛。她的左腿嚴重腫脹，只能拄著拐杖行走。她的左臂也受傷嚴重，無法正常行動。總之，她整個人的情況太嚴重，我甚至不能稍微碰到有傷口的地方。但我還是告訴她：「別擔心，耶穌會醫治妳。」我對自己說出這些話感到驚訝，但我憑信心祈求耶穌醫治約瑟芬。隨後，我開始為她治療。在仔細清洗傷口後，我塗上了一些抗生素藥粉，然後再讓她服用一些抗生素。這是我所能做的簡單治療，我重覆這樣做好幾天。起初，我的夥伴無法忍受膿液的氣味，但經過一週的治療，膿液明顯減少了。治療前，約瑟芬的腫脹非常嚴重，以至於她完全無法行動。但後來她開始用左腿正常行走。她的左臂癒合得較慢，但也漸漸能活動了。

這位燒傷病人的康復絕對不是因為我的能力，這是上帝對我懇切禱告的回應。所有目睹治療過程的鄰居都說：「這是上帝的神蹟！」幾天過後，膿液減少了，腫脹也慢慢消失，病人已經不需要拐杖就能行動自如。我當時的喜悅實在無可言喻，只有將榮耀歸給上帝。上帝透過這種工作打開了人們的心扉，我感謝主的恩典，賜給了我這般的喜樂。

張承左（Seung Jwa Jang）
菲律賓本校區第 20 屆佈道士

我有一個代禱需求

你要禱告他,他就聽你;你也要還你的願。

約伯記 22:27 ∎

　　我有一個習慣是在宣教區時養成的。每當我思念親人,就會拿出所有的相冊,反覆翻看,回憶往事。若看完後思念依舊,我就會閱讀《時兆》和《教會指南針》(Church Compass)這兩本教會雜誌。如果思念之情仍不止息,我就會禱告,然後吃一匙韓式辣椒醬。每當我這樣做就會感到力量倍增。

　　我可以說我的宣教經歷是上帝的恩賜,因祂讓我可以生活在完美的大自然中。那裡的自然景色非常壯觀。當然,在我最初抵達當地時,我也問了上帝這個關鍵問題:「祢為什麼派我來這裡?」那是一個非常偏遠的地方。此外,我和我的夥伴一到那裡,牧師和一位長老就計畫好要為100人施洗,所以他要求我立即蓋一座大教堂。在我看來,要在那個山谷裡為100人施洗簡直是不可能的任務。但這件事成了事實。我們住的小教堂最初是由我們教派的人建的。因此,信徒們所持的教義也是復臨教會的,他們也遵守安息日。但隨著領袖的不告而別,教會也隨之瓦解。之後,當地的別派牧師讓該教會的教徒改信他的信仰,並為他們施洗。

　　後來有一天,大約20名反叛軍進入了附近的山區,不久後他們的屍體在鄰近的小鎮被發現。死亡的殘酷景象讓我親眼目睹人性的脆弱。那次事件之後,我的夥伴就不想再進行拜訪了。那一幕令憤怒充滿了我的禱告,我對主說:「主啊,祢為什麼派我來這裡?」但一位佈道士發給我的信息給了我勇氣:「基督徒沒有疑惑,只有不同的禱告需求。」我把所有的疑慮都化成了禱告,把所有問題都交託給上帝。不知何故我突然明白了我被派往那地方的原因。在楊仁浩(Yeo In-Ho)牧師的講道中,那句多馬說的,「我們也去和他同死吧!」,始終在我腦海中迴盪。我明白了只有完全信靠天父,才能學會如何面對困難。於是我向祂禱告:「天父,無論出現什麼狀況,請讓我單單依靠祢,遵行祢的旨意。」從那時起,從治療受傷兒童到每週兩次舉辦安息日學分校,一切事情盡都順利。

　　由於上帝指引著我的道路,我每天都充滿力量地開始新的一天!我一直期待著耶穌在宣教區向我展示許多愛的奇蹟。讓我們一起祈禱在廿一世紀的所有佈道士都能擁有一個充滿愛的宣教時期。

池在成(Jae Seong Ji)
第 21 屆佈道士

從浪子到佈道士

你要把你的重擔卸給耶和華，他必撫養你；他永不叫義人動搖。

詩篇 55：22 ■

12年前，我遇到了我的教會老師。他拼命地向我傳福音，但我多次拒絕。最終，在他堅持不懈的努力下，我屈服了。這是我屬靈旅程的開始。

高中時因為體育老師的建議，我預備自己成為一名運動員。當時的我什麼都想嘗試，所以便接受了這個建議，而我的運動員生涯也就此展開。但因為訓練非常花時間，我無法堅持自己的信仰，漸漸地遠離了上帝。我不去教堂聚會的次數越來越多，開始過著沒有上帝的生活。

我在高中時加入了青年划船隊，在大學時加入了國家隊，但我突然開始思考自己的划船運動員生涯。未來一旦我走入社會，我什麼也做不了。想了很久，我放棄了成為運動員，開始學習。我決定報考研究所，但事與願違，我沒有被錄取。我以為這是上帝對我的懲罰。一年後我再次嘗試，結果還是一樣。我的內心曾經充滿了自我，但經過三次嘗試之後，我不再是過去的我。當我準備重新入學時，我意識到我已經很久沒有耶穌在我生命中。於是，我禱告說：「耶穌！願天父的旨意、而不是我的私心得成就。」

之後，我讀了兩年研究所，並在禮山女中（Ye-san Girl's High School）擔任划船隊教練。教練工作並不輕鬆，我經常不得不對著學生大吼大叫。儘管我是基督徒，但無法控制自己的怒氣卻成了我的負擔。我很內疚，總是感到空虛，無論做什麼事都覺得缺少了什麼。我在社會上很受尊重，但我開始懷疑社會的尊重和認可是否真比上帝的認可更重要。有很長一段時間，我過著心如浪子般的生活；我隨波逐流，失去了一切，無家可歸。但我感謝主，祂用祂的愛接納了我。

屬世的一切都不會長久，但上帝對我的愛和信息卻是永恆的。上帝也揀選了我。因為祂的吩咐，我重生了，成為了一名佈道士。感謝上帝用祂愛的雙手握住了我。我的願望是永遠不放開祂的手，永遠與祂生活在一起。

安瑞英（Ra Young Ahn）
第 21 屆佈道士

逆轉一切的上帝！

耶穌醒了，斥責風，向海說：「住了吧！靜了吧！」風就止住，大大地平靜了。

馬可福音 4：39 ▮

　　我結束千人佈道士運動宣教任期回到韓國已經多年；當初的宣教地位於菲律賓的巴拉望島，是該國的著名島嶼。但我的宣教地卻不在主島，而是在另一座外島上。繞行整座島走一圈只需要40分鐘。儘管面積不大，島上卻住著五至六百位居民。

　　當地人通常喜歡外國佈道士造訪島上；但當我和夥伴到達那裡時，情況並非如此。我們感受到的是他們憤怒的眼光。後來我們得知，在我們到達當地的七年前，菲律賓佈道士曾在那裡舉行了佈道會，並為50人施洗。不久之後，一場暴風雨就襲擊了這座小島，但只有受洗之人的房屋倖免於難，其餘居民則非死即傷。居民們認定這島嶼是因為佈道士而受到詛咒，因此便將他們趕了出去。

　　我們思考該如何才能打開他們緊閉的心扉，以及他們的需求為何。我們看到人們因被魟魚咬傷或患上其他皮膚病而皮肉潰爛。於是，我們進行了家訪，並以活性碳為他們治療。人們的心開始軟化，大約三個月後，我們得以舉行佈道會。

　　有一天，我們去預備佈道會場地並乘船返回小島時遇上了暴風雨，我們的船被吹得東搖西晃，幾乎要翻船！面對死亡威脅，我沒有立即禱告。相反，我用水桶向船外舀水。我不停地舀，但沒有任何幫助。這時，船長的兒子用他加祿語問我：「你是什麼人？」「為什麼這樣問？」「你不是佈道士嗎？」「是啊，我是。」「那就趕緊禱告啊！」

　　我當下十分尷尬，覺得自己就像在暴風雨中受到驚嚇的門徒一樣。談話結束後，我閉上眼睛開始禱告。接著，讚美的詩歌開始從我的口中唱出：「平安如河水，潺潺流入我心，憂患似狂濤，正翻騰。」頓時，狂濤和暴風平息了。更令人驚訝的是，船長和他的兒子在這件事情過後，很快便接受了洗禮。此外，我過去一度想當警察為父報仇的念頭也消失了。自那時起，我的服事是成為得人的漁夫，而不是逮捕罪犯的警察。

　　這次經歷證實了上帝是又真又活的上帝，祂一定會扭轉困難的局面。我知道在生活中我將面臨無數風暴，但我會仰望上帝，而祂也將為我扭轉這些風暴。阿們！

金泰亨（Tae Hyung Kim）
第 22 屆佈道士

佈道士的日常

他還要以喜笑充滿你的口,以歡呼充滿你的嘴。

約伯記 8：21

昨天,颱風襲擊了我的宣教區;狂風呼嘯,大雨下了一整天,海浪不斷地衝擊。但今天安息日,上帝給了我們萬里無雲的好天氣。不過,像往常一樣,聚會是以他加祿語進行的,所以對我來說十分辛苦。每當牧師說英語時,我都會非常高興。以前即使是以英語進行的聚會,我也聽不太懂。但出乎意料的是,我現在竟然可以說「請用英語講道」了。

每當我的夥伴與其他人交談時,我只能在一旁微笑著。當地人說方言多過說英語,所以我很難和他們交談。不過,就像在佈道士前輩的畢業典禮上,一位韓國佈道士竟能用印尼語作見證,而另一位菲律賓佈道士則幫他譯成英語一樣;在我們的畢業典禮上,我也會用他加祿語作見證,由我的夥伴為我翻譯。因此,我每天晚上教孩子們帶動唱,並用當地語言和手勢讀兒童聖經。聽到孩子們唱著我教他們的歌曲,我真的很開心。

在我們村裡,有一次一個嬰兒得了嚴重的皮膚病,流了很多膿,尤其是腿部。於是我為他塗了藥膏,並懇切禱告:「主啊,請用祢的愛來醫治這個孩子,而不僅僅是使用我手中的藥品。」之後,他身上所有的膿都消失了。當我從未經歷的事如奇蹟般發生在我身上時,我不禁為此感謝上帝。

然而,作為佈道士,我仍然有需要培養正面態度的艱難時刻。在我容易疲倦、失去動力之時,在我出於佈道士的責任感需要做一些事情之時,上帝都會透過某種機會來更新我的心。佈道士前輩告訴過我,只要我想吃某種水果,就會有人奇蹟般地提供給我。我還記得他們說,如果我來到宣教地,就有機會更接近上帝,因為除了上帝,沒有人可以傾聽我們的怨言。我擔心上帝會厭煩我的抱怨,但此舉卻讓我更接近上帝。

我在韓國擁有的許多東西,比如豐富的水和持續的電力,都讓我開始心存感激。雖然我無法對當地人說出我想說的一切,但我很感激我可以自由地與他們分享耶穌的愛。我記得有句話是這麼說的:「有耶穌在心中才稱得上是宣教士(missionary),若沒有只能徒稱為宣教地(mission field)。」今天,作為一名有耶穌在心中的佈道士,我已準備好在宣教區分享祂的愛。

吳美娜（Mi Na Oh）
第 22 屆佈道士

從伊里安查亞省曼巴蘭回歸

那報佳音，傳平安，報好信，傳救恩的，對錫安說：你的
上帝作王了！這人的腳登山何等佳美！

以賽亞書 52：7 ▌

　　我筋疲力盡地只想放棄，並將滿腔怨言指向了無辜的當地人：「為什麼
這些人要生活在這種地方，讓我受長途跋涉之苦？」我在河流和叢林中徒步
走了九個小時，午餐只吃了地瓜。我整個人已經脫水了，雙腿也不聽使喚。
汗水濕透了我的背袋，感覺更加沉重。我討厭這一切，甚至討厭當佈道士！
儘管滿是悔恨，我也回不去了。在叢林中艱難前行，我只能依靠上帝。於
是，我拿出口袋裡的《聖經》，隨手翻開。在我打開的那一頁，有一節經文
畫了紅色底線。當下一讀，我感激地哭了，渾身都在顫抖，我讀到：「那報
佳音，傳平安，報好信，傳救恩的，對錫安說：你的上帝作王了！這人的腳
登山何等佳美！」那一刻，我感到上帝真實的同在。做完感恩的禱告後，我
感覺雙腿更有力了！

　　我和池成斐（Sung Bae Jee）牧師正在前往伊里安查亞省（譯註：Irian Jaya，今巴
布亞省）曼巴蘭（Mambalam）的途中，因聽說山上的一個叢林村莊裡，有38個生
靈等待受洗。這是我們踏上這趟旅程的原因。從早上6點開始，我們花了6個
小時走過一條河，花7小時穿越一片叢林和一座山。那個村莊裡既沒有佈道
士，也沒有牧師。2004年，姜明熙（Myeong Hee Kang）被派往當地，聖靈開始充
滿這個村莊。我們到達的第二天，我就開始提供醫療服務，給患有各種疾病
的人看病，並治療他們。看著這些病人，我不禁感到心痛。我為自己在韓國
過著安逸的生活卻對鄰居漠不關心感到羞愧。我感謝上帝呼召我來為這些居
住在叢林中的人們服務。

　　我們為38位以及其他來自另一個村莊的生靈施洗。每個人的心都在為上
帝燃燒。看到人們在如此偏遠的地方接受耶穌令我激動不已，全身不禁起了
雞皮疙瘩，因為我知道自己正在見證上帝的神蹟。我跪下祈禱說：「主啊，
感謝祢呼召我這不完美的人作為祢的見證人。請在我心裡創造一種新的精
神。」禱告之後，我想起了我對當地人的抱怨和〈以賽亞書〉中的經文。我
意識到，上帝幫助我回顧了過去的自己，並以此更新了我。我迫切希望遠離
過去的自己，在耶穌裡重生。我盼望我作為佈道士所踏上的每一塊土地都能
煥然一新。

李永根（Yong Geun Lee）
第 25 屆佈道士

蒙福之人

所以，不要憂慮說，吃什麼？喝什麼？穿什麼？……你們
要先求他的國和他的義，這些東西都要加給你們了。

馬太福音 6：31，33 ■

我們在宣教區的資源非常貧乏。我的夥伴是中國人；因為我們兩個都是
外國人，所以當地牧師安排了一位菲籍同事。為此我們三個人不得不住在同
一個屋簷下，但我們領到的津貼只夠兩個人使用，所以在生活上總是捉襟見
肘。後來，菲籍同事也領到了一筆相當不錯的津貼，但他有家要養。然而，
危機是上帝動工的機會，對我們來說確實也是如此。

有一次我們真的沒有餘下任何東西可吃。但我們查經完回家時，門口卻
放著一袋香蕉和地瓜。它們來得正是時候，因為我當時真的很想吃香蕉和地
瓜；而袋裡的香蕉和地瓜嘗起來和韓國的味道一模一樣。我為此十分開心和
感恩。當我們向鄰居詢問留下袋子的人是誰時，他們告訴我說是一個騎自行
車的老人。村裡沒有人認識他。我相信他是上帝安排的天使。

還有一次，我們的米吃完了。我從未遇過沒有糧食的處境，我們附近也
沒有教友可以求助。就連我們的牧師也住在很遠的地方所以幫不上忙。但我
們依舊不擔心，我們只是不斷地禱告。

還未等到天亮，就有人來敲門。打開一看，門外放著一個包裹。包裹裡
有一些即時沖泡的麥片飲和巧克力棒。這是我在神學系和宣教的朋友兼同事
朴賢珠寄來的。它又來得正是時候。雖然不是白米，但我們仍然感謝上帝。
有了這個包裹，我們就有糧食可吃並進行家訪了。後來，我們還收到了探訪
家庭送來的青芒果和香蕉，因此我們在沒有米的情況下熬過了三天。我非常
開心且肯定上帝永遠不會棄我們於不顧。在那三天裡，我和我的夥伴們一起
禱告，我們的關係比以前更加親密。雖然上帝沒有按照我們的要求賜給我們
白米，但祂給了我們更好的東西。當牧師和執事知道我們的情況後，他們提
供米給我們。我在宣教地還經歷了許多類似的神蹟。

有些人讀到這裡可能心想：所以做佈道士就得窮困度日；然而事實並非如
此，佈道士倚靠上帝的祝福生活，所以我們是有福的。上帝總會滿足我們一切
所需。如果我們先求上帝和祂的國度，祂就會把一切美好的東西加給我們。

李寶藍（Bo Ram Lee）
第 39 屆佈道士

璀璨光彩

但他們的心幾時歸向主，帕子就幾時除去了。

哥林多後書 3：16 ■

　　從前有一個人，生來就是個乞丐。有一天，一個自帶光芒的人向她走來，這是非比尋常的事情。毫無理由的，她從鐵罐裡掏出幾枚硬幣給了那個人。在那之後，她驚訝地發現自己身上發出了微弱的光芒，她說：「我也在發光！」但她的光芒並沒有持續，很快就消失了。隨著光芒消失，她才意識到自己的臉是多麼黯淡，於是她捂住了臉。從那以後，她每天都期待那個人的到來。她開始認為那個發光的人就是上帝。她還認為自己之所以能得到光，是因為她送出的硬幣。但由於光芒只是暫時的，她不得不繼續捂著臉，於是乞丐決定：「對於上帝來說，我奉獻的硬幣還不夠，我應該把整個罐子都給祂。」這就是我成為佈道士的原因。

　　上帝差派我到位於臺灣新北市的板橋幸福教會。身處在都會之中，六線道的公路上車水馬龍，人來人往。「這些人除了時間以外，似乎什麼都不缺，我能給他們什麼呢？」

　　因為我從前習慣被人服務，所以如今要習慣服務他人對我來說很困難。我認為自己是個無能為力的佈道士，並掙扎於堅守自己的信仰。我在夜裡輾轉難眠。看到自己失去了光芒，我感到很生氣。「上帝，我再也撐不下去了！我已經沒什麼可以給祢的了，什麼都沒有，就請祢看著辦吧！」

　　當我最終決定把一切都獻給上帝時，祂跑來擁抱了我。祂擁抱我的那一刻，祂的榮耀就覆蓋了我這個窮酸又可憐的乞丐。然後，祂輕聲對我說：「妳現在準備好不再給我錢了嗎？妳現在願意成為我的女兒了嗎？妳知道我等了妳多久嗎？」

　　我一直在把我的臭硬幣和鐵罐獻給上帝，並相信這樣就足夠了；我所做所為反而讓上帝變得廉價，但祂一直在等待著我。我毋須擔心自己的光芒會消失，也毋須為了得到那光芒而付出代價。長久以來，上帝一直在懇切地呼喚我：「我的女兒，妳不需要做任何事情。我會免費用我的榮耀覆蓋你。」如今，我聽到了上帝透過祂的話語發出的呼喚。對於一個曾經是乞丐的人，上帝告訴我：「請不要忘記那些曾經和妳一起乞討的人。我期待妳把他們帶到我身邊。他們也是我的兒女。」

姜漢娜（Han Na Kang）
第 41 屆佈道士

爸爸會在四百個夜晚後回來

亞伯拉罕說：「我兒，上帝必自己預備作燔祭的羊羔。」
於是二人同行。

創世記 22：8 ■

去年12月，我告別了9歲的女兒瑞媛（Seo Won）和7歲的兒子在元（Jae Won），離開了韓國。很多人都認為我是一個不負責任的丈夫和父親。在菲律賓的第一個月，我記得兒子哭得很厲害。我也很擔心我的妻子智善（Ji Sun），因為她必須獨自照顧兩個孩子。光是第一個月就感覺比一年還要漫長，但我反覆思想著一句話：「如果你做上帝的工作，祂就會做你的工作。」

全能的上帝會比我更妥善地照顧我的家人，這讓我感到寬心。從人的角度來看，這樣的想法似乎很愚蠢，但我堅信這是對我的家庭最好的選擇。因此，在過去的一年裡，我帶著這種想法和禱告面對每一次的掙扎。我堅信，上帝會以我的信心為榮。雖然我能力不足，但上帝仍然深愛著我，並盡一切努力讓我接近祂。這讓我感到謙卑。

上帝為我制定了一個計畫，並要透過我去達成；祂差派我和一位韓國佈道士夥伴去一個沒有教堂的地方建堂。祂差遣韓國的88佈道團為菲律賓巴羅圖安（Barotuan）的福音傳播打下基礎。當我因為失去夥伴而灰心喪志時，上帝給我送來了一位80歲的菲籍夥伴。儘管他患有腦性麻痺，但他一直致力於福音的傳播，直到去世。我們一起走訪了巴拉望愛妮島（El Nido, Palawan）的多所學校和村莊並分享福音。上帝還派遣朱永文（Yeong Man Joo）長老前往愛妮島，提供一個月的醫療服務。就在那時，我們遇到了一位當地的男孩，他幫助我們打開了當地人的心門。很快，就連最猛烈抨擊我們的人也開始與我們一起敬拜。在巴拉望愛妮島的巴羅圖安，上帝以我意想不到的方式實現了祂的計畫和旨意。祂仍在動工。無論何時，只要祂動工，祂就會按照祂的計畫引領一切。

「爸爸，還有幾個晚上呢？」每次我打電話回家，兒子都會這麼問。從之前400個晚上直到現在，只剩下不到一個月的時間了！最初看似緩慢的時間現在過得飛快，特別是想到巴羅圖安的教堂仍在建設中。經歷了這一切，我期望自己能成為一個新造的人，儘管我深知我仍有不足和罪孽。但只要上帝和我同在，祂就會引導我。我要感謝那些為巴羅圖安教會提供幫助的人；我尤其要感謝我的愛妻和兩個寶貝孩子，他們在許多困難的時刻一直在等待著我。

朴正煥（Jeong Hwan Pyo）
第 41 屆佈道士

恍然大悟

你尋索言語要到幾時呢？你可以揣摩思想，然後我們就說話。

約伯記 18：2 ■

在宣教期間，我對靈性的成長有很多感悟。首先是無論何時都要尋求上帝的旨意。我以前並沒有意識到這一點；所以，我的禱告總是千篇一律，內容盡是各式各樣的請求和要求。我常常祈禱，卻不知道自己的信仰生活缺少什麼。我以為自己是一個真正的基督徒，卻不知道「先求祂的國」是什麼意思，也不知道如何去做。但在宣教區，各種情況促使我完全依靠上帝。「上帝，我該怎麼做？哪一個選擇才是祢的旨意？」像這樣的祈求開始成為我的禱告，我開始尋求上帝的旨意，即便是在最小的事情上。在一切事上，我盡力在行動之前了解上帝的旨意。這讓我意識到我依賴自己太久了。我目前擔任第44屆佈道士的女生宿舍主任。每次禱告時，我都會提到這批女佈道士的名字，並祈禱她們能夠按照上帝的旨意生活。

我的第二個感悟是，上帝總是保護著我。有一次，我和佈道士朋友一起上山。山上有幾個人在玩生存遊戲，但他們沒有設置任何警告標語。我沒有意識到前方的危險，搶先上了山。這時有個人看到我，以為我是敵人，於是就用BB槍向我射擊。這一槍威力之大，子彈穿透了我的眼鏡，把它打碎了。玻璃碎片掉進了我的眼睛，但我沒有受傷。

有一天晚上，我在睡覺前點了蚊香，第二天早上醒來時卻發現毯子燒焦了！我的嗅覺不太靈敏，所以沒有聞到煙味。我的毯子是尼龍做的，非常易燃，但火勢並沒有蔓延。看著毯子上燒出的洞，我知道這定是上帝整夜保護我，祂無一例外地照顧著祂的子民。

最後一點感悟是我最感恩的。藉著每天發生的小事，我認識了上帝的品格和信仰的本質。我意識到作為基督徒卻不扎根於基督的危險。在為我們的教堂製作椅子時，我也在思考，一個人該如何才能建立起堅定持久的信仰。

我無法在此分享我所有的感悟。但我可以分享的是，上帝讓我在宣教期間領悟了很多。我希望在餘生裡，我的思想都能充滿屬天的領悟。我希望更多年輕人也能有同樣的經歷，也希望這些經歷能幫助我在基督裡成長。

張素恩（So Eun Jang）
第 42 屆佈道士

我了解你的重擔

你不要害怕，因為我與你同在；不要驚惶，因為我是你的上帝。我必堅固你，我必幫助你；我必用我公義的右手扶持你。

以賽亞書 41：10 ■

　　在成為佈道士之前，我一直認為宣教工作就是前往既沒有水也沒有電的叢林，在面臨各種險境的情況下向未開化的人宣教。加入宣教工作之時，我期待看見數十次浸禮和奇蹟。但在過去的七個月裡，我卻生活在一個與韓國非常相似的地方：有電力供應，也有充足的水。我面臨的不是死亡威脅，而是滿滿的愛。但無論我在傷口上塗了多少活性碳，它們都不會痊癒。我所期待的神蹟似乎遙不可及。我的熱情開始減退，就連信徒也開始離開教會。我感受到的重擔和壓力越來越大。

　　於是，我和母親談論這些事情；她告訴我：「上帝才是拯救者；你只是祂的工具，所以被看見的不該是你，而是上帝透過你播種和收成。」一直以來，我都致力於關注自己該做什麼。我在不知不覺中給自己施加了不必要的壓力；我是多麼以自我為中心，又是多麼愚蠢！這下我總算明白，許多事情之所以能發生，是因為上帝與我同在。我願在此與大家分享一些我的經驗。

　　我與我的夥伴合作無間。韓國的兒童佈道士運動（Children Missionary Movement, CMM）成員訪問了我的宣教地，並用他們捐贈的陶笛開設了音樂課。我因此認識了我的第一個查經學員本拜（Bumbai）。目前，我正在帶領一個10人的查經小組。我們走進那些一開始並不歡迎我們的家庭，為病人量血壓，並發放關於健康信息的傳單。我們還定期拜訪一位老人，他原是復臨教會的教友。我們在他身上應用了我們在培訓時學的足部按摩技巧。我們還遇到了患有乳癌的瑪麗莎；我們為她禱告，送她活性碳貼布，消毒她的傷口，盡我們所能幫助她。她詢問了我們教會的情況，並希望上帝保佑我們的工作。還有一位女士以前經常去教堂，但突然不去了，還躲著我們，令我們感到非常傷心，但另一位意想不到的慕道友在看了一部關於摩西和十誡的電影後卻開始上教堂！每一天都是上帝的神蹟。唯有透過祂，凡事才有可能。

　　我非常感謝主。雖然我仍會不斷地犯錯，但祂總是耐心地對待我。我來宣教不僅是為了與生靈搏鬥，也是為了與自己搏鬥。我很喜歡一首啟發我甚多的福音詩歌，它的歌詞唱道：「為了拯救死去的生靈，我來到這裡，但我才是那個蒙拯救的人。」我也深信上帝呼召我來到這裡，是為了拯救我。

權孝恩（Hyo Eun Kwon）
第 45 屆佈道士

上帝的工作永不落空

主人說：「好，你這又良善又忠心的僕人，你在不多的事上有忠心，我要把許多事派你管理；可以進來享受你主人的快樂。」

馬太福音 25：21 ■

隨著教堂的建設工作展開，災難襲擊了我們平靜的教會。由於教友之間的經濟紛爭，許多人離開了教會。過去曾經對信仰表現出極大熱情的人，現在也放棄了。當問題到來，他們選擇離開耶穌。曾經合一的教友們如今四分五裂，建堂工程也戛然而止。這三個星期以來，我和我的夥伴同另外三位文字佈道士獨自進行建堂的工作。這是我第一次使用鐵鍬、釘釘子、挖地、剪電線、砌牆。剛開始的時候，我渾身疼痛難耐。在烈日下工作沒有人關心，使我的身體和心情更加沉重。我不明白；如果這項工程從未啟動，教堂依然會原封不動的存在，人們也不會為了錢來找我，我可以把更多的精力放在拜訪和查經上。為什麼要啟動這項建堂項目呢？上帝為什麼要把這項任務分配給我？當我思考這些問題時，上帝透過施洗約翰的故事回答了我。

施洗約翰一生都在為主預備道路。當他被人下在監獄時，耶穌並沒有出手搭救他，反而一直忙於其他事情。耶穌沒有拯救這位在曠野中宣稱祂是世界救主的施洗約翰，他肯定很失望，也一定覺得自己很失敗。但耶穌沒有拋棄他；祂沒有救施洗約翰是為了無數後來為祂的使命獻出生命的殉道者。而且，耶穌藉此向約翰和世人揭示，約翰所宣告的一切都是真實的。祂甚至稱約翰為「比先知更好的人」。作為佈道士，我們常常期望我們的工作能立竿見影。如果我們看不到結果，就很容易覺得自己的工作是徒勞的。但在上帝的工作上，沒有什麼是徒勞的。從天上的角度來看我們的犧牲永遠不會白費。正如耶穌稱約翰是「比先知大多了」的人一樣，約翰是「較小的光，在他以後還有一個更大的光要來」。（《歷代願望》，原文220頁）。

我在這個宣教區任期只剩不到兩個月的時間；或許在離開這個地方時，我還看不到上帝呼召我做工的寶貴成果。但是，若上帝喜悅我的奉獻，且這項工作將成為引領人們走向大光的小光，在未來我仍然會繼續挖地、築牆，為主預備道路。

金多賢（Da Hyun Kim）
第 46 屆佈道士

女孩的眼淚

務要傳道，無論得時不得時，總要專心，並用百般的忍耐、各樣的教訓責備人，警戒人，勸勉人。

提摩太後書 4：2 ■

　　我試著對眼前的女孩微笑，卻不免一陣心痛。當我意識到這可能是我們最後一次見面時，我忍不住流下了眼淚。這個叫做 J 的女孩通常會帶著燦爛的笑容迎接我們，但這次她哭了；因為她的家人並不希望她和我們來往。

　　我和我的夥伴來到菲律賓的雅桑（Jasaan）已近一個月。天主教在這裡勢力很大，這成為我們宣教的障礙。每天我們都在焦急地尋找新的住處，因為房東希望我們搬走。我們才來一個月，就不得不搬走。房東說如果我們不在房子裡進行聚會，我們就可以留下。但我們無法接受他提出的條件，所以我們必須離開。不幸的是，我們拜訪的所有其他房東也提出了相同的條件。雅桑是北民答那峨區會唯一一個沒有復臨教會的城市，當地也沒有其他基督教教派。但這裡卻有一座可容納7至8百人的大天主堂，還有幾所私立天主教中學；此外，馬利亞和十字架的雕像處處林立，還有數不盡的燭光彌撒和遊行。這個地方完全是天主教的勢力範圍！

　　在過去的一個月裡，我們盡了最大的努力，每天邀請人來家裡做客，並舉行查經班。透過一起唱詩、查經和戶外野餐，我們感受到了天國的氣氛。但昨晚可能是我們在這間房子裡的最後一次聚會，我們必須馬上離開。我們的津貼就快用完了，只剩下35披索。但我們心情依舊高昂，因為我們是佈道士！

　　我們有大約10名查經班學員，其中一位是J的高中老師，她也是我們熱情好客的鄰居。她和丈夫認真查經，但是此舉卻讓她的同事們瞧不起，他們因此非常沮喪。上述的女孩J也是查經班學員之一。我把〈以賽亞書〉41章10節的經文讀給J聽：「你不要害怕，因為我與你同在；不要驚惶，因為我是你的上帝。我必堅固你，我必幫助你；我必用我公義的右手扶持你。」她似乎鬆了一口氣說：「上帝的話語比人的想法更重要，我想去天國。」說完J又笑了。我們告訴她：「是的，我們想和妳一起去天國。看到妳的微笑，我們很開心，上帝也一定更喜悅。」向她道別時，我們感謝上帝呼召我們成為佈道士。

　　我們不再害怕未來將面臨的無數考驗和挑戰。我們已經準備好執行主的命令，無論得時不得時，務要傳道。

崔豪泳 （Ho Young Choi）
第 1 屆佈道士

激動人心的佈道士經歷

我小子啊，我為你們再受生產之苦，直等到基督成形在你們心裡。

加拉太書 4：19

　　我的第二個宣教區在菲律賓塔爾火山（Taal）附近的勞雷爾（Laurel）。有一次，我和我的夥伴馬德利（Madeli）一起禱告，祈求上帝引領我們的道路，直到後來我們遇到一個腳趾被砍掉的人。因為貧窮，他沒有錢到醫院就醫，只能強忍著痛苦。治療發臭的潰瘍和傷口是一件令人作嘔的事。但憑著信心，我為他包紮傷口，一有機會就教他《聖經》。他答應說，如果他能再次正常行走，一定會來我們的教會。我們的喜悅溢於言表。我們確信上帝已將他託付給我們，也堅信上帝會醫治他。

　　在上帝的幫助下，這個人的腳果真漸漸痊癒，他來到了我們的教會；但身體的痊癒讓他忘了自己也需要屬靈的醫治。然而，有一個人的受洗卻出乎我們的意料。她是我們的查經班學員之一；儘管她的丈夫反對，她還是堅定地決定受洗。她不後悔自己的決定，並承諾無論付出多大的代價，都不會放棄對上帝的信仰。她的信仰告白令我們感動落淚，並一起做了感恩的禱告。如果我每天都能做這樣的禱告該有多好！

　　我最傷心的宣教經歷，是在假期聖經學校認識的一對老夫婦。每當我們去他們的村莊給孩子們上課時，那對夫婦總是等著我，問我同一個問題：「韓國人笑起來眼睛都會消失嗎？就像妳一樣。」為期十天的假期聖經學校結束時，我們向他們道別。我答應等我們從另一個假期聖經學校回來後會再拜訪他們，講有趣的聖經故事給他們聽。一週後，我又去了他們家。但令我震驚的是，這對老夫婦竟然在我離開期間去世，我來晚了！從那時起，我下定決心一見到人就分享福音，因為這很可能是我最後、也是唯一的機會。我應該隨時隨地準備好與人分享耶穌。

　　今天是我們佈道會的最後一天，當講者結束證道時，他發出了強烈的呼召。我們這些佈道士為那些猶豫不決的人禱告。這時，一個小女孩走到牧師面前，似乎是聽到了我們的禱告。她走到前面向父母發出呼籲：「爸媽，請跟隨耶穌吧！」曾經猶豫不決的父母勇敢地走上前去，這個家庭原是虔誠的天主教徒。如今，我認為我理解一個女人分娩時的痛苦。我非常感謝上帝讓我成為一名佈道士，讓我能夠為即將死去的生靈、而不是為自己禱告。感謝上帝看顧勞雷爾。

崔秀美（Soo Mi Choi）
第 2 屆佈道士

辛奇力量，椰子力量

「你所賜給我的榮耀，我已賜給他們，使他們合而為一，像我們合而為一。」

約翰福音 17：22 ■

廚房裡有兩名志工，我就是其中之一。約傍晚5點半時，我們紛紛忙碌起來，要確保在5點半之前做好飯菜。但今天，我卻聽不到此刻應該響起的用餐鈴聲。

我們的培訓包括各種不同的工作：我們或手持砍刀前往森林，花一下午處理咖啡樹；或頂著烈日及冷雨，用鐵鍬鏟起堅硬的泥土。幾天前，我們又開始新的勞動：為新來的牧師蓋房子。但我們要如何蓋一間房子呢？我們沒有任何退縮的餘地，於是拿起我們唯一的工具——鐵鍬和十字鎬，開始蓋房子。

我來到培訓中心已近3個月，如今大多數韓國佈道士的膚色看起來也與菲律賓佈道士的膚色沒什麼不同。無論如何，我們的勞動培訓在裝備我們從事宣教工作上毫無疑問促成了很大的貢獻。我曾問一位菲律賓佈道士珍妮：「今天工作如何？」總是精力充沛的她回答我：「是辛奇力量*！」「什麼？辛奇力量？」我感到好奇，想知道在圍欄另一邊的同伴們今天都做了些什麼。

在小圍欄後面，當我看到工地的混凝土地基在短短幾天內就完工，我瞬間明白同事們的意思。菲律賓佈道士一定是聽到韓國人說「做任何事都要有始有終」，才創造了「辛奇力量」這個名詞。那裡還有所謂的「椰子力量」；每當我們感到非常口渴時，就去找會爬樹的菲律賓佈道士，然後跟他們說：「椰子！椰子！」接著他們就會爬上一棵很高的椰子樹，抓起一個椰子，把它剖開。椰子汁可以解渴，白色果凍狀的椰肉可以充饑。椰子的最外層還可以用來製作掃把或其他物品。椰子的每個部分都有功能，不會被浪費。我們把萬能的椰子比作菲律賓佈道士，稱其為「椰子力量」。把他們稱為「椰子力量」似乎很合理，因為他們在很多事情上都很棒、很有效率。當我匆忙回到廚房時，我發現了一件令我難以忘懷的事——「辛奇力量」和「椰子力量」創造了獨特的融合。當辛奇的辣傷胃時，椰子汁能中和它；而當椰子汁過於平淡無味時，辛奇又能刺激味蕾。我渴望並祈禱佈道士之間能有這般的和諧。願主不僅改變我們的肉體，也改變我們的心靈，讓我們成為祂工作中有用的器皿。

* 編註：依韓國官方公告，kimchi 中文標準譯名為「辛奇」。

金慶子（Gyeong Ja Kim）
第 3 屆佈道士

我需要擁抱的人

你們要為耶路撒冷求平安！耶路撒冷啊，愛你的人必然興旺！

詩篇 122：6

　　我的宣教區位於日本著名的廣島市，這裡是歷史上原子彈爆炸的地點。當我降落在廣島機場時，我的行李被查驗。當海關人員打開我的行李問「這些是什麼東西？」時，我已知道我在當地的生活不會輕鬆。

　　我一個人住在廿日市（Hitsukaichi Sakata）的一棟小禮拜堂裡。我到當地時正值雨季，天氣非常炎熱潮濕；此外，蟑螂、螞蟻和一些蟲子也讓我心煩意亂。無論驅趕多少次，它們還是不斷地回來，甚至連在我睡覺時也騷擾我。由於孤單，那裡的冬天令我覺得格外寒冷。即使在榻榻米上鋪上厚厚的毯子，我還是冷得睡不著。我哭了很久，祈求自己能睡著。就連蟑螂似乎也覺得冷而爬進了我的衣服裡。

　　日子一天天過去，我意識到語言是我在當地的一個障礙，於是我開始學習日語。由於焦慮，我甚至會從睡夢中醒來學習日語。大約五個月後，我發現自己似乎快忘了怎麼說韓語，心裡非常焦慮，為此大哭了一場。我在宣教區有很多工作要做；我在社區中心負責教授日本民眾韓語和英語，並透過分發傳單來分享《聖經》。為了完成這些任務，我必須使用日語。我身邊沒有其他韓國人，所以我別無選擇，只能使用日語。我對嘗試新事物產生了興趣，開始做許多料理，其中拌飯是我最常做的。我還做了各種辛奇和韓式煎餅，也和學生們分享了許多美味的料理。放學後，當地的孩子們會聚在一起。看到許多飢腸轆轆的孩子，我主動上前關心。但是當我與他們分享我所擁有的一切時，我又會不由自主地生氣，因為我的經濟狀況並不比他們要好。但上帝提醒了我耶穌的大愛，祂提醒我不僅要與孩子們分享食物，還要與他們分享愛。

　　對我來說，日本是一個充滿傷痛和淚水的地方，是年輕時的我無法承受的。我以為獨自生活在異國他鄉的我，才是那個需要安慰的人。但實際上，日本到處都是需要安慰的人。他們迫切需要耶穌的愛。日本這個我們通常透過媒體報導認為十分先進的國家，是一個可以推展許多福音工作的地方。主啊，請用祢的愛擁抱這些人。

吳友京（Yoo Gyeong Oh）
第 13 屆佈道士

耶穌園中的美麗花朵

「我豈沒有吩咐你嗎?你當剛強壯膽!不要懼怕,也不要驚惶;因為你無論往哪裡去,耶和華—你的上帝必與你同在。」

約書亞記 1:9

　　在足足等待了三個月後,再經過長達一個月的海、陸、空不同交通工具替換的旅程,我和我的夥伴終於到達了我們的宣教地——東帝汶。我們在東帝汶宣教期間,該國尚未決定自己的官方語言和貨幣,因此它使用其他國家的語言和貨幣。這是一個情勢十分混亂的國家,正因如此它格外需要福音。東帝汶有著深厚的天主教背景和文化。天主教是如此融入當地,以至於無法將其與東帝汶人民的生活區分開來。這是我們在宣教上的一大障礙。但主說:「我豈沒有吩咐你嗎?你當剛強壯膽!⋯⋯因為你無論往哪裡去,耶和華—你的上帝必與你同在。」這是上帝向著前往未知之地的約書亞所說的應許。對於在陌生土地上奮力作工的我們來說,這也是一個承諾和希望。

　　復臨教會在東帝汶只有一間不到10人的教會。看著這些疲憊沮喪的教友我不禁心灰意冷,因此我和夥伴在許多夜晚都是一邊流淚一邊禱告。但主並沒有讓我們束手無策。每天早上,我們頂著烈日挨家挨戶地拜訪。有時陽光太毒辣,我們不得不走在樹下,村民們看到我們都笑了。他們每天早上看到兩個外國人上門拜訪一定覺得很奇怪,於是就問我們為什麼要這麼做。很多時候我們只是笑而不答。但這也是我想問自己的:我為什麼要留在這個地方?每天晚上,我都帶著這些問題跪在上帝面前。

　　某一天下午,幾位小孩子為我準備了一份小禮物。他們的小手裡拿著一個塑膠袋,裡面裝著根部還帶著泥土的花朵。我用這些花做了一個小花園。這對我和孩子們來說都非常珍貴且意義十足。黃昏時分,我會獨自站在那裡,想起那些孩子。為什麼我沒有意識到小孩子也是寶貴的生靈呢?然後我聽到一個聲音對我說:「把福音的種子種在這些孩子的心裡吧!」我想,主派我去那個地方就是為了完成這個任務。於是,我們在每個安息日下午開辦了安息日學分校。當然,有時候孩子們很不聽話,我也會因此生氣。但每當我感到氣餒時就告訴自己,我對他們的培育終有一日會開花結果。這讓我又露出了笑容。也許我沒有像其他佈道士般在東帝汶培育出許多生靈,但我在那裡開闢了一片花園。今天我依然在為這個花園祈禱,希望它能開花結果,為那裡的人們遮風擋雨。我也希望他們能分享基督的馨香之氣。

金範基 (Beom Gi Kim)
第 15 屆佈道士

沮喪之後的恩典

耶和華有恩惠，有公義；我們的上帝以憐憫為懷。

詩篇 116：5 ■

被派往宣教區後，最讓我喜出望外的是主再次實現了我的願望。在社會主義痕跡隨處可見的俄羅斯，我成為了上帝的見證人。

當我和夥伴抵達機場時，機場員工的服裝引起了我的注意；除了用「像德國士兵一樣全副武裝」來形容，我找不出其他合適的表達。他們用快速而犀利的目光審視著人們。當我不小心與他們的目光接觸時，我愣住了，不知如何是好。幸好後來我們見到了來接我們的牧師和佈道士前輩，也安全抵達了宣教區。當時我被安排從事的工作不是立刻為福音做見證，而是教當地人學習韓語，因為當時還不是在當地教會展開宣教工作的最佳時機。這是我無法理解的。當我知道我的夢想將在不經意間消失時，焦慮開始籠罩我。「教韓語、在學校幫忙，這就是我所能做的一切嗎？上帝真的呼召我從遠方來到俄羅斯，就是為了從事這項工作嗎？」我想了很多辦法來克服這個問題。然後，我想起了我們在佈道士培訓校園的口號：「我是佈道士，所以我一定能做到。」

我清楚地記得培訓時的喜悅和熱情。「是的，我必須戰勝眼前的困境。從現在起，我一定要戰勝這種情況。」帶著新動力，我向上帝禱告並計畫在安息日下午開設一個兒童節目。在第一次活動中，有兩名俄羅斯教友、一名韓國教友和兩名俄羅斯兒童參加。雖然人數不多，但我們很高興能為孩子們提供一些幫助。我們宣布了第二次活動的消息，並等待著人們的到來。但是，參加的人數卻減少到了四位。如果再這樣下去，我認為活動就會被迫中止了。於是我跪了下來說：「上帝啊，請祢賜予我力量。求祢成為支撐我的大樹，願祢一如既往地填補我的局限。」那天下午，祂送來了15位寶貴的學生。我感謝上帝給了我新的力量。

我在宣教區的工作結果雖然與我的預期不同，但上帝以超乎我想像的方式給了我機會。祂親自動工，並讓我參與祂的成功。雖然我做的部分不多，但我在工作中體驗了喜樂。每當我教孩子們韓語時，我都覺得他們離上帝更近了一些。我熱切地盼望著有一天，我可以面對面地見到上帝。

黃美蘭（Mi Ran Hwang）
第 16 屆佈道士

嚮往的禱告

出於信心的祈禱要救那病人，主必叫他起來；他若犯了罪，也必蒙赦免。

雅各書 5：15 ▇

我忘不了那股難以忍受的惡臭，忘不了那張即使從遠處看也格外突出的臉，忘不了那位病人手臂和腿上的傷口。他躺在竹床上，看起來更像是一具木乃伊，而不是一個人！

第一次見到他，我深怕被他傳染。所以，每次在路上遇到他，我都保持距離。當我開始質疑自己到當地的原因和目的時，我發現我忘了自己的使命，因為我專顧自己。我是一個只愛自己的佈道士，沒有去愛那些上帝為之犧牲的人。

然後我想起了我在飛往菲律賓之前向主獻上的禱告：「主啊，如果祢願意，我願意將生命獻給祢的事工，請接納我。」然而，因為害怕感染疾病，我毫不猶豫地迴避了這個寶貴的生靈。我為此感到羞愧。於是，我決定去接近這個病人，去他家裡拜訪他。他因嚴重癱瘓而無法行動，最終失去了說話的能力。他不僅一身是病，還失去了對未來的希望，這是他更大的問題。他的臉上充滿了恐懼，只等著死亡的到來。我希望透過介紹上帝的醫治能力為他帶來希望。我確信聖靈會透過我做工。

我相信世上沒有上帝治不好的疾病，於是我開始為這位病人按摩。結束後，他原本不能隨意活動的手臂變得靈活了一些。然後，他對我微笑並喜極而泣。我的心被觸動了。上帝將他從有害的疾病中拯救出來！主將求生的意志放在病人心中，從而證明了祂的存在！儘管我的本性是自私的，但主還是賜給了我一顆關愛的心！

當我再次探望這位病人時，我看到他的臉上漸漸豐腴了起來，傷口基本上也癒合了。每當我在探訪過程中談到上帝時，他都會流淚，留下喜悅的淚水，這是他與上帝之間真實經歷的見證。

每天早上，我都會向上帝祈禱，希望病人能夠康復，並與上帝建立真正的關係。我知道我所能做的，就是憑著信心祈禱。

劉慧敏（Hye Min Yoo）
第 16 屆佈道士

這是上帝的大能

你們要將能力歸給上帝。他的威榮在以色列之上；他的能力是在穹蒼。

詩篇 68：34 ■

我在宣教區的第一個任務是從醫院開始，因為我希望那些身體和精神上軟弱的人能夠經歷上帝的醫治。

當時蒙古的一些醫院僅有一般療養院的設施。所有病人無論病情如何，每天只供應兩餐。此外，無論病情如何，病人都必須在10天後出院。

有一天，一位女士帶著她的兒子來找我。這位女士向我解釋了兒子的情況，但這是我無法處理的。她告訴我，一年前他們來到了醫院，但兒子的病沒有痊癒。大約10天前，兒子的病情惡化了，於是她又帶兒子來醫院。但醫院只是給他吃了一些維生素。

觸碰到她兒子身體的任何部位，他都感到疼痛。他不能坐、不能站，連躺下也很艱難，也不能自己走路。對這位兒子的情況，我實在無能為力，但他母親用絕望的眼神看著我。於是，我向上帝禱告：「主啊！你聽到了來自這位母親的呼喊了嗎？主啊，祢比我更了解這位女士和她的兒子想要擺脫病痛的渴望。現在，我將以祢的名義開始進行治療！」禱告結束後，我開始為病人按摩。如果有專家看到我按摩的手法，他們肯定會說這不是最合乎標準的，然而我已經盡我所能。

第二天，病人說他感覺好了一些。第三天我去探望他時，看到他一個人坐著。第四天，我看見他在沒有母親幫忙的情況下吃飯。但是他的臀部和小腿仍然有些疼痛。那天又進行了一次按摩後，病人告訴我他不再感到疼痛了。我不敢相信他的反應，於是我又按壓了他身體的各個部位。

當天，患者能夠自行站立了。他告訴我他不再感到疼痛，並向我展示他可以自己走路。他走到我身邊，握住我的手，並向我表示感謝。我和我的宣教夥伴、病人和他的母親都不禁露出笑容。沒有任何字眼能表達或形容我們的喜悅！上帝是又真又活的上帝！因為那個男孩的康復，醫院開始擠滿了更多需要主醫治之手的人。而最初歡迎我們的醫生現在禁止我們再進醫院。但是我們並不氣餒。我們相信主會為我們開闢另一條路。

洪順浩（Soon Ho Hong）
第 16 屆佈道士

為兒子禱告的父親

他要稱呼我說：你是我的父，是我的上帝，是拯救我的磐石。

詩篇 89：26 ■

「英一，我所愛的兒子！」直至今日，我還能聽到我父親呼喚我名字的聲音。他是一位慈愛的父親，但對兒子格外嚴厲。我努力回想父親的聲音，但為什麼它越來越模糊了呢？

在我的宣教工作接近中期時，我計畫多去探望窮人，藉著送他們「愛的麵包」，與他們分享耶穌的愛。直至今日我都忘不了那一天；那是我在宣教區第一次舉行晚間聚會，我感到非常興奮。大約有20人聚集在我的小房子裡，舉行了懇切的禱告聚會。就像五旬節那天聚集在樓房的人一樣，我們在一個房間裡，儘管夏天天氣炎熱，我們還是一起讀經禱告。但聚會結束後我接到了一通我人生中最悲傷的急電。打電話的是我最小的妹妹，她親切的聲音裡充滿了悲傷。

「哥哥，你趕快回來，爸爸走了！」一聽到這句話，我覺得天都塌了。我想哭卻哭不出來，因為我無法相信。身在遙遠的蒙古，我不知道該怎麼辦。我只是呆呆地坐著。我那一生甚至連感冒都沒怎麼得過的健康父親突然走了！就在前幾天，他打電話給我說；「兒子，我在為你禱告，無論在哪裡，我們都要盡力而為。明年我們再見之前，要為上帝的工作盡你最大的努力！你要知道，我的禱告是有力量的！」父親的話仍清晰地在我耳邊迴盪著。

他是一位始終堅守信仰的父親，並教導他的兒女們也要如此行。他用自己的生活和行動向我們展示了什麼是愛。如今，帶領我進入信仰並一直愛著我的父親已經不在了。我甚至沒能在他生前最後親口對他說一句：「我愛您。」他甚至沒有給我機會好好孝順他，就永遠閉上了眼睛。但我從父親那裡繼承了許多不屬於這世上的東西，這讓我比任何人都更尊敬並且愛我的父親。我堅持父親所教導的、對上帝的信心；此外父親深愛的母親和雙胞胎妹妹仍與我同在。他們是我最可貴的珍寶。我從父親身上所學到的，將會一直銘記在我心中。雖然我仍然無法忘懷父親的離世，但我和我的家人堅信：耶穌會讓我們在那個復活的早晨團聚。因著那位為我禱告的父親，我，權英一，並不以成為一名佈道士為恥。

權英一 （Young Il Kwon）
第 17 屆佈道士

以利亞的上帝，我的上帝

基列寄居的提斯比人以利亞對亞哈說：「我指著所事奉永
生耶和華－以色列的上帝起誓，這幾年我若不禱告，必不
降露，不下雨。」 列王紀上 17：1 ■

9月9日至29日，我們在宣教區的小村莊萊斯（Lais）舉辦了一系列的佈道會。由於這個場地沒有牆壁和屋頂，下雨必定會導致聚會無法舉行，因此我們每天都為了能有好天氣而祈禱。

菲律賓的雨季讓我對佈道會感到焦慮，我擔心雨勢會阻擋人參加聚會的意願。此外我還擔心許多其他的事情，但我能做的就是向上帝祈禱，所以我就如此行。

但當聚會時間臨近時，天色變暗，雨又開始落下。我禱告完往聚會地點走去，突然之間，烏雲消散了！就像沒有下過雨一樣。這一切都是上帝的作為。由於祂的恩典，有150至200人固定參加聚會。

佈道會的第三個星期四以兒童節目開始；當兒童節目圓滿結束時，烏雲開始聚集。我擔心會下雨。果然，雨開始傾盆落下。與會的人群紛紛到附近的房子躲雨。但我沒有這樣做，我跪下來向上帝祈禱。於是，我在空蕩蕩的會場裡向上帝禱告。

第一次禱告結束，我望向天空，沒有看到任何變化的跡象。第二、第三、第四、第五次之後，我再次抬頭仰望天空，在東方，我看到一絲微光。在第六和第七次禱告中，我懇切並具體地祈求上帝，請祂在8點半之前讓雨停下。果然，在8點半時，星星開始放光，就像從來沒有下雨一般。

在佈道會的最後一個安息日，因著上帝的恩典，20位新生命在上帝的國度裡誕生。當浸禮儀式結束並大家互相問候時，每一位都感動得熱淚盈眶，充滿喜悅。那一刻我所能做的就是感謝全能的上帝。

白熙正（Hee Jeong Baek）
第 17 屆佈道士

祂補足了我所放棄的

當將你的糧食撒在水面,因為日久必能得著。

傳道書 11:1 ▓

對於一個主修鋼琴的學生來說,要讓自己的手指休息一整年是一個極大的風險。然而,離開鋼琴生涯一年來到宣教地,確實是上帝對我的旨意。

從我身上所發生的一件事,我明白了上帝的旨意。我奇蹟般地擁有了一個電子琴。當我聽說我的鄰居有一個電子琴時,就向他借了過來。但那不是一個普通的電子琴,它是為我帶來喜樂的恩典電子琴。借出的那天,我的房東碰巧聽到了我的演奏。他把我演奏的事告訴了電子琴的主人。結果,他們同意把它擺在我們的住處,直到我離開宣教區。

我的房東住在隔壁村,很少來我們村莊。因此,他當時一來到我們住的村莊,就聽見了我的演奏並深受感動,實在是令人訝異!我從未想過能在宣教地有一架鋼琴或是一個電子琴可以讓我使用。我非常想彈琴,也非常想念音樂。上帝應許了我,我所行的方向是正確的。我知道祂一直在引領我,也必永遠引領我,所以即使在我非常想念鋼琴的時刻,我也沒有氣餒。

在電子琴來到我家的那天,我大哭了一場。這件事讓我確信並明白我內心的主是又真又活的,祂一直在我身邊。即使我沒有提出要求,祂也會滿足我的需求並且眷顧我。我為此非常感恩。

我離開了家人和朋友,來到宣教區,拋棄了自我、貪婪和驕傲,而我最後放棄的是鋼琴。整整一個月,我都沒有接觸到鋼琴,手指也似乎不再靈活。我告訴自己我已經一無所有,什麼也做不了,到了必須在上帝面前謙卑自己的地步。然後,祂賜下豐盛給我。當我感到一無所有時,我才明白上帝一直在我身邊。

在宣教區,我獲益甚多;我曾經跌跌撞撞,也曾倒下過,忘了「靠著那加給我力量的,凡事都能作」。但也是在那樣的時刻,我學會了許多事。我做好了終生成為佈道士的準備。我只想仰望祂,單單依靠祂和愛祂。

高恩惠 (Eun Hye Go)
第 18 屆佈道士

逆轉一切的主

眾人都驚奇,也歸榮耀與上帝,並且滿心懼怕,說:「我們今日看見非常的事了。」

路加福音 5:26 ■

　　我的宣教區起初一片寧靜、歲月安好,但後來卻陷入了混亂;因為有大約一百名武裝的新人民軍(菲律賓著名的叛亂組織)突然出現在我們的村莊裡。看到他們著實讓我害怕;他們在附近的山區奪走了無辜者的性命。我和夥伴盡量不讓自己焦慮,祈禱不要發生任何壞事。

　　我們禱告後的第二天早上,新人民軍展開緊急行動。當時我正準備上課。我問周圍的人發生了什麼事,原來是政府軍預備來到這片地區,保護居民不受新人民軍的攻擊。於是,大部分新人民軍急忙收拾行李,十人一組的逃到了山上,剩下的人則拿著槍在村裡巡邏。看到受驚嚇的孩子們跑進我們家時,我向主呼求幫助並和我的夥伴進入房間禱告,然後我們帶著孩子們上學。當時正趕上最後一批新人民軍向山區出發。不久後,政府軍趕到了。他們幾乎與新人民軍狹路相逢。村民們因此高度緊張。隨後,政府軍的士兵們沿著新人民軍慣常的逃跑路線追了上去。由於衝突迫在眉睫,村民們不安的情緒不斷升高。這不僅意味著士兵和叛軍雙方的死亡,也意味著平民的傷亡。但在上帝的幫助下,衝突並沒有發生。

　　這次事件之後,我經歷了更大的考驗。新人民軍事件發生前一週,我們正在準備舉行浸禮。但因為這個事件,村裡的居民紛紛走的走、逃的逃。士兵們在村裡紮營了兩天,因此他們準備開戰的消息不脛而走;這個消息導致人們逃往其他地方。我意識到這一切都是撒但的詭計。我為此非常難過和沮喪,流著淚向上帝禱告。

　　有人說,流淚禱告是很有力量的;這話或許不假,因著上帝的恩典,我們成功地舉行了浸禮儀式。即使在最紛亂絕望的情況下,那能夠逆轉一切的上帝仍在動工。這次浸禮儀式是在漫長而艱難的等待之後舉行的,它帶給了我們更大的喜悅。我意識到,每當舉行浸禮儀式或佈道會時,撒但就會更加賣力。但我們的上帝比撒但更偉大、剛強。我明白就算有些事有撒但的詭計在其中,上帝也能使其為祂的榮耀所用。我要依靠上帝,盡我所能地事奉祂。儘管在文化、語言和外貌上存在差異,但為了完成上帝的使命和榮耀祂的名,我依然想成為一名與其他民族相處融洽的佈道士。

金基烈(Gi Yeol Kim)
第 18 屆佈道士

我們是奧蘭哥的佈道士

求你使我離開奸詐的道,開恩將你的律法賜給我!

詩篇 119:29 ■

我是在菲律賓宿霧的奧蘭哥島（Olango Island）上的一名佈道士,我和我的夥伴們剛搬到這裡不久。當我得知我在韓國教會的信徒計畫來此參加佈道會時,我驚慌失措,不知道該怎麼應對。我甚至告訴父親,在這裡舉行佈道會簡直是不可能的事情。他只是鼓勵我藉著禱告做好準備。最後,佈道會終於舉行了。在教友們和島上居民的幫助下,一切都很順利。我起初並沒有計畫舉辦佈道會,我只想在10個月的停留期間盡自己所能拜訪當地居民。但突然間,我感受到透過聚會拯救生靈的渴望。

每次和夥伴們出去探訪時,我們經常會因為宗教信仰不同而被拒絕,但我們沒有放棄。我們告訴島上的居民,我們很高興認識他們,因為我們信仰的是同一位上帝。我們試圖透過提供免費醫療服務與人們建立連結。島上的人們用井水做飯。但是井水聞起來有金屬的味道,而且也不乾淨,所以很多孩子都得了皮膚病。有一天,一位小學老師帶了一個因劇痛而徹夜哭泣、無法入睡的孩子。老師起初拒絕禱告,因為病人是天主教徒。但我們還是用活性碳泥和禱告為病人治療。隨著孩子逐漸康復,老師漸漸信任我們,我們也開始一起禱告。不久,孩子腐爛的皮膚康復了,就像什麼都沒發生過一樣。很多人聽說孩子的病被治好了,都來找我們,於是我們成了島上的「醫生」。來找我們的人越來越多,宣傳佈道會也變得容易許多。大約有100名兒童和50名成人參加了佈道會,7個人接受了洗禮。

佈道會期間,我們提供了晚餐和小禮物。最後一天晚上,我們一起觀看了耶穌受難的電影《受難記:最後的激情》（The Passion of the Christ）。在韓國加平教會（Gapyeong Church）的牧師、教友以及我父母親和姑姑的幫助下,尤其是在上帝的帶領下,佈道會圓滿成功。

我非常感謝上帝,讓我們在缺乏知識和準備的情況下仍能順利完成任務。我也為我的夥伴們感到驕傲。那些連鞋子都沒有、卻快樂得彷彿擁有整個世界的孩子們,那些即使衣服破舊也依然快樂的孩子們,那些拉著我的手不願鬆開的孩子們,讓我這個內心驕傲自大的佈道士懂得了什麼是愛。他們教會了我如何謙卑。我為這些難忘的回憶感到喜樂。雖然我在這裡停留的時間短暫,我仍要將這段時間裡的一切獻給主。

金李雪（Lee Seul Kim）
第 27 屆佈道士

了解我甚深的那一位

然而他知道我所行的路；他試煉我之後，我必如精金。

約伯記 23：10 ■

　　我的第一個宣教地是偏遠山區的一個村莊，這是我所希望的。上帝允許我和當地人做朋友。但最初我在那裡的生活並不輕鬆。我總是被蚊子叮咬，然後變成紅疹，我還經常感冒和眼睛痛。我常常得花30多分鐘才能找到水源。每當我洗完澡走回家、又因為道路泥濘不堪而滑倒時，我就會像個孩子一樣可憐兮兮地哭泣。這樣的生活讓我筋疲力盡，我甚至想過搬到另一個村莊去。但上帝賜給了我一個使命，那就是幫助村裡的年輕人。每天晚上，我教他們《聖經》、農業技術和數學。學生們都非常認真地學習。我住在這個山村的中心。步行到我的住所大約需要30至40分鐘。有時一些人會在夜裡帶來生病的孩子。這些時候，我們只是給他們藥物，並為他們禱告。第二天，孩子們就會笑得像沒生過病一樣。每當我看到這些居民，我就會想到信心。他們相信佈道士能夠醫治他們。他們就是這樣從上帝那裡得到醫治。

　　但是，當我終於適應了村莊生活後，卻被安排到培訓校園擔任財務主管。這個轉變很突然，而且我也不太喜歡新的職務。但另一位佈道士已經到達，預備接替我的工作。起初我無法理解。但後來我才明白，接替我的佈道士與SULADS*有關，這是教會為山區無法接受正規教育的兒童提供的教育項目。他非常適合來到這個地方服務。很快，10名學生開始在SULADS項目下學習。事實上，其中一名學生後來進入了山景大學（Mountain View College）主修神學，他是第一位在該校主修神學的SULADS畢業生。我相信他將來一定會回到他的村莊去宣揚上帝的話語。

　　在一年的時間裡，我不知道上帝會如何使用我從事祂的工作。但祂提醒我：「然而他知道我所行的路；他試煉我之後，我必如精金。」祂不僅了解我甚深，還知道我所走的路。祂接受了像我這樣一個不配的人成為祂的佈道士。此外，祂還賜給我極大的力量。我可以見證，我被派往那個村子，以及後來前往培訓校園，都是祂對我的考驗。我將我的生命交託給這位非常了解我的上帝。

* 請參閱第 200 頁譯註。

鄭多熙（Da Hee Jeong）
第 30 屆佈道士

測試和禮物

你不可為惡所勝，反要以善勝惡。

羅馬書 12：21 ■

在菲律賓海拔1,500公尺的碧瑤市（Baguio City），有許多韓國居民。這裡有14個不同教派的韓國教會。復臨教會在此地有8間教會，其中一間是韓國教會，也是我的宣教地。

一個星期天，我正在發傳單時，一個看起來不修邊幅的韓國人向我走來，我感到很害怕。但他非常禮貌地問我這個地區的霍多利網咖在哪裡，我帶他到目的地，並主動提供幫助，因為他的英語並不流利。隨後，他告訴我他出國留學的過程。聽了他的故事，我好心地建議他搬到我們鎮上，因為他似乎很難適應語言學校的環境。我還為這個失去一切的人禱告，希望他能透過上帝的愛經歷改變。他接受了我的建議，但我的房東卻強烈地拒絕，因為他曾收過一個帶來許多麻煩的非基督徒房客。我告訴房東，如果出問題，我會負全責，他才同意。但大樓經裡艾德溫卻極力反對。我無法理解他的態度，甚至因此討厭他。但聖靈這時對我說話了。

上帝啟示我應該表現出更多的愛，於是我決定去拜訪艾德溫。我一進到他家，就遇到了另一個考驗。我在那裡看到了我先前丟失的毯子，上面有我用奇異筆寫的名字。當我問他我是否可以拿回我的毯子時，他說他必須先問他的妻子。那天下午，我再次前往艾德溫家，我祈求上帝給我一顆願意送出毯子的心，反正我也不太需要它。於是我對艾德溫的妻子說：「蘿絲，這條毯子是我母親從韓國買給我的。我本打算把它拿回去，但我決定送給妳作為禮物。」她看起來很尷尬，然後惱羞成怒地說：「這是我的，是一個韓國朋友送的。」但我確信這是我的毯子。在當下，聖靈給我留下了這樣的想法：「你不可為惡所勝，反要以善勝惡。」於是我告訴蘿絲，是我搞錯了。突然，蘿絲讓我跟著她。她帶我看了一套月租約40萬韓圓的房子。然後，她只向我要15萬韓圓就把那套空間寬敞、家具齊全的房子租給我。我確信是上帝讓我通過了重重考驗後，賜予我這份禮物。那個韓國人搬進來之後，我們每天早上都一起靈修。他遇見耶穌後所表現出的愛讓我感到慚愧。我相信上帝會使用他在碧瑤建立韓國教會。我祈禱韓國復臨教會的信徒有一天來到這座城市時，能夠組成一個充滿愛和信心的團契。

金泰俊（Tae Jun Kim）
第 32 屆佈道士

神奇的日常

信的人必有神蹟隨著他們，就是奉我的名趕鬼；說新方言。

馬可福音 16：17 ∎

　　一個星期五下午，我正在為安息日做準備，來自印尼千人佈道士運動的一位印尼牧師來到我家，他告訴我：「明天我們要去拜訪一個被鬼附之人的家。」有一位名叫藍迪的學生被鬼所附，做出了一些人類不可能做的事情。他與魔鬼簽下了死亡契約，如果有所違背，他就會死。這聽起來簡直就是標準的奇幻劇情節。

　　正如那位牧師轉述的，藍迪的情況很嚴重。他知道上帝的存在，但黑暗的力量將他囚禁。人們說，他家裡的大部分物品也都被鬼附身。像是能長出頭髮和指甲的玩偶、一把小鐮刀、看起來很普通的石頭和樹枝——藍迪相信這些東西都能給他力量。一個星期六凌晨四點，我們先聚在一起為藍迪祈禱。然後，我們出發前往他家，大約有5個小時的路程。我們一路上背誦《聖經》、禱告，做好準備。我特別緊張，因為我這一生從未見過被鬼附的人。在內心深處，我不停地呼喊：「上帝，幫幫我！」

　　我們到達那裡時，藍迪已經恢復了神智。在牧師的幫助下，教友們一邊焚燒被惡魔附身的物品，一邊禱告。當下藍迪承認黑暗力量再不能掌控他，從此以後上帝會幫助他。藍迪沒有因此而死。我非常感謝上帝。

　　我再次見到藍迪是在印尼千人佈道士運動所創辦的先知學校。我很高興看到他盡力按著上帝的話生活。他熱心地參加了先知學校的各項宗教活動。

　　我還記得和藍迪一起拜訪過一個家庭。每當我在印尼語方面遇到困難時，他都會熱情地與我討論《聖經》，並為我翻譯。上帝的大能絕對令人驚嘆。雖然藍迪曾一度被魔鬼附身，但他所經歷的改變確實是耶穌愛人的見證。

　　當初得知要被派往印尼時，我原本非常害怕。我的禱告事項中並沒有包括國外的宣教地。此外，我所知道的印尼是一個經常遭受海嘯和地震侵襲的國家。我對這個國家一無所知，甚至把她和印度搞混。我對這個國家的無知，讓我甚至懷疑自己能否在那裡生存。但我認為我如今知道上帝為什麼派我去印尼了；我很高興能經歷各種事情，這樣我就能越來越像祂。我相信印尼不會是我最後一個宣教地。這只是一個開始，上帝仍有工作要透過祂的子民在那片土地上完成。

鄭秀珍（Soo Jin Jeong）
第 33 屆佈道士

佈道士的禱告

「你們禱告，無論求什麼，只要信，就必得著。」

馬太福音 21：22

剛到宣教地時，由於居民對我們心懷偏見，我和我的夥伴有將近六個月的時間都無法找到住處。我流著淚禱告，求上帝顯明祂對我們處境的旨意。我同時更加渴慕上帝的再來。

在我等候上帝旨意的同時，韓國富川教會（Bucheon Church）、羅馬琳達韓國教會（Loma Linda Korean Church）和韓國木洞教會（Mukdong Church）舉辦了佈道會和假期聖經學校。藉由這些活動，人們的心開始敞開。我們也終於找到了住處。這是上帝預備的房子。許多人告訴我們，在當地兩個女孩自己住不安全，因為周遭有許多吸毒和酗酒的人。但上帝給了我們一間位於住宅區當中的房子，是一個相當安全的地方。我們還在這裡給孩子們上直笛課，為他們開辦聖經學校。

有一天，我正在準備晚餐，突然接到一個令人震驚的消息。我們房東的長子遭遇車禍，生命垂危。當時包括我在內的四位佈道士都立時跪下來為他禱告。我們還邀請鄰居一起禱告。那一刻，所有人——無論老少、或是平常菸不離手的人——都聚集在一起祈禱；菲籍佈道士用他加祿語，而我和我的夥伴美珍則用韓語。聯合禱告後，一位女士建議我們前往醫院代禱。我們在去醫院的路上也不斷禱告。在醫院，我們與家屬一起禱告。

我在急診室看到房東兒子時，簡直震驚得說不出話來；他的頭部大量出血，手臂和腿部都變形了。最糟的情況是，他的臉看起來面目全非。醫生說，他幾乎沒有生還的可能。就連事故中另一輛車的司機也已經死了。奇妙的是，我不但不擔心，反而確信上帝會回應我們的禱告。我更加懇切地祈禱。我確信上帝會拯救這位還不認識祂的孩子。後來，我聽說他的手術很成功。房東的兒子最終康復，脫離了生命危險。他的家人非常感謝我們，並請求我們繼續為他禱告。

這件事之後，周遭的人開始注意到我們禱告的力量，並表現出對學習《聖經》的興趣。最近我到處舉行查經班。就連房東的大兒子現在也想更進一步了解上帝，也正和我們一起查經。我體驗到了上帝奇妙的大能。祂是活著的上帝。現在，無論我處在任何情況下，我都學會了對上帝感恩。

金慧妍（Hye Yeon Kim）
第 34 屆佈道士

說方言的恩賜

「我們各人怎麼聽見他們說我們生來所用的鄉談呢？」

當我開始在宣教領域感到疲憊灰心時，我中斷了與上帝之間的溝通，也因此陷入了撒但的羅網。我變得疏於拜訪，只希望每天都能趕快度過。撒但不斷地攻擊我，而我毫無防備之力。當我感到異常疲倦時，我會向上帝禱告：「主啊，請給我一些相信祢的理由！我不知道我為什麼要在這裡！」 主透過《聖經》回答說：「腓力，我與你們同在這樣長久，你還不認識我嗎？人看見了我，就是看見了父；你怎麼說『將父顯給我們看』呢？」（約翰福音14：9）我為自己沒有牢牢信靠祂感到非常內疚，我意識到了自己的無知。

但這只是暫時的。撒但利用語言的困境給了我更大的震撼。我在英語方面比任何人都要吃力，因此總是為此流淚禱告。撒但利用這個弱點來對付我。有一天，一位牧師建議我每天學習兩小時英語。這聽起來是個不錯的主意。但我沒想到學習時間是晚上7點到9點。這是我和夥伴的靈修時間，利用這段時間參加其他活動最容易破壞我們之間的關係。我祈求上帝的旨意。然後上帝透過〈馬太福音〉16章23節對我說：「撒但，退我後邊去吧！……因為你不體貼上帝的意思，只體貼人的意思。」我當時感到一陣暈眩；因為我專顧自己，而不是上帝的工作。

有一天，我為一位生病的老奶奶禱告。她在行動上不能自主，有時會喃喃自語，有時甚至會失聲尖叫，似乎是失去了理智。我握著她的手開始禱告。在過程中，她喃喃自語的聲音停止了，我感覺到她的手緊緊握住了我的，我不禁熱淚盈眶。禱告結束後，我感覺有人擁抱了我。這時，老奶奶的女兒用韓語對我說：「你好像很感動，甚至都哭了！」 我回答說：「妳說的沒錯。」之後，我向夥伴詢問老奶奶女兒的情況。她卻告訴我，老奶奶的女兒剛才是用宿霧語跟我說話，而不是韓語。這真是讓人難以置信！但包括保羅在內的所有宣教士，在傳揚上帝話語的過程中一定都經歷過同樣的神蹟。這些人相信上帝，用自己的語言向許多人傳福音。這種經歷對我來說是最大的恩賜。直到今天，每當我想起這段經歷，仍會潸然淚下。難道那一刻擁抱我的人是天使嗎？我祈禱所有的佈道士、包括我自己在內，永遠都不要放棄禱告，即使在疲憊灰心時也能與上帝保持親密的關係。願我們都能經歷上帝的神蹟。

李炳玉 （Byeong Ok Lee）
第 43 屆佈道士

你聽見了上帝的呼召嗎？

那創山、造風、將心意指示人、使晨光變為幽暗、腳踏在地之高處的，他的名是耶和華－萬軍之上帝。

阿摩司書 4：13

　　一個菜鳥學生牧師該如何宣揚上帝的愛來吸引聽眾，並鼓勵他們受洗呢？我不知道，但我做到了──我在一次佈道會上講道。上帝使用像我這樣軟弱的人。

　　佈道會開始的前一週，由於正值雨季，大雨不停地下。那裡沒有教堂，所以我們只能搭一個天幕作為聚會地點。我擔心這場雨會打亂下週的佈道會。大雨從那一週的星期日下午4點到7點間開始傾盆落下，並且一直持續到週間。雨下得實在太大，我們有時甚至聽不到旁邊人說話的聲音。我確信佈道期間會持續下大雨。於是，我用竹子為會場做了屋頂，為下雨做準備。但在風強雨驟的情況下，它們被吹走了。於是，我只好又做了新的屋頂。

　　佈道會終於開始了，雨依然傾盆而降。儘管如此，現場仍然湧入了近200人。在整個講道過程中，我感到很驚訝。這真的是來自天上的語言力量嗎？我的英語向來說得不太流利，但一小時我竟然可以滔滔不絕地說著。我感覺到上帝透過我說話。當我看到自己竟然在向人證道時，我忍不住笑了。最有趣的是，從那時起雨就止住。於是，我確信第二天也不會下雨。確實，接下來的一週都沒有雨了。具體來說，只在佈道會進行時不下雨。這個奇蹟讓我更加確信上帝確實非常強大。

　　在最後一晚，我發出受洗的呼召。突然，雨點開始落下。然後上帝透過我說話：「你聽到上帝呼召的聲音了嗎？上帝讓整個星期都不下雨，但現在你能聽到祂在呼喚你嗎？」與會者一一從座位上站起來，直到大多數人都站了起來。這是我所收獲過的、最好的獎勵，還有什麼工作比為耶穌贏得生靈更寶貴呢？上帝甚至使用像我這樣軟弱的人。

　　我意識到我的信仰是多麼脆弱，我深覺自己需要在信心上成長。我每天都必須藉由閱讀上帝的話和祈禱在耶穌裡成長。上帝正在幫助我增強我的信心，我只要順服祂的旨意就好。我真的很感謝很多人和來自韓國的宣教團為佈道會提供協助。最重要的是，我由衷地感謝上帝。

金宣（Sun Kim）
第 45 屆佈道士

神奇的聚會

我作了這福音的執事,是照上帝的恩賜,這恩賜是照他運行的大能賜給我的。

以弗所書 3:7 ▇

　　在被派往各自的宣教區之前,其他佈道士都在引頸期盼而又焦急地禱告。但不知為何,我並不擔心我的宣教地區。也許那時我已感覺到上帝早已為我制定了美好的計畫。

　　為了到達我的宣教區,我必須先坐船旅行3天到菲律賓的民答那峨島,然後再坐12個小時的巴士。當時菲律賓有1903萬人口,那麼我在宣教區遇到熟人的機率有多大呢?更具體地說,我在那裡遇到鼓勵我成為佈道士的人,或對我的生活產生持久影響力的人,其機率有多大呢?上帝讓我經歷了那次奇蹟般的相遇,因此我明白了祂對我的旨意。

　　2005年,當我讀四年級時,我遇到了艾薇,一位當時被派往我們的教會——橫城教會(Hoeng Seong Church)的菲律賓佈道士。艾薇對我來說是一個非常特別的人。她是我生命中遇到的第一位佈道士,也是鼓勵我加入千人佈道士運動的啟蒙者。當我看到艾薇如此順服上帝並為祂的工作竭盡全力時,我對宣教的熱情與日俱增。從那時起,我就夢想在20歲時成為千人佈道士運動的一員。

　　從那時起的十年後,我終於在我的宣教區成為一名佈道士。一個安息日的早晨,也就是我到達宣教區大約一個月後,我正在問候教友們,在聚會時來了一些訪客。當我去迎接時,我才發現到來的人正是艾薇和她的女兒。在這片擁有千萬人口的土地上,上帝是如何安排我們的相聚呢?這確實是一件令人驚訝的事情,而且只有上帝才能使之實現。

　　我堅信是上帝帶領我在10年後遇見了我的宣教啟蒙導師。我家和曾經在異鄉的艾薇成了一家人。十年後,她的家庭變成了我的家庭。我們在基督裡再次成為一家人。上帝驚人的計畫是如此偉大,讓我難以用言語形容。經歷了這次奇蹟般相遇,我只願感謝並依靠那位因為愛我而為我準備一切的上帝。透過這次的相遇,我有了另一個夢想:就像艾薇是一個忠誠的工人,幫助別人實現他們的夢想一樣,我也希望有朝一日能如艾薇一樣,成為別人的宣教啟蒙導師。

李藝恩(Ye Eun Lee)
第45屆佈道士

上帝美好的計畫

耶和華說：「我知道我向你們所懷的意念是賜平安的意念，不是降災禍的意念，要叫你們末後有指望。你們要呼求我，禱告我，我就應允你們。你們尋求我，若專心尋求我，就必尋見。」

耶利米書 29：11-13 ■

　　每天下午4點，我都會挨家挨戶地進行拜訪。在過去的五個月裡，有三位姐姐經常和我一起學習《聖經》，我們每天都聚在一起研究安息日學學課。雖然有時我因為其他要事不能去看望她們，但感謝上帝，她們仍然聚在一起學習。

　　此外上帝還帶領我在菲律賓的甲米地省（Cavite）監獄認識了佳佳姐。不知道為什麼，她和她的丈夫被關在監獄裡，而他們年幼的孩子卻在菲律賓中部。我第一次見到她時，她還很健壯，但突然間就變得非常消瘦。我建議她去做檢查。檢查結果顯示她患有癌症，並已有10個月之久，造成腹部積水。她同時被診斷出患有肺炎。在我們學習《聖經》的短暫時間裡，她早已接受了《聖經》中所有的話語。也許是因為她知道自己的時日不多。

　　我和所有人分享：耶穌是受差遣「傳福音給貧窮的人」、祂就是叫「被擄的得釋放、瞎眼的得看見、叫那受壓制的得自由」的那一位（路加福音4：18）。我還告訴佳佳姐，上帝希望她透過疾病獲得永生。然後，她流著淚懺悔了自己以前的罪，並向我表示感謝。最近，我遇到了她，她和我分享了〈耶利米書〉29章11至13節。我忍不住哭了起來。佳佳姐也許是最絕望的人，她患有肺炎，處於癌症末期，與孩子們分離了四年之久，還被關在監獄裡。儘管她處於悲慘的境地，但她說她真的很高興，因為她現在認識了基督。我能感受到她所經歷的痛苦，但她從未失去笑容。即使是現在，她也會把這些信息分享給她的丈夫以及周遭其他的肺炎患者。看到她宣講上帝的話語，我感到非常高興。上帝確實改變了她。

　　我和我的夥伴李在浩（Jae Ho Lee）發現安息日是我們最忙碌的一天。但在旅途中，我們會互相談論我們遇到的查經班學員，分享我們從《聖經》和上帝的帶領中得到的啟發。在這個世界上，還有什麼麼工作比這更有意義呢？我們的身體很疲憊，但我們的精神卻如此旺盛。我感謝上帝對每個人的偉大計畫。

黃允煥（Yoon Hwan Hwang）
第 46 屆佈道士

具有神聖命令的佈道士

基督差遣我，原不是為施洗，乃是為傳福音，並不用智慧的言語，免得基督的十字架落了空。

哥林多前書1：17 ■

　　佈道士面臨的困難之一是與夥伴之間的誤解，我也不例外。我的夥伴比我大10歲左右，甚至上過一年的神學課程。因此，我對他有很多期待，也希望能向他學習許多事情。但我對於將要發生的事毫無準備。除了最初的幾個星期，我的夥伴在宣教期間變得異常懶散，過著如無業遊民的生活。他對宣教毫無熱情，只關心自己的生活。最後，他被遣送回家。

　　當我在父母的建議（可以說是強迫）下申請成為一名佈道士時，我向上帝祈禱說：「主啊，我或許不知道為什麼我需要在菲律賓待一年，但請讓我不要後悔。」我相信上帝會給我最好的宣教夥伴，所以我當初承諾會像他一樣努力工作。之前那段時間，我就像老底嘉教會一樣，不冷不熱，猶如半個基督徒、半個無神論者。我就像〈路加福音〉第8章的撒種比喻中，所提到石頭上的淺土一樣。因此，當我最終成為一名佈道士時，我絕對是夥伴眼中討厭的傢伙。但我相信，上帝讓我和他組隊是為了預備我。有趣的是，我因為我的夥伴而與上帝更親近了。我有機會審視自己。我越看我的夥伴，就越發現我們之間的相似之處。就像我的夥伴是為了滿足自己的需要而加入宣教一樣，我也是為了逃避父母的嘮叨而成為佈道士的。我們都是宣教區的干擾者。我的夥伴離開時沒有留下任何良好印象，就像我自己離開時也未曾引領任何人受洗一樣。

　　「基督差遣我，原不是為施洗，乃是為傳福音，並不用智慧的言語，免得基督的十字架落了空。」（哥林多前書1：17）。這節經文給了我莫大的祝福。上帝之所以呼召我成為祂的佈道士，並不是為了在我的宣教地增加受洗人數，也不是為了炫耀個人的靈性。祂呼召我是為了向地極宣揚祂的愛。儘管我的語言能力很弱，但上帝仍然呼召我成為佈道士，其原因是要提醒我不要依靠屬世的事物或人的力量，而是要依靠祂的話語和祂的能力，如此我才能宣揚耶穌基督的犧牲。此外，我毫不懷疑，我獻身為佈道士的時光提醒了我，我是上帝所揀選的僕人。我相信，我是一名受上帝神聖委託的佈道士。

朴煥榮（Hwan Yeong Par）
第 46 屆佈道士

勇往直前的佈道士

耶和華說：「我的意念非同你們的意念；我的道路非同你們的道路。」

以賽亞書 55：8

自從與同屆的佈道士道別後已過了兩個月。他們都去了各自的宣教地，而我作為校園佈道士則留在培訓中心。因此，我很高興有機會到宣教地探訪一些同屆學員。但這次的探訪之旅讓我筋疲力盡，因為我必須乘坐吉普尼（Jeepney）、三輪車、摩托車和船。但是當我到達目的地時，我頓時感到神清氣爽；宣教區簡直就是天堂。與我的同屆學員見面，一起吃飯談話，是一個喘息的機會。我也很幸運能與培訓中心校牧和其他佈道士們同行。這讓我想到那些只能和自己的夥伴一起旅行的同屆佈道士，他們一定很辛苦。我比較了自己在培訓中心的舒適生活，和同屆學員們在宣教地充滿挑戰的生活，就為他們的景況感到難過，同時也尊敬他們的服事。

他們生活在不同的地方，有的靠近大海，有的在高山上，但他們都有一個共同點，那就是現在的生活環境與他們原本的家鄉大不相同。即使無法與周圍的人相處，他們也必須學會適應和生活。在這樣的環境中，佈道士的工作很難開展。儘管如此，他們還是把自己放在一邊，專注於完成上帝為他們安排的任務。這讓我為他們感到驕傲，也大大地激勵了我。我不知道自己當初的宣教動力為什麼會突然消失了。當我申請成為一名佈道士時，我想像自己會在一個到處都是孩子的寧靜村莊裡服務。但與我的想像相反，我被分配到培訓中心的校園。當然，我在身體上是舒適的，但在內心深處，我覺得自己被禁錮在一個我並不期望停留的地方。我不斷地抱怨，最終忘了自己的承諾：無論上帝派我到哪裡，我都要忠於職守。當我的同梯們面對挑戰、解決問題、靠著上帝一步步向前邁進時，我卻在為自己的不滿和未實現的期望而苦惱。有段時間，我忘了我所事奉的上帝。但我最終意識到，上帝對我有一個宏偉的計畫。祂讓我醒悟，原來我一直在制定自己的計畫，而沒有想到祂的旨意。

現在，我的校園佈道士生涯即將結束。在剩下的時間裡，我將盡自己最大的努力，成為一名永遠以詢問上帝旨意並順服祂為首要的佈道士。感謝上帝透過這次的探訪向我指明了應該走的路。懷著一顆感恩的心，我祈禱自己能成為一名遵行上帝旨意的佈道士。

尹清娥（Cheong Ah Yoon）
第 47 屆佈道士

不再灰心沮喪

他不灰心，也不喪膽，直到他在地上設立公理；海島都等候他的訓誨。

以賽亞書 42：4 ∎

強烈颱風山竹於9月14日至17日襲擊了菲律賓的呂宋島（Luzon），我的宣教區也在颱風肆虐的路徑上。這是我第一次經歷這麼強的颱風；暴風不斷、雷電交加。以前我只在電視上看過颱風的消息，親身經歷後才知可怕。水、電力和電話信號都斷了，河流氾濫導致整個村莊淹水。當下我想起了耶穌平靜風浪的故事。我祈求颱風趕快過去，但我還是看到了一些建築物的倒塌以及居民的死亡。在附近的碧瑤市也有20多人死亡，40多人失蹤。

我真的很害怕，但和我在一起的孩子們並不害怕，也沒有失去笑容。看到這些孩子在颱風中如此鎮定，面帶微笑，我害怕的心也平靜了下來。「我在做什麼，甚至害怕得發抖？我的恐懼能改變什麼嗎？如果這些孩子看到我害怕，他們不也會恐懼嗎？」於是，我和他們一起祈禱面對。在孩子們微笑的幫助下，我擁有了堅強度過颱風的勇氣。

但是，颱風奪走了一些寶貴的生命。它帶走了某人的祖父、祖母、父母親、叔叔、姑姑、兒女或孫子女。我想要去幫助那些因颱風而失去親人的居民，所以就參加了救援服務隊。當我開始服務時，才意識到了自己的不足。

我來到了美岸市（Vigan）。我看到的受災情況比照片上更嚴重。許多建築物倒塌，住家損毀。我感受到了前所未有的震撼。這慘不忍睹的景象讓我對那些失去家園和親友的人充滿同情。我祈求上帝憐憫這些居民。

後來，我送救災物資給一戶人家時，看到對方全家人一起打掃衛生，重建家園。我突然感到非常慚愧。每當我經歷災難時，只會灰心沮喪，但看到人們齊心協力重建家園，我意識到上帝在教導我要鼓起勇氣。我以為我是來幫忙的，但我反而從他們身上學到了許多。在救援的服務中，牧師分享上帝的話，接著我們獻上特別音樂，然後分送救援物資。即使在這樣的景況下，居民們依然堅忍不拔，努力重建家園。看到他們流著淚感謝我們提供的幫助，我便立志要在剩下的宣教任期中，更加努力為這些人服務。我請求各位為我禱告，求上帝在我的宣教地區興起這些勇敢的人，正是他們把我從灰心沮喪的地牢中拯救出來。

金東均（Dong Gyun Kim）
第 51 屆佈道士

透過上帝的心

看哪，弟兄和睦同居是何等地善，何等地美！

詩篇 133：1 ■

今天是一個非常特別的安息日，因為將有14個寶貴的生命重生。這一週非常忙碌，但我們靠著上帝的恩典順利度過了。在佈道會之前，我們因為許多問題和擔憂而懇切禱告。我們的預算有限，也不確定佈道會能否如期舉行。後來我想到用義賣來募款，於是我們決定以非常便宜的價格出售我們的一些東西。我們做了廣告，並尋求其他人的幫助。在義賣的前一天晚上，我們不知道是否能賣出所有的東西，於是我們再次向上帝祈禱。第二天一早，我們懷著焦急的心情前往市集。不料許多人已經在路上，所有商品不到兩個小時就賣完了！我們籌到了三千多披索。雖然我賣掉了許多衣服，以至衣服不夠穿，但我還是感謝上帝。此外，佈道會的主講人和兩位剛從韓國回國的佈道士前輩也慷慨解囊。我總是在擔心，但上帝已經為我預備了一切。

最奇妙的是，教友們在佈道會中經歷了改變。在籌備期間，我們禱告最多的事情之一就是教友之間的合一。我目睹過他們之間破碎的關係和彼此的爭吵。在我無法指望他們提供任何幫助的時候，我只有為他們禱告。我為籌備過程和實際情況禱告，也為前來參加聚會的生靈禱告。在第一場聚會中，我很擔心究竟會有多少教友出現，但我的擔心純屬多餘，因為上帝聚集了他們。整間教會也進行了接力禱告。當我們見證這種合一時，我們感動地哭了。一位擁有小卡車的執事同意我們在聚會期間使用他的車。每個教友都有貢獻，佈道會也進行得很順利。由於今天受洗的14人中有12人是在佈道會開始之前就已承諾要查經，所以原本我們認為沒必要舉行佈道會，再加上我們也沒有足夠的經費。但我意識到，舉辦佈道會是為了要讓我們見證上帝的旨意和肢體的合一。

我想我現在知道了什麼是上帝的愛。我想與他人分享這份愛。我也許軟弱，但我可以用耶穌的心去愛他們。我滿心感激，因為上帝的愛正在我心中成長。我會盡我所能為他人禱告，如今我生命中有上帝，我知道我的禱告有極大的力量。我是微小軟弱的，但因為主是我的力量和產業，所以我能夠為他人禱告。

金敏貞（Min Jeong Kim）
第 21 屆佈道士

上帝的見證

為這些事作見證，並且記載這些事的就是這門徒；我們也知道他的見證是真的。

約翰福音 21：24 ■

雖然我來到這裡的時間並不長，但我在宣教地不斷地經歷著上帝奇妙的大能。我剛來的時候經常哭，但現在這段時間的生活充滿了喜樂。

我覺得那些在我還穿著睡衣、空著肚子時，就跑來我們家的小孩子們實在太可愛了。此外，每晚在天花板上打架的大老鼠也不再困擾我。即使有蛇爬進我的房間，我也覺得自己能對付它。這一切都是上帝帶來的變化。

前段時間，當我在早上洗衣服時，村裡的年輕人來找我。有個年輕人在打籃球時摔斷了手。我一聽到這個消息，就感到頭暈目眩。我心裡充滿恐懼，不知道該怎麼辦。於是，我只能握著他的手，祈求上帝醫治他，然後用一塊彈性繃帶替換了他們用撕破的衣服拼湊且不牢固的繃帶。那天晚上，我把活性碳加上麵粉，和成泥狀來包住他的手。

我每天晚上都懇切禱告，並繼續用活性碳泥敷在他的傷處，到了第四天，我體驗到了主奇妙的大能。當我揭開繃帶時，他手臂的腫脹明顯減少了。這是我出生以來第一次用活性碳泥敷在手的腫脹處並懇切禱告。我感謝上帝應允了我的禱告。很快，腫脹就完全消失了。大約兩週後，那個年輕人又開始用那隻手臂打籃球了。

還有一個得了流行性感冒的孩子因為活性碳和禱告，他在一天內就康復了。我什麼也沒做，是上帝成就了這些奇妙的事。

就連過去常說我閒話的人現在也歡迎我，向我索取藥品。我沒有受過醫學訓練，但我因為能幫助一些病人而覺得感恩。我唯一擔心的是，那些村民們，無論是大人還是小孩，都經常生病，而能提供的醫療資源又很有限。但我相信，能將人治好的不是藥物。我懇求上帝能保佑那些村民們的健康。

這些天來，我的禱告請求越來越多。我為建堂、佈道會、村民的健康、其他佈道士以及我的信仰禱告。我為更堅定的信仰而努力禱告，因為有些孩子尊敬我和我的夥伴，可能也會想成為佈道士。我非常感謝主，是祂帶領我走到今天，是祂呼召我成為祂的見證人。我期待在我剩下的任期裡，主能向我啟示更多奇妙大事。作為上帝的見證人，我希望自己能向許多人見證這一切。

朴珠賢（Ju Hyun Park）
第 22 屆佈道士

愉快的等待

聽從我、日日在我門口仰望、在我門框旁邊等候的,那人便為有福。

箴言 8:34 ■

我的宣教區在菲律賓呂宋島北部的阿巴堯(Apayao),我有兩個夥伴。區域牧師在中途與我們見面,帶我們繼續前進。然而他帶我們去的地方並不是我們起初的宣教地,而是一個農村。在他的建議下,我和我的夥伴們在那裡舉行了為期一週的佈道會。聚會結束後,我們等待另一位牧師帶我們去我們的宣教地。但兩個星期過去了,那位牧師依舊沒有出現。與此同時,我的一位夥伴因個人因素離開宣教的工作,於是一位來自巴西名叫撒母耳(Samuel)的新夥伴加入了我們的行列。

在等待的日子裡,我只能讀《聖經》。我對《聖經》中的人物和書卷了解不多;在申請成為佈道士之前,我去教堂的時間也不長。我剛受洗,而且還不是自願的。別人都說:「不是你在做工,而是上帝在做工。」我真的很好奇,上帝如何在我這樣一無所知的人身上做工。但看著漸漸厭倦這種生活的撒母耳,我覺得自己應該開始積極行動起來。於是,我和撒母耳一起在村子裡四處提供按摩,服務三輪車夫、吉普尼司機和病人,我們邊按摩邊在心裡說:「我們愛你。」經過半年的等待,牧師終於帶我們到宣教區,我們滿心歡喜地看著這個新地方。但這份喜悅並沒維持多久。我們到達的第二天,撒母耳差點就因瘧疾而死去,於是我們被重新派往宿霧。

我曾以為我在宣教期間等了六個月根本是浪費時間,但後來才明白上帝的旨意。在這段時間,我因著夥伴們學會了殷勤和感恩,也閱讀了《聖經》,獲得了對上帝的認識。作為一個不知道上帝是誰的人,我終於經歷了上帝。這六個月是我的準備期。我們終於抵達了宿霧。那裡的一切都很美好。我們和一個家庭同住在沒有門的小竹屋裡,總共有八個人,而且還只能睡在吊床上;為了洗衣服和洗澡,我們必須在泥濘的路上來回走40分鐘──所有的一切都讓我感到快樂。透過拜訪和與人接觸,我獲得了新的體驗。即使是在下雨天,我仍然興高采烈地拜訪他們。當我的任期即將結束,最後一次去探望他們時,我聽到他們流淚說著「我會想你」和「謝謝你」這樣的話。我非常感謝帶領我來到這塊宣教地的上帝。在漫長的等待之後,這是一種美妙的享受。

我的宣教經歷與眾不同。等待我的不是我的計畫,而是上帝讓我體驗幸福的策略。透過等待,我相信了上帝──那位實現祂旨意的神。我知道,漫長的等待結束後會有甜蜜的幸福。

林奉植(Bong Shik Im)
第 29 屆佈道士

成為幸福的使者

耶穌說：「我就是道路、真理、生命；若不藉著我，沒有人能到父那裡去。」

約翰福音 14：6 ■

　　我的宣教區是菲律賓巴拉望（Palawan）的一個小島——庫里昂（Culion）。庫里昂是全球聞名的麻瘋病村，人們稱這裡為「死亡之島」。十年前，許多天主教神父和修女來到這裡，向麻瘋病人傳教。幸好因著醫學的進步，使麻瘋病人的數量減少了，這裡也不再有佈道士。目前，所有麻瘋病人都住在同一棟醫院裡。

　　我剛來到這裡時，醫院裡住滿了麻瘋病人。由於人們無法克服這種疾病，而且他們最後都會相繼死去，所以現在醫院大部分地方都空著。大多數的病人都是老人；他們都是在年輕時就住進這棟醫院。50多年來，他們一直住在同一個房間裡，沒有任何訪客來探望他們。他們的家人已經搬往別處，拋棄了他們。每當我去看望這些孤獨的人時，他們都會說：「謝謝你們來看我。今天是我一生中最幸福的日子。」

　　有一位奶奶在感染這種可怕的疾病之前曾是一位美麗的女性。據說她年輕時曾收到過無數男子的求婚，但現在她美麗的鼻子和嘴巴已經腐爛。等著她的不是準備求婚的年輕男子，而是失智症，將她每天囚禁在自己的世界裡。另一位爺爺年輕時曾是一名吉他手，但現在他的手指都已潰爛，而他身邊的那把吉他也佈滿了灰塵。

　　所有的孤獨老人都在等待死亡，那是他們認為唯一能等到的訪客。在過去的50多年裡，他們一直生活在孤獨和恐懼之中，這是多麼不幸的事！

　　耶穌是我們唯一的朋友，是消除我們對死亡恐懼的主，是應許我們永生的主。只有祂才不會讓麻瘋病侵入這些病人的心靈。我希望他們能夠儘快認識耶穌。我也希望他們每天都能感受到幸福，而不是麻瘋病這種殘酷的疾病。我擔心這些人就像將熄的蠟燭，會在不認識耶穌的孤獨中死去。因此，無論他們理解與否，我都會教導他們，向他們介紹那代表道路、真理和生命的耶穌。感謝上帝的慈愛和眷顧，讓我能夠參與這項偉大的任務。今天，我以佈道士的身分生活，希望這些人能夠幸福地度過每一天。

吳錫英（Seok Young Woo）
第 31 屆佈道士

阿巴堯山谷

天使進去,對她說:「蒙大恩的女子,我問你安,主和你同在了!」

路加福音 1:28 ■

雖然我剛來到菲律賓阿巴堯島(Apayao)的拉克班(Lacban),但我已經感受到了家鄉的溫暖,就好像我已經在這裡生活了很長時間一樣。為了到達菲律賓最北端的阿巴堯地區,我必須從培訓中心搭乘9個小時的巴士前往碧瑤,然後再坐15個小時的巴士前往阿巴堯邊境的一個小村莊。從那裡開始,我必須步行並乘船渡過一條湍急的河流後,再走過一條泥漿沒膝的道路,然後又要步行或乘坐小木筏渡過另一條河,在泥濘的道路上步行一個小時,最終才抵達了拉克班。

整個旅程變得艱難是因為都必須赤腳而行,穿鞋子是不可能完成的。我必須忍受在泥漿下踩到尖銳物品時、那種難以形容的疼痛。不過,在這段漫長而乏味的旅程盡頭,卻是一個美麗而寧靜的綠色村莊,就像童話故事裡所描述的一樣。這一帶的人都來自不同部落——伊洛卡諾(Ilocano)、伊納格(Isnag)、阿布拉(Abra)、伊塔(Ita)和卡林加(Kalinga),他們以各自的語言和文化共同生活著。

伊洛卡諾人的生活方式和外貌最接近典型的菲律賓人,他們也是該地區最大的族群。伊納格人是第二大族群,他們不會輕易向人敞開心扉,所以接近他們相當困難。阿布拉人則相當善良,他們就像螞蟻一樣,從早到晚辛勤勞作。他們熱愛和平,即使是小衝突都不會讓它發生。伊塔人非常獨特,他們像非洲人一樣有著捲曲的頭髮和黝黑的皮膚;蟑螂和其他昆蟲是他們常見的食物,有時還會遭到其他族群鄙視;他們過著最原始的生活。卡林加人最勇敢好戰。直到現在,這個族群一直是佈道士恐懼的來源,因為他們殺害了一些佈道士。但實際上,這些人非常開朗,且精力充沛、慷慨大方。

拉克班是阿布拉人生活的地方。這裡的孩子和成年人都渴望接受教育,但最近的學校也要花4個小時才能到達。因此,這裡的人們迫切希望有一所學校。我相信這是上帝的旨意,因為我的夢想是建立一所宣教學校。這個地區沒有電、電話信號或商店,也很缺乏水,尤其是在乾旱的時候。事實上,每逢月圓之夜,居民們都要長途跋涉到鎮上購買日用品。瘧疾也是這裡的一大威脅。儘管生活條件困苦,但我仍然心存感激,因為我的生活很平安。這裡是上帝派我來的地方,我相信以馬內利的上帝必與我同在。這難道不是上帝與阿巴堯山谷同在的證據嗎?

文錫仁(Seok In Moon)
第33屆佈道士

耶穌觸摸我

耶和華的使者第二次來拍他,說:「起來吃吧!因為你當走的路甚遠。」

列王紀上 19:7 ■

「喂,走開,我很熱!」我的脾氣越來越暴躁,忍不住用韓語趕走了孩子們。我知道這是他們交朋友的方式,但我覺得很熱。我的生命就像是沒有微風的大熱天一樣;我來這裡分享耶穌,現在卻在灼傷人們。

我聽不懂他們的語言,聽起來似乎在嘲笑我。炎熱的天氣和文化的差異讓我感到疏離。我想念家人和朋友,也非常想念我的家鄉韓國,我的內心正在湧起一場風暴。我覺得自己非常自私,因為我無法愛別人。我曾經對宣講《聖經》充滿信心,但現在我意識到自己的諸多不足。

有一天,房東太太告訴我她胸口疼痛。我摸到了一個腫塊,我知道這不是一個簡單的病況,於是我敷上活性碳泥,並虔誠地祈禱。不到三天,她的狀況就完全痊癒了,就像從來沒有感到疼痛一樣。

以前,我總是疑神疑鬼,即使是小事也會抱怨。但現在,我心中的陰霾逐漸散去,取而代之的是晴朗的天空。我曾祈禱能透過耶穌的愛與人們合而為一並終於得到了回應。現在的我從那些最初覺得厭煩的孩子們眼中看到了純真;我看到了房東太太的慷慨,我曾以為她是個貪婪的人。耶穌觸動了我,打開了我封閉的心靈,讓我體驗到新的愛。

隔壁奶奶的兒媳婦不久前剛生完孩子。我目睹了她所承受的痛苦,但孩子誕生的喜悅接踵而至,超越了痛苦。然後,我看到我的夥伴和房東太太很嚴肅地交談著,原來奶奶的大兒子因頭部出血而暈倒。我很擔心奶奶。在新生命誕生的喜慶日子裡,這是一個可怕的惡耗。我緊緊抓住使人起死回生的天父,不知不覺地流淚。

第二天,我聽說兒子恢復了知覺。雖然大家都說他恢復的可能性恐怕微乎其微,但耶穌使他在死亡邊緣獲救。我得知消息後高興得跳了起來。這絕對是天父所做的工。在意識到沒有天父的愛就難以戰勝考驗之後,我更加依賴祂。對於像我這樣自私的罪人,祂說:「沒關係,我仍然愛你。」我實在不配,但我想成為一名宣揚上帝之愛的佈道士。我所認識的耶穌之愛會約束我,滿足我的需要。我很榮幸能分享上帝的愛,與祂同住。每一天都是考驗,但我知道,照亮我心靈的耶穌會牽著我的手。

朴信惠(Shin Hye Park)
第 33 屆佈道士

邁向終身事奉的第一步

我又聽見主的聲音說：「我可以差遣誰呢？誰肯為我們去呢？」我說：「我在這裡，請差遣我！」

以賽亞書 6：8 ■

「我要帶領兩千個生命歸主！」一個不尋常的事件促成了這個相當不可思議的誓言。

我非常喜歡數學，而且成績也相當好，直到高三的一次期末考試，我的數學成績讓人跌破眼鏡。我非常氣餒和憤怒。我向我並不熟悉的上帝禱告說：「上帝！如果祢讓我這次考爛的數學成績不算數的話，我就會帶領兩千個生命來到祢面前。」

有趣的是，第二天，學校因懷疑試題外洩，於是下令重考。我參加了考試，而且數學考試得了滿分。

當時，我只是單純地認為這件事非常有趣又好笑，但隨著我進入神學院，對上帝有了更多的了解，我開始相信這一切都是上帝引領的結果。立志為上帝而活之後，這看似荒唐的誓言成了我的人生目標。也許是我設定了一個很高的目標，因為上帝應允了我高中時的禱告。

在我修讀神學並準備為我的人生目標禱告時，我得知了千人佈道士運動。我決定一旦完成四年的神學課程後，就加入這項佈道士運動，以提升我的宣教精神，並將我所學到的應用在實際工作中。現在，我來到了千人佈道士運動的菲律賓本校區，接受佈道士的培訓。言語無法表達我在這裡所接受的佈道士教育；這是一段難以形容的寶貴時光。我非常感恩且高興地看見，上帝已經準備了很久，為要帶領我參加千人佈道士運動，邁出我終身事奉的第一步。

我知道，我在這裡度過的一年絕不會是徒然的，因為我在此知道並確認上帝對我的旨意。當然，我也想知道上帝為我安排的使命。我不奢望在這一年裡取得巨大的成就，而是祈求這一年能成為我終身事奉的良好基礎和墊腳石。一旦我完成了宣教培訓，無論我被派往何處，我都將抱著被塑造成上帝器皿的心態，充分利用我的時間。我相信上帝會親自引領我的人生。希望在這段培訓和禱告的時間裡，我能夠用信心、愛心和忠誠來裝備自己，牽著上帝的手向前行，達成我的目標。

楊宣浩（Seon Ho Yang）
第 33 屆佈道士

上帝所愛之人

我的心默默無聲，專等候上帝；我的救恩是從他（而來）。

詩篇 62：1

　　我目前在菲律賓宿霧（Sibucao）的圖戈（Tugo）宣教，但在過去的四個月裡，我在菲律賓巴科羅（Bacolod）的錫布考（Sibucao）服務。

　　錫布考是我的第一個宣教區。那是一個貧窮的村莊，卻是我非常喜歡的美麗小村莊。然而我們的教友認為，這裡對我們佈道士而言是個危險的地方，因為大多數人都是浸信會信徒或天主教徒。

　　儘管如此，我相信無論有多危險，上帝都會保護我們。因為上帝能使人打開心門，所以我和我的夥伴並不害怕。之後，我們進入了村莊並且住在那裡，還每天出去拜訪。起初，很多居民都問我們：「你們為什麼來這裡？你們究竟想做什麼？」我們只是告訴他們，我們想成為他們的朋友。

　　有一位名叫珍妮的女士是浸信會信徒，24歲的她已經是兩個女兒的母親。我們第一次拜訪她時，她堅定地告訴我們，她沒有改變信仰的打算。我們說，我們探訪她的目的只是想成為她的朋友。我和我的夥伴去看望她，為她禱告，和她的孩子們一起玩，並專注於傾聽人們的故事。經過一個月的拜訪，她終於敞開心扉，向我們講述了她的故事。我們終於建立了友誼，她邀請我們每天去她家做客。她的女兒珍珍每次都會跑來迎接我們。她們希望我們能與她們同吃同住，也很關心我們。

　　四個月後，我們的宣教地區發生了變化。珍妮想加入我們的教會。上帝垂聽了我們為這位女士所做的禱告，因為祂愛她勝過我們。我們從未與她分享過聖經故事，但她主動向上帝敞開了心門。雖然語言是我們之間的障礙，但我感謝上帝賜我們勇氣，讓我們透過禱告接近人們並分享上帝的愛。

　　而現在我感謝上帝領我到第二個宣教地，在這裡我可以藉由建堂來事奉上帝。我在第一個宣教地除了跟人們見面談話、與他們建立關係，並透過禱告默默地宣講上帝之外，並沒有做什麼特別的事。但現在，我堅信上帝的恩典會藉由我在這裡參與建堂的服事而清晰地顯現出來。我感謝上帝，每當我無能為力時，祂就伸手幫助我，讓我依靠祂。感謝主一路引導我至今。

　　我將盡最大的努力來服務，充分利用我作為佈道士的剩餘時間來禱告並分享上帝的話。我也感謝每一位為我們佈道士懇切禱告的人。

崔美玉（Mi Ok Choi）
第 34 屆佈道士

上帝總是賜下最好的

耶和華應許賜福給以色列家的話一句也沒有落空，都應驗了。

約書亞記 21：45 ■

　　我的宣教區位於菲律賓民答那峨（Mindanao）的布基農省（Bukidnon）一個叫巴貢（Baungon）的地方；在宿霧語是「柚子」的意思，它也是這裡盛產的水果。從我來到此地至今，我一直依靠上帝。可惜我無法分享我迄今為止的所有經歷，且讓我在此至少分享其中的一段。

　　我和我的夥伴剛到這裡沒多久就開始為佈道會做準備。每次查經結束後，我們總是很晚才到家。由於查經學員們住在山區，所以我們必須花錢坐摩托車回家。有一次，我和夥伴禱告後上路。前往山區的路實在太滑、太顛簸了，我感到非常害怕。我的夥伴知道我很怕，便安慰並鼓勵我可以禱告。就在我禱告時，一隻大狗突然從後方追趕我們的摩托車，於是摩托車司機便加快了速度。當狗也跟著加速並試圖咬我的腿時，我的夥伴試著把牠拉開。此時，摩托車突然失去平衡，應聲倒下。我沒有受重傷，但司機和我的夥伴卡在摩托車上，而且傷勢嚴重。這是我第一次出車禍。我感到非常難過，因為我的夥伴為了幫我而受傷。我感到很抱歉，但也很感謝我的夥伴。她說她自己受傷總比讓一個外國人或我們兩個都受傷要好。我的夥伴提醒我感謝上帝，因為她的傷並無大礙。看著她，我感謝上帝給了我這位在多方面都如此優秀、令我自愧不如的夥伴。

　　看太陽落下又升起，我們迎接新的一天。我不禁感謝上帝保護了我們，使我們免於一場更危險的事故。我後來發現，我們出事的地方緊鄰著深不見底的懸崖。我起初還抱怨上帝讓我們遭遇了這場事故，但透過這次事件，我看到了上帝對佈道士的保護。更讓我感激的是，我從這次事件中領會了一些很棒的功課。也許，上帝派那隻狗正是為了讓我們遠離那個危險的懸崖。

　　我們曾擔心如何在這個地方為上帝工作，但從我們來此至今，上帝一直親自帶領我們能夠平安穩妥地工作著，我們是上帝保護的活見證。上帝對我們禱告的回應也許不是立竿見影，但我感謝上帝讓我們後來領悟到祂的計畫和回應。我堅信，在我剩下的宣教生涯中，上帝將與我同在，因為祂總是為我們成就最好的事。

金恩惠（Eun Hye Kim）
第 35 屆佈道士

不是靠我的能力，乃是靠上帝的力量

因為我們在上帝面前，無論在得救的人身上或滅亡的人身上，都有基督馨香之氣。

哥林多後書 2：15 ■

在結束了10個月的宣教服務後，我坐上返回培訓中心的巴士，我的眼淚不停地流。我懷念過去一年裡所有的人和時光。這個地方叫卡巴根（Cabagan），位於菲律賓北部的伊莎貝拉（Isabela）。那裡的人們主要靠務農為生。

我非常高興地抵達了宣教區，當地的居民對我非常友善。因此，當其他佈道士提到做不下去想回家時，我無法感同身受。我擔憂的是：「我如何能更投入宣教工作？」；「我要如何才能更親近上帝？」；「我該怎麼做才能將生靈引向上帝？」。如果我一生只需擔心這些事情就好了！我對自己所在的地方感到非常高興。

但我開始感到有些力不從心；若我們的牧師可以提前一週、甚至一天通知我需做之事，我必定很樂意做任何事情，但他總是在最後一刻才通知我。我對我的夥伴也很失望，他從來不幫我。每次都等到最後一秒才叫一個英語不流利的人講學課或作見證，實在是太不近人情也太無禮了！我為此哭了很多次。

第一次準備證道時，我幾乎想放棄。但後來我翻開《救贖的故事》這本書，發現了我在培訓期間寫下的個人筆記，也就是我為自己定下的十條誡命。第一條誡命是：「無論在任何情況下，無論分配給我什麼任務，我都會交託給上帝並服從祂。」從那時起，我就承諾要遵守我為自己制定的律例。我再也沒有對任何工作說「不」。也許我並不完美，但我很慶幸我現在可以接受任何工作。抱怨會削弱我的能力，讓事情變得更加困難。但在我學會順服之後，我體驗並學會欣賞上帝的大能。

在我成為佈道士的幾個月前，我的嗅覺出了問題，導致我什麼都聞不到。因此，我多次差點遭遇意外。我真的對上帝很失望，但這種失落竟變成了祝福！在宣教區，我為一位指甲腐爛發臭的老奶奶按摩雙腳，卻絲毫不覺得噁心。我擁抱了幾個星期沒洗澡的孩子，也沒有感到不適。

透過試煉，上帝允許我完全服事祂。雖然我聞不到自己散發出的那種香氣，但我祈求別人能在我身上聞到基督的馨香之氣——不是依靠我的能力，乃是依靠上帝的能力。

金素蕾（So Rae Kim）
第 36 屆佈道士

進入未知的領域

世人憑自己的智慧，既不認識上帝，上帝就樂意用（人所當作）愚拙的道理拯救那些信的人；這就是上帝的智慧了。

哥林多前書 1：21 ∎

韓式辣椒醬非常好吃，韓國海苔也很可口，但韓國泡麵更是美味。我非常感謝發明了辣椒醬和海苔的祖先們，我甚至想頒發感謝狀給發明泡麵的人。

雖然我的宣教地沒水也沒電，卻是許多佈道士夢寐以求的地方。由於那裡十分貧窮，所以韓國食物和日用品對我來說比黃金還珍貴。我從家裡帶了許多海苔，但即使有時候為了省錢而吃了一些，我還是得忍住餐餐都要配海苔的欲望。因此，每當安息日沒有食物可吃時，我就會以米飯配上海苔吃到飽。

11月的某天晚上，我和我的夥伴很晚才從查經班回家。我們實在太累了，不想煮飯，所以只好吃飯配海苔。我們正吃飯的時候，住在隔壁的一個叫布加特（Bougat）的男孩過來玩，他坐在我旁邊，好奇地看著我。我繼續吃我美味的食物，以為布加特只是驚訝地看著一個外國人吃飯罷了。

但是到了第二天，不尋常的事情發生了。幾乎每天都沒什麼食物、勉強度日的當地人，開始在我們每次去他們家拜訪時邀請我們吃飯；而且給我們送配菜的鄰居孩子也越來越多了。我和我的夥伴以為當地人已經接受了我們，但他們態度轉變的原因卻另有玄機。

幾天後的一個安息日下午，我回家吃飯。村裡的孩子們都跟著我回家，也許是想看看我是怎麼吃飯的。由於沒有足夠的時間和體力做飯，我準備吃我珍貴的海苔。突然，孩子們開始喊：「西洛平，西洛平（Silopin，塑膠袋）！」我的夥伴用宿霧語和孩子們交談，並開始大笑。後來我們得知，就在布加特看到我們吃海苔的第二天，佈道士吃塑膠袋的謠言就傳遍了整個村子。吃塑膠袋！誰能想像得到？住在深山裡的當地人只在田裡耕作和在河裡捕魚，所以他們從未聽過或看過海苔。後來，我把珍貴的海苔分享給他們。但就在這樣的誤解中，我們和村民的關係變得親密起來。就像這些沒聽過也沒吃過海苔的村民一樣，無數人也沒聽過甚至根本不認識上帝，還有很多人不知道上帝愛他們。這不禁讓我思考：不認識上帝究竟是這些人的錯？還是我的？因為我還沒有與他們分享上帝。

金義俊（Eui Joon Kim）
第 36 屆佈道士

主讓我重新站立

耶和華啊，你是從死門把我提拔起來的；求你憐恤我，看那恨我的人所加給我的苦難。

詩篇 9：13 ∎

我的宣教地在菲律賓薄荷島（Bohol）的皮拉爾（Pilar）。在那裡的四個月，我體驗到了耶穌的經歷——祂的苦難、羞愧、眼淚、考驗和遭受背叛。

我的夥伴是菲律賓人。她長得漂亮且窈窕，大家都叫她「菲律賓美女」。她是一位才華橫溢的佈道士：她會彈吉他、作曲，歌聲也很動聽。她也喜歡與人相處，而且很幽默，能讓人心情愉悅。她能言善道，人們喜歡聽她講話，是一個非常有趣的人。

但是，她是個善於說謊的人，總會在自己說過的話裡加油添醋，讓人覺得有趣。她總是喜歡吸引別人的注意。她還是個小偷，偷過教友的東西，甚至偷過我的東西。我注意到她會用更多的謊言來圓之前撒的謊。隨著時間的推移，她的謊言越編越多。她自信滿滿地對我和教友們說謊。我認為視而不見會給撒但留下可乘之機，所以我試著勸她，但她頑固地否認自己的謊言，迴避與我談話。於是，我開始為她禱告。

很快，她的謊言導致了嚴重的後果。她散布的所有謊言開始被揭穿。但她仍想試圖用更多的謊言來掩蓋，最後，她辭職回家了。然而，我也必須離開了。村民們聲稱我是毆打菲律賓人並偷錢的佈道士。當我向他們問好時，他們都躲著我。以前喜歡我的人變得對我冷漠，學生們向我丟石頭，揪著我的衣服喊：「你髒死了！」

我獨自哭泣並流淚禱告，問上帝為什麼讓我經歷這些考驗。我想放棄佈道士的工作。壓抑不住的背叛感變成了仇恨；我恨我的夥伴和這些村民，以至於看到菲律賓人就不寒而慄。我的夥伴和村民們的面孔成了每晚糾纏我的噩夢。然後我想起了耶穌。耶穌遭到彼得否認，被猶大出賣，被人嘲笑，遭受肉體折磨，最終因我而死在十字架上。想到耶穌也曾遭受如此巨大的背叛和痛苦，我的心中就得了慰藉。

不久，村民和教友們同意立即把我送走。最後，在一個安息日的下午，牧師和長老們讓我聯繫培訓中心，尋找另一個宣教地。第二天，我收拾好所有東西，獨自上路。我的內心充滿了無法形容的痛苦。耶穌讓我看到了罪惡的醜陋，使我更加憧憬天國。無論祂帶領我往哪裡去，我都會全心全意地跟隨。如今，我希望能體驗祂實現在我身上的、那起初的應許。我為此而興奮，也為此而感恩！

閔智媛（Ji Won Min）
第 36 屆佈道士

生命中細微的改變

不要效法這個世界，只要心意更新而變化，叫你們察驗何為上帝的善良、純全、可喜悦的旨意。

羅馬書 12：2 ■

我的宣教地區在菲律賓北部，我們這一屆的佈道士在我們的小屋聚會期間，一共帶領了69個生靈歸向耶穌。我有兩位宣教夥伴，一位是菲律賓人，另一位是中國人。我們剛來的時候，其中一位夥伴每天都煮魚吃。我並不喜歡吃魚，但一段時間後，我試著吃魚以補充能量。現在我變得非常喜歡吃魚。

剛到這裡時，我經歷了一場文化震撼。當時，正在等待簽證的佈道士被臨時分配到附近的一個村莊，暫住在我們的家。於是，我們六個人住在一起：兩個菲律賓人、兩個中國人、一個印度人、一個韓國人。我們的文化背景各不相同，所以經常意見不合。我總是只看到他們的缺點，以至於感到非常沮喪。我很後悔自己不顧父母的反對而成為一名佈道士。我的菲籍夥伴總是用他加祿語進行查經，但我覺得他是在背後說我壞話。我以為自己可以很容易適應任何地方，但實際上卻非常掙扎。

我的菲籍夥伴總是很開心，於是我就暗暗的觀察他。我發現，即使是最微小的事情，即使是做最卑微的工作，他也能找到快樂。這讓我印象深刻。當我真的不想做飯和洗碗時，他總是主動幫忙，就像他理解我的感受一樣。即使在工作時，他也總是面帶微笑讚美不斷。我認為這是我必須學習的。於是，我下定決心，要像我的夥伴一樣快樂地做每一件事。從那時起，在宣教地區的生活變得愉快起來。

我曾經因為英語不流利而躲避交談，但現在我努力主動與人交談，並發現心靈比語言更重要。我覺得與其等待別人靠近我，不如學像耶穌第一次與人接觸的方式，先走近他們。我喜歡吃韓式辣椒醬，所以我的菲籍夥伴也開始嘗試。現在，他比我更能接受辣味。我用筷子，所以我的夥伴也學會用筷子，現在他已經非常會使用筷子。我還想過要跟著我的夥伴用手吃飯，他很喜歡這樣吃東西，所以我也分享了他的快樂。

有一天，當我打開筆記本時，一位牧師在培訓時說的話引起了我的注意：「每當你感到掙扎的時候，就回到最根本的地方。」我知道只有《聖經》和禱告才是我力量的泉源，因此我將努力回到最根本的地方。當我回到韓國時，我祈禱我的父母能看到我身上的微小變化，如此他們也會被耶穌改變。我祈求這一切早日實現。

洪順哲 （Soon Chul Hong）
第 36 屆佈道士

食物中毒

我們要因你的救恩誇勝,要奉我們上帝的名豎立旌旗。願耶和華成就你一切所求的!

詩篇 20:5 ■

我的宣教地點在菲律賓中部的朗布隆(Romblon)。據當地的一位傳教士說,這個地方有一個怪異的習俗,就是會在陌生人的食物裡下毒。他們認為這樣做可以把自己的厄運傳給別人。

在當地的節慶期間,大多數居民都會販賣小吃。尤其在我們村裡,很多人因此不上教會。為了接觸他們,我買了一些食物並品嘗了一下。然而,在第二天時我就感覺身體有些不適。我發了高燒,而且不是一般普通的發燒。我難受了好幾天,隔壁的老奶奶說:「也許安娜中毒了。她有中毒的症狀。」聽到這句話,我就像被當頭棒喝。我只是想對他們表達善意,並試圖分享耶穌的愛,他們怎麼能在我花錢買的食物裡下毒呢?我開始害怕當地的村民。我持續發高燒了一週。很快,恐懼變成了仇恨。我甚至不想看到村民們的臉,這傳揚耶穌之愛的佈道士現在卻在傳播仇恨。「是做還是不做,這是一個值得考慮的問題。」這句話聽起來就像是:「是恨或愛,這是一個值得考慮的問題。」我是要選擇像撒但一樣思考,還是選擇像耶穌一樣,這是我面臨的問題。然後,我想起了渾身是血、掛在十字架上為救贖世人而死的耶穌。僅僅因為我中毒、發燒了,我就恨透了耶穌為之而死的人。

我再次祈求上帝賜予我愛而非仇恨。那天下午,隔壁的女士帶了解藥來照顧我。她笑了,我也回以微笑。的確,耶穌幫助了我。我學會了以微笑面對他人,而不是仇恨。我同情這些人,我為這些相信毒害外國人會帶給他們來好運的人感到難過。最終,上帝除去了我心中如撒但般的思想。

做出正確的選擇是我在宣教地區學到的功課。每當我與夥伴或教友們發生衝突時,我總是問自己:是選擇撒但的憤怒還是上帝的愛?選擇上帝其實不難,這是我在艱苦的環境中學到的。

每當我們呼求上帝並尋求祂的幫助時,祂就賜給我們平安。這是分享基督勝利的意義所在,這使我們能夠愛其他人。我確信這種來自上帝的力量將是我繼續前進的最大武器。選擇上帝就意味著選擇勝利。我將成為一個永遠選擇愛的勝利者。

沙安娜(Anna Sa)
第 37 屆佈道士

打開心門的關鍵

我栽種了，亞波羅澆灌了，惟有上帝叫他生長。

哥林多前書 3：6 ∎

2011年7月，我正式開始了在菲律賓民答那峨島（Mindanao）的牙科宣教工作。2011年11月，在走訪了17個宣教區後，我完成了在那裡的宣教任務。這17個地方都是我同屆宣教士派駐的宣教區；有些地方在城市附近，有的在海邊，有的在恐怖活動猖獗的地區，有的則在高山上，更有的在叢林深處。有些地方的人害怕拔牙，有些地方的人則懇求我們免費為他們拔牙。

在我探訪的人中，有些人是透過拔牙前的檢查才首次得知自己患有高血壓。於是，我向他們簡單扼要的介紹了新起點（NEWSTART）健康原則。拔牙後，他們感到很輕鬆，於是邀請了其他人。他們說他們曾去過昂貴的牙科診所拔牙，但仍然感到疼痛難忍。但這一次，他們沒有感到任何疼痛，而且還是免費的服務。每當聽到這些，我總是說這是上帝透過我做工。外展工作很困難，但牙科服務打開了人們對福音的心扉，我一直為此感謝上帝。在一個宣教地，許多背棄信仰的人在接受了牙科服務後又重新回到了教會。每當我缺藥時，上帝總會透過不同的途徑供應，甚至透過醫院來供應。

有一次，我花了一大筆錢購買下一個宣教區所需的藥品，卻忘了帶上所有的藥。神奇的是，當我到達新的宣教地時，我忘記帶來的藥品竟然已經在那裡了！後來才知道，一位當地的佈道士前往我遺留藥品的附近城市處理一些事情時，就順道將藥品也帶了回去。還有一次，我沒有足夠的車資前往下一個宣教區。我所在的地方既沒有手機信號，也沒有電，所以我無法聯絡到可以幫助我的執事。但主就在那片宣教地及時提供了幫助。於是，我可以免費地到達下一個宣教地。

我在每一個宣教地停留三天或一週的時間時，都能有幸見證耶穌的一生。耶穌也是周遊各地去治病和傳道。其實我的遊牧宣教生涯並不辛苦，但是這種宣教安排唯一令人遺憾的是，雖然我可以透過牙科宣教在人們心中播下福音的種子，卻看不到它結果。不過我相信，上帝把打開人心的鑰匙已交給了我，同時祂也指定其他人去收穫果實。在主的帶領下，我在民答那峨全島為1,169名患者提供了服務，並進行了2,156次拔牙治療。目前我正在為前往菲律賓中部進行牙科宣教做準備。我祈禱並相信主會在我剩下的兩個月宣教期間陪伴和帶領我。

申以撒（Isaac Shin）
第 37 屆佈道士

背負基督的十字架

主就是那靈；主的靈在哪裡，那裡就得以自由。

哥林多後書 3：17 ■

我懷著激動和恐懼的心情，等待他們宣布我的夥伴以及我們要前往的宣教地。宣教地終於公布了——在俄羅斯哈巴羅夫斯克（Khabarovsk）的一間韓國教會。但我必須獨自一人前往，在一所俄語學校註冊，並透過教會的美容美髮事工進行宣教。

我當時很自信，因為我喜愛美髮，但在俄羅斯實際的傳教工作卻讓我感到沮喪和氣餒，因為那與我心中所想的傳教大相逕庭。在菲律賓宣教所做的家訪和小組事工在我的宣教地根本行不通，因為人們都忙於工作。因為簽證的原因，我不得不進入一所學校學習，一旦被發現我是藉此傳福音，可能會被學校開除，所以我必須小心謹慎。此外，當地人對語言不通的外國人所抱持的漠視和冷淡也深深地傷害了我。我本該參與美髮宣教事工，但我每週都必須參加美容學校的課程。當其他宣教士忙得焦頭爛額時，我卻過著無所事事的日子。我想展開查經的課程，想提供按摩和剪髮服務，但我做不到。

在讀經和禱告時，我了解到上帝不會把人的生命託付給那些沒有準備好的人。我意識到，上帝沒有把寶貴的生命交給我，是因為我還沒有準備好。因此，我祈求上帝預備我。為了能與當地人自由交談，我勤奮地學習俄語。我沒有因不能在公開場合傳福音而沮喪，而是用自己的言行來傳福音。我一生都在努力表達上帝的愛。事實上，我播下的種子還沒有結果，但我決定不因沒有立即的效果就氣餒，我相信主總有一天會眷顧我的勞動果實。祂讓我了解到，沒有祂，我就無能為力，什麼也做不了。我過去那一張只會抱怨的口，現在卻充滿了讚美和禱告。

有些人認為，為了背起耶穌的十字架，走在祂的道路上，我們必須犧牲很多東西。在來到這裡之前，我也有同樣的想法。然而，在事奉主的過程中，我意識到我必須放棄的東西實際上是使我受苦的負擔。當我放下包袱，背起耶穌的十字架時，上帝給了我無數的祝福。祂讓我戰勝撒但，使我更加認識祂，對祂的話語產生渴望，而這都是我以前不了解的。祂也提醒我不要把祂的祝福視為理所當然。我祈求在我剩下的任期裡，能在這裡經歷並分享上帝的愛。願上帝裝備我，永遠做祂的佈道士。

李瑞姬（Seul Gi Lee）
第 37 屆佈道士

一個死人

> 「我豈沒有吩咐你嗎？你當剛強壯膽！不要懼怕，也不要驚惶；因為你無論往哪裡去，耶和華—你的上帝必與你同在。」
>
> 約書亞記 1：9 ■

我遇到的上帝是如此偉大，使我想跟每一個人分享我的上帝。我非常渴望這樣做，於是，在沒有任何準備的情況下，我來到了菲律賓千人佈道士培訓中心。但是因為我的準備不足而使得我在宣教的戰場上灰心喪志。在一個無法用韓語交流的地方，我只能微笑。整整一個月，我什麼也做不了，最初的願望也漸漸消失了。

後來有一天，有個人來家裡找我。他帶我到一個地方，在那裡我看到有人奄奄一息地躺著。當我檢查脈搏時便知道自己已無能為力，因為他已經去世了，只能建議把他送到醫院去。但那個地方沒有醫院、診所或救護車；對這些人來說我是他們最後的希望，因為我是一名護士。於是我一邊禱告一邊實施心肺復甦術，但沒有任何作用。我沒有放棄，流著汗水和淚水繼續嘗試了大約30分鐘後，一位兄弟勸我：「你可以停止了，他已經死了。」

我坐在地上，流著淚祈禱，埋怨上帝。我真的覺得自己一無是處，不知道自己為何而來。我完全失去了信心，不相信自己能與主一起做任何事。我和一個死人沒有什麼區別。

那件事發生幾天後，我的精神完全無法振作；但變化正在發生。人們開始覺得在我身邊更自在了，即使發生一些小事，他們也會找我。當人們歡迎我並對我的信仰感興趣時，我的心再次燃燒起來。我仍然認為自己比一個死人好不了多少，但我已經感覺到，上帝一定會透過我為這些人做些什麼。我被提醒：「上帝對於人工作的估價，不是根據工作的分量，或表面的成績，而是根據作工的精神。」（《基督比喻實訓》，第397頁）

萬能的上帝讓我無法工作了嗎？並沒有，無事可做只是我蹩腳的藉口。在月底的佈道會上，我們帶領了五個寶貴的生命歸主。上帝呼召我的時候，祂就預備了這一切，好讓我能與祂同工。現在，我每天都在領受豐富的、更新的恩典，這是上帝透過我這個向自我死去的人所成就的工作。我不再沮喪、害怕或懷疑，因為上帝與我同在。

朴漢郁（Han Wool Park）
第 38 屆佈道士

奇蹟之地

於是領他走到外邊，說：「你向天觀看，數算眾星，能數得過來嗎？」又對他說：「你的後裔將要如此。」

創世記 15：5 ■

　　《Maranatha》（主啊，我願祢來！）這本雜誌報導了我的佈道士同事在各自宣教區的消息，閱讀它總是能讓我在一天的清晨感到振奮。於是我打開包裝，開始閱讀雜誌。閱讀完最後幾頁的那一刻與打開它的那一刻截然不同。有時，我讀完後不由得哭了。但是，為什麼其他宣教區發生了那麼多奇蹟，而我的地區卻如此平靜呢？

　　有一天，由於外面下著大雨，我在家讀了一整天的《聖經》，並回顧我迄今為止的宣教生活。然後，我發現了無數的奇蹟：上帝呼召我成為一名佈道士；祂派我去我嚮往的宣教地；在安息日分校的第一天，我和我的夥伴擔心大雨時卻看到了彩虹，從那以後再也沒有下過大雨；上帝提供資金為教堂修建圍牆；只塗抹一次活性碳泥就治癒了嬰兒的皮膚病；上帝在建堂的最佳時機提供了資金和工人；儘管語言不通，仍然有人願意聆聽我的故事；人們接受耶穌復臨的信息，從而接受洗禮；當教友們沒有食物時，上帝供應了他們。

　　在過去的八個月裡，我看見上述一系列的奇蹟，包括連我自己都淡忘或沒有寫下的無數奇蹟。我真是愚蠢，經歷了如此多的奇蹟卻認不出來！上帝總是在我處於低谷時鼓勵我。當我們在舉辦完佈道會後只進行了一次洗禮時，上帝卻提醒我耶穌是如何為一個生命一次次竭盡全力地勞苦。每當我面臨受洗人數的壓力時，上帝就讓我看到，除了挪亞和他的家人之外，他沒有把任何其他人帶進方舟，但祂仍然稱讚了挪亞。這讓我深受鼓舞。

　　上帝讓我想起了祂在一個繁星閃爍的夜晚對亞伯拉罕許下的諾言：「於是領他走到外邊，說：『你向天觀看，數算眾星，能數得過來嗎？』又對他說：『你的後裔將要如此。』」（創世記15：5）亞伯拉罕當時相信了。然而當應許遲遲沒有實現時，他試圖尋找自己的解決辦法。但這只是上帝在時間表中的一部分，祂所有的應許其實後來都一一實現了，而且沒有絲毫差錯。在沒電沒水、沒有水泵的建堂工地上，上帝向我展示了無數閃亮的星星。我相信在我等待祂時，祂會把人送到我身邊。

　　我生活在奇蹟之中，但每當我無法認出這些奇蹟時，我就會抬起頭，仰望向我承諾的上帝。

李寶藍（Bo Ram Lee）
第 38 屆佈道士

苦難中的安慰

但忍耐也當成功，使你們成全、完備，毫無缺欠。

雅各書 1：4 ■

　　我的宣教地是在菲律賓卡加延德奧羅省（Cagayan de Oro）的伊波南（Iponan）。我和三位菲律賓夥伴在那裡經歷了一場颱風。卡加延德奧羅和伊利甘（Iigan）經歷了仙東颱風（Typhoon Sendong）的侵襲。據新聞報導，有一千多人喪生，約六百人失蹤。但上帝保佑祂的佈道士平安無事。

　　2011年12月12日凌晨1點左右，我因為被蚊子叮而驚醒。整整一夜，蚊子不停地咬我，於是我點了一盤蚊香，便繼續睡覺。4點30分左右，我又醒了，但這次是因為淹水的關係。一位教會長老的兒子把我們叫醒，因為我們的地區淹水了。當我瞇著眼睛確認此事時，我看到水位已經漲到了腳踝處，但還沒有進入我們的房子。所以我們立即關上了門，收拾好行李箱並放在一個小櫃子裡之後，便只拿了一些重要物品就出門了。水位上升得很快。當居民們站在屋外時，水位已到達了我們的臀部。當我們再前進到達一位長老家時，水位已經漲到了胸口。我們一起祈禱，並爬上了一位鄰居家的屋頂。當我們從屋頂往下看時，我們看到有些房子泡在水中，有些甚至已經被淹沒了。這裡瞬間變成了一條河流。我們嚇壞了，繼續用禱告來安慰自己。

　　30分鐘後，水開始退去。洪水過後，街道一片狼藉。當我們回到家時，發現家裡全是淤泥，還丟失了許多東西。我們不得不花一整天的時間打掃和洗衣服。到了晚上，我們去了教堂。我們不知道要待多久，但我們決定留下來，並睡在教堂裡堅硬的長椅上。

　　一個月來，我們不得不過著這樣的生活。我們的困境讓我感到沮喪，因為我們什麼都做不了。消極的想法充斥著我的心，但上帝藉由這次的經歷教導了我很大的功課。祂也教導我忍耐、憐憫，以及更加完全地依靠祂。

　　我完全感受到上帝與我們同在；正因為祂與我們同在，我們才能安然無恙，免於一死。我們將永遠為此心懷感恩。我祈求在苦難中安慰我們的上帝，也能安慰那些因這次颱風而失去家人的民眾。我衷心希望，我們的苦難能成為我們數算上帝所賜之恩的時刻。

崔嬪娜（Bit Na Choi）
第 38 屆佈道士

小小佈道士培訓

教養孩童，使他走當行的道，就是到老他也不偏離。

箴言 22：6 ∎

　　星期一凌晨4點，聽到三聲長哨聲後，孩子們背著背包聚集在一起。看著孩子們抽泣的樣子，我祈求上帝幫助這群孩子。小小佈道士培訓課程正式開始。培訓地點在校園裡的教堂。到達教堂後，我們讓渾身是泥的孩子們排成一排，並向他們解釋了培訓規則。雖然他們很喜歡這種特殊的生活方式，但很多孩子還是很不適應。到了下午，各小組前往市場，藉著宣傳培訓課程而從那裡獲得一些食品贊助。人們一看到孩子們便來了興趣，接著我們就向他們解釋孩子們正接受的培訓。當孩子們回到校園後，他們分享了所學到的知識，並在小溪邊洗了澡。連續一週，我們都在溪邊洗澡。

　　星期二凌晨四點，我們起床，召集昏昏欲睡的學員們做禮拜。早餐後，我們舉行了健康講座，內容是健康和急救。下午，我們則進行了查訪居民姓名和年齡的工作。星期三，我們進行了蒙眼遊戲，讓孩子們用木炭畫出自己的臉。我們還說明了關於罪的問題。星期四，我們透過一項活動學習合作，孩子們必須徒手吃掛在繩子上的小番茄和蘋果。

　　到了星期五的家訪，我們以兩人一組的方式進行。家訪以自我介紹開始，在徵得主人同意後，我們為每個家庭唱特別詩、讀經和講解經文，然後為他們禱告。之後，我們會根據每個家庭的情況與他們聊天或一起做禮拜。

　　在安息日，兩位小小佈道士講述了他們的培訓見證後，所有的孩子獻上了一首特別詩並且呼口號。之後是他們表演的戲劇節目。許多家長甚至表示希望讓自己的孩子參加下一次訓練營。整個星期日上午，我們都在布置教堂，為他們的結業典禮做準備。

　　這次培訓讓我們尋求上帝，感受到祂的帶領。雖然是我們培訓了這些小小佈道士，但感覺像是我們自己也接受了培訓，讓我們變得更加成熟。當我們教孩子們呼口號時，我們的宣教精神又被重新點燃，頑皮的孩子們也開始改變。

　　我祈求這項培訓能夠持續下去，直到耶穌再來。

安藝珍（Yeo Jin Ahn）
第 39 屆佈道士

活在上帝面前

務要傳道，無論得時不得時，總要專心，並用百般的忍耐、
各樣的教訓責備人，警戒人，勸勉人。

提摩太後書 4：2

我的宣教地是在山區裡的一個村莊。我原本要被派往菲律賓卡加延德奧羅（Cagayan de Oro），但因為我在這裡協助了一次的佈道會，並蒙上帝垂聽了我懇切的禱告，讓我認識了一些寶貴的生命，所以最終就留在當地服務。

我初來乍到時非常沮喪，因為我什麼也做不了。我有機會講道，但用英語講道對我來說負擔太重，所以我請我的夥伴來負責。不過，她請我帶領青年人的查經，我答應後她立即著手安排。

雖然我很擔心自己聽不懂英語，但我相信上帝會引導我的口。我使用一些書籍，將內容譯成英語，然後使用這些書向我的夥伴練習查班。我很害怕，但上帝幫助了我。青年男女每兩週在一間小屋裡聚會，我與他們分享了許多主題。

大約一週前，上帝允許我為一位在事故中失去丈夫的年輕寡婦查經。我忘不了第一天的課程。佈道會結束後的傍晚，我前往她家。在她昏暗的房子裡，擺放著她丈夫的照片，旁邊有一根蠟燭。我就在那個地方開始了與她的查經學習。看到逝者的照片令人害怕。因為房子裡只有蠟燭和我的手電筒發出的光，所以氣氛更加恐怖。但就在那時，我體驗了那位引導我口的聖靈。一些我未曾準備也沒有想過的話，開始從我的口中說出，讓我得以和她分享復活的希望。這的確是一段寶貴的時光。我原本英語不甚流利，連簡單的兒童故事也講不出來，但上帝打開了我的口。我比那些聽我說話的人體驗了更多的喜樂。

透過身邊的人，上帝讓我明白每天單單依靠恩典生活的滋味。清晨醒來，經常有友善的居民來到我家，和我分享新鮮的水果。

最近這裡還成立了一個小型青年小組，由剛受洗的年輕人組成。最讓我感激的是，他們每週自願為教會事工募捐10披索（約6塊台幣）。上週，我和教會的年輕人一起整地、播種，為教會籌款。

上帝發現了我這個一無是處的人，並把我帶到了這個寶貴的使命之地。祂認為我是如此寶貴，讓我認識到在祂面前沒有什麼是不可能的。祂讓我體驗到從未品嘗過的巨大喜樂。我讚美並深愛這位賜予我一切的上帝。

吳宥利（Yoo Ri Oh）
第 39 屆佈道士

綁匪佈道士

我作了這福音的執事,是照上帝的恩賜,這恩賜是照他運行的大能賜給我的。

以弗所書 3:7

當我到達宣教地時,儘管天色已晚,仍有許多村民和孩子們聚集在一起,原來他們是來參加我們家門前舉行的佈道會。

在佈道會結束的前兩天,我們鼓起勇氣前往山區對面的村莊,邀請他們參加佈道會。一同前行的六人當中有我、我的一位夥伴和一位實習傳道士。

大約30分鐘後,我們來到了一個乾淨又寧靜的村莊,村裡還有一所小學。當時正在舉行畢業典禮,孩子們都聚集在外面。我們想參加畢業典禮,於是請求學校允許。一位老師用懷疑的眼光看著我們。這位老師和我的夥伴用他加祿語交談了一會後,便把我們叫到了校長室。這次,老師們用當地方言交談,我的夥伴完全聽不懂。過了一會兒,校長用相當激動的語氣問了幾個問題,然後提議要我們去一個地方。我們發現自己來到了派出所!老師們以為我們是綁匪,綁架了那三名與我們同行的外村女學生,現在又想來這所學校綁架他們的學生!

我們在派出所受審問時,與我們一起來的那三個孩子開始哭泣,她們也以為我們綁架了她們,我實在是有口難辯。後來在一位教會長老的幫助下,我們被釋放了。回家後,我們繼續準備佈道會,等待孩子們的到來。然而原本有50人參加的佈道會竟只來了3個!綁匪的謠言已經傳遍了整個小鎮,還成了一個大事件。

在佈道會的最後一天,附近的人都在談論那個韓國的綁匪佈道士。我真的覺得自己不能再待下去了,我遇到的每個人都在談論綁匪的事,我只能微笑著不斷解釋真相。但上帝有一個超乎想像的計畫。在聚會的最後一晚,出席人數達到了高峰;原來是父母們帶著他們的孩子前來,他們一定是來盯著我這個「綁匪」,以便能保護好自己的孩子。但在呼召受洗時,一位剛剛參加聚會的女士被信息感動,願意悔改並決定受洗。我不禁流下了眼淚。

那次經歷展示了上帝的大能。我被懷疑是綁匪,被帶到派出所,受到人們冷眼相待,這些遭遇都是為了上帝更偉大的計畫。我見證了上帝的大能,經歷了上帝在我生命中的帶領,使我現在有勇氣面對任何景況。

尹泰林(Tae Rim Yoon)
第 39 屆佈道士

亞伯拉罕的上帝，我的上帝

耶和華對亞伯蘭說：「你要離開本地、本族、父家，往我所要指示你的地去。」

創世記 12：1 ■

　　從委身儀式到被派遣的那個早晨，以及我殷勤研讀亞伯拉罕的故事，這一切過往都歷歷在目。在閱讀的同時，我渴望能觸摸亞伯拉罕信心之衣的下擺，就像那位患血漏病的婦女渴望觸摸耶穌的衣袍而得到醫治一樣。我一遍又一遍地讀亞伯拉罕的故事，結果，我遇到了他的上帝。

　　3月14日，當我們加入被派往菲律賓呂宋島的佈道士隊伍時，我感到疏離、興奮和焦慮。在努力適應的過程中，我忘記了我所渴望的亞伯拉罕的信心，也忘記了透過閱讀《聖經》來建立信心的願望。

　　我們在宣教區的朋友與我們一起進行了安息日的崇拜和青年團節目，然後以一頓韓式和菲式的晚餐結束了一天的活動。正當我彈著吉他唱歌時，我的夥伴皺著眉頭向我走來，告訴我一個緊急消息。夥伴的沉默讓我更害怕，我們收到了來自培訓中心的信息。

　　我們必須在星期一之前收拾好行李返回培訓中心。我對下達這個指令的人感到氣憤，因為他讓我離開這個我好不容易才適應了的宣教地，而且這個地方才剛剛接受復臨教會。一想到我不得不離開的新家庭，我開始哭泣。我和我的夥伴都以為自己在做夢。我們整晚都在抱怨說：「假如這一切都只是我們的想像該多好！」第二天，我腦海中浮現出從第一天到那天的所有記憶。然後，我想起了亞伯拉罕的故事。在適應了新生活後，我過得非常舒適。我完全忘記了自己渴望至少能觸摸到亞伯拉罕信心之衣的下擺，忘記了亞伯拉罕的上帝。我立刻閉上了眼睛。

　　「上帝，對不起，我不停地抱怨。請原諒我。請賜予我一顆順從的心和亞伯拉罕般的信心。無論祢帶我到哪裡，我都會跟隨你。請把我帶到祢想讓我去的地方。謝謝祢！」

　　我到達新的宣教區已經一週了。我之前的宣教區由兩位實習傳道士負責，所以我沒有後顧之憂。最有趣的是，我們現在的宣教區正是我和我的夥伴所需要的。看到上帝帶領我經歷這一切，我對祂的旨意充滿敬畏。我感謝亞伯拉罕的上帝，祂把我的抱怨變成了感恩。亞伯拉罕的上帝，我的上帝！

韓智慧（Ji Hye Han）
第 39 屆佈道士

這是最後一次

總而言之，你們都要同心，彼此體恤，相愛如弟兄，存慈憐謙卑的心。

彼得前書 3：8 ■

每過一天，我的腦海中都會浮現出「最後」這個詞：最後的洗髮精、最後的洗衣劑、最後的證道。雖然次數不多，但我舉行過查經課程。雖然我有時會偷懶，但參加聖經學校的孩子們都喜歡跟著我。雖然我們的三次佈道會有時並不盡如人意，但都圓滿完成。每次活動結束時，我都告訴自己下次要做得更好。在最後一次佈道會中，我比之前的佈道會更加焦慮，更全力以赴。

這個佈道會從早上的醫療服務開始，下午是聖經學校，然後到晚上9點左右結束聚會。與會者全部離開後，我們會聚集並計畫第二天的活動。在打掃完教堂並祈禱後，我才會在午夜過後回到家。我知道，無論我如何努力，僅靠自己是不可能成功的，於是我迫切地請求全能者的幫忙。然而撒但一直在干擾我們。從聚會的第一天開始，講者就出現了突發的健康狀況，於是牧師接替了他。我的夥伴非常焦慮，也開始發高燒且病倒了。在安息日的重要時刻，一位患有心臟病的女學生突然失去了意識，這引起了一陣恐慌。後來，當我們為即將到來的洗禮詢問附近的泳池時，業主們都嚴詞拒絕。然而，全能的上帝在海灘上擋住了風，止住了浪，為我們準備了一個無邊際的浸禮池。

佈道會的最後一個安息日，我在看著這些要準備受洗的慕道友時，再次經歷了上帝的帶領。禮拜結束後，那些要準備受洗的慕道友們都回家去拿洗禮後需更換的衣服。我焦急地等待他們回來，因為他們可能會改變受洗的決定。他們本應在下午1點前返回，但有兩位遲遲未到。我不能再等下去，因為我知道如果失去這次機會，他們可能就再也沒有受洗的機會了。

這裡是一個擁有上萬居民的地方，若想找到特定的人確實很困難。我低聲祈禱並開始尋找失蹤的那兩人。我進了一間屋子詢問他們的住處，結果發現那位失蹤的慕道友就正好在對面的房子裡睡午覺，而另一位不見的慕道友正是那位睡午覺之人的好友，所以我很容易一次就找到了這兩個人。對於無所不知的上帝來說，這根本不算什麼！

透過這次佈道會，每天晚上有50人聽到了真理，約100名兒童聆聽聖經故事，6個生命得到重生。我必須全心全意地工作，而不是輕率地完成任務，因為這是我最後的機會。末日即將來臨。

李耀燮（Yo Seop Lee）
第 43 屆佈道士

上帝的計畫和祂的愛

所以，你們或吃或喝，無論做什麼，都要為榮耀上帝而行。

哥林多前書 10：31 ■

我相信，上帝是為了我個人的緣故派遣我到這個使命之地。我的生活因此變得更有意義，因為在異國生活，讓我體會到了家庭的重要和父母的愛；我的生活變得更有意義，因為上帝提醒我要依靠祂，凡事向祂感恩。

往返台灣的機票和住家的水電費都是我的經濟負擔。每當想到這些負擔，我都會努力提醒自己擁有上帝的恩典。我試著回想耶穌在十字架上付出的極大代價。就像耶穌為了人類選擇了艱難的道路一樣，我告訴自己，也許我在這裡是為了某些人的益處。如果有一個生靈因為我而悔改歸主，那麼這將是無價之寶，比我所有的賬單都珍貴。

透過韓語班，我結識了一位與我同齡的人，僅僅因為我是一名佈道士，她就對這門課很有興趣。課程中有30分鐘的聖經課，牧師通常用中文講課，大多數學員只是安靜地聆聽。但這位學員表現出了極濃厚的興趣，問了很多問題。為了學習韓語，她一直堅持上課。後來，令人驚訝的事情發生了。有一次，她看起來非常疲倦，整節課都昏昏欲睡。但到了學習《聖經》的時刻，她突然醒了過來，拿起一本中英對照的《聖經》開始學習。在這個地區，中英《聖經》售價通常比韓英對照的版本高。現在，這位學員會在課餘的時間和師母一起學習《聖經》。這讓我不由得感謝上帝。自從這位學員來到教會半年以來，上帝一直在她的心裡敲門。這讓我意識到，傳福音本是靠上帝方能成事，我只需盡全力藉著禱告把這個過程交給上帝。

既然傳福音是上帝發起的工作，我相信我的本分就是盡一切所能，堅定地站在上帝這一邊，全力以赴完成分配給我的任務。只要我們凡事盡心盡力，我們在地上建立的所有關係都將成為永恆，直到我們在天國相聚。因此，我所結交的所有人對我來說都非常珍貴。我希望這些人在我身上看到耶穌的形象，也能親身經歷並接受上帝的愛。我每天不住地祈禱，希望上帝能幫助我對祂忠實，早日在天上見到我每天遇到的每個人。

吳慧琳（Hye Rim Oh）
第 45 屆佈道士

我本該在的地方

我良人對我說:「新郎我的佳偶,我的美人,起來,與我同去!」

雅歌 2:10 ■

作為一名宣教士,我覺得自己一無是處。我的知識和技能在我的宣教區起不了作用,所以我覺得我的存在是多餘的。更因為我的夥伴承擔了所有的工作,所以我越發覺得自己置身於一個錯誤的地方。我以為我會得到方言的恩賜,繼而傳道、治病、帶領全村人歸向主,並把我的見證寫成書。但現實並非如此。這給我帶來了極其深刻而持續不斷的痛苦。

後來有一天,我和夥伴聽說教友黛西姐姐住院了。一直服事主的黛西姐姐患了不治之症。我們照顧她,但我所能做的就只有詢問她感覺好不好,並為她禱告。看到她受苦,我很難過。當我們隔天準備離開時,黛西姐姐奮力掙扎地告訴我們:「我希望我的孩子能像你們一樣成為佈道士。」這是我從她那裡聽到的最後一句話。

黛西姐姐在基督裡安睡了;她變得非常消瘦,但看起來很安詳。我突然想知道:從黛西姐姐的角度來看,佈道士的生活是什麼樣子?為什麼她希望她的孩子走上這條路?我很想問問她。但即便如此,心痛依然存在,甚至更加深了。我懷著沉重的心情禱告。我一跪下,眼淚就流了下來。我像是要把所有的痛苦一股腦地傾訴。我向上帝宣洩著我的情緒,因為只有祂才能理解我無法表達的情感。我很快就哭累了,開始茫然地發呆。然後上帝對我說:「非常感謝你。」

我想吶喊,因為我太沮喪了;不明白為什麼上帝要感謝我,因為我沒有為祂做任何事情。「如果我是一個真正的佈道士,為什麼我不能照顧別人?」我爭辯道。我彷彿聽到了回應:「我愛這些人,就像我愛你一樣。謝謝你陪伴這群我所愛的人。我把你送到了我本該在的地方。謝謝你在這裡。」我的眼淚又開始不停地流下。但這一次,是安慰的淚水。上帝愛這裡的人,就像愛我一樣,是祂呼召我來到這裡服事。我過去只祈求上帝無論我往何處都與我同在,卻從未祈求去到上帝希望我去的地方。

成為佈道士就是要倒空自己,把一切都獻給上帝,這樣才能經歷上帝期望的生活。這是一種倒空自尊和自我以事奉上帝的生活。透過成為佈道士,我學到了這些寶貴的經驗。從現在起,我希望在上帝指派我去的地方生活。

趙秀靜(Soo Jeong Jo)
第 47 屆佈道士

上帝希望我們擁有的生活

世人哪，耶和華已指示你何為善。他向你所要的是什麼呢？只要你行公義，好憐憫，存謙卑的心，與你的上帝同行。

彌迦書 6：8 ■

我作為佈道士來到菲律賓已經一年了。在這裡，我有過一些不愉快的經歷，也對這裡的人有過一些看法，但我在這裡的大部分光陰都是美好的。有幾次，我因這裡的人而深深被上帝所感動。

我的宣教區是一個叫巴卡蘭（Bacalan）的小村莊。在這裡，我經常能看到城市裡看不到的純真。就像韓國電影《歡迎來到東莫村》裡的場景一樣。有村裡的婦女們一起洗衣服聊天的景象，也有男人們聚在一起開村民聚會的場合。除了在各自的家裡睡覺，村民們幾乎都一起做事。這在個人主義盛行的韓國幾乎是不可能的。當我與韓國人分享這些事情時，他們都會懷疑其真實性。

有一次，我看到一位老婦人把滿滿一袋水果遞給一個乞丐，數量還真不少。當我問這位婦女他們是否認識時，她回答說，他們經常在公共場所遇到，但並不認識彼此。然後，這位婦女把乞丐帶到她的家，給他倒了一杯水。看到她這樣做，我感到非常震驚。這讓我想到自己是在一個自私的社會中長大的。當老婦人看到我困惑的表情時，她說：「當我需要幫助時，我也得到幫助。」

耶穌不也說過：「你們白白地得來，也要白白地捨去。」（馬太福音10：8）

在韓國，無償為他人付出的人會遭到嘲笑，被稱為「懦夫」。包括我自己在內的許多人都害怕被人嘲笑，所以我們不會這樣關心別人。然而，在我的宣教區裡，無償給予對那裡的人而言是一件再自然不過的事，他們甚至教導自己的孩子也要如此行。我看到年幼的孩子和乞丐分享飲料，這絕對是一道亮麗的風景線。他們的臉上沒有後悔，而是喜悅和幸福。

行善不圖回報，即使是對陌生人也是如此，這才是和平的生活。這不正是上帝透過律法所宣揚並透過耶穌所詮釋的生活嗎？這難道不是上帝希望我們過的生活嗎？人們說我們是懦夫，這不應該困擾我們。如果我們按照上帝希望的生活方式過生活，周圍人的嘲笑相比於上帝賜予我們的平安和幸福，就微不足道了。

樸東赫（Dong Hyeok Park）
第 48 屆佈道士

我們的宣教區

全身都靠他聯絡得合式，百節各按各職，照著各體的功用
彼此相助，便叫身體漸漸增長，在愛中建立自己。

以弗所書 4：16

　　我們宣教區的村民不喜歡復臨教會。以前原本有很多人來到我們的教會，但有一位教友募集了擴建教堂的資金後便捲款逃跑了。對此感到失望的人都離開了教會。難怪我們每次去探訪村民時，他們對我們的教會都抱持負面評價。我們為此禱告，希望我們能向那些因著他們的基督徒朋友而大失所望的人展示基督的愛。

　　正當我思考這件事時，有人來找我。原來是村長叫我去看看他的妻子。他家的條件比別人家好很多，但是他的妻子病了。當我第一眼看到她時嚇了一大跳。她所有的腳趾都腐爛變形，而且黑得像木炭。我一直相信上帝可以治癒任何疾病，但當我看到這位婦女的病情時，我的信心動搖了。她的體重掉了30多公斤，身體右側癱瘓。我不知道她的問題出在哪裡，也不知道能為她做些什麼。因此，我只是在她的傷口上塗了一些藥膏，並為她祈禱。我非常想幫助她，但我能做的只有禱告。於是，我盡我所能為她禱告。

　　我沒有受過醫學訓練，所以我拍下了這位婦女的傷口，並透過在臉書和KakaoTalk（譯註：KakaoTalk是韓國普遍使用的通訊軟體）分享照片來尋找能夠分析病症的人。後來，我的一些朋友和醫學專家告訴我，這是柏格氏病（Buerger's disease），這種病是無法治癒的，如果惡化，就必須截肢。因此，她唯一的出路就是改變生活方式，祈禱病情不再惡化。我試著說服她如此行。我給了她一本關於新起點（NEWSTART）的書，幫助她改變生活方式。剩下的就是禱告了。我想透過她向所有村民見證主的大能，這是我至今為止最主要的禱告請求。我不是一個人在做醫療事工，我有很多顧問和助手，多虧了他們，我的言行才更有力量。其他佈道士願意給我一些藥。當地的一間大教會捐贈了舊衣服給我們的小教會。他們還和年輕人一起運送物資，協助提供免費餐點服務。這還不是全部。我的家鄉教會薩羅教會（Saro Church）也送來了資金，讓我能與這裡的村民分享一些小東西。很快，我們教會就能購買更多舒適的椅子。這讓我非常高興，因為來教會的人可以更舒適地做禮拜。我意識到單靠我一個人，確實做不了很多事情。上帝教導傳福音不是一個人的事。透過別人的資助和禱告，我的宣教區也成為了他們的宣教區。

金根鎬（Geun Ho Kim）
第 49 屆佈道士

南西奶奶

「你們祈求，就給你們；尋找，就尋見；叩門，就給你們開門。因為，凡祈求的，就得著;尋找的，就尋見;叩門的，就給他開門。」

路加福音 11：9、10 ■

　　如果您是培訓中心的校園佈道士，您可能拜訪過一位住在附近的善心女士。她被人親切地喚作「南西奶奶」。她因為第46屆佈道士的福音工作而成為復臨教會的一員。南西奶奶左半身癱瘓，每天都坐在街邊曬太陽。有一天，一些韓國佈道士問她為什麼這麼做，沒想到就這樣開啟了佈道士們和南西奶奶的友誼橋樑。於是她開始接受查經，並接受了洗禮。從那時起，她就成了一名忠實的復臨信徒。

　　南西奶奶有兩個迫切的願望。首先，她希望自己的癱瘓能夠痊癒，以便能夠傳揚福音。第二，她希望她的孩子們能加入我們的教會。但孩子們認為她的呼籲只是一種嘮叨。

　　有一天，我和我的夥伴看到南西奶奶一拐一拐地走著，原來她正要去女兒蓋兒（Gal）的家。她邀請我們同去，我跟她一起去只是為了向蓋兒問好，但她突然叫我為蓋兒查經。我們倆都毫無準備。因此，我只是用英語講了一些簡短的聖經故事。談話結束後，我們決定每週查經兩次。不久後，蓋兒的丈夫也加入了我們的學習。接著，南西奶奶的丈夫和蓋兒的女兒也加入了我們，形成了一個家庭聚會。歷代佈道士的辛勞開始在一個三代同堂的家庭中結出果實。

　　但上週二，南西奶奶突然因腦瘤失去了知覺。我甚至聯絡不上蓋兒，於是我請求鄰居幫忙，去醫院探望她。南西奶奶不記得我的名字。她的情況不太好，我也聽不懂她說的話。我的心情變得沉重起來。南西奶奶是家裡的精神支柱，但如今她病倒了，我擔心她的病會動搖全家人剛萌芽的信仰。那天晚上，我見到了鄧尼斯，他是南西那位總是拒絕參加家庭聚會的兒子。我得知南西認不出任何人，而且她的住院費現在已經達到了10萬披索（當時約250萬韓元）。由於他們無力支付帳單，鄧尼斯打算把南西帶回家。不過，他還是表現出了一絲希望：「我們需要你們的禱告。」

　　我們祈求上帝醫治南西奶奶，並向她的孩子們展示祂醫治和拯救的大能。我們每一位為南西奶奶祈禱的人都有軟弱且缺乏信心之時，但我相信，當我們微弱的信心匯集在一起時，就能創造奇蹟。我堅信上帝會回應我們的禱告。今天，我祈求上帝增強這個家庭的信心。

全珠明（Ju Myeong Jeon）
第 49 屆佈道士

我是一名攝影佈道士

我心傾向以色列的首領，他們在民中甘心犧牲自己。你們應當頌讚耶和華！

士師記 5：9

　　在宣教地的第一個月裡，我制定了很多計畫，展開了很多宣教活動，體驗了在培訓校園裡沒有體驗過的宣教地獨特文化。

　　第二個月，我忙著到各地去參加千人佈道士運動在菲律賓中部為教會內部和各區所舉辦的活動。後來我聽說千人佈道士運動的副主任和他的團隊將來到我的宣教地，我也興奮地等待著。在這個月裡，我還舉辦了為期兩週的兒童聖經學校。五月似乎過得很快。但隨著時間的推移，我也開始對我的夥伴及宣教地區居民之間發生的分歧而煩惱。

　　在我來到菲律賓之前，有人告訴我需要找一個愛好，這樣我就可以享受一個人的美好時光。但在此之前，我早有了自己非常想做的事情。我想擁有自己的相機來記錄生活。雖然我的攝影技術不算高超，也沒有絕對的把握，但我還是決定拍攝我的宣教工作給別人看，與他人分享我的小確幸。

　　於是，我花了10萬韓圓買了一台二手相機，並告訴自己要多拍照，拍到相機無法再使用為止。我拍下了聖經學校的所有活動、日常生活中的點點滴滴、安息日活動以及我去市中心的行程，並將印好的照片向孩子們和村民們分享。孩子們非常喜歡看照片中的自己。看到他們的父母充滿喜悅，我也很開心。我甚至願意出資給那些願意拍照且經濟困難的居民。因此，父母們經常熱情地邀請我去他們家吃點心或吃飯。

　　雖然我沒有將我的錢和時間用於個人利益，但我從未覺得它們被浪費了。事實上，我一直都很開心。在菲律賓印照片相當昂貴，但看到人們非常喜歡我的照片，我便印得更多。

　　在最初幾個月的適應期過後，我幾乎對因熟悉而漸感乏味的宣教區失去了興趣。但當我用相機讓每個人都感到快樂時，我發覺到這就是上帝賦予我的使命。我衷心希望在未來的日子裡，上帝也能使用我這位佈道士，透過祂的話語和我的相機向周圍的人分享喜樂。

崔成秀（Seong Soo Choi）
第 49 屆佈道士

上帝就在身邊

「耶和華—你們的上帝必引導你們過去，將這些國民在你們面前滅絕，你們就得他們的地。約書亞必引導你們過去，正如耶和華所說的。」

申命記 31：3 ■

我擔任校園佈道士已有五個月的時間，並與這裡的人建立了珍貴的友誼。每次去做禮拜時，我第一個看到的就是背著一把舊吉他的阿賓姐。阿賓姐具有絕對音準，無論什麼曲子，她只需聽過一遍就能彈奏出來。她嫻熟地帶領會眾做禮拜。每週，她都會在證道時獻上特別音樂。有一次安息日，她用韓語和我一起唱福音詩歌。她美妙地為我伴唱，並稱讚我的嗓音。直到最近，我才發現自己的歌喉還不錯。

潔西貝姐姐是另一位珍貴的朋友，我認識她兩個月了。我們是在小組敬拜時認識的，當初見她時她只是靜靜地坐著，於是我開始和她交談。後來我發現她脖子有些異常。當我問起這件事時，她說那是一個已經長了5年的腫塊。我知道是上帝讓我遇見了她。從那天起，我總是在聚會後和她聊天。她知道自己脖子上長了腫塊，但由於家境貧寒，她無法去看醫生並治療，她聰明的女兒也無法上學。小女孩懇切地祈禱她的母親早日康復。我希望這個小女孩能遇見上帝並健康成長，所以把她們介紹到附近的教會。潔西貝姐姐期望能早點就醫以便能診斷出她的病情。

最近，她在一次禱告後與我交談時哭著說：「你是上帝派到我這裡的。」我無法提供她任何幫助，更遑論提供治療，但每當她和我在一起時，她就會流淚祈禱。我確信聖靈與她同在。

我也在特雷斯女子看守所結識了一些朋友。我們在那裡的一個小地方做禮拜。雖然香菸的煙霧和嘈雜的聲音有時會干擾我們的敬拜，但那裡的人們渴望聆聽上帝的話語，唱讚美詩，守安息日。雖然10韓圓對他們來說很多，但他們仍選擇將它奉獻，歡歡喜喜地度過安息日。

儘管這些人生活在看守所，案件的審理卻幾乎沒有進展，他們對自己的自由也沒有把握，但他們仍然抱有希望。為什麼呢？是什麼讓他們開懷大笑，滿心歡喜地敬拜？我去那裡分享上帝的話以減輕他們的悲傷，因為我認為我所處的環境比他們好多了。我夢想與這些人分享耶穌。而我也在那裡找到了上帝。經歷上帝與他們的同在給了我一個夢想，更擦去了我的眼淚。我感謝上帝，祂總是在祂兒女的身後或身前，與他們同在。

崔永恩（Yeong Eun Choi）
第 49 屆佈道士

真正順從的人

> 「你若聽從耶和華─你上帝的話,這以下的福必追隨你,臨到你身上。」
>
> 申命記 28:2 ▩

　　我目前在緬甸中央復臨神學院(Central Myanmar Adventist Seminary)擔任佈道士。來這裡之前,我並不擔心自己會被派往何處。但來到這裡後,我意識到沒有上帝我什麼都做不了。因為我是外國人,學校希望我教學生英語,但以我的英語程度,我根本無法勝任這份工作。由於英語能力不足,我承受了很大的壓力。我發現當我遇到困難時,很難向別人傾訴。我非常沮喪,吃不下也睡不著。學校一直希望我教英語,但我做不到,而且也無法改變我的宣教區。我開始抱怨和懷疑上帝。我很孤獨,情緒也很低落,我唯一能做的就是祈禱。每天凌晨四點,我都會在恐懼中醒來,於是我懇切地向上帝禱告。每天早上的靈修信息也鼓勵著我。

　　「上帝尋找的不是有資格的人,而是真正順服的人。」

　　漸漸地,平靜充滿了我的心。這並不是因為我的英語突然變得流利了,我的英文還是沒有進步。上帝告訴我:「收起你的自我。」但因為我太想得到周圍之人的認可,所以就無法做到。我總是害怕被視為無能的人,認為如果自己失敗了,其他人就會討厭我。但很快的,我學會了完全依靠上帝。這拓寬了我的視野。

　　現在我在這裡教數學。這是一門對英語要求較少的學科。值得慶幸的是,由於我在國高中時數學成績優異,所以教數學對我而言並不困難。我現在可以用緬甸語談論數字和算術。這些日子以來,我懷著一顆感恩的心教學。我很高興能夠幫助這裡的學生。

　　此外,緬甸人非常喜歡韓國人。正因為如此,很多學生都想學韓語。因此,我也開設了韓語班。我以為我在這裡什麼也做不了,但現在我正在教這些學生。我能和這些人相處融洽,全靠上帝的恩典。

　　在緬甸,一個外國人走出去串門子是很困難的。我現在還沒出過校園,但我期待上帝為我開闢新的道路。我可以保證,到目前為止,上帝的帶領總是最好的。正因為如此,我對每一天的到來都充滿高度期望。

池平江(Pyeong Gang Ji)
第 51 屆佈道士

上帝差遣的人

生命在他裡頭，這生命就是人的光。……那光是真光，照亮一切生在世上的人。

約翰福音 1：4，9 ■

來這裡宣教一個月後，雖然我在身體上已經適應了，但在想法上還沒有。我和我的夥伴住在一位教友家的小房間裡，但屋主住在市區。因為這是個空房子，所以很多訪客會來暫住或長住。每當有客人來訪時，我的夥伴就會在吃飯時用伊隆戈語（Ilonggo）和他們交談，飯後還會繼續聊天說笑。因為我聽不懂他們的語言，所以我就獨自回到自己的房間。

我必須爬上村裡最高的山丘才能有手機訊號，但我的夥伴在家裡就收得到訊號。此外，我的夥伴不太和我分享教友們提供的重要資訊，這讓我非常失望和傷心。我開始對一切包括天氣、人們的目光、沒完沒了的卡拉OK感到煩躁。儘管我是一名佈道士，卻不能善待他人，這讓我更加沮喪。

有一天，一些來自培訓中心的人來拜訪我們。我非常高興。但他們第二天一早就離開了。雖然他們給了我一些韓國的東西，但我的心依舊是空虛的。

有一天，我爬上山丘，認真思考我的實際問題和解決辦法。這時，一個孩子向我跑來，給了我一朵花，並對我說「撒浪嘿」（Saranghae，我愛你）。那一刻，我所有的疑慮都煙消雲散了。那個小孩是上帝派來提醒我祂對我的愛。我很快意識到，我的問題出在自己身上──我非常以自我為中心並缺乏愛心。於是，我祈求上帝改變我這顆專顧自己的心，讓祂的愛充滿我的心。

有一次，我因為發燒的緣故很想家。這時，一位女士送了一些食物給我。透過那位女士，我體會到了母愛。就像那位女士在我生病時來看我，讓我感到開心一樣，其他人也會因為我的到訪而感到喜樂。不久後，宣教區的每個人都成為了我的家人。

這些日子以來我真的很快樂。我的夥伴現在成了我最好的朋友。我感謝上帝讓我的心中充滿了愛；同時感謝祂帶領許多人參加我們的佈道會，並在附近的村莊建立了教會。我也感謝上帝，因為有四個家庭與我一起學習《聖經》。現在我正在為建堂項目的資金禱告。

就像耶穌用愛充滿我一樣，我祈禱自己也能夠成為一名傳遞上帝之愛給這裡所有人的佈道士。

晉賢重（Hyeon Jeong Jin）
第 51 屆佈道士

就趁今日

「你今日認耶和華為你的上帝,應許遵行他的道,謹守他的律例、誡命、典章,聽從他的話。」

申命記 26：17 ■

　　隨著新冠肺炎(COVID-19)從馬尼拉蔓延開來,整個菲律賓都進入了封城狀態。我的兩位同事前往了附近的一個城市,後來被困在那裡,無法返回他們的宣教區。我所在之地的一位教友前去探望她的祖母,結果也無法返家。

　　除前線人員和政府行政人員外,每戶家庭只能有一人獲得通行證,允許他們走出家門,進入各機構。非必要的業務暫停,地方實行宵禁。情勢嚴峻異常,國際旅行也受到限制。由於一些媒體報導說疫情起源於中國,人們就開始害怕所有東方臉孔的人。

　　由於只允許必要的企業經營,經濟遭受了極大的損失。雖然外出受到限制,但日薪工人必須每天工作,否則就沒飯吃。許多人失去了工作,每個人都很辛苦。

　　我的宣教區位於農村,很少有來自外界的消息,因此,這裡沒有人戴口罩,人們仍然像往常一樣耕種田地。疫情尚未影響到每天在田間勞作的農民和周圍的人們。

　　我們的教友覺得他們正在經歷末世事件,他們懇切禱告。區域牧師和宣教士都已收到「禁止家訪」的警告,但我們仍有許多工作要做,還有許多信息要分享。

　　上週,我種下了兩顆椰子樹的種子。看著它們成長並能抵擋風雨的考驗,真是令人驚奇。三年後,它們就會開始結出果實,為人們提供食物。以我力所能及的事來表達我的希望,可以為周圍的人帶來勇氣。無論上帝何時何地帶領我,我都計畫好要一邊工作,一邊等待耶穌的再來。目前,我全心全意地為杜馬亞斯(Dumayas)的居民工作。我祈求上帝眷顧這裡的弟兄姊妹們所做的努力。沒有什麼比務農更有意義,且在每一方面都讓我感到興奮和愉快。上帝奇妙的創造無不彰顯著祂的榮耀和細緻的力量。我要繼續過完全信靠主的生活。

　　願上帝成為杜馬亞斯教會公義的日頭,讓我們的生命成為杜馬亞斯人民的光。

申在炫（Jae Hyun Shin）
第 54 屆佈道士

最大的幸福

「以色列啊，你是有福的！誰像你這蒙耶和華所拯救的百姓呢？」

申命記 33：29 ■

回顧宣教生活，我就不由得想起了從經歷中所學到的各項功課。

第一個功課是適應新的文化和生活。耶穌的力量幫助我適應了與我不同的生活方式。它讓我進入耶穌的生活，從而更加了解祂。我已經決定，無論我在哪裡事奉主，都要適應當地人的文化。

第二個功課是醫治和教導《聖經》。我意識到，醫治和服務是福音的右手。每次因觸摸病患的皮膚而使我的手沾滿膿液和污垢，或是那些令人噁心的東西時，我都能忍受，因為耶穌已為我們忍受了各種可怕的事情。主祝福了我的手，醫治了我和夥伴為病人治療的傷口。此外，透過學習《聖經》，我以前對真理的認識只流於表面，如今則透過為人查經而深深地印在了我的腦海裡。在見證第一位慕道友受洗的那天，我高興得吃不下任何東西，喜悅之情滿溢，我因此感到飽足。當我們所教導並為之禱告的聖經課學員拒絕為耶穌做決定時，我也經歷了痛苦的悲傷。

第三個功課是挑戰。一些教友編造了有關我和夥伴的各種謠言。在我們建堂的時候，村裡的氣氛也很緊張，尤其是來自天主教會。在武裝士兵進出村莊時，上帝扭轉了局勢。我認為最大的障礙是來自內部。我在佈道士工作中遇到的最大障礙是我自己。我因過去的問題和煩惱深感困擾，似乎沒有比戰勝自我更大的使命了。透過這件事，上帝教導我，祂的意念高過我的意念，祂的計畫比我的更詳盡。

最後一項功課是更廣闊的視野。在前往宣教地之前，我就像小魚池裡的一條大魚，我以為只有韓國才是我應該生活的地方。然而，我看到還有無數人生活在不認識耶穌的環境中。也許上帝用一年的時間訓練了我，是為了讓我成為與他們分享福音的器皿。

全材松（Jeon Jae Song）
第 3 屆佈道士

進入紅場（Red Square）

當你掌權的日子，你的民要以聖潔的妝飾為衣，甘心犧牲自己；你的民多如清晨的甘露。

詩篇 110：3 ■

1994年10月26日，我和黃賢洙（Hyun-soo Hwang）抵達蘇聯的中心莫斯科。這是我們始料未及的。我們肩負著向渴望福音之人傳揚福音的重任。

我們與邀請我們的金熙滿（Kim Hee-Man）長老一起工作。他在美國生活了30年，但他放棄了高薪職位，隻身前往俄羅斯，在復臨教會的健康中心擔任牙科技師。我們上午幫他製作假牙，下午去地鐵站拜訪人們。我們遇到了很多韓國人，其中很多人一句韓語都不會說。他們說著不同的語言，但我們很快就變得親近。

我們的計畫是在莫斯科為他們建立一個教會。在那個幅員遼闊的國家裡，有其他數不清的教會，但當時還沒有任何為韓國人建立的復臨教會。有一次，馬可・芬利（Mark Finley）牧師來到莫斯科舉行佈道會。我們參加了一週的聚會，偌大的會場擠滿了人，許多人藉由洗禮接受了耶穌。直到佈道會結束，每天都有人受洗。我們能充分感受到人們對福音的渴求。

我在那裡注意到一件事──人們臉上很少露出笑容。也許每個人都在經濟困難和制度崩潰中掙扎，他們渴望得到某樣東西。我們唯一能為他們做的就是分享福音，也就是喜樂的泉源耶穌基督。

後來，韓國駐俄羅斯大使在我們的診所接受了牙科治療，金長老在很多方面給予了大使很大的幫助。因此，當我們說要開辦韓國語文學校時，他很高興地提供了幫助，並送給我們精美的韓語教科書、錄音帶和錄影帶。我們在診所開辦了語文學校，每週兩次，共有15名學生入學。主在很多方面都幫助了我們。我們將學校命名為「首爾韓語學校」。

我們想方設法接近那裡的人們，向他們傳福音，但語言障礙是個問題，人們根本不會說英語。如果我們不會說俄語，就很難在周圍展開工作。因此，我們自學了俄語。我相信總有一天上帝會打開我們的口。我相信那一開始就能洞悉結局的主，會祝福我們所有的努力。

何政錫（Jung Seok Ho）
第4屆佈道士

對窮凶惡極的叛軍進行監獄佈道

誰能控告上帝所揀選的人呢？有上帝稱他們為義了。誰能定他們的罪呢？有基督耶穌已經死了，而且從死裡復活，現今在上帝的右邊，也替我們祈求。誰能使我們與基督的愛隔絕呢？難道是患難嗎？是困苦嗎？是逼迫嗎？是饑餓嗎？是赤身露體嗎？是危險嗎？是刀劍嗎？

羅馬書 8：33–35 ▉

....

65人在菲律賓民都洛（Mindoro）的流放監獄接受洗禮，該監獄是菲律賓最著名的三大監獄之一，也是窮兇惡極的罪犯聚集地。加上這次受洗的65人，使得單單這座監獄在那一年內總共就有181人受洗。

羅慕洛・希梅諾（Romulo Jimeno）現年54歲，是第二屆千人佈道士運動中年紀最長的佈道士。在完成為期一年的服務後，他又繼續服務了一年，並與第四屆佈道士一起完成了服務。接下來的一年，他又繼續擔任佈道士。

他14歲就加入了新人民軍，在山區接受訓練，並曾經殺害了多達282人。他惡名昭彰，被逮捕後不得不在監獄裡待了20年。然而，僅在他入獄期間，被他帶到耶穌面前的人數就超過了300人，在他擔任佈道士的兩年多時間裡，多達360位生靈藉由他的努力得到了拯救。甚至在那之後，他還繼續分享福音。

當被問及他是否願意轉到其他宣教區時，他說：「監獄是我唯一的宣教區。哪裡有監獄，我就去那裡。」他還說，他停止監獄佈道之日，就是耶穌再來之時。他在監獄附近有一個房間，並且每天都去監獄講授《聖經》。一個過去殺了282人的叛亂分子，現在竟然在傳福音！他希望在監獄裡建立一座教堂，並打算用餘生在那裡宣教。現在，他正試圖找回自己浪費掉的生命。

當囚犯的身體浸入水中時，他們的外表也發生了變化。他們可能是菲律賓最惡名昭彰的重刑犯，但經過洗禮後，他們露出純真的神情，他們成了我們的弟兄和朋友。洗禮結束後，一位弟兄唱了一首讚美詩，歌中的讚美和情緒足以打動每個人的心。佈道士、典獄長和其他人員，以及囚犯都感動得熱淚盈眶。後來我才知道，那歌詞是這樣寫的：「現在我要成為一個分享上帝之愛的人。」上帝會在這些新回歸者中選擇另一個羅慕洛・希梅諾。即使他們犯罪，被關進監獄，受到社會的譴責，這些重生的65個生命也會分享上帝的愛和祂即將到來的王國。

徐智浩（Seo Ji ho）
第5屆佈道士

庫頁島的地震

所以，要拿起上帝（所賜）的全副軍裝，好在磨難的日子抵擋（仇敵），並且成就了一切，還能站立得住。

以弗所書 6：13 ■

有一天晚上，在俄羅斯的庫頁島（Sakhalin）發生了地震。聽到地震消息大約一個月後，我和我的夥伴帶著從日本安澤國際救援（ADRA Japan）和其他非營利組織寄來的100多噸物資前往災區幫助災民。

我們坐了15個小時的火車才到達諾格利基（Nogliki）。兩天後，100噸貨櫃抵達當地。於是，我們動身前往涅夫捷戈爾斯克（Neftegorsk）。四輛大卡車都裝滿了箱子，另一輛則裝滿了瓦斯桶。在前往涅夫捷戈爾斯克的途中，我們收到了神戶和北海道分別發生5級和2級地震的消息。聽著這一連串的消息，我感到了耶穌再來的緊迫性。7點20分左右，在離開諾格利基（Nogliki）約三個小時後，當車子正在一條未鋪設柏油的公路上行駛時，一輛卡車因剎車突然失靈而向另一側傾斜，車上的貨櫃掉了下來。我的心一下子沉了下去，因為貨櫃裡有400個瓦斯桶，可能會因此發生爆炸。

當下我渾身一震，感到頭暈目眩。幸運的是，什麼壞事都沒有發生。這真是上帝的奇蹟。但是，要再次裝載貨櫃又成了問題，於是我們祈求上帝。我們不得不留下掉落的貨櫃和卡車，帶著一些卡車和吊車前往涅夫捷戈爾斯克。我們到達目的地後，看到了地震造成的破壞。在那裡，我感到人類在大自然面前確實是非常脆弱的。這時，我們看到一輛小型吊車從遠處開來，我們急忙請求幫助。吊車司機答應幫忙，於是我們乘坐的巴士司機就把車開回了我們留下貨櫃和卡車的地方。我們能這麼快就遇到吊車，肯定是上帝的幫助。

當我們到達放置貨櫃的現場時，軍官們對我們表示歡迎。據他們說，這次地震是當時世界上破壞性最大的災難。在一個約有3千位居民的地方，有高達2千多人死亡。為了平均分配救災物資，我們按類型一一卸下並安排好人員。災民們依照到達的順序領取物資；看著領取物資的人們，我更清楚地看到了地震造成的損失。我能感受到失去親人的家庭所承受的悲傷。

當我搭車穿過廣大的田野時，我看到了創造自然之上帝的偉大和人類的渺小。上帝正在按祂所說的顯明末世的預兆。我也藉此對自己的工作進行了反思。

林忠赫（Lim Jong Hyuk）
第 5 屆佈道士

彩虹的應許

「我使雲彩蓋地的時候，必有虹現在雲彩中。」

創世記 9：14 ■

我和我的夥伴在菲律賓盧邦島（Lubang）協助舉辦了一次佈道會。二戰後，有一名日本士兵曾在那裡躲藏了35年。從盧邦島乘坐小漁船五十分鐘即可抵達卡布拉島（Cabra）。該島上幾乎每個人都有一個大家庭。他們相信馬利亞曾在島上顯靈，因此他們敬拜馬利亞。我們決意透過佈道會在那裡舉起髑髏地的十字架。然而，一旦遇到刮風下雨，那艘每日只橫渡大海一次的小船就無法行駛，所以我們的團隊只能在佈道會的前一天乘船前往。於是我們為此竭力禱告。

到達島上後，我們開始準備會場。由於距離佈道會開始的時間只剩幾個小時，我們非常匆忙。幸好當地人及時幫助了我們。天主教會甚至在會場裡為我們安排了椅子。從天主堂搬來的講台原本是用來擺放馬利亞的雕像。我們還使用了教堂的電力，把布條掛在天主堂上。椅子、講台和電都是從天主堂運來的，與會者也都是天主教徒。

第一天，許多人參加了聚會，即使當中下起了雨，他們也沒有離開，而是撐著傘繼續聆聽信息。儘管雨勢造成氣溫降低，但我的心中充滿了感激之情。第二天，雨下了一整天，發電機壞了，唯一能修好發電機的工程師卻因為被電擊而倒下。第二天、第三天，雨一直下個不停。道路被淹沒，水漲到了腰部，我們甚至無法再去會場。雖然這也是體驗的一部分，但我非常難過，因為我們去那裡不是為了累積經驗，而是為了拯救生靈。我面帶微笑，內心卻充滿了沮喪。最終，佈道會在沒有任何實質成果的情況下結束了。

在我們從島上回家的路上，我的夥伴喊道：「孝春，快看！是彩虹！」我看到了連接小島和大海的彩虹。我的視線轉向了彩虹的應許，這應許變成對我的應許，是上帝的應許。我無法理解無形的旨意，於是主給了我可見的證據。我將目光從現在的成就轉向未來的結果，因為信仰不是一種情緒。

雖然事與願違令我很失望，但我從這兩件事上學到了重要的功課：上帝有自己的時間表，我必須遵照執行。祂既是引領我前行的主，我就要堅持跟隨。

金孝春（Kim Hyo Chun）
第 6 屆佈道士

逃跑的佈道士

「哀慟的人有福了！因為他們必得安慰。」

馬太福音 5：4 ■

　　就在一個月前，在我之前的宣教區的土地上，建堂的工程開始進行了。一天晚上，我拖著疲憊的身軀回家，因為我一整天都在勞動，從山上把施工用的木頭扛到工地去。突然我的夥伴告訴我，我現在的處境非常危險。暴徒在村裡遊蕩，伺機綁架我。因此，我必須第二天一大早就離開村莊。起初我並不相信夥伴的話，但當我看到所有的村民帶著刀，保護著我們的房子時，我知道情況很嚴重。然而我的夢想是參與建堂的項目，所以必須離開的消息讓我很焦慮。

　　那天晚上我無法入睡，擔心暴徒會冒雨前來，因此我只睡了一會兒。突然有兩個女人慌慌張張地趕來，勸我快逃。我驚恐萬分，趕緊收拾東西，離開村莊和山區。在途中，我覺得自己正在放棄我的宣教地。看到自己拼命逃跑，我感到很痛苦。第一次感覺到爬山是如此艱難，以至於我淚流滿面。我期待能帶著讚美和喜悅下山，但是如今我卻帶著恐懼和破碎的夢想逃離。我成了一個逃跑並放棄自己宣教地的佈道士。

　　聽到暴徒襲擊的消息後，培訓中心派我到一個新的宣教地。然而，在逃跑一週後，我很想念我原本的宣教地，於是我和幾個人回到了山區的村莊，一直待到教堂完工後才離開。

　　在我的新宣教地，剛受洗的信徒開始詢問有關安息日和潔淨與不潔淨食物的問題。當我用《聖經》回答他們的問題時，他們露出了燦爛的笑容，並用他們的語言相互交談。我也笑了笑，我遇見了上帝所預備的人。當我到一戶人家講授《聖經》時，鄰居們都過來聽。然後他們問哪一天是真正的安息日，為什麼不能吃豬肉。當我用《聖經》一步步解釋時，一位鄰居決定受洗。很快，所有九位和我們一起查經的人都決定受洗。我再次感謝上帝的眷顧，祂使用我生命中的危機拯救了生靈。

　　慈愛的主透過佈道士們所引領歸主的人而洗去了他們的悲傷。今天，祂讓我跪在十字架前。每當我陷入絕望時，主總會把我帶到十字架前。當我跪在主面前倚靠祂時，祂會解決我所有的問題。祂總是把我帶到十字架前顯示祂無限的愛並且擁抱我。

朴羅英（Park Roh Young）
第 6 屆佈道士

基帕爾比格

我是耶和華─你的上帝，曾把你從埃及地領上來；你要大大張口，我就給你充滿。

詩篇 81：10 ∎

我在菲律賓位於南哥打巴托省（South Cotabato）的基帕爾比格（Kipalbig）體驗到了喜樂，那裡是我摯愛的宣教地。我無法忘記在那裡所有的寶貴時刻，比如我和夥伴與居民們談論耶穌，要求他們在基督裡過上更好的生活，或是幫病人們擠出膿液、按摩、進行水療、分享藥品、傳福音，並盡全力建造教堂。當地區會曾試圖在基帕爾比格建立教會，但由於當地天主教會的強烈反對，他們屢次都失敗，甚至幾年後，有幾個復臨信徒也相繼離開了。在該市的15個鄉鎮中，只有基帕爾比格和馬爾塔納（Maltana）沒有復臨教會的教堂，於是區會派我們去基帕爾比格。我們一到當地，傑瑞和我就計畫舉行一次健康佈道會。由於我們只能在那裡工作三個月，所以我們沒有剩餘的時間準備就要直接開佈道會了。我盡全力工作，也從來沒有像這樣熱切地禱告過。從早上5點到晚上11點，我們所做的是進行家訪、講課、備餐。上帝欣然接受了我們的奉獻，讓我們贏得了42個生命。

休息了一天後，我們來到馬爾塔納（Maltana）舉行為期兩週的佈道會。雖然我的身體無法正常活動，但我無法休息，因為我必須在三個月內完成所有工作。然而，我常常因為疲勞而倒下，只能每天靠著服用維他命撐下去。每當我站在講臺上講道時，我都會向上帝禱告。上帝讓我們在聚會的最後一個安息日贏得了20個生命，在接下來的安息日又贏得7個生命。

上帝透過我們又計畫了另一個項目，就是在當地建堂。建堂的預算是40,000披索（當時約120萬韓元）。傑瑞和我跪了下來，我們相信，如果上帝想要完成這個項目，祂必會供應一切。當我前往區會辦公室與會長和司庫（財務長）討論這個項目時，他們答應整理場地。我們提供了六月份的生活津貼用於建堂工程。但是，我們若沒有津貼又該怎麼生活呢？上帝照顧了我們。朴相吉（Park Sang Gil）牧師答應提供大量捐款，我們也寫信給其他教會並呼籲大家捐款，還前往菲律賓各地募捐。後來我們用籌集的資金建了兩座教堂。

回顧過往，我承認這都是上帝開始、維持並完成了一切。上帝所預備的比我想像和計畫的更多。哈利路亞！讚美耶和華以勒！

李秉權 （Lee Byeong Kwon）
第 6 屆佈道士

洪「醫師」

「看哪，我要使這城得以痊癒安舒，使城中的人得醫治，又將豐盛的平安和誠實顯明與他們。」

耶利米書 33：6 ■

我之所以成為一名佈道士，是因為我對基督的喜悅和熱愛。當我到達宣教地時，大自然的美景讓我欣喜不已。但當我看到貧窮無辜的人們時，我也同樣心碎。

雖然我已經43歲了，但生活在異國的孤獨感還是壓得我喘不過氣來。我唯一可以依靠的人是我20多歲的夥伴。起初，我因為害怕晚上不敢出門，不過最後我還是鼓起勇氣，帶著醫藥包和《聖經》走了出去。接近當地人並不容易，因為我們彼此之間無法溝通。然而當我們走近他們時，我覺得這世界上沒有人比他們更純樸溫暖的人了。針對那些在各種疾病上都毫無抵抗能力的人來說，我們提供的藥物和治療非常有效。

我們剛到達時，村裡有一種非常嚴重但不知名的皮膚病。這種病非常噁心，我甚至不敢看。然而，聖靈讓我去觸摸那些噁心的傷口並塗上藥物。治療結束後，我會用韓語祈禱，眼淚便不知不覺地從眼眶裡流了出來。我為他們感到非常難過。治療了四、五天後，所有的傷口都消失了，他們也向《聖經》敞開了心扉。

上帝讓我用禱告和藥物治療一位因燒傷而疼痛的孩子，用活性碳貼布治療一個患肺結核兩年多的人。有一天，一個患有嚴重氣喘的人來索取藥，我們雖沒有適合他的藥，但他相信佈道士可以用任何藥物來治療任何疾病。經過思考，我給了他一粒藥丸，雖然內心遲疑，但在當下我必須做點什麼。第二天，他跑來對我說他的病好了！這是上帝賜予我們的奇妙禮物，祂回應了我們純真的信心和懇切的禱告。

我的工作地區周圍共有12座教堂。當我拜訪某一間教堂時，我必須負責禱告、特別詩和證道等所有的服事。我用蹩腳的英語完成了這些工作，我的夥伴則為我翻譯，不過我時不時都會聽到響亮的「阿們」聲，這讓我很是感恩。不可否認，愛與服務始終是宣教地區最有效的語言。我雖沒有受過醫學訓練，但是當我用愛去感化別人時，上帝就會醫治他們。

洪南表（Hong Nam Pyo）
第 6 屆佈道士

期待大事

報好信息給錫安的啊，你要登高山；報好信息給耶路撒冷的啊，你要極力揚聲。揚聲不要懼怕，對猶大的城邑說：看哪，你們的上帝！

以賽亞書 40：9 ■

我去拜訪菲律賓山景大學（Mountain View College）和菲律賓中央復臨大學（Central Philippines Adventist College）推廣千人佈道士運動，在此我見證了一個奇蹟。我之所以用奇蹟來形容，是因為我感受到聖靈喚醒年輕人參與宣教工作。當我呼召他們成為佈道士時，我看到無數年輕人感動地哭了。當我在路上介紹千人佈道士運動時，我看到一大群人堵住了寬闊的林蔭大道，被我們的活動所感動。在這次旅行中，我認識了一位復臨教會的藥劑師，他了解千人佈道士運動後，當場就提出了申請。我在山景大學遇到的一位年輕女學生，雖然只是透過簡短的交談了解千人佈道士運動，但她決定暫時休學，與她的姐姐和朋友們一起去做佈道士。

在去年的宣教之旅中，我看到無數年輕人透過宣教之旅對聖靈做出了回應。然而，培訓校園缺乏容納、培訓和派遣他們的設施和資源。「誰來資助成千上百位決定成為佈道士的年輕人呢？我們的自私和冷漠使無數申請成為佈道士的年輕人被遣送回家。教會何時才能盡其所能實現其存在的目的，即向世界的各個角落傳福音？當回國的佈道士們在自己的家鄉開始這項使命時，宣教使命能被實現嗎？」我想告訴所有的復臨信徒，請暫時停下手邊正在進行的事，看看我們自己，我們的周圍，還有這個世界。我們可能會看到一個孩子因汽車排放的廢氣窒息而死；我們可能會看到另一個需要救贖的巴底買坐在那裡呼喊耶穌的名字；我們為什麼要如此忙碌地奔波，以至於忽略了我們真正需要看見、知道和去做的事情呢？

我想起復臨教會全球總會會長在一次會議上的分享。他說，世界上的許多民族都有復臨教會，但韓國非常引人注目。韓國的復臨教會因為千人佈道士運動引起了世界教會的關注。這個運動向世界各個角落傳揚福音。

現在，我即將離開這個曾經為我的生命帶來許多改變和啟發的培訓校園，回到我的國家。我祈求能持續看見聖靈的工作，也期待那裡還會有更大的收獲。

金賢種 （Kim Hyun Cheong）
第 7 屆佈道士

保持沉默

「耶和華必為你們爭戰；你們只管靜默，不要作聲。」

日本的天氣很奇怪。幾天前刮起了大風，差點把我龐大的身軀吹起來，但春天的風卻溫柔和煦，還可以看到含苞待放的花和初冒嫩芽的樹。不久前，我握著筆，卻寫不出字來，因為我只能哭泣和嘆息。在我的10位聖經學員中，有3位女學員雖然明白所有的誡命，卻仍然很難在安息日做禮拜。其中一位說「我不覺得需要上帝」，這句話傷透了我的心。

我最近很害怕自己，這是源於我糾結於這樣一個問題：我作為一名佈道士所進行的活動是出於對人的愛？還是出於作為佈道士的責任感？恐怕我更傾向於後者。然而，今天我再次鼓起勇氣，因為我知道一個令人心碎的事實：耶穌因為愛我們而為我們服務並犧牲自己的生命，承受著心靈上的痛苦，祂仍在用祂滿是釘痕的雙手支撐著我們的腳步。

這裡的韓國人使我內心的希望再次破滅。就像大多數在韓國歷史動盪時期離開國家的韓國人一樣，在日本的韓國人也有諸多抱怨。他們有各種虛構的理由，比如受到政治迫害或是為了躲債。儘管他們的生活毫無意義，但他們當中只有少數人接受耶穌。我希望他們能認識我們的主。但他們只想交朋友，不歡迎我這個傳道人。

我們的教堂裡有許多漂亮的花盆，但前段時間，有一盆花正在枯萎。於是，我把它移到一個溫暖的地方，每天給它澆水，偶爾照顧它。但它還是死了。你或許可以說它是因為我沒照顧好而死的。但儘管我給了它愛和關懷，它還是死了。上帝的愛就像每天清晨的太陽，豐盛且持續地灑在我們身上，但如果我們拒絕它，我們最終都會死亡。

我不再擔心任何事，「因為上帝的恩賜和選召是沒有後悔的。」（羅馬書11：29）上帝不會犯錯，也不會後悔，所以我也不會後悔和絕望。一天晚上，當我與我的心搏鬥時，上帝告訴我：「耶和華必為你們爭戰；你們只管靜默，不要作聲。」（出埃及記14：14）祂向我保證，我將見證祂的能力和權柄。因為我確認了上帝的愛，知道祂正在為我努力工作，所以我可以放鬆下來，心平氣和。當我們遭受苦難時，我們仍應振作起來，因為我們的上帝正在為我們而戰。我希望即使在日本這個冷漠的國家，我也能見證上帝的工作正溫暖著冰冷的心靈。

金世美（Kim Se Mi）
第 8 屆佈道士

佈道士的喜樂

你必將生命的道路指示我。在你面前有滿足的喜樂；在你
右手中有永遠的福樂。

詩篇 16：11 ■

昨晚，一隻蟑螂把我的麵包當晚餐吃了。我非常生氣。以前我習慣過著挨餓的日子，但現在已習慣一天要吃兩餐。有人送我麵包時，我就會把它當晚飯吃。

這週，我告訴村民們我會教他們英語和韓語。星期四，我去了另一個村莊，因為那裡的女士們喜歡學韓語。她們都會在上下一堂課之前把我教過的所有單詞背起來，這讓我很高興。

昨天是我一生中最快樂的一天，因為有16個人接受了上帝的洗禮。讓我告訴你們受洗前的情況。佈道會進行的一整週都在下雨，像是撒但在發怒一樣。一想到那些沒有雨傘的村民，我就非常難過。我不知道他們是否會來到會場聽道，於是我祈求上帝讓雨停下。我沒有帶傘就前往了會場，沒想到上帝回應了我的禱告。有一個人對《聖經》很感興趣。儘管他住在另一個村莊，但為了參加聚會，他冒著雨和寒冷的天氣走了二、三十分鐘。聚會結束後，他全家都接受了洗禮。

有一戶人家的姐姐即將分娩，因此她的孩子將是家中第一個在復臨家庭出生的孩子。另一位女士認為由於丈夫的原因，自己很難受洗，但她決定在舉行浸禮儀式當天受洗。想到這些人都是出乎意料地回到主身邊，經歷了我完全沒有預料的事，就讓我覺得自己是一個卑微的人，上帝的計畫是我無法想像的。我仍然不敢相信我們已經贏得了16位新信徒。我感覺我所期望看見並建立的一個百分之百復臨村莊的夢想正在逐步實現。在我離開這裡之前，我希望每個人都對《聖經》有足夠的認識，這樣即使我走了，他們也不會退縮。

一想到我不僅會和我的夥伴，還會和16位新教友一起度過快樂的敬拜時刻，我就會不停地微笑。這些天，我開始了一個新的項目——建堂，並讓教友們參與其中。我們的重點是恢復上帝的殿。我再次感受到，因為愛而敬拜上帝是我唯一的選擇。這絕對是佈道士的喜樂，讓我忘了麵包被蟑螂吃掉的事實，也忘了我因為佈道會週持續下雨而灰心的事。

樸努利（Park Nu Ri）
第8屆佈道士

上帝寫給阿隆的信

我們卻是天上的國民，並且等候救主，就是主耶穌基督從天上降臨。

腓立比書 3：20 ■

　　我和我的夥伴到達菲律賓阿隆（Alon）那天，村民們身穿破爛的傳統服飾，而孩子們則坐在村口，身上只穿著薄薄的T恤，被寒風吹得瑟瑟發抖。

　　在這樣一個地方想要吃到多樣化的食物是個不切實際的幻想，然而情況卻比我想像的還要更糟。第二天，我們的三餐只有地瓜可吃。有時，村民們還能吃到佛手瓜、南瓜和玉米。經常挨餓的孩子們大多因為營養不良而肚子鼓了起來，成年人則有甲狀腺腫大的問題。更嚴重的是，他們的靈性貧困，不願意接受任何宗教，所以沒有宗教能進入這個村莊。然而，令人驚奇的是，這扇不曾向任何其他宗教敞開的敵意之門竟第一次為我們開啟了！我們成了第一批來到這片土地的佈道士。「親愛的主，我能在這裡為祢做些什麼呢？使用我來實現祢對這些人的旨意吧！」

　　我們也是第一批建立學校並每天早晚為孩子們上課的佈道士。有時，孩子們的父母也會來聽課，因此我們不得不教他們唱英語、他加祿語、宿霧語和韓語動作歌曲。他們也唱得非常歡快。唱完歌後，我們給他們講聖經故事。他們從未接觸過如此美麗的故事，他們的心被打動了。這種經歷堪比大衛與歌利亞戰鬥前、但以理從獅子坑中被釋放時以及門徒們見到復活的主耶穌時的那種心情。

　　晚上的查經班每週都會出現新的面孔。隨著參加的人越來越多，我們的房子已經無法容納他們，所以不得不在外面學習。每天晚上都有人來參加查經班，所以我們盡量深入地講授《聖經》。

　　我們來之前，他們還不會洗衣服，但現在會了，而且每個安息日都會一起敬拜上帝。5月3日，第一位當地人接受了洗禮，我非常高興。我們給孩子們分發了T恤，給男人們分發了牛仔褲，給女人分發了安息日穿的裙子。

　　這是個連傳教士都不敢進入的地方，因為這裡是一個未曾聽過福音的村莊，但村民們冷漠與充滿敵意的心最終還是向仁愛的主妥協了。阿隆人不僅與文明隔絕，甚至不是合法的菲律賓人。由於沒有登記，他們沒有法定名字，也不知道自己的生日。但現在，他們獲得了天堂公民的身分。

李海倫（Helen Lee）
第 8 屆佈道士

學到了許多經驗和教訓

你要細察那完全人，觀看那正直人，因為和平人有（好）結局。

詩篇 37：37 ■

大雨持續下了一個星期，我們在位於菲律賓馬拉邦阿隆（Malabong Alon）的村莊遭受了巨大的損失。整個村子和周圍裸露的山脈都發生了崩塌，我有生以來第一次目睹了大面積的土壤因大雨不斷導致坍塌。那些紮根牢固的石頭和樹木的根部和底部，都因大雨的沖刷而暴露出來。而我居住的房子也面臨著被土石流掩埋的危險。如果雨下得再大一點，很多房子都會被沖走。

恐懼時我呼求耶穌的名，但這並不是出於信任的禱告。我意識到，心中有基督並不是遇到緊急狀況就呼喊耶穌的聖名，而是即使在危險中也享有平安並信靠上帝。事實是，當我第一次見到這裡的人時，我對他們保持很大的戒心和冷漠。「上帝為什麼要派我到這樣一個地方？」後來我了解到，能夠去擁抱這群又臭又髒、又流著鼻涕的人，此種能力是源於一顆充滿耶穌對人類之愛的心。

即使在這麼小的村莊也會有不平靜的時候。有一次，村長被大家批評了一頓而被迫下台，因為對村民懷恨在心，他召集了一些背棄村莊的人，打算襲擊馬拉邦，並寄來了恐嚇信。了解上帝使命的我並沒有因這個消息而動搖，但我還是得離開村莊，與那些考慮到我的安全問題的長輩們同住了一段時間。幸運的是，我能夠安然無恙地回到馬拉邦。我起初感到不知所措，然而後來也鬆了一口氣，和村民們擁抱在一起。在重重危險中，我鼓起勇氣，沒有放棄因愛而選擇的信仰之路。

現在，馬拉邦又恢復了平靜，我的心中充滿了上帝的平安、讚美和感恩。在這個似乎狀況不斷的宣教地，我感謝上帝啟迪我，引導我走過每一段歷程。我深信那位帶領我前行的主，並祈禱今日的馬拉邦因為有主的同在而擁有平安。

金恩慶（Kim Eun Kyung）
第 9 屆佈道士

Zdravstvuyte（俄語「你好」）

上帝造萬物，各按其時成為美好，又將永生安置在世人心裡。

傳道書 3：11 ■

　　如果我能在一年內有所作為並改變，那都是因為上帝的成就。一想到上帝的犧牲和大愛，我就不由自主地讚美祂。沒有人能確切明白，我是多麼感激祂愛我。

　　我們在俄羅斯一個寧靜的村莊開辦了一所韓國學校。韓國人和俄羅斯人都會上這所學校。我們之所以無法向俄羅斯人傳福音，是因為他們生活拮据，就連花時間上教會都是奢侈。有一次，我去市場買東西，結果被扒手盯上了。當我看到扒手把手伸進我的外套時，我趕緊抓住了他的手臂。當時，我非常害怕，嚇得用英語大聲呼叫。他根本聽不懂我的話。人們圍了過來，一位老太太為我翻譯，但我的錢包已經不見了。正好巡邏的員警過來，於是這名扒手和他的同夥就被帶到了警察局，我也陪同他們去。當地教堂的牧師聞訊趕到警察局，於是我在四個小時後拿回了錢包。在返家的路上，牧師說：「我從來沒見過佈道士抓小偷。」他告訴我，很多人都被扒，但沒有人抓住過扒手。我心裡想「抓小偷的佈道士」這個描述並不是我想要的。

　　將近一個月後，根據複雜的俄羅斯法律，我不得不再次前往警察局接受詢問。於是，我又見到了那個扒手。我記不清上次他身上有多少刺青，但我發現他的眼瞼上竟然也有個刺青。當我路過市政府時，總覺得列寧的雕像看起來比平時更加憤怒，而扒手的臉像個黑影一樣縈繞在我的腦海裡。我希望他能認識福音。但是，在文明社會裡做一名佈道士對我來說太困難了，因為忙碌的生活使我無法將自己完全奉獻給上帝，這讓我相當苦惱。

　　正如祂讓一切都按照祂的時間安排妥當，我相信上帝會讓我經歷美好的事情。我決定在祂面前謙卑自己，向祂學習，更好地事奉祂。

金智賢（Kim Ji Hyun）
第 9 屆佈道士

我能做的事

應當一無掛慮，只要凡事藉著禱告、祈求，和感謝，將你們所要的告訴上帝。

腓立比書 4：6 ■

　　如果你覺得青春已逝，站在死亡的邊緣，得知自己再也走不動了，你一定會灰心喪志。對一些人來說，這些事可能比死亡更可怕。

　　光潔的皮膚和燦爛的笑容是我對艾瑪的第一印象。她的外表與一般的菲律賓人截然不同。她非常年輕漂亮，但當我們去她家拜訪時，不禁感到驚訝。因為一年前的一場事故導致她身體有了殘疾。事故發生後，她每天都要忍受疼痛的折磨，她母親不得不去做女傭來賺錢給她治病。儘管不斷接受治療，她的病情仍沒有任何好轉。無論是她心愛的家人，還是他們所相信的上帝，都無法安慰她。她眼裡含著淚水說：「我只想死。」

　　聽著她令人心碎的故事，我和我的夥伴急切地祈求上帝醫治她。然而，從一開始就很艱難。由於脊椎彎曲，她連坐都很困難。我不知道該為她做些什麼，但我繼續為她祈禱，並開始為她按摩，堅信佈道士無所不能。在我們開始為艾瑪按摩一週後，我們情不自禁地讚美了主。

　　即使身體在顫抖，艾瑪還是開始一點一點地移動。雖然很艱難，但她還是站了起來。這就像使徒時代的一個奇蹟，一位瘸子奉耶穌的名站立起來。當她像嬰兒一樣小心翼翼地邁出一步又一步時，我們無法用言語表達內心的喜悅。兩天後，艾瑪開始在附近散步。在這個感人的時刻，她的父親高興得手舞足蹈，鄰居們都拍手歡呼。每個人都讚嘆上帝的偉大作為！

　　佈道士只是上帝使用的器皿，我認為這是上帝給佈道士的祝福。我相信，在我們的宣教區，我們會經歷更多這樣的神蹟。我們的工作就是謙卑地跪下禱告，默想上帝的話語。我能做的就是感謝和禱告。我高舉雙手，感謝主。

朴潤全（Park Yoon Kwon）
第 9 屆佈道士

佈道士見證者

「不要懼怕，只管站住！看耶和華今天向你們所要施行的救恩。」

出埃及記 14：13 ■

　　我的宣教區是在菲律賓民答那峨島（Mindanao）深山中、一個遠離文明的偏遠社區。那裡有些居民和我們一樣穿著現代服裝，但仍有一些居民穿著傳統服裝。更重要的是，這些人都篤信泛靈信仰；該村莊名叫塔林戈德（Talaingod）。

　　許多宗教組織的佈道士和教友都曾去過那裡，但他們都被趕出了村子。沒有人想接受其他宗教。後來，復臨教會進入了這個地方。酋長和所有族長聚集在一起開會。在會議上，酋長建議接受復臨教會，因為酒、香菸和賭博將因此被禁止，這對他們來說是明智的。他小時候上過復臨教會的學校，他確信如果他們接受復臨教會，這個村莊定能有所發展。人們面面相覷，議論紛紛，過了一會兒，他們舉手表示同意接受在他們村莊內成立復臨教會。

　　上帝的旨意並未就此止步，村民使用推土機將山地變成了平地，清理乾淨佈道會的場地。雖然當時正值雨季，但上帝垂聽了我們的禱告，賜給我們好天氣來舉行佈道會。事實上，我所看見的上帝是創造奇蹟、成就我們意想不到之事的那一位。佈道會期間，酋長走上講台，向所有人發出呼籲。他不希望只有幾個人受洗，他希望全村莊1000人都能受洗。這是一個令人驚嘆的夜晚！

　　為了這個渴慕上帝話語的地區，我們將佈道會延長了一週，並連續三週舉行了浸禮儀式。在第一週的第一次儀式上，受洗人數為316人，第二次為161人，第三次為46人。然後，在另一個月的第四次浸禮儀式上，有41人受洗。佈道會結束後，一些人捐獻了土地和木材來建造教堂。在那裡又建造了五座臨時教堂。

　　如果上帝沒有預備好一切，福音能進入那個地方嗎？幾十年來，上帝透過酋長為那個地方預備了一切！然而，上帝正在預備更多的驚喜。酋長還沒有受洗，但上帝會繼續工作，直到那個地方成為一個復臨村。

林慧善（Lim Hye Sun）
第 10 屆佈道士

我沒有信心

那時,瘸子必跳躍像鹿;啞巴的舌頭必能歌唱。在曠野必有水發出;在沙漠必有河湧流。

以賽亞書 35:6

「主啊!讓我今天在祢面前成為一個真誠的人,一個完全順服祢的人。用我作為祢的器皿,來經歷和證明永生上帝的大能。阿們。」

由於信心不足,我的心情十分沉重。但在聖靈的指引下,我來到了一戶人家,在那裡我遇到了一個20多歲的年輕人,他一拐一拐地走出來。我看到了他的傷口,明白了他不良於行的原因。他的大腿上有一道又長又深的傷口,那裡不斷流出粘稠的液體,既不是血也不是膿。

六年前,他大腿上的一個小膿瘡越長越大,直到醫院也無法治療。從三年前開始,他就因為這個傷口而行走不便。他對傷口無能為力,只能在患處敷上厚厚的布條以吸收液體。由於我的信心薄弱,無法對他的傷口評斷什麼。於是,我只能帶著沉重的心情離開那位年輕人的家。

上帝提醒我,祂曾給過我無數次被治癒的經驗。上帝的力量對我來說已經足夠了,但我不明白自己為什麼還是會懷疑。第二天,我又去了那位年經人的家。禱告一結束,我就說:「別擔心。你一定會好起來的!」然後我開始拿出藥幫他治療。儘管我已經說過他會好起來,但我並不確定他是否真的會痊癒。幾天過去了,我沒有看到任何改善,我想這是因為我的懷疑之心。於是,我哭著跪下來,向上帝悔改並懇切地尋求祂的幫助。

在我們每天一起禱告和查經的過程中,他的病情逐漸好轉,粘稠的液體不再流出,疼痛也消失,他已經可以走很遠的路了。不僅如此,他還經歷了重生。後來,連他的家人也開始查經,接受洗禮。他受洗那天,我的心是多麼激動和喜樂,我忍不住哭了!

耶穌幫助我建立了信心,是祂成就了一切。我非常感謝賜我信心並治癒病人的上帝。非常感謝祢,我的上帝!

林永煥 (Lim Young Woon)
第 11 屆佈道士

離開代表再次預備

「不要怕他們，因為領你出埃及地的耶和華──你上帝與你同在。」

申命記 20：1 ■

因為每天都有一些人參加早晚靈修，這就使查經班得以設立。在舉行浸禮之前，我用兩個月的時間教導和分享《聖經》的許多內容，也在佈道會上教導了三個星期的《聖經》。但他們仍然迫切地想了解更多。

我和一位年輕女士在她受洗後第一次共同靈修，我們都知道她是多麼渴望能與別人一起敬拜和讚美上帝，因為她不顧丈夫的反對而受洗。她因丈夫的酗酒和虐待而受到極大的痛苦，而且在受洗後這樣的情況變得更加惡化。有一次，她趁丈夫出去喝酒時跑來做禮拜。從禮拜開始到結束，她一直在默默流淚。我無法為她做什麼，這讓我很心痛。我盡力為她祈禱，最重要的是，我也為她的丈夫祈禱。

一天晚上，我正要上床睡覺，忽然聽到一陣急促的敲門聲。我以為有急事，就打開了門。站在門外的是她的丈夫，我一開門就聞到了酒味。他知道妻子當晚參加了聚會，於是跑來我們家。他的腰間掛著一把刀，手裡拿著他妻子的《聖經》和讚美詩。醉酒的丈夫試圖進入我們的房間，並不停地叫著我菲律賓夥伴的名字。我不停地詢問，就好像是聽不懂任何宿霧語一樣，但與他溝通真的很困難。還好大約一個小時後，他就悄悄離開了。那天晚上，我祈求上帝保佑我和我的夥伴平安無事，也為那個可憐的丈夫祈禱。

第二天清晨，我一早起來，走到屋外。我看到那個男人站在我們家門口。他遞給我一個塑膠袋就走了。打開一看，我發現是我們送給他妻子作為受洗禮物的《聖經》和《讚美詩》。我很感激他將它們歸還給我們，而不是損壞或扔掉它們。那位丈夫開始一點一點地轉變。這位婦女也開始與教友們一起查經，參加崇拜聚會，並在家裡堅持信仰。

我意識到，這一切都是上帝對我的安排。就我個人而言，我感謝上帝讓我看到那些堅守信仰的人，讓我明白上帝的計畫在我離開這裡後並不會結束。事實上，這只是另一個開始！

成玉京（Sung Yu Kyung）
第 13 屆佈道士

眼淚的種子

流淚撒種的，必歡呼收割！

放眼望去，這裡只能看到山。這個地方叫莫戈爾瓦（Mogorwa），是肯亞西部的一個小村莊。這裡連一位復臨信徒都沒有。

我們從山上帶木柴和水下來，用它們準備食物。儘管我努力保持不動，但手心還是沁出了汗水。這裡實在太熱了，連地上都很難找到雜草。許多人因為沒有東西吃而挨餓，牛也無法產出牛奶。我晚上使用的是煤氣燈而不是電燈泡。有很多孩子因為交不起學費而被趕出學校，我認為他們真的是一無所有。在這裡，人們愛喝酒勝過愛福音，因為酒能填飽饑餓的肚子，讓他們忘記貧窮。我每天一大早就上山跪下為他們禱告。但幾個月來什麼事也沒有發生，這讓我更加沮喪，好幾次流下眼淚。在我禱告和宣教時，上帝保護我免受蠍子和毒蛇的毒害。儘管人們似乎沒有任何反應，我還是繼續禱告。在我為病人禱告之後，上帝就醫治了他們。我曾多次在日正當中時，為了一群喝得酩酊大醉、頭昏目眩的人流淚，向他們宣講耶穌的愛。我定期走訪當地小學，用心輔導學生。我用復活的希望安慰失去親人的家庭，觸摸他們親人的遺體。在饑餓的人們面前，我找不到任何話可說，只能默默地為他們送去食物。

但就在不久前，他們看似冰冷的心開始融化。他們築起的牆開始倒塌，就像耶利哥的城牆一樣。那些似乎無論我說什麼都不肯接受的人，開始向上帝敞開心扉。村裡終於有了第一個復臨信徒家庭，一位單身母親開始了新的生活和新的希望。一個有四個丈夫的女人成了最忠心的教友。有些教友每個安息日步行三個小時來參加聚會。有些人即使受到其他教派的迫害，也依舊勇敢地改變了信仰。有些忠心的學生逃課只為參加教會的聚會。

感謝上帝派我來這裡見證這一切。我祈求能永遠見證我在這裡所經歷的上帝之愛，並永遠活在祂的愛中。我由衷地讚美上帝永恆不變的愛和偉大。

權五玉（Kwon Oh Ok）
第 14 屆佈道士

森林小村的耶穌之愛

耶穌知道自己離世歸父的時候到了。他既然愛世間屬自己的人,就愛他們到底。

約翰福音 13:1 ■

　　在街上宣教時,我遭到穆斯林和天主教徒用石頭、咒罵和拳頭攻擊。這是一個好機會,能讓我思考耶穌來到這個世界時遭到拒絕和迫害的感受。我突然開口講道,那些我甚至沒想過的話突然脫口而出。我意識到傳道是聖靈的工作,而我只是祂的器皿。

　　那是一個位於叢林深處的小村莊,約有16戶人家並50位居民。那裡大多數的人都拜泛靈信仰。父母反對孩子們去教堂,針對年輕人的活動也很少,禮拜儀式對年輕人來說很無聊。因此,所有的年輕人都分散到了星期日教會。當教友們蓋教堂時,建堂基金是向一位星期日教會的教友借來的。幾個月後,他們必須償還20萬盧比(當時約3萬韓元)。我為這些問題禱告。

　　我們為分散在外的教友們舉行了早晚禮拜和特別的禱告聚會,並為年輕人和兒童策劃了活動。我們還舉行了佈道會,用我們的工資和教友們的特別捐款還清了教會的債務,還購買了足球和排球,並在叢林中開墾出一個足球場和一個排球場,這樣我們就可以聚集年輕人,與他們建立友誼。我和我的夥伴買了運動服,印上教會的名字,然後分發出去。有一次,我們走訪了一些人家,年輕人向我要衣服,我就脫下自己的襯衫給他們。以前我從未和別人分享過自己的東西,但感謝上帝,我現在就算只穿著內衣在雨中行走都覺得很快樂。第二天,我把我所有的衣服和東西都送給了村民。

　　在當地買底片和沖洗照片的費用都很貴,所以村民們都很希望擁有自己的照片。於是,我們把每月工資的三分之一拿來拍照,然後分發給每個家庭。有一點額外的錢,我們就買禮物、佈置教堂、種花。有一次,我在健康講座上談到了一個敏感話題。第二天,正如我所料,很多人提出了問題。但感謝聖靈,我能一一應答。

　　我們準備離開時,許多村民和教友們都哭了。我很高興看到這些淚水,因為對我來說,這意味著他們感受到了耶穌的愛。我希望即使我們離開了,他們也能繼續專注耶穌的犧牲和愛。回顧我為耶穌服務的這幸福的一年,我要感謝上帝,讓耶穌為我犧牲了自己的生命。

金亨俊(Kim Hyung Jun)
第 14 屆佈道士

拓展主的國度

耶和華啊，你增添國民，你增添國民；你得了榮耀，又擴張地的四境。

以賽亞書 26：15

　　我是千人佈道士運動派往尼泊爾的第一位佈道士。尼泊爾的國教是印度教。從1963年到1990年，尼泊爾一直不開放其他宗教，因此任何改信其他宗教的人都會面臨牢獄之災。而如今，人們可以自由信奉自己的宗教信仰，但仍然不能改變他人的宗教信仰。因此，大多數的佈道士都被稱為社區志工，我當時也不能公開承認自己是佈道士。隨著時間的流逝，我開始覺得氣餒，熱情也漸漸消退。

　　有一天，我沮喪又難過地翻開《聖經》閱讀。「我立掃羅為王，我後悔了。」（撒母耳記上15：11）這是多麼令人心碎的信息啊！「主啊！尼泊爾的局勢看起來是毫無希望的。但祢派我來這裡，所以請教導我、告訴我，讓我知道我能為尼泊爾做些什麼。」我祈禱著。當我睜開眼睛時，我看到前方有一群孩子們正在學校的操場上踢足球。於是，我買了一個新足球，開始和他們一起踢球。我開始向孩子們分享福音，我們透過足球建立友誼。我幫孩子們理髮，拜訪他們的父母，努力滿足他們的需求並幫助他們。在安息日下午，我偷偷地教他們《聖經》和教會詩歌。然而有一天，員警展開了調查。那時，我懇切地祈禱。「主啊，請不要讓他們發現我是佈道士。我還有許多事情要做。」員警很快就離開了，但從那天起，教授《聖經》和教會詩歌的活動就被禁止了。我沒有放棄，而是向上帝祈求智慧。後來我意識到，我的宣教區需要的是社區服務。於是，我開始了戒菸教育。在尼泊爾幾乎人人都吸菸。我決定先從教育學生開始。我深信這項工作是主賜給我的，所以我準備了所有教學所需的材料。我走訪了公立學校，校長們允許並支持我開辦戒菸課程。在展開戒菸課程的同時，我也開始教導新起點（NEWSTART）健康生活原則。我在街上遇到的一個學生說：「黛博拉！謝謝你。在你教我們之後，我已經戒菸10天了。以前我沒有機會接受這種教育。」有些老師說：「我不知道水這麼重要！」、「我不知道豆子這麼好吃！」許多人開始一點一點地改變，獲得並實踐了關於戒菸和新起點（NEWSTART）健康生活原則的新知識。這是一個奇蹟，我感謝上帝。

　　宗教的圍欄既高且厚，但我意識到，如果我們藉由上帝的愛來幫助他們，人心是可以改變的。如果我們誠心求問主，我們能為擴展上帝的國度做些什麼，祂會清楚地為我們指明方向。

文景熙（Moon Kyung Hee）
第 14 屆佈道士

來訪的佈道士

你們要向上帝歌頌，歌頌！向我們王歌頌，歌頌！

詩篇 47：6 ■

我目前正在印尼西巴布亞（West Papua）的伊里安查亞（Irian Jaya）。這個村莊簡直就是個大型的醫院，因為這裡的病人很多。了解到對醫院的需求後，我計畫建立一家醫院，但我不懂如何經營。如果可以，我會提供免費服務和免費治療，但我知道的東西不多。三位居民在一月前去世，我不清楚具體原因為何，但人們說他們死在山上一個鄰村裡。聽到這個消息後，我心裡的負擔更重了。「我真的愛我的病人嗎？我應該在這裡等他們病了來找我嗎？」於是，我決定主動去探望病人。

各種疾病困擾著這裡的居民，於是我去看望他們。教會女執事瑞秋受傷了，不能走路。一週前，她在下山時傷到了背部。我觸摸她的腿，感覺冰冰冷冷的，並且她看起來很虛弱。於是，我用冷熱交替的方式給她洗了個澡，然後又為她按摩。看著她痛苦的樣子，我感到很心疼，但我還是盡力幫助她。現在她已康復，每天依然到田裡工作。

我還去拜訪了一個名叫梅林的八歲女孩。當我詢問梅林的父母發生了什麼事時，他們說梅林突然不能走路，最後就變得完全不能走甚至坐下。我觸摸她的腿，它們非常冰涼。她的父母必須像抱著新生兒一樣抱著她。她哽咽著，卻沒有力氣哭出來。我不知道該怎麼辦，只有為她祈禱。我一有時間就去拜訪他們，帶水果給他們。儘管做了這些努力，我還是沒有看到太大的改善。但兩週後，梅林似乎康復了，於是我不再每天去看她。後來有一天，我突然得知梅林去世了。「為什麼！？」我以為她已經好了，所以在她慢慢康復時就沒有常常為她禱告，只是每週探望她兩三次，我為此感到很內疚。我前去參加她的葬禮時，在路上遇到了一位村民，便問他梅林是怎麼死的。可是他卻告訴我梅林的身體恢復得很好！「這是怎麼回事？我以為那女孩死了，所以才去參加葬禮的！」當我爬上山的時候，我又恢復了體力。我到達梅林家，看到她獨自坐著，面帶微笑。儘管她還不能起身獨自行走，但我非常感謝上帝並為她的生命讚美祂。

我決定要把上帝的愛介紹給更多的病人。我相信，上帝會與我同在，祝福我的事工。讚美主（Puji Tuhan）！

李敏英（Lee Min Young）
第 15 屆佈道士

與撒但的衝突

「你回家去,傳說上帝為你做了何等大的事。」他就去,
滿城裡傳揚耶穌為他做了何等大的事。

路加福音 8：39

在滂沱大雨中,發生了一件我至今都不願主動回憶的事。那天是營會的最後一天,儘管下著雨,還是有很多人聚集在一起觀看各種表演。活動從晚上7點一直持續到10點,直到最後只剩下少數人。這時,有一個女孩的四肢像是被什麼東西抓住似的。我能感覺到那女孩身上的靈在掙扎著,於是我們盡我們所能的為她禱告。

不久,從渾身顫抖的女孩口中卻傳出了一個男人的聲音,而非女孩本人的聲音。我們過去只在電視上看過的事如今卻在我們眼前發生。撒但並不滿足於這個女孩,開始陸續附身到其他年輕的女孩身上。她們的尖叫聲讓現場充滿了恐怖的氣氛。九個被鬼附著的女學生都被轉移到了教堂,與撒但的鬥爭仍在繼續。當時,我正抱著一位名叫珍的女孩。她用奇怪的聲音笑看著我們禱告和唱詩。她的眼神如同野獸一般,凶狠無比。她大聲喊道:「沒有耶穌!這裡只有我一個人。」然後,她突然狂笑。

看到珍流著淚背誦〈詩篇〉23篇,即可知與撒但的鬥爭是多麼痛苦,真是令人心痛。但我們能做的就是向上帝祈禱。我告訴珍:「上帝愛你,祂從起初就愛我們,祂的愛永不改變。無論在任何情況下,你都是被耶穌寶血所救贖的高貴孩子。」我說完這些,撒但離開了她,她終於放鬆了下來。凌晨兩點,我和我的夥伴把珍帶回她的帳篷,她立刻就睡著了。然而,過了一會兒,珍的背部又因撒但的攻擊而整個變得彎曲,因此我們在那個安息日整夜都無法入睡。

透過這些我人生中第一次經歷的事情,上帝給了我一個明確的方向。撒但毀壞了主所建造的世界,奪走了上帝允許我們享受的尊貴事物。有時撒但確實會擾亂我們的生活,但掌管一切的上帝總會拯救祂的子民──我們。

被鬼附身的女孩們眼中映射出的撒但是如此兇狠,我忘不了她們紅亮的眼睛。我瞬間意識到她們平時的眼神是多麼溫柔,我才明白我一直視為理所當然的那副眼神,其實是屬於耶穌的。時至今日,我仍在繼續禱告,希望自己能順從上帝的指引走上救贖之路,讓上帝的眼光一直追隨著我。

李靜恩（Lee Jeong Eun）
第 15 屆佈道士

愚笨的佈道士

所以，你們當悔改歸正，使你們的罪得以塗抹，這樣，那安舒的日子就必從主面前來到。

使徒行傳 3：19、20 ■

我被派往菲律賓北部的卡拉揚島（Calayan）。我和我的夥伴一起，抱著恐懼和興奮的心情前往宣教區。懷著這樣複雜的心情，我牽著夥伴的手來到了一個可以搭船前往宣教區的地方。我想盡快買到船票，前往我們的宣教地，但我的夥伴卻一動不動地站在原地，似乎沒有離開的意思。當我說「我們快走吧」時，我的夥伴告訴我，我們必須等待天氣好轉。這讓我非常沮喪，因為我不知道到底發生了什麼事。

後來我才知道，天氣好的時候，人們一個月可以去島上六到八次，天氣不好的時候，則只能去三到四次。一個星期過去了，我們仍然被困在那裡。我埋怨上帝。我想趕快出發，展開我的宣教工作，但我不明白上帝為什麼讓我們一直等待。「上帝啊，請快派我去宣教。我能戰勝孤獨和艱辛，請讓我去吧。如果祢讓我一直等待，那將是祢的損失，」我自豪地對上帝說。

後來，我開始嚴重腹瀉，發高燒，什麼也吃不下。我非常害怕，不知道該怎麼辦。周圍的人對我說：「你不能前往宣教區，因為你病得實在太重了，你還是回家吧。」我盡我所能地禱告。這不再是一個埋怨的禱告，也不是一個祈求健康和康復、好讓我能前往宣教地的禱告，而是為我的傲慢悔改的禱告，也是順服上帝旨意的禱告。

確實，我不得不承認，我是一個脆弱的人，靠自己什麼也做不了。我的禱告從怨恨的禱告變成了悔改和感恩。禱告結束後不久，我就不再腹瀉或發燒了。

我是一個愚笨的佈道士！我覺得太羞愧了，不配被稱為佈道士。但我感謝上帝祂填補了我的不足，與我同工，在我裡面工作，並透過我工作。

林振華（Im Jin Hwa）
第 15 屆佈道士

上帝的愛透過一個女孩展現

惟有主站在我旁邊，加給我力量，使福音被我盡都傳明，
叫外邦人都聽見；我也從獅子口裡被救出來。

提摩太後書 4：17

　　我遇到過一個女孩，她的家庭非常貧困，甚至連她幾歲都不知道。他們住在每天都難以生存的叢林裡。

　　一天，由於父親的失誤，女孩全身嚴重燒傷，他們把她送到附近的醫院。但因為她的傷勢嚴重，醫院放棄了治療，讓家人帶她回家。就連她的家人也放棄了對她的治療，只能等著她的死去。後來，上帝帶領我和我的夥伴來到了女孩的家。

　　當我第一眼看到這個女孩時，我不得不閉上眼睛，暫時停止呼吸，因為我不忍心看到她的悲慘遭遇。我的眼淚不由得流了下來。

　　我用上帝的話語鼓勵她的家人，也對女孩說了希望的話語，然後用我們帶來的藥為她治療。兩天後，一位女孩的鄰居帶著令人難以置信的消息來到我們家。他告訴我們，女孩去世了。那女孩是在我們去探望她的第二天去世的。我哭不出來，因為這太出乎意料了。我沒有悲傷，因為這感覺是如此不真實。女孩實在太小了，她的棺材只是一個小木箱。她的家人把她埋在一片草地上，因為他們買不起好的墓地。

　　三個月後，一個為期三週的佈道會就在這位剛去世的女孩所在的村莊舉行。這個村子甚至不是原定的聚會地點，但由於事態的發展，最終被選中了。這個決定是上帝的旨意。

　　在其他地區，只有5到30人左右參加佈道會，而在這裡，卻有100人參加。此外，有些人懇求我們教他們《聖經》。為了學習《聖經》，他們甚至不吃不睡。該地區的人口不超過500人。每天都有超過20%的居民參加佈道會。這是上帝奇妙的計畫，透過這個女孩，居民們可以有幸接觸到上帝的愛和福音。

　　藉由這個女孩，上帝帶領我們選擇了佈道會的地點，並將靈糧澆灌給那些渴望上帝話語的人。此外，藉由她，我重新認識到了自己的罪和軟弱。然後我聽到一個聲音在我腦海中響起：「正旭！無論你多麼軟弱無助，我都能透過你做工。所以，別再抱怨了，跟隨我吧！」感謝上帝，讓我每天都能看到祂的力量。

宋正旭（Song Jung Wook）
第 17 屆佈道士

用愛著色

弟兄們，我們該為你們常常感謝上帝，這本是合宜的；因你們的信心格外增長，並且你們眾人彼此相愛的心也都充足。

帖撒羅尼迦後書1：3 ■

要到達印尼的哈邦（Habang），我們必須從山口洋市（Singkawang）乘坐一個小時的巴士，然後再步行一個小時。那裡有一所只有八名教友的教會。雖然離城市不算遠，但這裡的人與文明脫節，生活貧困。他們的手指甲和腳趾甲都很短小。他們中的大多數人在六、七歲時就不得不開始務農，幫助父母插秧，因此他們的手指甲和腳趾甲還沒來得及長好就被磨掉了。每個家庭通常有10到13個孩子，所以父母不可能照顧好每個孩子。幫助父母似乎是孩子們的天職，可見他們的生活有多麼艱苦！

在教堂裡，我教孩子們《聖經》、英語和帶動唱。有一天，我遇到一個缺課的女孩，我問她要去哪裡，她說要去稻田裡工作。她肩上扛著農具，戴著一頂大帽子，艱難地走著。我很同情她。

由於村民們從早到晚都忙於農活，我只能獨自在家，沒有夥伴。即使我想幫忙他們一起種田，但缺乏農業知識的我，只會成為他們的累贅。因此，我不得不獨自一人，與孤獨和挫折搏鬥。由於不習慣一個人整天坐在農村偏僻的房子裡，我經常掉眼淚。對於習慣了城市生活的我來說，在寧靜的鄉村生活非常困難。但這對我來說是一個很好的機會，可以開始每天和孩子們一起學習英語和《聖經》。起初，孩子們在禱告時會睜開眼睛走來走去，最後終於學會了閉上眼睛，雙手合十，說「阿們」。

隨著時間的推移，我漸漸和村民們打成一片。女性鄰居們直接把從山上採來的藥草送給我做配菜，老奶奶們讓我去探望她們，和她們聊天。我走到哪兒，孩子們就跟到哪兒，叫著我的名字。我的心幾乎要融化了，因為他們愛我本來的樣子。我心懷感激地接受了他們的愛。另一方面，看到這些擁有如此純潔美麗心靈的人生活在絕望和尚未認識耶穌的環境中，卻令我感到非常難過。

我在那裡完成了一些簡單而微小的事情，但我希望我教過的孩子們能記住他們從一位圓圓的韓國女佈道士那裡所認識的耶穌，並在他們的生命中接受耶穌。

權敏貞（Kwon Min Jeong）
第 19 屆佈道士

榮耀歸與上帝

你是他們力量的榮耀；因為你喜悅我們，我們的角必被高舉。

詩篇 89：17 ■

離城市不遠處有一個舒適的鄉村，一邊是大海，一邊是長滿椰子樹的山。大部分居民都是天主教徒。經人介紹，我認識了這裡的一位年輕女士，她已經受洗，但她卻不去赴會，她的父親和弟弟也沒有，只有母親偶爾上教堂。上帝讓我教這位姐妹《聖經》，她的家人後來也和我們一起查經。現在全家人每個安息日都按時赴會。

此外，上帝還讓我看到了禱告的力量。一個昏迷了兩個月的人透過禱告醒了過來，另一個左半身癱瘓了十多年的人透過按摩和禱告康復了。一個從頭到腳都是膿包的兩歲孩子透過活性碳治療得到了醫治。上帝藉由我在那個地方創造了奇蹟。

有一天，一個男人來找我為他的母親按摩。我到他家時，發現他們是天主教徒，因為我在房子裡看到了許多馬利亞的雕像。這位母親的右手向內彎曲，並且無法行走。我們一起祈禱，接著我就準備開始為她按摩。但是當我看到那位母親的實際情況後，我不知該如何開始按摩。不過，我還是一邊禱告一邊小心翼翼地為她按摩。然後，我用〈約伯記〉第2章9節中上帝的話安慰她：「難道我們從上帝手裡得福，不也受禍嗎？」當她聽到這節經文時，忍不住流下了眼淚，詢問我章節的出處，並要我教她讀《聖經》。於是，我開始給她按摩和讀經，但她僵硬的身體沒有反應。一個星期過去了，還是沒有任何改善。我感到無能為力，只能緊緊依靠上帝。

上帝透過聖經故事給了我智慧，讓我想起了《聖經》中的一些醫病的故事，如大痲瘋病人乃縵用水治好了痲瘋病，耶穌用泥和水治好了失明的人。於是，我買了一個大水桶，用熱水和冷水交替的方法為她按摩。一週後，她的手臂開始伸展。一個月後，她開始獨自行走。她的手臂仍然彎曲，但在別人的幫助下，她可以上下移動了。出於喜悅，她的家人建了一座教堂，她邀請我去那裡做禮拜。所以，現在我和我的聖經學員們一起在那裡敬拜。雖然撒但後來開始透過她的孩子和鄰居進行攻擊，但她仍然很堅定。

就像一首歌的歌詞：「我能做的只有感謝和禱告。」我總是感謝和禱告。我將榮耀歸於主，因為祂透過那位女士向我展示了奇妙的神蹟。

石貞妍（Seok Jeong Yeon）
第 19 屆佈道士

救濟

「你施捨的時候,不要叫左手知道右手所做的,要叫你施捨的事行在暗中。你父在暗中察看,必然報答你。」

馬太福音 6:3、4 ■

　　我一大早就打開了診所大門;給病人看完病,讀了藥物和疾病相關的書籍之後,我便小睡了一下。這時,一位老太太帶著孩子來到診所。我醒了過來,詢問她一些問診時常問的問題,比如她住在哪裡、病人多大、她的宗教信仰等等。最後,我問孩子哪裡受傷。這位女士說,孩子的眼睛是被某種線扎傷。於是,我檢查他的眼睛,看看是否可以用眼藥水治療。但我看不到他的眼球,我認為用藥是行不通的,他應該去市區的醫院。我仔細地把這件事告訴了孩子的母親,但母子倆並沒有離開,而是繼續坐著。原因很簡單,他們沒有去醫院的車費,我一時忘了當地人的處境。不過,為了以防萬一,我還是問了那位女士是否有車費,答案不出所料。我想,既然是我建議他們去醫院,我就得付車費。但是,如果我給了他們車費,第二天我就沒有菜可吃。我為此感到苦惱。「是吃飯有配菜重要,還是給孩子治療重要?」經過一番思考後,我決定給他們車費。我數了數口袋裡的錢,我只有42,500盧比,來回車費是12,000盧比,所以我給了他們大約三分之一的錢。

　　對我來說,當自己身處困境時還要給別人東西是很困難的事。由於缺乏信心,我只給了她一萬盧比。他們在等車時,孩子的眼球又出現了,眼睛恢復了正常。於是,我想到了我的一萬盧比,但我沒有拿回我的錢。母子倆離開後,我也慢慢忘了他們。但有一天,這位媽媽帶著一袋滿滿的蔬菜回到診所;她把袋子裡的菜拿出來交給我之後就回家了。接過蔬菜的我對自己的行為後悔不已。

　　於是,我想起了上帝的話,提醒我應該暗中幫助別人,並相信上帝會回報我。所以,我在幫助別人時不應該吝嗇。這一天,我明白了一個可貴的道理:「一個人若連自己做過什麼善事都不記得,就表示善行早已成為他內化了的本性。」

申仁哲(Shin In Cheol)
第 19 屆佈道士

讓我們盡己所能去愛

吃素菜，彼此相愛，強如吃肥牛，彼此相恨。

箴言 15：17

　　我們今天早上剛剛搬了家。我們原本是住在村莊一間位於偏僻角落、爬滿了球莖植物的小房子裡，但現在我們住進了村莊裡最好的房子。我們一搬家，就感受到上帝的眷顧。搬到一個更乾淨舒適的房子對我們來說是件好事；因為我們清楚地知道主讓我們搬到這裡的原因。

　　我們一到新家，房子裡外就擠滿了人。我意識到很多人都想和我們這些佈道士在一起。我們以前的房子實在太小了，即使是兩個人也會覺得擠。但現在，除了晚上因為沒有電之外，我幾乎可以一整天都和這裡的人在一起。這些天來，我學會了如何克服困難。以前我不知道如何面對困難。事實上，我很長時間都很消沉，所以我就待在家裡，與世隔絕。然而，這並沒有幫助我解決任何問題。但現在，我正在一點一滴地學習。當我不斷地跌倒、站起身、倒下、再站起來時，我覺得現在我站立的時間已經遠比跌倒的時間更長了。在這段時間裡，我學會了上帝的愛是多麼偉大。我感受到了主強壯有力的雙手，戰勝了考驗。如果我沒有來這裡宣教，只是在家裡過著一般的生活，我可能不會成長，也無法學會如何面對考驗。這些日子以來，我每天的心情都很雀躍。

　　我認為自己才剛睜開了愛的眼睛，也才學會全心全意地去愛這裡的人們。雖然我來得有點晚，但我覺得很幸運，我還有時間去愛他們。我想在離開這裡之前，用上帝的心去愛他們。我也希望其他佈道士不要重蹈我的覆轍；若來到宣教地卻不愛人，會讓自己感覺像被監禁在沒有鐵窗的監獄裡一樣。如果自己沒有愛，就只會成天想著回家。一旦我學會愛這裡的人，我就開始為自己所剩不多的時間而感到遺憾。

　　當我們接受上帝豐盛的恩典，在適當的時候滿足我們的需要時，我們怎能懶惰呢？目前，我們的津貼全部用於幫助窮人。直到我來到宣教區，才知道這樣做是多麼有意義。我決定全心事奉讓我認識並找到這種快樂的上帝，並決定在我的餘生中盡力完成祂的使命。

金雅琳（Kim Ah Rim）
第 22 屆佈道士

尋找道路的年輕人

忍耐生老練，老練生盼望。

今年五月，當我們離開佈道士培訓校園來到印尼的查亞普拉（Jayapura）時，我和我的夥伴羅尼（Ronnie）滿懷雄心壯志。我以為我在叢林宣教的夢想終於要實現了。然而，當地的區會計畫派我們到一個意想不到的宣教地區。那個地方叫索龍（Sorong），我們乘船花了三天兩夜才抵達。然後，我們在一個叫薩旺達拉克（Sawandarak）的島上住了一個月，那裡離索龍有四個小時的車程距離。起初我們計畫四個月後去另一個島，但三天後，撒但開始攻擊我們。問題不在於食物、環境或居民，而在於我和夥伴的關係。這確實是最難解決的問題。當我把怨恨的磚頭一塊塊地堆砌在我的夥伴身上時，它們變成了一道我自己也無法突破的牆。

我們的宣教區是一個完美的珊瑚島，非常適合遊客，還因為海水離房屋的距離僅有20公尺遠，所以亦堪稱是個夢幻般的島嶼。這是一個安全的地方，因為這個村莊是由一群成為復臨教會信徒後，離鄉背井來此的人們所建立的。羅尼在那裡教小學，而我則是去當地的房子裡看書。我真的無事可做，也失去了最初作佈道士的目標，最終在一個月後我因瘧疾離開了小島。我想這是離開羅尼的好機會，於是我打電話給培訓中心，讓他們把我調到另一個宣教地。我在6月時來到島上，7月離開，8月漫無目的地遊蕩。儘管我知道這是非常可恥的，但我只是每天坐在教堂的階梯上嘆氣、讀經。看著天上的飛機，我考慮回家，心漸漸遠離了宣教地。我也很沮喪，覺得上帝對我的安排是不是只到這裡。「留在菲律賓的佈道士一定在忙著探訪、佈道和治療，而我究竟在這裡做什麼呢？」想到這些幾乎要把我逼瘋了。在韓國時，我有時覺得自己性格很好，值得信賴，但當我成為一名佈道士時，我卻覺得自己是一個非常糟糕的人。

之後，我於9月份來到瓦梅納（Wamena），接替了朴振成（Park Jin Sung）佈道士的工作。我再次意識到自己是一個找藉口的年輕人，而不是一個在尋找真道的年輕人。因為許多失敗和挫折，我曾迷失，但我相信這一切也是上帝帶領我走的路。我相信，上帝在訓練我之後，會帶領我走得更遠，我會像精金一樣閃閃發光。

羅英奉（Na Young Bon）
第 23 屆佈道士

快樂燦爛的日子

「但你們在那裡必尋求耶和華—你的上帝。你盡心盡性尋求他的時候,就必尋見。」

申命記 4:29 ■

大多數佈道士都夢想著去菲律賓的偏遠地區,與當地人在沒有水電的地方一起生活,但是我心中的宣教區卻是在一個生活環境條件良好的地方,讓我不免對我的佈道士同伴們有愧。事實上,這是上帝對我禱告的回應。

我在一間教會做學生牧師,但我的信仰並不堅定,這工作對我來說是個負擔。最重要的是,教友們認為佈道士就該像擁有所有聖經知識的牧師一樣,這太具有挑戰性了。另一個問題是我不能單獨行動,因為我需要協助教會。

作為一個年輕佈道士,每當我在比我年長許多的長老和執事面前講道時,我都會緊張地汗流浹背。我會彈鋼琴,但這跟彈讚美詩是不同的。在等待領唱選曲的過程中,我不禁心跳加速;她會選一首我熟悉的,還是一首我不熟悉的歌曲?我總是向上帝求助。到目前為止,我還從未有過不滿的時候。我現在也開始熟悉更多的經文。每次進教堂講道,我都不知道要禱告多少遍。但是,禱告之後,我感覺自己就像漂浮在雲端,聖靈與我同在。我沒做什麼,是上帝成就了一切。

上帝總是回應我的禱告。事實上,我曾祈禱上帝派我去菲律賓以外的地方。在我申請成為佈道士的前一年,我拜訪了我的佈道士朋友,了解在菲律賓做佈道士的生活。我討厭灼熱的陽光,不喜歡山裡沒有水的生活,還想繼續彈鋼琴。最重要的是,我想和別人不一樣。我是一個如此驕傲的人。

在人車混行的中國,我很慶幸自己一切平安。我也很感激老奶奶和老爺爺們稱呼我為「傳教士」,並客氣地對我說話。我認為自己在不懂中文的情況下來到中國,並像青島人一樣生活到今天沒有發生任何問題,真是一個奇蹟。我一直在追求世俗的繁榮,但我最終遇見了上帝,祂給了我世界無法給予的平安。

青島韓中中央教會在我離開後可能會有另一位佈道士,但我怎能忘記這片宣教地和我在這裡的宣教生活呢?這是我一生中最幸福的時光。今天又是對上帝的愛充滿感激的一天。我希望我奇蹟般的生命能成為讓別人看見上帝的奇蹟。

閔美娜（Min Mi Na）
第 27 屆佈道士

耶穌的心

「我尋得耶西的兒子大衛，他是合我心意的人，凡事要遵行我的旨意。」

使徒行傳 13：22 ■

中國丹東是我的第一個宣教地，我在這裡可以看到橋對面的北韓，但過不了這座橋。每當清晨我去鴨綠江邊運動時，在同一個朝陽下，我可以看到兩個截然不同的國家。也許是因為「北韓人是我的同胞」的想法，即使丹東才是我的宣教地，我卻無法停止對北韓的思念。我在丹東所做的是幫教會擔任司琴，教導兒童以及進行青年教育等服事。

在出發前往傳教區之前，我向上帝祈禱，希望祂能讓我完成很多事情。上帝應允了我的禱告。去做一些我做不到的工作很難，但耶穌總是給我一些工作去做，而且我從中學到了很多。我可以擔任一年的佈道士，但我沒想過要當一輩子的佈道士，我認為這種工作只適合某些特殊或偉大的人，對我而言即使想做也做不到。但現在，上帝正使用我作為祂的器皿，我想去上帝引導我的地方。雖然我曾決定不回中國服事，但上帝帶領我再次回到這裡，給了我希望和異象。

「基督並不在那裡。不要看空了的墳墓，不要像那些沒有指望、沒有倚靠的人那樣悲傷。耶穌是活著的，正因為祂活著，我們也要活著。我們務要以感恩的心和沾過聖火的口唱出快樂的歌聲：基督已經復活了！祂活著替我們祈求。務要持守這個指望，它就必保守你的心靈，如同堅固牢靠的錨。你若信，就必得見上帝的榮耀。」（《歷代願望》原文794頁）我一直在空蕩蕩的墳墓中尋找耶穌。但現在我意識到，耶穌還活著，祂不在墳墓裡。我知道了耶穌在二千年前來到這個世界，被釘在十字架上，三天後又復活了，祂昨日、今日、永遠都活著，祂永遠與我們同在。

中國這片土地依然是危險的，但福音正在慢慢進入這個國家。在這裡經歷過耶穌的教友比在南韓和北韓還要多。沒有人預料到這個國家會開放，但它現在正一點一點地得到福音的種子。上帝會永遠保護和照顧那些完成祂使命的人，並引導那些推進基督第二次降臨的人。現在，我真心想成為播撒耶穌福音種子的人。雖然我無法在這裡為任何人施洗，也無法在這裡建立教會，但我非常感恩自己終於能夠了解佈道士的心情，也能知道耶穌的心。

鄭美琳（Jeong Mi Rim）
第 27 屆佈道士

盧安達的使命

「俗語說：『那人撒種，這人收割』，這話可見是真的。」

約翰福音 4：37 ∎

婚後僅六個月，我們就申請參加佈道士培訓，這讓我感到不安和焦慮。

我們的宣教區是非洲的盧安達。起初，我們很擔心，因為非洲是一個疾病橫行、福音尚未廣傳的大陸。但這也是一次難得的旅行機會，讓我們興奮不已。我們終於抵達了盧安達的首都吉佳利（Kigali）。與預期相反，那裡的氣候比菲律賓好得多。與潮濕的菲律賓不同，基加利氣候溫和乾燥且多風。我們到達時正值雨季，所以天氣就像韓國的秋天一樣寒冷。

我們被分派到穆果尼羅醫院（Mugonero Hospital），我的丈夫李漢俊擔任院牧，我則擔任護士。由於英語是我們與同事溝通的唯一語言，我被分配到一間手術室，在那裡有許多會講英語的醫護人員。我的丈夫用英語證道，然後翻譯成盧安達語。我們也定期探望病人並為他們禱告，教員工如何使用網路。穆果尼羅院得到了羅馬琳達大學醫院的支持，因此員工們都想學習英語。我教員工們英語，他們則教我盧安達語和法語。

一位患者有一個9歲的女兒，由於營養不良，她看起來只有5歲。她的四肢很瘦，但肚子卻像蝌蚪一樣凸出來。於是，我們餵她米飯吃，還加了一些海苔和珍貴的麻油。但她只吃了幾口就不吃了。我們很困惑，也有些難過，後來我們知道了原因。盧安達是一個內陸國家，所以人們對海產了解不多，海苔和芝麻油的味道可能讓女孩感到噁心。我還意識到，我們必須融入當地文化。從那天起，我對盧安達人的特點有了更多的了解和認識。在當時的非洲，由於重男輕女的文化，女性受教育的程度不高，在戶外進食是可恥的，女性的內衣絕對不能在戶外晾曬。我們逐漸接受了一些我們無法理解的事情，比如烹飪時用的鍋子和放在餐桌上的鍋子之間的明顯區別。

然而，有一天，盧安達區會（Rwanda Conference）告訴我們，我們的簽證出了問題。經過培訓校園和盧安達區會的商議，我們不得不提前返回菲律賓。我很難過必須要離開我們的第一個宣教地，但我們相信上帝的計畫，並遵從祂的決定。迄今為止，我對於沒能好好與我的同事和鄰居道別，就離開了穆果尼羅醫院依然感到很遺憾，不過，我祈禱上帝的偉大恩典與他們同在。

崔雨珍（Choi Woo Jin）
第 27 屆佈道士

活在聖言中

弟兄們，我們暫時與你們離別，是面目離別，心裡卻不離別；我們極力地想法子，很願意見你們的面。

帖撒羅尼迦前書 2：17 ■

在前往同屆佈道士和第27屆佈道士在菲律賓維薩亞斯（Visayas）的宣教地時，我們非常興奮。第一位迎接我們的佈道士是金伊瑟（Kim Yi Seul）和楊米雅（Yang Mia）。她們用燦爛的笑容歡迎我們這個來訪的團隊。我無法忘記她們是如何在一間向隔壁借用的廚房裡為我們準備餐點，因為她們自己沒有足夠的碗和柴火來為我們做飯。看到她們的手因提著沉重的水桶而長了繭，著實令人心疼，但我也很高興看到她們適應了當地文化。

傍晚時分，我們到達了第二個宣教區；這是徐承熙（Seo Seung Hee）在宿霧的宣教區。當我們到達時，我記得她介紹了她的夥伴，說她是一位非常好的夥伴。儘管由於文化差異，她們之間會有一些矛盾，但她們彼此關心著對方。當我問到為什麼她們的架子上有很多罐頭食品時，她們說是因為家裡通風不好，昂貴的蔬菜很快就壞了。得知這件事情，我很難過；即使她們吃不到健康的食物和保健品，但她們健康的祕訣一定是每天服用上帝的話語。

我忘不了鄭愛蘭（Jeong Ae Ran）的樣子，她和當地人一起生活，相處的就像自己的家人一樣。她被分配到山區中部的一個村莊，在那裡他們只有一種叫做哈巴爾哈巴爾（habal-habal）的摩托車作為交通工具。我在那裡享用了新鮮的椰子，度過了一個愉快的安息日。

我們必須搭船前往下一個宣教地，即張智妍（Jang Ji Yeon）和申鐘浩（Shin Jong Ho）的宣教地。由於他們正忙著準備佈道會系列活動，我們不得不提前離開他們的住處。但這是一次有意義的訪問，我們一起參觀了他們的教堂和美麗的宣教地。

在崔孝仁（Choi Hyo In）位於卡利博島（Kalibo）的宣教區，我們有幸目睹了這位在生活上非常能適應當地文化的佈道士。我們徹夜長談，甚至沒意識到我們整晚都沒睡，因為我們覺得能在一起的時間太少了。佈道士最大的掙扎不是環境或身體上的痛苦，而是孤獨。透過學習和親眼目睹他們的掙扎，我對於他們盡其所能為這世界帶來光明和甜美的馨香之氣感到驕傲。我每天都為努力奉獻的佈道士們祈禱。

權大熙（Kwon Da Hee）
第 28 屆佈道士

前往大馬士革的路上

掃羅行路,將到大馬士革,忽然從天上發光,四面照著他。

使徒行傳 9:3 ■

我懷抱著會發生偉大奇蹟的夢想來到我的宣教區;腦海裡刻畫了無數個彎著腰、跛著腳、患有皮膚病,還有因缺乏食物而挨餓的人。然後,我想像自己為這些人祈求主的醫治奇蹟。

9月26日,我滿懷熱情地離開佈道士培訓校園,六天後抵達菲律賓的卡利博(Kalibo)。剛到宣教地時,我沮喪得哭了,因為我必須抽水才有水可用,要用木炭煮飯,還要忍受從沒有玻璃的窗戶吹進來的風雨,牆上和屋頂上也有蜥蜴,我失眠了近兩個月。每次洗衣服,我的手都會變黑,每週都要買飲用水。這樣生活了一個月半後,我感到很沮喪,因為這裡所發生的一切並不是我所期望的。

在我之前已經有三位佈道士來過這裡,但村裡大多數人仍然很冷漠。有些人很忙,我們無法拜訪他們,有些人不開門,還有些人不想和我們說話,尤其是那些已知道真理卻還是決定離開的人更是難以接近。我需要找到上帝已預備好的心靈,但是那種無助和孤獨的感覺真是令人難以忍受。我想這不僅是我的情況,也是所有佈道士的現實。宣教工作不僅僅是大數據上的洗禮、建立教會和行大神蹟。

就像主藉著十字架所撒下的種子被第一個教會的使徒們收割一樣,即使沒有人認可我的佈道使命,我仍會帶著喜樂竭盡所能的去服事。我之所以努力工作,是為了榮耀上帝的名,而不是自己的名。

我們的上帝是將掃羅徹底改造成保羅的神。迫害信徒的掃羅成了整個教會的屬靈之父,因為他對耶穌充滿了熱情。即使我在這裡的工作不如我想像的那樣順利,我也不應該失去心中的微光,因為這是一個潔淨我作為佈道士的過程,只有主的名才會得到尊榮。透過這10個月的宣教之旅,我將得到改變。我希望能像保羅一樣,在生命中燃燒這微光。

今天,我仍在前往大馬士革的路上。這條路並不孤單,因為這不是掃羅走過的路,而是主等著迎接我的路。

崔孝仁(Choi Hyo In)
第 28 屆佈道士

永不放棄的上帝

因為知道你們的信心經過試驗，就生忍耐。

　　這間沒有窗戶和水電的房子是我們佈道士必須居住一年的地方。當我們到達宣教區時，我和我的夥伴被意想不到的環境嚇壞了，所以我們茫然地站了很久。過了幾天，我的夥伴決定回家；因此我也在被派遣了一週後，離開了我的宣教區，先去和其他佈道士待一段時間。在那裡逗留期間，我有時間反思自己的缺點。不久我有了新的夥伴並且再度回到我的宣教區。我心裡充滿了信心。當我登上船時，我決定不再離開這座島。

　　為了彌補浪費的時間，我竭盡全力工作。然而兩週後，我不得不再次離開宣教區。原因是我的父親去世了，這惡耗感覺就像世界末日一樣，讓我無法承受。那時，我第一次懷疑我所信靠的上帝是否真的存在。我每天都為我的家人禱告，所以我覺得上帝背叛了我，祂對我禱告的回應，竟然是如此可怕和悲傷的消息。

　　我回到韓國，兩週後又回到菲律賓。但這回我不再是滿懷熱情地回去。上帝沒有給我想要的回應，我對祂充滿了怨恨。我回到宣教地也只是為了履行我的諾言。

　　我遇見了我的第三個夥伴並返回宣教區。從那時起，我就開始打發時間。宣教區的每一天都像一根緊繃的弦。我經常因為一些小事和夥伴發生衝突，這時我就大喊大叫，以壯大自己的聲勢。我怨恨我的夥伴，也怨恨上帝。我的身心越來越疲憊，慢慢地想放棄自己。與此同時，我重新用上帝所賜予我的東西來充實自己。

　　即使是現在，在我從事宣教工作之後，我仍然不明白為什麼我必須經歷這麼多的考驗，卻沒有如同其他佈道士的經歷和奇蹟，然而，我還是感謝上帝耐心地看著我。現在，我甚至不知道讓我經歷如此艱難生活的上帝會如何影響我今後的生活，但我祈禱，當上帝在未來給我一個清晰的藍圖時，我能成為一名可以證明上帝依然活著的佈道士。

　　有人播種，有人收穫，但我用一年的時間耕耘了自己的土地。我相信，過去一年的宣教生活不會白費，它將成為我今後人生的寶貴基礎。

金荷娜 （Kim Ha Na）
第 30 屆佈道士

上帝是我的幫助

「你們這小信的人哪！野地裡的草今天還在，明天就丟在爐裡，上帝還給它這樣的妝飾，何況你們呢！」

馬太福音 6：30 ◼

　　我懷著激動的心情來到了宣教地。放下行李後，我和夥伴一起去購買日用品。買完東西後，我們發現身上只剩下200披索（約5000韓元），而距離下一次發放津貼還有10天，我們用禱告將一切交託給上帝。幾天後，千人佈道士運動的一位資助人來到我們的住處。他離開時給了我一張500披索的鈔票，讓我給自己買點吃的。上帝提供了讓我們度過這整個月所需的錢。

　　有一天，我們的米和錢都用完了，但是第二天是領津貼的日子，所以我並不擔心。然而，培訓中心告訴我們，他們會在三天後透過來訪的牧師帶津貼給我們。因此，我們只能一邊挨餓一邊等待。但我們決定相信上帝並為此祈禱。禱告結束後，一位教會長老來看我們，詢問聖經學校的情況並給了我們10包泡麵和500披索。

　　隨後，我收到了來自韓國三育健康大學（Sahmyook Health University）的消息，護理系的學生將到我們這裡進行醫療宣教。十分鐘後，我收到了市政府的公函，信中表達希望我們能為當地居民提供醫療服務。當我看到市政府希望的日期正是醫療團來訪的日期時，我十分確信上帝真實地活著。

　　有一天，我在家訪時遇到了一位老人。他是一位信奉天主教近20年的教徒。幾年前，他在一場車禍中失去了兩個孩子，兩年後，他被診斷出患有帕金森氏症。他說他花了很多錢和時間接受治療，但在醫生告訴他不能再走路後，他失去了所有希望，也放棄了信仰。他還說，很多教派都來拜訪過他，並推薦他研讀《聖經》，但他拒絕了所有人。我每天早上都去探望他，為他按摩僵硬的腿和手臂，並為他禱告。令人感到慶幸的是，老爺爺的腿和身體漸漸靈活了。有一天，當我去看他時，卻找不到他。後來才發現他一個人在散步。他要求查經，之後他所有的家人都接受了洗禮。

　　我知道上帝呼召我是為了改變我。我還知道，佈道士的生命是真正寶貴的。禱告是打開天國倉庫的鑰匙。此時此刻，我立志要成為一名與上帝同行的佈道士。

崔恩靜（Choi Eun Jung）
第 31 屆佈道士

塔林戈德

那報佳音，傳平安，報好信，傳救恩的，對錫安說：你的
上帝作王了！這人的腳登山何等佳美！

以賽亞書 52：7

　　我於2009年9月21日抵達菲律賓塔林戈德（Talaingod），它位於達沃
（Davao），幾乎是菲律賓的最南端，是原住民居住的山區。沿著山路走，你會
發現山上有一座非常漂亮的教堂。我們的房子離教堂很近，雖然沒有水，但
只要我們需要，上帝隨時降雨。而且因為沒有電，所以我可以清楚地看見月
亮和星星。

　　周圍有很多村莊，但我至少要步行30分鐘才能到訪，所以每次去探望居
民，我都當作是運動的機會。此外，雖然我遠離了親愛的家人和朋友，但這
裡的居民卻成了我新的家人和朋友。說實話，一開始我很難接近他們，因為
我不會說他們的語言，而且我也很內向。我喜歡這裡的一切，除了蚊子和晚
上在房間裡跑來跑去的老鼠。

　　我來到這個宣教區後，發生了很多事情。其中最難忘的是去年11月的
佈道會。在準備佈道會時，我不知道該做什麼，也一直為此擔心，因為這是
我第一次佈道。但在上帝和許多人的幫助下，佈道會圓滿結束。人們非常熱
情，下午6點之前就抵達了會場，晚上10點之後才回家。此外，因為是雨季，
我們還擔心會下雨，但從開始到結束雨一次都沒有下過。在佈道會期間，小
偷還光顧了好幾次，雖然這有些讓人害怕，但透過傳福音，很多人都成為了
我們教會的教友，因此我非常喜樂。

　　此外，我在這裡還得到了許多人的幫助，了解到上帝的愛和旨意。看著
當地人的生活，我為自己不懂得感恩和滿足，經常只會抱怨而感到羞愧。現
在，哪怕是微不足道的小事，我也學會了如何感恩。我想，作為一名佈道
士，我得到了許多，也學會了許多。既然這裡如此得天獨厚，有很多事情需
要我去做，所以我相信我被派到這裡確實是上帝的安排。

　　我以前覺得在宣教區的10個月真的很長，現在卻覺得太短了。我來到這
裡之後還沒做成什麼事，四個月就已經過去。在剩下的六個月裡，我會盡一
切所能，成為一名努力傳福音的宣教士，與這裡的人們分享上帝的愛。

鄭藝琳 （Jeong Ye Rim）
第 34 屆佈道士

聖靈的工作

都恆心遵守使徒的教訓，彼此交接，擘餅，祈禱。

使徒行傳 2：42 ■

　　我為我的宣教地和夥伴禱告了很久。然而，我被分配到了一個意想不到的地方，而且也沒有夥伴同行。在培訓期間，我曾經許諾，無論是和誰搭檔，都不會有任何問題，因此我努力與所有的佈道士保持親近。現在，我和教會裡的年輕人一起工作，並將他們視為自己的工作夥伴。

　　令人驚訝的是，上帝在我抵達的前一週派了一位年輕人來這裡。透過這位年輕人，青年團重新煥發了生機。他比我年長，但人很謙虛。他的領導能力也很強，營造了一種溫暖的氛圍。不過，因為我是佈道士，所以他依照了我的計畫，為事工提供了很多幫助。來到這裡不久後，我與這位弟兄進行了一次深入的交談，透過他的故事，我了解到上帝為什麼差遣我們來到奧地利，我們為此一起流淚禱告。

　　來到維也納不久，我就和青年們走得很近。後來，一位年輕人就建議：我們每天早上可以在維也納市中心一座叫普拉特（Prater）的美麗公園運動。另一位年輕人剛好也提議在運動前做一個簡短的靈修。這真的很神奇，因為在我想到要在這裡做些事工之前，上帝早就在進行祂的事工了。上帝要我們在運動前進行早靈修，讓年輕人聚集在一起參加清晨的禱告會。儘管聚會的目的從運動變成了禱告，但沒有人感到失望。現在他們晚上運動，早上則聚集默想和禱告。儘管晨禱大約需要四個小時，但這群年輕人一點也不覺得是在浪費時間。事實上，他們認為這是必要的。此外，他們還證明了晨禱的重要性，他們說，每次不做晨禱時，他們總是會覺得度過那一天十分艱難。我可以看到他們的信心在增長。他們還在家裡觀看證道影片。因此，他們開始向周圍的人傳福音。看到每個人都在傳福音，我深深地相信這是聖靈的工作。

　　記得在來這裡之前，我為我的夥伴祈禱過。令人驚訝的是，上帝將這群年輕人賜給我，成為我寶貴的夥伴。許多年輕人在放假期間返回韓國，但他們每天都透過線上聚會分享自己的見證和代求事項。我非常感謝聖靈帶領這群年輕人，使他們經歷上帝使命的復興。

朴章奎（Park Jang Gyu）
第 37 屆佈道士

世界無法給予的幸福

「我留下平安給你們；我將我的平安賜給你們。我所賜的，不像世人所賜的。你們心裡不要憂愁，也不要膽怯。」

約翰福音 14：27 ▉

到達宣教區後，我做的第一件事就是為一間我被派送的餐廳做開業前的準備。我的工作是幫忙清潔，所以我每天的角色都像是灰姑娘。我努力工作，因為「無論做什麼，都要從心裡裡做，像是給主做的，不是給人做的」。兩個星期後，我們店裡的人手不夠，再加上我的職責尚未確立，於是我被調去洗碗。在這裡語言不通的我，又能做什麼呢？洗碗也是上帝的工作，我歡喜快樂地洗著盤，但我從來沒有洗過這麼大量的碗。工作的過程非常辛苦，以至於我無法嚥下任何食物。後來我升職了，開始在廚房裡擔任廚師助手。

餐廳經營穩定後，我和我的夥伴開辦了韓語班。上帝給我的使命是將祂介紹給中國的大學生們。當時，一位朋友來訪，並請我為他禱告。我感到疑惑，因為我從未向他提起過上帝。他確實是透過耶穌的帶領來到我們身邊。與之同時，我發了一條簡訊給一位朋友，因為我想和他分享上帝的話。我邀請他來我們家做客，他欣然接受了，我計畫用中文和英文教他《聖經》。但就在此時，我聽說有一位佈道士準備前來我們餐廳。他是一位中國佈道士，名叫大衛，所以最後由他來和這位朋友查經。有趣的是，這位朋友像海綿一樣快速吸收了《聖經》的內容，以致深感自己是如此需要主。

之後，上帝向我發出挑戰去與韓國學生分享上帝的話。正當我問自己「這可能嗎？」之時，我認識了一個非常勤奮的韓國學生，他在學習韓語上有很大的困難。憑藉佈道士總會把握機會的精神，我學像摩西的姊姊米利暗一樣，向公主舉薦自己的母親成為保姆，我也毛遂自薦可以用韓語教他《聖經》。果然，這位學生欣然接受，並且幾乎每天都來學習《聖經》。主還給了我一份意想不到的禮物，那就是這位學生帶來了另一位朋友，現在我正在教他們兩位。當我看到這些學生聆聽上帝的話語時，我感到非常高興。

我可能無法看到這些可愛的朋友們在靈命上得到足夠的成長，但我在中國學到了一件事。這項工作不是我的工作，而是上帝的工作。我真的很幸福。我祈禱每個人都能選擇這條幸福之路，都能經歷我所經歷的一切。

韓雅英（Han Ah Young）
第 37 屆佈道士

最強的小國

至小的（族）要加增千倍；微弱的國必成為強盛。我—耶
和華要按定期速成這事。

以賽亞書 60：22 ■

　　當我的宣教地確定之後，我為自己的夢想向上帝禱告。我確信，只要我
以初期教會的精神去工作，主就會幫助我贏得生命。當我們滿懷喜樂和盼望
的心來到宣教地，並宣告我們的目標是贏得一千個生命歸主時，當地的牧師
一臉難以置信，但我們相信，只要我們準備好了，上帝就會把人賜給我們。

　　有一天，美國河濱韓國教會（Reverside Korean Church）打來電話，他們計畫在這
裡舉行佈道會，因此我們為這次佈道會做了兩個月左右的準備。我們相信，
傳福音要成功，唯一要做的就是禱告。最後，河濱韓國教會的21人與朴英浩
（Park Young Ho）牧師一起抵達機場，他們在我們的宣教區裡免費提供了世界級的
醫療服務。這是河濱韓國教會和羅馬琳達大學為鄰里提供的一次真正的愛心
服務，有四名牙醫師、十名牙科專業學生和一名內科醫師提供了免費醫療服
務，甚至還專程從美國帶來了一些設備。每天有一千多位居民前來就診，有
200多位居民接受了牙科治療，400多位居民接受了內科治療。在人們等待就
診的同時，我們還提供了健康講座，分享了耶穌。

　　醫療服務結束後，我們在佈道地點舉辦了聖經學校。第一天，儘管沒有
做任何宣傳，仍有約200名兒童參加並認識了耶穌，從第二天開始，約有500
名兒童定期參加，聖經學校辦得熱鬧非凡。

　　佈道會第一場，約800名居民擠滿了體育館。這次佈道會，我們用七輛大
卡車接送居民。當時正值雨季，但整個佈道會期間都沒有下雨，我們知道這
是上帝為我們行的偉大奇蹟。

　　安息日當天，從早上8點開始，就有包括當地教友和受洗者在內的二千多
人在體育館參加聚會，連椅子都不夠坐。午餐後，浸禮儀式在租來的游泳池
裡舉行，所有教友都為這472名重生的生命獻上祝福。

　　我們該如何報答主對我們的大能和無盡的愛呢？我為祂的成功和得勝感
到高興。我期待能每天從那位要藉著我們而建立祂國度的上帝那裡，獲得奇
妙的經歷。

編者註：韓鐘錫憑借上帝的恩典，在一年內帶領了 2024 位生靈來到上帝面前。

韓鐘錫（Han Jong Seok）
第 37 屆佈道士

佈道士的工作是上帝的工作

弟兄們,我告訴你們,我素來所傳的福音不是出於人的意思。

加拉太書 1:11 ■

　　我在菲律賓一個名叫吉比特吉爾(Gibitngil)的小島上服務了五個月。在上帝的恩典下,這裡正在舉行佈道會和建堂。我感覺到上帝真確地活在我的日常生活中。從五月開始,我和我的夥伴每星期四都會去拜訪一個家庭,和他們一起查經。那是我第一次為人查經的地方,也是我讀經最多的地方。我愛上了這個家庭,他們也承認我們一起學習的是真正的真理,也希望其他人能聽到,於是他們介紹其他的家庭來和我們一起查經。

　　上星期四,我們像往常一樣在6點鐘去拜訪他們,但家裡沒人。我們在外面等待的時候,路過的人說他們家加入了「巴萊卡哈亞格」教,它的名稱是「Balay kahayag」,其字面意思是「光明之家」,是島上最大的教派,其領袖為加入他們信仰的人提供住宿。這是唯一一個在島上擁有三層樓建築和大量海外物資的宗教。這個家庭與我們一起學習《聖經》的時間最長,並且也已經理解了真理,他們入別教的消息令人震驚。到底出了什麼問題?是我們沒有好好地傳遞信息嗎?我為自己沒有更加努力而感到羞愧。我試著去理解他們,但我的心真的很痛。於是,我們回到家裡,談了很多發生的事情。星期五我讓自己休息了一下,試著振作起來。當安息日到來時,我還是很不舒服。早上去做禮拜之前,我向上帝禱告說:「上帝啊,請讓我看到是祢在工作,而不是我。」

　　當我正在研究學課時,有一家人進來做禮拜。這家人的母親是我每天到訪時都會愉快地和我打招呼的女士。我很驚訝她和家人來到教堂。突然,我想起了那天早上的禱告。當我看到其他來賓時,我的心怦怦直跳。有兩個每天來我家說不想去教會的年輕人也突然來了,還有那些受洗後三個月沒來教堂的人,手裡也拿著《聖經》出現了。

　　我以前聽說過「使命不是由我完成的,而是由上帝完成的」,這句話現在成了我的見證。就在這週的星期二,加入巴萊卡哈亞格的那位弟兄拜訪了我們。我們談了很久,我對他不快的感覺消失了,相反地,我為他祈禱,希望他能回歸真理。轉眼又到了安息日,我對上帝這次將行的大事充滿期待。

安佑林(Ahn Woo Rim)
第 45 屆佈道士

在匱乏中充滿感恩

我的弟兄們,你們落在百般試煉中,都要以為大喜樂;因為知道你們的信心經過試驗,就生忍耐。但忍耐也當成功,使你們成全、完備,毫無缺欠。

雅各書 1:2-4 ■

我們住的地方停水已經一個半月了,因此,我們在附近的溪裡洗碗、洗衣服和洗澡。當我第一次遇到這種情況時,我不知道要從哪裡開始,也不曉得該做什麼。由於八天沒有洗頭,我的頭髮變得油膩,開始脫落,頭皮也開始發癢,一抓就流血。

我實在忍不住了,就請人送水給我。幾分鐘後,一位學生微笑著提來一桶水,說水很清澈。看著桶裡的水,我頓時頭腦一片空白,一股怒氣湧上來,真想放棄一切。我頭皮發癢出血、頭髮掉落,在床上還被蟲叮咬,這一切實讓人難以忍受。這時,給我送水來的同學笑得更燦爛了,她說:「今天的水很清澈,你可以用來洗澡。」她燦爛的笑容突然讓我的心情好了起來,也讓我覺得自己的怒氣實在來得莫名其妙。我沒有其他選擇,只好用那桶水洗澡,還剪短我的頭髮。

後來我心想:「我一直生活得很舒適,什麼時候才會體驗到這些事情呢?就讓我享受這一刻吧!」於是我禱告說:「上帝啊,如果沒有水,就請降雨吧。」在停水之前,我並不喜歡下雨,因為大雨會造成停電,讓道路泥濘不堪。但現在,只要一下雨,我就會跳下床,把家裡所有的水桶都拿出來接水。有時沒水喝了,我就喝雨水。我從不知道雨水是如此清澈涼爽。我可以自豪地說,這裡的雨水是我喝過最好喝的水。肯亞的雨水味道真的是最好的,強烈推薦給在韓國的朋友們!

透過我在宣教工作中經歷的困難,我了解到水是如此珍貴。同時,我也意識到,我一直把水資源視為理所當然。我的禱告得到了回應,現在我懷著感恩的心生活,感謝上帝派我到艱難的環境中。藉由緊緊抓住那位告訴我要忍耐的主,我的心靈充滿了感激之情。

李智賢(Lee Ji Hyun)
第 50 屆佈道士

在上帝的空間裡

12
December

22

我們在萬軍之耶和華的城中──就是我們上帝的城中──所看見的，正如我們所聽見的。上帝必堅立這城，直到永遠。

詩篇 48：8 ■

　　我和我的夥伴被派去的那個地方只有五位教友：一對爺爺奶奶、我們寄住房屋的主人，和另一對帶著孩子的夫婦。那裡沒有教堂，所以他們會在不同的時間在家裡聚會，或者根本不聚會。

　　有一次，我在安息日的早上非常疲倦，因為星期五晚上蚊子太多而睡不著覺。於是，做完禮拜後，我決定回家睡一下。一個人走回家而不注意四周是一個很大的錯誤，因為有人跟著我。當我到家打開門鎖時，聽到身後傳來一個陌生男人的聲音。我嚇了一跳，但沒有回答，迅速地打開門。然而，那個醉漢卻以更快的速度向我靠近。我很害怕，但還是微笑著說：「你怎麼會在這裡？房東現在不在，請稍後再來。」我用英語對他說話，但醉漢聽不懂我的話。他走近我，用宿霧語跟我說話。一開始，當那個男人讓我跟他握手和擊掌時，我照做了。但當他要求我做同樣的事情超過五次後，我停了下來，因為這變得毫無意義了。於是，那人臉色大變，憤怒地睜大眼睛說：「聽著！你是佈道士，你是我的朋友。」他用高大的身軀擋住我，不讓我逃跑。我很害怕，心裡想如果我採取錯誤的行動，可能會造成更危險的狀況。如果他碰我或打我，我該怎麼辦？作為佈道士，我該如何應付他？睜著眼睛做了簡短的禱告後，我彎下腰盡速跑開了。我一邊跑一邊打電話給隔壁的女士。那個男人跟在我後面，我害怕地差點大叫。隔壁的女士意識到情況不妙，她藏了一把小刀在手裡，然後走了出來。後來，我才知道他是個惡名昭彰的人，每次喝醉都會毆打妻子和孩子。上帝確實保護了我免受傷害。

　　在這裡的每一天，我都覺得自己生活在上帝的空間裡，全副身心都感受到祂的同在，經歷祂的大能。有了上帝的引導和供應，以及我們的禱告和努力，最終在一個月後帶來了明顯的成果。在這裡的第一個安息日，只有我和兩個人一起做禮拜：我的夥伴和教友爺爺。「我們是否應該如此敬拜一段時間？」我心裡默默地想著。但現在，值得慶幸的是，院子裡搭起了帳篷作為我們一起敬拜的地方。我相信上帝的工正運行在我的生命中，我希望你也能經歷祂。

卞善宇（Byeon Seon Woo）
第 51 屆佈道士

在尼泊爾播撒福音種子

你們既因順從真理，潔淨了自己的心，以致愛弟兄沒有虛假，就當從心裡彼此切實相愛。

彼得前書1：22 ■

今年1月中旬，我和我的夥伴從尼泊爾的黑道達（Hetauda）搬到了巴爾丘爾（Balchul）。在搬到新的宣教區之前，我從牧師那裡聽說了這個村莊的情況，這裡有大約900位姓巴迪（Badi）的村民聚居在一起，其中大約有100名復臨教友，但由於沒有教堂，他們租用了村裡的一個小教堂做禮拜。最近，新的建堂工程開始動工。

一聽到這個消息，我就非常激動，心想自己終於可以過上大多數佈道士夢想的生活了。在前往新的宣教地之前，我和我的夥伴每天都為此祈禱。最後，黃長老、一名執事、一名物理治療師和三名幫我們翻譯的尼泊爾人踏上了長達15個小時的旅程，為1月19日舉行的佈道會做準備。一到達新的宣教地，我就看見那一片美得讓時間靜止的迷人風景。這裡的氣氛與韓國鄉村非常相似。我們再次負責兒童事工。在上一個宣教地，我們只有20個孩子，但在這裡，當我們唱歌和講聖經故事時，有100多個孩子聚集在一起。忙碌的我們雖疲憊不堪，但內心卻因快樂而變得更加健康。兒童活動結束後，我們又為村民們量血壓，了解他們的飲食習慣，與他們拉近了距離。

來到這裡三個星期後，建堂的贊助人從韓國趕來舉行佈道會。這場佈道會有200多人參加，19個人受洗。佈道會結束後，我和我的夥伴、兩名協助翻譯的尼泊爾佈道士以及一名物理治療師決定在此多待一段時間。物理治療師努力地幫助病人，我們其他人則透過各種項目和活動愉快地事奉上帝。我們本應開展更多活動，但由於新冠疫情的影響，所有活動都暫時取消了。目前我們正處於自我隔離狀態。作為從國外來的宣教士，我們在這裡處境艱難，我們的計畫遭到取消。但我們並不沮喪，因為我們相信上帝另有安排。這裡還有許多人尚未接受耶穌，但我相信，只要有聖靈與我們同在，沒有什麼是不可能的。看著現在世界上所發生的各種事件跡象，我覺得耶穌的復臨已經迫在眉睫，但很多人仍然不了解真相。我們確實生活在老底嘉教會的時代。因此，我認為現在是我們應該比以往任何時候都更加努力禱告並祈求聖靈的時候。請為尼泊爾禱告，用您的禱告和愛來支持這裡的使命。

李善美（Lee Sun Mi）
第54屆佈道士

他們並不理解

這些事門徒起先不明白，等到耶穌得了榮耀以後才想起這話是指著他寫的，並且眾人果然向他這樣行了。

約翰福音 12：16 ■

我們無法預測自己的未來，因為變化無時無刻不在發生。人們將此解釋為巧合，而我們則認為這是上帝的旨意。我們無法理解上帝的旨意，就連耶穌的門徒也不明白祂為什麼要去耶路撒冷，因為法利賽人正試圖在那裡找機會殺害祂，耶穌到當地就如入了虎穴。耶穌升天後，門徒們才明白這是預言的應驗。然而，直到他們意識到這一點，他們才完全了解許多事情，包括耶穌的受難、死亡和復活。

當我們遇到困難時，我們不明白上帝的旨意。不清楚為什麼會發生這樣的事情，也不曉得上帝為什麼會允許它們發生。然而，當時間流逝，我們克服困難之後，就會隱約明白上帝的心意，才意識到這是為了我們好。

我最初的宣教地是菲律賓的民答那峨（Mindanao）。它一直是我心目中的第一宣教地，因為它以豐富的水果和慷慨的人民而聞名。得知要去民答那峨時，我滿懷期待。然而，由於新冠疫情的爆發，民答那峨採取了邊境封鎖的措施，我的宣教區改到呂宋島。當我聽到這個消息時，我非常失望，無論我怎麼想都想不通上帝的旨意，我也因此經常抱怨。但我現在實在佩服上帝的旨意。上帝把我送到了最適合我的地方，而不是我想要的地方。我的宣教地是阿爾拜省（Albay）。這裡山川秀麗，夜空繁星點點，是一個讓我相信上帝活著，並為我制定了明確目標的地方。從孩子們的眼神中，我感受到了上帝的愛。每天的新體驗拓寬了我的視野和見識。

如果我因為無法克服對新冠肺炎的恐懼，或者因為宣教地區被改變而感到失望，從而放棄了宣教工作，我就永遠不會明白上帝的偉大旨意。相信上帝、克服困難、緊緊抓住聖靈、戰勝試煉，這些都有助於我認識上帝的旨意。「那時，一生經歷的種種疑難之事都必明瞭。那在我們看來全是紛亂和絕望的，是被破壞的心願與受阻撓的計畫！到那時就必看出實在是偉大，卓越與勝利的旨意，是神聖的協調。」（《教育論》原文305頁）

今後，撒但會繼續考驗我，世界的攻擊也會加劇。但我會記住，這也是上帝的旨意。最後，我會永遠記住，撒但已經被打敗了，勝利是屬於上帝的。

金載煥（Kim Jae Hwan）
第 55 屆佈道士

尋求上帝的旨意

「我是葡萄樹，你們是枝子。常在我裡面的，我也常在他裡面，這人就多結果子；因為離了我，你們就不能做什麼。」

約翰福音 15：5

由於新冠肺炎，我在接受培訓後就被派往菲律賓一個叫布卡爾（Bukal）的地方，當地教會因疫情關閉至今已有四個月，敬拜也一直以線上方式進行。我和我的夥伴不得不反覆思考上帝對這個地方的旨意。由於新冠肺炎和我類似中國人的外貌，我很難與居民們親近。當我聽說人們害怕從我這裡感染到新冠肺炎時，我在房間裡大哭了一場。我只想做上帝的工作，所以我願意等待並忍耐了這麼久，最終被派到這裡來。

由於疫情的情況越趨惡劣，我們必須遵守社交距離，因此我們先去了好友的家。看著著他們，我想到了上帝的旨意。我覺得自己真的很軟弱，什麼都做不了。我向上帝抱怨了很多。然而，我明白了佈道士的生活並不完全是為了贏得每時每刻的勝利。佈道士的生活乃在於即使遭到撒但的攻擊而屢次跌倒，仍不斷地緊緊抓住上帝。

我喜歡未雨綢繆，按計畫生活。然而在這裡，即使是小計畫也總會被打亂。回想那些沒有按計畫進行的時刻，我意識到上帝希望我在小事上也能完全依靠祂。另一件讓我感恩的事是，祂重新點燃了我將熄的熱情。由於新冠肺炎的緣故，我什麼都不能做，因此我更加迫切地想做點什麼。目前，我和我的夥伴正在進行一個新的事工。由於無法進行實際的拜訪，我們計畫在網上分享上帝的話。如果這是上帝的旨意，我相信無論撒但如何破壞，這事奉都將成功。當我錄製自己的聲音、編輯影片、與我的夥伴一起學習上帝的話時，我感覺上帝與我們同在。

我感謝上帝，因為每當我的信心軟弱時，祂總會讓我重新振作起來。回首往事，在這段旅程中，上帝的旨意一直與我們同在。上帝讓我在出發去菲律賓的當天背部劇痛，所以我拼命禱告。我害怕來到菲律賓，但上帝藉著疼痛改變了我的心。當我在塔爾火山（Taal Volcano）爆發後不久來到菲律賓時，我學會了如何在任何情況下都心存感恩。三個月的培訓也讓我學會了耐心和耐力，並與我的同屆佈道士一起度過了難忘的時光。我明白一切都是上帝賜予我成長的機會。現在我渴望被上帝使用。所以我的禱告是：「上帝，請使用我。」

朴智娜（Park Ji Na）
第 55 屆佈道士

以前在監獄，如今在耶穌裡

「凡勞苦擔重擔的人可以到我這裡來，我就使你們得安息。」

馬太福音 11：28 ■

　　我是個可怕的傢伙，曾經監獄裡待了四年。然而因為〈馬太福音〉11章28至30節的緣故，在我感到無此沮喪時，我下定決心有一天要更接近耶穌。

　　在那一刻，我將自己的意志交託給耶穌基督，希望祂能應允我的禱告，成為一名佈道士。後來，我遇到了尤金·德拉佩尼亞（Eugene Dela Peña）牧師，他是南菲律賓聯合會千人佈道士運動的副幹事，他邀請我加入千人佈道士運動。從那天起，我的生命從毫無意義到有了方向，現在我認識到了自己的價值，因為我透過禱告釋放了所有的焦慮。因為耶穌基督，我改變了很多。祂用許多人幫助我脫胎換骨，我的生活不再悲慘。現在，耶穌是我希望和幸福的唯一泉源。我將事奉上帝，直到我生命的盡頭。

　　在我的宣教地區，我遇到了一些從未聽說過耶穌基督的人，就像莉娜媽媽一樣，她58歲了還在抽菸。有一次，我對她說：「莉娜媽媽，看看我，我曾經是一個非常壞的人，我是一個毒梟，一個罪犯，做過很多惡事。但後來我想，如果我現在死了會如何呢？我有可能進入天國嗎？我擔心我去不了，因為我是個惡人。於是我決定接受基督，我祈求上帝赦免我的罪，讓我成為祂福音的器皿。然後，祂給了我參加千人佈道士運動培訓的機會。我曾經浪費生命並因此入獄，但我現在活得很有意義。」她認真地聽我說，我努力禱告，希望上帝能觸動她的心。

　　臨走前，我懇切地請求莉娜媽媽：「上帝是存在的，因此，戒菸吧！因為耶穌愛我們。祂不希望我們因為自己的所作所為而受苦。祂死在十字架上是為了拯救我們，幫助我們修復與祂之間的聯繫。」之後我告訴她，如果她有空，我們可以一起學習《聖經》，了解更多關於自身健康的知識。她笑了。我知道，她的微笑將帶領她走向耶穌。

　　在我的宣教地區，上帝的引導對我而言是如此顯而易見。祂引導我走出陰霾，進入充滿希望的光明，也引領著人們看到祂的光芒。我現在可以大膽說出之前說不出口的話：「我過去曾被困在牢獄中，但現在我已在耶穌裡。」

唐納德·羅薩萊斯（Donald Rosales）
第 56 屆佈道士

蒙昧卻又覺醒

「人子來，為要尋找、拯救失喪的人。」

路加福音 19：10 ■

在參加千人佈道士運動之前，我過著享樂的生活。我是個喜歡參加派對，但又是個迷失破碎、很想尋求內心寧靜的人。我是獨生子，但我從未見過父親，母親是海外菲律賓勞工，因此我獨自長大。在過去的17年裡，我一直在家庭之外尋找愛。我以為我可以在那些帶我酗酒、抽菸和吸毒的朋友們之中找到愛。我甚至還賣過毒品，以為這樣就能找到我想要的。我們家沒有人知道這些，所以當區域牧師問我是否願意加入千人佈道士運動時，我不知所措。

我不知道什麼是佈道士，當我看到要求時，我對牧師說：「我起碼要先極積參與教會事工一年，但我目前並不是教會裡活躍的教友啊。」牧師回答說：「只要你順服上帝，無論你是否活躍、你是誰、你的職業是什麼，都不重要。」

在這種鼓勵下，我加入了千人佈道士運動，但我仍然沒有讀過《聖經》，我不知道如何講道、唱歌，甚至不知道如何禱告。隨著時間的流逝，我發現自己找到了渴望已久的寧靜，我忘記了以前的壞習慣，愛上了做主的事工。我懇切禱告：「主啊，祢呼召我來到這個機構，不管我過去是什麼樣的人。請向我顯明我的目標是什麼。如果遇到了像我過去一樣的人，請幫助我與他/她分享我在祢腳前所經歷的愛。」

在宣教地，我學到了很多事，因為我知道上帝不僅使用這個機構，還使用我的夥伴來教導我需要知道的一切。我漸漸學會了講道、禱告，甚至唱歌。我並不擅長這些，但我仍歡喜去做。我知道上帝的首要任務是從內到外醫治我，恢復撒但曾試圖奪走的基督形象。

有一次，一位長老對我說：「弗朗西斯，你知道你母親一直以來的禱告是什麼嗎？她一直祈禱著你能回到教會。看看現在的你！上帝回應了她的禱告，不僅僅是兩倍的祝福，而是十倍。」就在當下，我發現這些年我錯了，我其實是被愛的，我只是被世俗蒙蔽了雙眼。上帝的呼召讓我明白，祂在我們所有人身上做工。現在我要告訴你：「如果你看到我講道、禱告或唱歌，那不是因為我，而是主的憐憫和恩典。」

弗朗西斯・奧布萊岡 （Francis Obregon）
第 56 屆佈道士

克服任何困難

「我將這些事告訴你們，是要叫你們在我裡面有平安。在世上，你們有苦難；但你們可以放心，我已經勝了世界。」

約翰福音 16：33 ∎

　　我出生在一個復臨教會的家庭，這個家庭曾經是幸福的，但在母親去世後，一切都變了。我的父親經歷了許多轉變。在他遇到另一位女人後，便開始虐待我，而他具有復臨信徒身分這一事實，使情況更加惡化。

　　於是，我和姨媽一起前往了馬尼拉。她是國際基督教會（International Church of Christ）的教友。她帶領我受洗加入了她的教會。幾個月後，我找到了一份工作。我的生活似乎有所改善，直到我被診斷出患有糖尿病，需要截肢。

　　於是，我辭掉原先的工作，重新在一家網路公司找到了一份工作，在那裡我可以完全控制自己的時間。我每週兩次從馬尼拉飛往邦阿西楠（Pangasinan）。慢慢地，我的腳有了起色。當時，我已經在邦阿西楠與一位復臨教會的牧師一起查經，我的姨媽當時對此一無所知。不過，她後來發現真相後哭得很傷心，問我到底出了什麼問題。她願意盡其所能讓我留在馬尼拉，但我告訴她，我必須忠於我的信仰。我還告訴她，我很愛她，但我更愛上帝。第二天一大早，我便動身前往邦阿西楠，希望過上平靜的生活，然而我錯了。但我仍堅信，上帝與我同在。

　　當我面臨一些挑戰時，我懇求上帝給我力量，讓我能夠堅持下去。後來，一位朋友問我是否願意加入千人佈道士運動，我說我願意，但在經濟上有困難，於是上帝供應了我的需要。我被派往菲律賓的南甘馬仁省（Camarines Sur）。我和夥伴們不知道如何展開我們的宣教工作，但上帝向我們指明了方向。我們首先進行了一項調查。我總是隨身攜帶血壓計和按摩油，以備不時之需。在我們的宣教地，我的按摩師技能派上了用場，一個家庭因此受洗。

　　這個家庭對我來說非常特別，我偶爾會從我們的櫥櫃裡拿出米分給他們，幫助他們度過每一天。我不想告知我的夥伴們，怕他們會為此不高興。我讚美上帝，每逢安息日，這家人都會和我們一起敬拜上帝。

　　我在宣教區學到的功課是：如果我們把自己交託給上帝，我們就能克服任何困難。這正是我的人生所經歷的。我以前脾氣暴躁，以自我為中心，但上帝教導我，要以祂愛我們的方式去愛人。

凱西・巴尤當（Kathy Bayudang）
菲律賓本校區第 56 屆佈道士

祂正在動工

功用也有分別，上帝卻是一位，在眾人裡面運行一切的事。

哥林多前書 12：6 ∎

　　我出生在天主教家庭，但我卻在復臨教會家庭中長大。我是一個被領養的孩子，我的母親是一位文字佈道士，她以基督徒的方式撫養我長大。就像許多和我有類似童年經歷的人一樣，我只是出於恐懼才順從父母。我不明白為什麼我必須在每個安息日去教堂，或者非得在早上5點起床靈修，但實際上我在任何時間靈修都可以。我一直就讀於非復臨教會學校，所以總是不得不為自己的信仰辯護，儘管我並不十分理解自己的信仰。我一直參與不同的事工，但我也不覺得自己在基督裡有所成長。

　　加入千人佈道士運動後，我被派到菲律賓丹轆省（Tarlac）的赫羅納（Gerona），但我們在那裡遇到了很多問題。首先是語言的障礙。我無法與居民打成一片，因為我們聽不懂彼此的話。但我讚美上帝，因為我的夥伴和我在工作上相輔相成。第二個問題是宗教。丹轆省的大多數人都是虔誠的天主教徒，其他人則是基督教和重生派信徒。在我們村莊，復臨教會的信徒最少。

　　在拜訪期間，我們認識了蒂塔奶奶，她曾經是一個反復臨教會的人。一位長者聲稱蒂塔奶奶散布了反復臨教會的謠言。她有一次得了一種不知名的病，造成她的腳腫大，醫生告訴她需要做手術，左腳需要截肢。問題是她沒有錢支付手術費用。得知這個情況後，我們立即呼籲家人和朋友捐錢給蒂塔奶奶。上帝聽見了我們的祈禱。許多親朋好友都伸出了援手。籌集資金後，我們帶著蒂塔奶奶去看了另一位醫生，聽取了第二個意見。上帝真的很奇妙，因為醫生說她不需要手術，只需要持續治療。她的腳康復後，我們開始給她查經。從那時起，她總是稱讚復臨教會，甚至渴望受洗加入教會。那些留下或和我們一起來的人成了復臨信徒。他們現在是當地教會的領袖。在他們受洗之前，我們就讓他們參與事工，這樣當我們必須離開時，就有領袖維持我們已經展開的事工。

　　當我們把自己完全交託給上帝時，祂就會隨時在我們裡面做工，並使用我們去影響他人。作為基督徒和佈道士，我們的工作就是在服事的同時活出耶穌的樣式，讓他人在我們身上看到基督。我想分享我個人版本的〈箴言〉3章5至6節：「我要專心仰賴耶和華，不可倚靠我自己的聰明，在我一切所行的事上都要認定他，他必指引我的路。」

雷文・C・恩科米奧（Reven C. Encomio）
第 56 屆佈道士

追隨基督而非自我

仰望為我們信心創始成終的耶穌。他因那擺在前面的喜樂，就輕看羞辱，忍受了十字架（的苦難），便坐在上帝寶座的右邊。

希伯來書 12：2 ■

我出生在一個復臨教會家庭，但我只是名義上的復臨信徒。

一個事件的發生讓我過上了任意妄為的生活。我被一個與我們家庭有交情的人所猥褻了，而我的父母並不知情。我從八歲時就開始放縱於世界的享樂。我躲避每一位男性，甚至是我的父親和兄弟。每次看到鏡子裡的自己，我都覺得噁心和骯髒。

為了緩解這些情緒，我酗酒、抽菸，甚至多次試圖結束自己的生命，但上帝每次都會干預。「主啊，為什麼我還在這裡？」我不停地問上帝。我打開《聖經》，看到了〈出埃及記〉20章8節，我意識到上帝希望我回來。一週後，我回到了教會，並被選為青年領袖。但有很多弟兄姐妹不喜歡我做青年領袖，他們的態度讓我非常痛苦，於是我又回到了世俗之中。但我發現到自己做錯了；我向上帝禱告，決心無論別人怎麼說，我都要跟隨祂。不久之後，我在臉書上看到了朋友發布的「千人佈道士運動」，於是我聯繫了她，想知道如何加入。我母親反對這件事，因為她了解我，但我還是去了。我忘了自己不懂得禱告和佈道，而且也尚未從過去陰影中走出來。

我被派往位於菲律賓南部卡加延德奧羅（Cagayan de Oro）的希望電視台。我和我的夥伴都很興奮，後來我們開始感到焦慮。我們的宣教區與其他佈道士的不同，但在整個任期內，我們做了很多事情：默想、調配、主持、協調ZOOM平台、查經、報告、撰寫腳本和拜訪。後來，某個同事對我說了揶揄的話讓我想起了痛苦的過去，致使我決定退出這工作，但母親告訴我要繼續祈禱。就這樣，我繼續了這段旅程。

我忘不了我們是如何成為上帝的總機。我們每週7天、每天24小時接聽希望電視台觀眾打來的電話，要求我們為他們代禱、尋求建議和其他許多事情。我們還參與了一些節目。之後，南菲律賓聯合會組織了一次為期40天的媒體佈道會，來自該聯合會各地的牧師，包括全球總會會長魏泰德（Ted Wilson）牧師都參與佈道。整個過程雖然很疲憊卻很充實，因為有28,000多人歸於基督。

〈馬太福音〉16章24節說：「於是耶穌對門徒說：『若有人要跟從我，就當捨己，背起他的十字架來跟從我。』」佈道士們，且讓我們記得我們是在追隨基督，而非追隨自己。

希拉金‧卡普特（Shilagine Capute）
第56屆佈道士

天國的導航

有一條路，人以為正，至終成為死亡之路。

箴言 14：12 ■

多年前，在新冠肺炎疫情爆發之前，我們全家每學期放假時都會和菲律賓中央復臨大學（Central Philippine Adventist College，CPAC）的學生們一起出去佈道。在前往北雷伊泰省（Northern Leyte）的某次旅程中，我們在大雨裡行駛在一條陌生的道路上。於是，我利用導航技術，為我們指出了另一條快速到達目的地的路線。

司機沿路看著城鎮的名字，鐵定地說自己曾經走過這條路，並拒絕按照導航建議的替代道路行駛，堅持認為他帶我們走的方向是正確的。後來，司機最終還是決定詢問路人。

直到那時，他才意識到自己走錯了路，並接受了自己的錯誤，但我們已經沒有返回的必要了。總而言之，我們花了七個小時才完成原本三個小時內就可以走完的路程。如果我們的車輛中途出了問題怎麼辦？如果我們的汽油用盡了怎麼辦？在這次經歷中，我想起了〈出埃及記〉。

在前往迦南的路上，以色列人沒有路標，沒有指南針，沒有可詢問的人，也沒有訓練有素的團師，更糟糕的是，根本沒有平坦的路可走。然而，上帝提供了天上的導航，白天的雲柱和夜晚的火柱一路保護和引導著他們。

在我們的宣教旅途中，我們會遇到很多不確定因素，比如該走哪條路，該去哪個地方，或者是該留下還是離開。有時我們會迷失方向，有時我們會向沿途的人問路，結果卻把我們引到了錯誤的路上。有時，我們過於相信自己的每一步，結果卻發現自己早已遠離了目的地。

沒有嚮導和同伴的生活並不容易。我們在宣教旅途上所做的選擇也無法藉由最新的導航技術來引導我們。我們唯一需要的是天上的導航，即上帝的話語。它是神聖的指引，必將帶領我們做出正確的選擇。透過聖靈在我們生命中的事工，我們一定會藉由學習上帝的話和不斷的禱告，走在正確的道路上。

卡尼·T·塞弗里（Khanny T. Severrie）
第 10 屆佈道士

國家圖書館出版品預行編目資料

燃亮世界：30th anniversary千人佈道士運動見證集/千人佈道
士運動主必再來辦公室（1000MM Maranatha Office）編著；
柯恩惠譯. -- 初版. -- 臺北市：時兆出版社, 2023.10
　面；　公分
譯自：Maranatha.
ISBN 978-626-95109-9-3（平裝）

1.CST：基督徒 2.CST：靈修

244.93　　　　　　　　　　　　　　112015785

編　　　著	千人佈道士運動主必再來辦公室（1000MM Maranatha Office）
譯　　　者	柯恩惠

董 事 長	金堯漢
發 行 人	周英弼
出 版 者	時兆出版社
客服專線	0800-777-798
電　　話	886-2-27726420
傳　　真	886-2-27401448
地　　址	台灣台北市105松山區八德路2段410巷5弄1號2樓
網　　址	http://www.stpa.org
電　　郵	service@stpa.org

責　　編	林思慧
文字校對	吳惠蓮
封面設計	林俊良
美術編輯	李宛青
商業書店	總經銷　聯合發行股份有限公司 TEL：886-2-29178022
基督教書房	TEL：0800-777-798

網路商店	PChome商店街、Pubu電子書城　燃亮世界 🔍

I S B N	978-626-95109-9-3
定　　價	新台幣370元
出版日期	2023年10月　初版一刷
郵政劃撥	00129942
戶　　名	財團法人臺灣基督復臨安息日會

English edition copyright © by the 1000 Missionary Movement（1000 Missionary Movement,
Balubad 2, Silang, Cavite, Philippines）. This Chinese edition is published under a licensing
agreement with the copyright owner. All international rights reserved.

若有缺頁、破損、裝訂錯誤，請寄回本社更換。版權所有，未經許可，禁止翻印或轉載。
本書使用環保大豆油墨印刷